NOUVELLE
HISTOIRE DE FRANCE
PAR LE RAGOIS,
CONTINUÉE
Jusqu'à la Présidence du Maréchal de Mac-Mahon.
36ᵉ EDITION,
Revue et augmentée des Faits Contemporains donnant la date des découvertes, inventions et événemens les plus remarquables qui ont eu lieu sous chaque règne ; d'un APPENDICE D'HISTOIRE DE FRANCE, où sont relatés les traits historiques dont la connaissance est indispensable à la jeunesse ;

Précédée d'un précis sur l'Origine et les Mœurs des Gaulois et des Francs,

ET DU DICTIONNAIRE DES FRANÇAIS
(COMPOSÉ D'ENVIRON 1200 NOMS)

qui ont illustré leur patrie par leurs vertus, leurs talens ou leur courage militaire depuis l'établissement de la monarchie jusqu'à ce jour.

PAR M. LOUIS DE FORIS FILS ;

ORNÉE DE 73 PORTRAITS GRAVÉS PAR THOMPSON,

Admis par le Jury des Arts ;

et de Cadres allégoriques pour chacune des trois Dynasties, dessinées, par TELLIER ;

Suivie de l'Histoire Ancienne, Grecque et Romaine, d'un Abrégé de Géographie, de Mythologie, etc.

PARIS.
J. MORONVAL, IMPRIMEUR-LIBRAIRE,
Rue Galande, 65.

I. 39.
4. 20
Hh   R175932

NOUVELLE
HISTOIRE DE FRANCE,

PAR LE RAGOIS,

CONTINUÉE

Jusqu'à la Présidence du Maréchal de Mac-Mahon.

36ᵉ EDITION,

Revue et augmentée des Faits Contemporains donnant la date des découvertes, inventions et événemens les plus remarquables qui ont eu lieu sous chaque règne ; d'un APPENDICE D'HISTOIRE DE FRANCE, où sont relatés les traits historiques dont la connaissance est indispensable à la jeunesse ;

Précédée d'un précis sur l'Origine et les Mœurs des Gaulois et des Francs,

ET DU DICTIONNAIRE DES FRANÇAIS

(COMPOSÉ D'ENVIRON 1200 NOMS)

qui ont illustré leur patrie par leurs vertus, leurs talens ou leur courage militaire depuis l'établissement de la monarchie jusqu'à ce jour,

PAR M. LOUIS DE FORIS FILS ;

ORNÉE DE 73 PORTRAITS GRAVÉS PAR THOMPSON,

Admis par le Jury des Arts ;

et de Cadres allégoriques pour chacune des trois Dynasties, dessinés par TELLIER ;

Suivie de l'Histoire Ancienne, Grecque et Romaine, d'un Abrégé de Géographie, de Mythologie, etc.

PARIS.

J. MORONVAL, IMPRIMEUR-LIBRAIRE,

Rue Galande, 65.

Tout Exemplaire non revêtu de ma signature sera réputé contrefait.

Explication du cadre de la première dynastie, de Pharamond à Childéric III.

Le premier cadre représente, de chaque côté, un Guerrier gaulois et un Druide qu'on distingue par la longueur de la barbe ; le chapiteau donne différentes formes de Casques et Armes de guerre de cette époque ; dans le soubassement sont les Pierres druidiques sur lesquelles se faisaient les sacrifices.

Cadre de la seconde dynastie, de Pepin-le-Bref à Louis V.

Le 2e donne, dans le chapiteau, la forme de la Couronne impériale de Charlemagne, celle de la Main de justice ; plusieurs formes de Casques ; des deux côtés, en surhaussement, on voit le style d'architecture gothique ; les deux Figures au-dessous donnent le Costume du 8e siècle ; le soubassement un Meuble et plusieurs Instrumens de musique.

Cadre de la troisième dynastie, de Hugues-Capet à Louis-Philippe.

Le 3e, dans son soubassement, outre la forme de divers Boucliers, est celle d'une Arme à feu, d'Instrumens de musique ; des deux côtés les Costumes du 15e siècle ; et au-dessus le style d'architecture de la renaissance des arts ; dans le chapiteau sont la forme de Gantelets de fer, d'Armes à feu, et Mitres à mentonnières à l'usage des évêques, qui allaient presque tous à la guerre, et celle de la Couronne royale.

Cadre de la dynastie impériale.

Le 4e, orné de trophées et autres attributs militaires, à gauche figure le Code civil, appelé le Code Napoléon, de son auteur, puis la Main de justice et la Balance qui en sont la conséquence ; au-dessus du Code, l'Aigle impérial. Le chapiteau représente le Chapeau du grand homme, et l'Ordre de la légion d'honneur ; le soubassement, Armes et Coiffures militaires.

AVIS DE L'ÉDITEUR.

Encouragés par le succès de cet ouvrage, dû principalement à la bienveillance du Public, et aux améliorations que l'auteur et l'éditeur y apportent à chaque nouvelle édition, nous avons joint à celle que nous publions aujourd'hui un *Dictionnaire*, composé de 1200 noms à peu près, *des Français* qui ont le plus illustré leur patrie par leurs vertus civiles, leurs talens, leur courage militaire ou leur mérite politique, depuis l'établissement de la monarchie jusqu'en 1854. Ce n'est point une nomenclature sèche de noms propres que nous présentons ici ; chaque nom est accompagné du titre, de l'emploi, ou du mérite qui a le plus distingué le personnage cité, avec l'année de sa mort. Un grand avantage que l'élève pourra retirer de cette lecture, c'est qu'il acquerra la connaissance des noms de cette foule de grands hommes qui ont rempli l'univers de leur renommée, ainsi que le genre de gloire qu'ils se sont acquise.

Nous avons cru indispensable de faire précéder cet ouvrage *de l'Origine et des Mœurs des Gaulois et des Francs*, cette origine étant celle de notre nation.

Voici donc, après les deux articles que nous venons de mentionner, ceux que nous signalons comme les plus importans.

1° Les Faits contemporains, où sont relatées les époques des événemens mémorables arrivés chez les divers peuples, ainsi que les découvertes et inventions utiles importées en France, se trouvent placés à la fin de chaque règne, et forment pour ainsi dire un abrégé d'histoire générale.

2° Pour la facilité des jeunes enfans, M. de Foris a composé un Abrégé d'Histoire de France, aussi par demandes et par réponses, dans lequel est conservé l'ordre chronologique des rois, et où les actions d'é-

AVIS DE L'ÉDITEUR.

clat des grands capitaines, les dates des batailles les plus mémorables sont rappelées avec précision. Cet Abrégé précède l'Histoire Ancienne, Grecque, Romaine, etc.

3° Les portraits, gravés par le célèbre Thompson, et admis par le jury des arts, sont entièrement neufs.

4° Comme les rois de France sont divisés en trois dynasties, on a gravé pour chacune d'elles un cadre particulier qui fera reconnaître à l'enfant dans quel temps a régné tel ou tel prince, ces cadres étant ornés de dessins caractéristiques de chaque époque. (Voir leur description au revers du titre). Ils ont été dessinés par M. Tellier, dont les productions en ce genre sont recherchées.

Cette nouvelle Edition est ornée en outre de vignettes placées entre chaque règne, et gravées par les premiers artistes.

5° Le portrait de Napoléon formant une nouvelle dynastie, on lui a fait composer un cadre particulier orné de trophées et autres attributs militaires; à gauche figure le code civil, appelé le code Napoléon, de son auteur, puis la main de justice et la balance qui en sont la conséquence; au-dessus du code l'aigle impérial; sur la tête de ce grand homme, son chapeau, son épée, et l'ordre de la légion-d'honneur.

Pour rendre l'étude de ce livre plus facile, et éviter les recherches, on a placé en tête de chaque page le nom du prince dont on décrit le règne, ainsi que le siècle dans lequel il a vécu.

Enfin, cette dernière édition, qui se recommande autant par les améliorations que l'auteur y a faites, que par les soins apportés par l'éditeur, atteindra, nous osons l'espérer, le but que nous nous sommes proposé : de mériter le suffrage de MM. les Professeurs et d'être utile à la Jeunesse.

INSTRUCTION SUR L'HISTOIRE DE FRANCE.

Qu'est-ce que l'Histoire ?

L'Histoire, que Cicéron nomme le témoin des temps, la messagère de l'antiquité, est le récit des événemens passés.

Quels avantages nous offre-t-elle ?

Considérée par rapport à la politique et à la morale, elle est la source la plus féconde d'entretiens utiles.

Comment nous apprend-elle la politique ?

En exposant le génie, le caractère, les mœurs et l'industrie des habitans ; les lois et les institutions des pays ; les actions des hommes en place ; les progrès des connaissances ; les causes de la grandeur et de la décadence des peuples.

Comment nous apprend-elle la morale ?

En nous proposant pour modèles les hommes vertueux, elle nous conduit à les imiter ; et en nous faisant voir les suites funestes du vice, elle nous apprend à l'éviter.

Quels sont les hommes à qui l'histoire est le plus nécessaire ?

Aux princes et aux grands, parce qu'appelés par leur naissance à gouverner les autres hommes, ils ont besoin d'une plus grande connaissance de la politique et de la morale.

Quelle est l'histoire qu'il est indispensable de savoir ?

Celle de sa nation, parce qu'il serait honteux d'ignorer des événemens qui nous touchent de plus près que ceux qui se sont passés chez les autres peuples.

Que faut-il considérer en apprenant l'histoire d'une nation ?

Il faut en considérer l'origine et le gouvernement, le lieu d'où elle est sortie, et le temps où elle a commencé de paraître.

De quels peuples descendent les Gaulois ?

Des Celtes, qui habitaient le pays situé entre le Rhin, l'Océan, la Méditerranée, les Alpes et les Pyrénées ; ils prirent le nom de Gaulois vers l'époque de la fondation de Rome, 750 ans avant Jésus-Christ.

A quelle époque prirent-ils le nom de Francs ?

La première mention des Francs (hommes libres) date de 241 ans avant J.-C.

Quand la Gaule prit-elle le nom de France ?

L'an 420, à l'avénement au trône de Pharamond, chef des Francs, peuples sortis de la Germanie (aujourd'hui Allemagne).

Comment la France était-elle divisée avant l'entrée de Pharamond dans les Gaules ?

En dix-sept provinces romaines ayant pour chef un préfet, d'abord à Trèves et ensuite à Arles ; mais les Gaulois ne furent définitivement subjugués par les Francs qu'en 451, après la bataille de Châlons gagnée sur Attila par Mérovée, alors maître de la Picardie, de la Normandie, de l'Ile-de-France, de la Champagne, et de tout ce qui est au-delà de la Moselle jusqu'à Mayence.

Quels peuples luttèrent longtemps contre les Gaulois?

Les Romains, qui étaient maîtres de la Gaule depuis Jules-César (50 ans avant J.-C.).

Quel était le gouvernement de la France avant les événemens de 1848?

C'était le gouvernement monarchique, tempéré par la chambre des pairs et celle des députés. On nommait Roi ou Monarque le prince qui avait l'autorité souveraine. La couronne était héréditaire de mâle en mâle, par ordre de primogéniture, à l'exclusion des femmes. Cet ordre de successibilité était conforme à la *Loi Salique* établie chez les Français.

Quels furent les formes du gouvernement?

La France fut gouvernée par un empereur, Napoléon III. Élu Président de la République en 1848, par six millions de voix, et une seconde fois, en 1852, par sept millions cinq cent mille suffrages; les 21 et 22 novembre; élu Empereur des Français, et proclamé le 2 décembre 1852. Empereur, il gouverne au moyen d'un Conseil d'État formé des hommes les plus distingués, préparant les lois; d'un Sénat, réunion de toutes les illustrations du Pays, et d'un Corps Législatif, discutant et votant les lois.

Louis-Napoléon Bonaparte fut Empereur des Français, sous le nom de Napoléon III; la dignité impériale fut héréditaire dans la descendance directe et légitime de Louis-Napoléon Bonaparte, de mâle en mâle, par ordre de primogéniture, et à l'exclusion perpétuelle des femmes et de leur descendance; et s'il n'y a pas d'enfant mâle, par adoption des enfans et descendans légitimes, dans la ligne masculine, des frères de Napoléon Ier.

Combien la France a-t-elle eu de souverains?

La France a eu soixante-quinze souverains : soixante-onze rois jusqu'à Louis-Philippe; trois empereurs : Napoléon Ier, Napoléon II, fils de Napoléon Ier, ou le roi de Rome, et Napoléon III, neveu de Napoléon Ier.

Il y a eu trois Républiques.

Combien compte-t-on de dynasties?

On compte trois dynasties de Rois : celle des MÉROVINGIENS, du nom de Mérovée ou Mérouée; celle des CARLOVINGIENS, ainsi nommée à cause de Charlemagne; celle des CAPÉTIENS, à cause de Hugues-Capet; et une Famille Impériale commencée dans la personne de Napoléon Ier, et continuée dans son neveu Napoléon III. A la suite de la guerre desastreuse en 1870, la République est proclamée.

Quel fut le premier roi de France?

On croit communément que ce fut Pharamond.

ORIGINE ET MOEURS
DES GAULOIS ET DES FRANCS.

1°. DES GAULOIS.

Origine. — Les contrées situées entre le Rhin, la Méditerranée, les Alpes et les Pyrénées, étaient originairement nommées Gaules. Les peuples qui les habitaient, célèbres dans l'histoire par la hardiesse de leurs excursions, n'eurent d'abord pour asiles, comme tous les peuples barbares, que des forêts, des cavernes ou de légers bâtimens construits en bois. Le partage leur en était fait par leurs chefs, ainsi que celui du butin pris sur l'ennemi.

Caractère. — Le caractère des Gaulois se formait d'un mélange d'emportement et de générosité; ils étaient prompts à attaquer, combattaient avec ardeur et se rebutaient aisément. A ces traits se joignait parfois la férocité des temps barbares : ils étaient néanmoins plus polis que leurs voisins. On leur attribue une curiosité puérile qui les rendait faciles à tromper. Parmi eux la plus légère offense dégénérait presque toujours en combats ; les femmes ne craignaient pas d'y prendre part, et leur présence servait d'aiguillon au courage de leurs maris.

Superstitions. — Une foule de superstitions bizarres formait la croyance de ces peuples. Ils adoraient le soleil sous le nom de *Mitra*, la lune, les étoiles, le feu, etc. *Isis*, si connue en Egypte, était représentée par eux couverte de mamelles, comme mère de la fécondité. Ils avaient aussi un Hercule dont ils faisaient le dieu de l'Eloquence. Soumis au polythéisme, ils adorèrent par la suite les mêmes dieux que les Romains et leur bâtirent des temples magnifiques ; mais ils placèrent toujours, au-dessus de ces divinités mêmes, un esprit souverain et invisible qui gouvernait l'univers.

Leurs prêtres, nommés *Druides*, propageaient une religion sanguinaire et leur faisaient adorer un dieu qu'ils nommaient *Teutatès*. Ils avaient aussi des Eubages ou devins, et des poètes nommés Bardes. Les Druides instruisaient les fils des riches, et les Druidesses, femmes qui se dévouaient à la virginité, se chargeaient de l'éducation des filles. Les Druides prenaient part au gouvernement ; les Druides et les Druidesses assistaient avec prépondérance aux conseils. Ces dernières, considérées comme *fées*, prédisaient l'avenir ; on leur supposait un pouvoir surnaturel et la faculté de se transformer à volonté.

Cérémonies religieuses. — Ils révéraient particulièrement

le chêne et le *gui* (plante qui croît sur l'écorce des arbres), et lui attribuaient la vertu de préserver des maladies et maléfices. C'est pour rechercher cette plante qu'ils s'assemblaient en criant : Au *gui*, *l'an neuf* (l'an nouveau), sans doute parce que cette cérémonie commençait l'année. Leur joie, en la trouvant, était extrême; le chef de leurs Druides la détachait avec une serpette d'or, ou la recueillait sur une toile de lin, et lorsqu'elle était sèche on la réduisait en poudre pour être distribuée.

Ils s'assemblaient pendant la nuit au milieu des forêts; et là, un flambeau dans une main, dans l'autre une branche de chêne, ils célébraient les affreux mystères de leur religion, entourés des armures de leurs ancêtres, qu'ils suspendaient aux branches des arbres, et foulant aux pieds les débris de leurs victimes, dont ils entassaient les ossemens et les cadavres.

Sacrifices. — De longues pierres placées horizontalement l'une sur l'autre leur servaient d'autel et de tribune; au milieu de l'espace était plantée une épée nue, symbole du dieu Mars. Après avoir écouté attentivement les inspirations de leurs Druidesses, auxquelles ils répondaient par des chants, ils discutaient sur les intérêts de la nation, sur l'opportunité de la guerre ou de la paix. Les prêtres immolaient d'abord un ou plusieurs taureaux et prétendaient connaître, par l'état de leurs entrailles palpitantes, la volonté de *Teutatès*.

Lorsqu'ils jugeaient nécessaire de se rendre cette divinité favorable, ils demandaient à grands cris des victimes humaines; on leur amenait alors de préférence quelque malfaiteur qui avait été condamné; s'il ne s'en trouvait pas on faisait choix d'un vieillard qui, selon leur croyance, était la victime la plus agréable à leur dieu, et il était impitoyablement égorgé; de son sang, reçu dans une coupe d'or, on arrosait l'autel, les branches et le tronc des arbres. Les Druides laissaient couler lentement son sang, observant avec curiosité la manière dont la victime tombait après avoir reçu le coup mortel, son agonie, ses mouvemens convulsifs, etc. Ils en tiraient des pronostics pour l'avenir et dans leurs intérêts.

Des statues d'une grandeur démesurée, construites en osier, que l'on remplissait d'esclaves et de criminels, étaient brûlées dans les calamités ou pour obtenir la guérison de quelque grand personnage : sur leurs tombeaux on immolait souvent des domestiques et des esclaves.

Les Romains se déclarèrent ennemis des sacrifices humains et publièrent des édits qui échouèrent contre la persévérante cruauté des Druides. Ils ne purent anéantir un culte si horrible. Ce triomphe était réservé à la religion chrétienne prêchée par les Apôtres. Les martyrs l'achetèrent de leur sang, et les peuples en recueillirent les bienfaits inappréciables.

ORIGINE DES GAULOIS.

Habitudes. — Leur pays, couvert de forêts qui renfermaient un grand nombre d'animaux sauvages, leur fournissait abondamment les moyens de satisfaire leur goût passionné pour la chasse; ils ne quittaient donc jamais les armes, pas même dans leurs assemblées.

Punitions. — Ils avaient des punitions pour le mensonge et la fourberie. *Tu mens*, disaient-ils à leurs ennemis, et cette parole était une accusation grave, une provocation énergique qui ne restait jamais sans réponse.

Pendant la guerre, les fautes les plus légères étaient sévèrement punies par la perte d'une oreille ou d'un œil; quelques délits encouraient la peine du feu.

Coutumes barbares. — Les hommes avaient droit de vie et de mort sur leurs femmes et leurs enfans. On peut attribuer cette coutume à l'insuffisance des lois civiles ou même à leur absence totale chez un peuple qui ne s'occupait que de guerre.

Parure. — Les pays méridionaux qu'ils envahirent d'abord, riches des productions des arts, leur fournirent un butin précieux, origine de leur goût pour le luxe.

Leur parure se composait de chaînes, colliers, bagues et ceintures en or; ces ornemens étaient communs aux deux sexes; ils les fabriquaient eux-mêmes, ainsi que des vêtemens d'étoffes de lin et de laine dans lesquels ils faisaient entrer de l'or et de l'argent.

Mariages. — Les accords du mariage avaient lieu dans un repas auquel les pères des jeunes filles invitaient les jeunes gens de condition et fortune égale à la leur et qu'ils jugeaient dignes de leur alliance. L'usage autorisait les filles à déclarer leur intention en présentant à laver à celui qu'elles avaient choisi. Ce que les époux apportaient appartenait de droit au survivant.

Gouvernement. — Quant à la forme du gouvernement des Gaulois, il est difficile et peut-être impossible, par rapport à l'éloignement des temps, de préciser l'époque de l'institution des lois qui les régissaient. Dans l'origine, divisés en peuplades, cantons ou cités, ils obéirent à des chefs qu'ils choisissaient parmi les plus braves et les plus expérimentés à la guerre; ils créèrent ensuite des magistrats pour la police de l'intérieur; les uns et les autres étaient élus chaque année par une assemblée de notables. Chacun de ces petits états avait ses chefs particuliers; les uns portaient le titre de rois ou de princes; chez d'autres le pouvoir était entre les mains des citoyens les plus considérables et les plus riches.

Attachés à leurs familles et à leurs chefs, ils ne se confondaient jamais entre eux, même à la guerre; ceci explique leur état d'hostilité continuelle provenant tantôt de la rivalité entre les cités ou de querelles individuelles.

Armées. — Cependant la nécessité, lorsqu'il s'agissait de quelque grande expédition, les rassembla souvent sous un seul général auquel les autres chefs étaient subordonnés. Ils étaient tous soldats en naissant; nul ne se dispensait de prendre les armes au premier cri de guerre. C'est ainsi qu'ils devinrent formidables et mirent sur pied des armées de cent et deux cent mille hommes. Leurs colonies s'établirent dans toutes les parties du monde connu alors; et sous la conduite de Brennus, ils firent irruption en Italie, prirent et saccagèrent Rome l'an 388 avant J.-C.; mais ils en furent chassés par Camille, l'un des plus habiles généraux romains.

Ce ne fut que long-temps après que Jules-César vint à bout de les dompter, par la conquête des Gaules, l'an 46 avant J.-C. Depuis cette époque les institutions qui participèrent du génie des différentes nations s'y établirent; les sciences y furent enseignées et les lettres cultivées; ces heureux commencemens furent interrompus par les incursions des Francs qui demeurèrent possesseurs de ces contrées.

II°. DES FRAN.

Origine. — La plupart des historiens comprennent sous la dénomination de Francs les peuples de la Germanie qui habitaient le pays borné à l'orient par l'Elbe, au midi par le Mein, au couchant par le Rhin, au nord par la Mer septentrionale : ce qui forme présentement la Franconie, la Thuringe, la Hesse, la Frise, la Westphalie. On les nommait alors Saliens, Cattes, Amsivariens, Cauces, Frisons et Sicambres. Ils furent long-temps inconnus dans l'histoire et ne devinrent célèbres que par la ligue qu'ils formèrent entre eux lorsqu'ils envahirent les Gaules.

Religion. — Leur religion, comme chez les Gaulois, était le polythéisme accompagné de pratiques barbares et de sacrifices humains; leurs funérailles, de simples cérémonies; mais leur extrême respect pour les morts les rendait imposantes. Ils étaient inhumés avec ce qu'ils avaient de plus précieux, et si on les brûlait, c'était avec le bois le plus rare.

Coiffure. — Ils laissaient croître leurs cheveux qu'ils avaient naturellement longs et de couleur blonde. Ils les teignaient en rouge, les faisant retomber de chaque côté sur leur poitrine. Au sommet de leurs casques flottaient des queues de cheval, aussi teintes en rouge, où s'élevaient des figures hideuses ou terribles.

Armées. — Dans les batailles, ils plaçaient l'infanterie au centre, disposée en forme de coin, afin d'enfoncer plus facilement l'ennemi; l'élite de leurs troupes en formait l'extrémité, sur les côtés était placée la cavalerie. Les chefs étaient montés sur des chars armés de faulx.

Les femmes partageaient leurs travaux guerriers, les suivaient et les encourageaient aux combats : quelques soldats s'éloignaient-ils du danger; les femmes les ramenaient dans leurs rangs.

Elles célébraient la victoire avec les transports d'une joie bruyante; mais si la déroute se mettait dans l'armée, elles se livraient au plus violent désespoir. On les voyait se précipiter sous les roues des chars, se frapper la poitrine d'un poignard, ou serrer elles-mêmes le lacet qui devait les délivrer tout à la fois de l'existence et de la honte.

Les Romains essayèrent vainement de les subjuguer. Jules-César, après avoir conquis les Gaules, passa deux fois le Rhin pour les soumettre, deux fois il fut repoussé. Les légions romaines commandées par Varus, sous le règne d'Auguste, furent massacrées dans une expédition contre ces barbares, et l'empereur craignit un moment de les voir poursuivre leur vengeance jusque dans Rome.

Attirés dans les Gaules par un attrait irrésistible, ils repassèrent le Rhin à plusieurs reprises, toujours repoussés et jamais réduits. Profitant de la mésintelligence qui régnait parmi les gouverneurs et les chefs de ces contrées, et se servant du talent qu'ils avaient acquis depuis long-temps de construire des vaisseaux avec de simple osier ou des écorces d'arbres, qu'ils avaient l'art de rendre imperméables en les couvrant de cuir, et qu'ils faisaient naviguer à l'aide de rames, avec une adresse incroyable, ils s'emparèrent des vaisseaux des Romains, pénétrèrent dans les Espagnes, en Afrique, massacrèrent les habitans, y firent un butin considérable, et revinrent tranquillement dans leurs foyers.

Enfin, par un traité glorieux pour les Francs, l'empereur Constant consentit à les admettre dans ses armées et leur fit occuper des places à sa cour; mais peu jaloux de semblables honneurs, la plupart de ces barbares, devenus d'abord plus expérimentés, recommencèrent les invasions et le pillage.

Ce furent Quintius et Nannienus, gouverneurs des Gaules pour les Romains, qui parvinrent encore une fois à les faire rentrer sur leur territoire; mais trop confians après tant de succès, Quintius s'obstina à passer le Rhin, et l'élite des troupes romaines fut massacrée dans cette expédition.

Dès-lors le courage et l'intrépidité des Francs prévalurent, et ils finirent par s'emparer des Gaules sous le commandement de Pharamond, après une lutte d'environ 150 ans, l'an 420 de l'ère chrétienne.

PEUPLES ANCIENS
DONT IL EST PARLÉ DANS L'HISTOIRE DE FRANCE.

D'où sortaient les Visigoths (c'est-à-dire Goths occidentaux)?

De l'île de Gothland (Nord). Vers l'an 400 leur royaume se composait de la Gaule Narbonnaise, qui s'étendait d'orient en occident depuis les Pyrénées jusqu'aux Alpes, puis du royaume d'Espagne dont ils furent chassés en 711 par les Maures et les Sarrasins.

Quels pays possédaient les Ostrogoths (Goths orientaux)?

Ces peuples, de même origine que les Visigoths, fondèrent en 489, de l'Italie, de la Provence, de la Sicile et d'une partie de l'Allemagne, un empire détruit en 553 sous Justinien, qui les fit chasser de l'Italie et de la Sicile par Bélisaire; la Germanie devint à peu près, à la même époque, la proie des Francs.

De quel pays étaient les Maures?

De la Mauritanie, province d'Afrique sur la côte de Barbarie.

De quelle partie du monde étaient les Huns?

De l'Asie: les Huns, appelés Orientaux, habitaient la Chine, et les Huns septentrionaux, les plaines arrosées par le Volga; ces derniers étaient commandés par Attila.

De quelle contrée de l'Asie étaient les Sarrasins?

Ces peuples, descendant d'Abraham par Ismaël, fils d'Agar, et qui se sont nommés Sarrasins comme s'ils eussent été enfans de Sara, habitaient l'Arabie Heureuse.

De quel pays étaient les Suèves?

De l'intérieur de l'Allemagne.

D'où sortirent les Vandales?

De la Germanie; ils s'établirent en Espagne l'an 409, dans la Bétique, qui prit le nom de Vandaliccia, d'où s'est formé celui d'Andalousie que cette province porte actuellement. Il y avait 31 ans qu'ils y étaient établis lorsqu'ils en furent chassés par les Goths; ils se retirèrent alors en Afrique, où leur nouveau royaume fut encore détruit par Bélisaire vers l'an 553.

DICTIONNAIRE

DES FRANÇAIS QUI ONT ILLUSTRÉ LEUR PATRIE

PAR LEURS VERTUS, LEURS TALENS OU LEUR COURAGE MILITAIRE,

depuis l'établissement de la Monarchie jusqu'à ce jour.

	Morts en		Morts en
Ablancourt (d'), littér. et acad.	1664	Anville (d'), géographe.	1782
Aboville, lieut.-génér. et pair.	1819	Arbogast, savant géomètre.	1803
Abrial, pair et ministre.	1819	Arçon (d'), ingénieur.	1800
Achaintre, cél. philologue.	1836	Arnaud-d'Andilly, littérateur.	1674
Adalbéron, chanc. de Lothaire.	988	Arnaud-de-Ronsil, cél. chirurg.	1774
Adam, célèbre sculpteur.	1759	Arnaud-Baculard, poète.	1805
Adam, savant académicien.	1723	Arnault (abbé), littér. et académ.	1784
Adelaïde (Mme).	1850	Arnault, secr. de l'Académie.	1834
Adhémar, historien.	1031	Assas, capitaine intrépide.	1760
Adry, prof. de rhétorique.	1818	Astruc, célèbre prof. de méd.	1766
Affre, archevêque de Paris.	1848	Aubigné (Agrippa d'), guerrier.	1630
Agier, magistrat et littérateur.	1823	Aubriot, prévôt de Paris.	1382
Aguesseau (d'), célèbre jurisc.	1751	Aubusson (d'), gr.-maît. de l'ordre de St.-Jean-de-Jérusalem.	1505
Agylée, célèbre jurisconsulte.	1595		
Aignan, de l'Académie.	1824	Audebert, peintre et naturaliste.	1800
Aigremont, maréchal-de-camp.	1827	Audran (G.), graveur.	1703
Albert de Luynes, connétable.	1621	Auger, littérat. et académicien.	1829
Albert de Chaulnes, mar. de Fr.	1649	Augereau, maréchal de France.	1816
Albert de Luynes, dipl. et littér.	1758	Aultane (d'), lieuten.-général.	1828
Albert, lieutenant-général.	1822	Aumont (d'), maréch. de France.	1595
Albret, connétable de France.	1415	Aumont (duc d'), lieut.-génér.	1799
Albret, maréchal de France.	1676	Aussun, capitaine intrépide.	1544
Alègre (Yves d'), maréch. de Fr.	1733	Autichamp (d'), mar.-de-camp.	1822
Alembert (d'), académicien.	1783	Auvity, de l'Académie de chir.	1847
Alibert, médecin.	1837	Auzout, mathématicien.	1691
Aligre (d'), chanc. de France.	1677	Avaray, cap. des g.-du-corps.	1810
Aligre, prés. au parl. de Paris.	1798	Aved, célèb. peintre de portrait.	1756
Allegrain (Et.), peintre.	1736	Aveline (P.), graveur.	1760
Allegrain, sculpteur.	1795	Aviler (d'), architecte.	1700
Amboise, cardinal-ministre.	1510	Avrillon, orateur chrétien.	1729
Ambray (d'), chanc. de France.	1829		
Ameilhon, savant historiographe.	1811		
Amiot, savant missionnaire.	1764	Bachaumont, joyeux épicurien.	1702
Ampère, savant distingué.	1836	Bacler-d'Albe, peint. et guerr.	1824
Amyot, sav. évêque d'Auxerre.	1593	Bailly, maire de Paris.	1793
Amyraud, savant théologien.	1664	Balby, géographe.	1848
André, peintre.	1753	Balzac, académicien.	1655
Andréossi, bon ingénieur.	1688	Balzac (de), écrivain.	1850
Andréossi, savant et guerrier.	1828	Banier, savant littér. classique.	1741
Andrieux, poète dramatique.	1833	Baraguay-d'Hilliers, gén.	1812
Androuet-du-Cerceau, architec.	1615	Barbançère, capitaine intrépide.	1830
Andry, méd. cél. et philanthr.	1829	Barbazan, guerrier intrépide.	1432
Andry-de-Boisregard, méd.	1742	Barbazan, littérateur laborieux.	1770
Angilbert, minist. de Charlemag.	814	Barbé-Marbois, h. d'Et., et pair.	1837
Anglès, bon administrateur.	1828	Barbié-Dubocage, géog. et litt.	1825
Angrand, peintre sur verre.	1530	Barbier, bibliographe et littérat.	1825
Anguier (Fr.), sculpteur.	1699	Barbou, célèbre imprimeur.	1808
Anguier (M.), sculpteur.	1686	Barbou, lieutenant-général.	1827
Anisson-Duperron, imprimeur.	1794	Bardon, peintre distingué.	1783
Annebaut, maréchal de France.	1552	Barentin, chancelier de France.	1819
Anquetil, savant historien.	1808	Barjaud, littér. et guerrier intrép.	1813
Anquetil-Duperron, sav. orient.	1805	Barrême, mathématicien.	1703
Ansse-de-Villoison, académ.	1805		

	Morts en		Morts en
Barruel (abbé), littérateur.	1825	Bezout, mathématicien.	1783
Barthélemy, excellent écrivain.	1795	Bichat, célèbre anatomiste.	1802
Barthélemy, ministre et diplom.	1830	Bièvre (de), père du calembourg.	1789
Barthes, médecin cél. et littér.	1806	Bigot-de-Préameneu, ministre.	1825
Bassompierre, mar. de France.	1646	Billecoq, littérateur et avocat.	1829
Batteux (abbé), savant académ.	1780	Biron, maréchal de France.	1788
Baudeloque, chirurgien cél.	1810	Bisson, matelot intrépide.	1827
Baudrand, bon géographe.	1700	Boccage (Mme du), savante.	1802
Baudrant, général.	1848	Boileau-Despréaux, satyriq. ill.	1711
Baudricourt, mar. de France.	1499	Boinvilliers, littérat. classique.	1830
Baume (de la), mar. de France.	1716	Boissel-de-Monville, pair de France et littérateur.	1832
Baumé, chimiste estimé.	1804		
Baumes, médecin et professeur.	1815	Boissy-d'Anglas, pair de France.	1826
Bausset, cardinal et pair de Fr.	1824	Boizot (L.-S.), sculpteur.	1809
Bayard, dit le chevalier sans peur.	1524	Bologne, statuaire célèbre.	1608
Bayle, savant lexicographe.	1706	Bosc, célèbre naturaliste.	1828
Beauchamp, astronome.	1801	Bosquillon, médecin.	1816
Beauchamp, homme de lettres.	1832	Bossuet, prédicateur célèbre.	1704
Beaufort, amiral de France.	1669	Bossut, savant mathématicien.	1814
Beaufort-de-Thorigny, lieut.-g.	1825	Bouchardon, sculpteur célèbre.	1792
Beauharnais (Eugène), fils adoptif de Bonaparte.	1824	Bouchotte, ministre sous la rép.	1831
		Boucicaut, maréchal de France.	1415
Beaujeu, connétable de France.	1250	Boudet, général de division.	1809
Beaujeu, maréchal de France.	1351	Boufflers, maréchal de France.	1711
Beaujon, fonda un hospice.	1786	Boufflers, littérateur.	1815
Beaulieu, célèbre ingénieur.	1674	Bougainville, cél. navigateur.	1811
Beaumarchais, auteur dramat.	1799	Bouhours, bon rhétoricien.	1702
Beaumont (Péréfixe de), archev. de Paris.	1670	Bouillon, maréchal de France.	1556
		Boulainvilliers, historien.	1722
Beauvau, guerrier intrépide.	1266	Boullongne, peintre célèbre.	1733
Beauvau, maréchal de France.	1793	Bourbon (duc de), connétable.	1527
Beauvoir-de-Beaucol, contre-am.	1836	Bourbon-Condé, dernier prince de cette illustre maison.	1830
Beauzée, savant grammairien.	1789		
Béclard, chirurgien et anatom.	1825	Bourdaloue, fam. prédicateur.	1704
Bédos-de-Celles, bénédictin.	1779	Bourdon, peintre et graveur.	1671
Bellart, célèbre avocat-général.	1826	Bourg (du), maréchal de France.	1739
Bellavène, général de division.	1826	Bourgelat, célèbre vétérinaire.	1779
Bellay (du), capit. et diplomate.	1543	Bourgoin, général.	1848
Bellay (du), cardinal célèbre.	1560	Bourmont, maréchal de France.	1846
Bellefond, maréchal de France.	1699	Boursault, littérateur et poète.	1701
Belle-Isle, maréchal de France.	1761	Bouvard, méd., l'un des fondateurs du Jardin des Plantes.	1787
Bellièvre, fondateur de l'hôp.-général de Paris (Salpétrière).	1607		
		Boyeldieu, compos. de musique.	1834
Belliard, général intrépide.	1832	Boyer, chirurgien célèbre.	1835
Belloy (de), card. arch. de Paris.	1808	Brantôme, savant historien.	1614
Belloy (de), acad. distingué.	1775	Bréa (de), général.	1848
Belzunce, arch. de Marseille.	1755	Bréauté, guerrier intrépide.	1600
Benjamin Constant, député.	1830	Bréguet, célèbre mécanicien.	1823
Béranger, écrivain laborieux.	1822	Breteuil, ministre.	1794
Bergasse, avocat célèbre.	1832	Brézin, mécanic., fonda un hosp.	1828
Bernard (dit Gentil), poète.	1775	Brissac, maréchal de France.	1563
Bernardin de St-Pierre, littérat.	1814	Brissac, maréchal de France.	1621
Bernis, célèbre cardinal.	1794	Brisson, savant naturaliste.	1806
Berquin (l'Ami des Enfans).	1791	Broglie, maréchal de France.	1727
Berthier, maréchal de France.	1815	Broglie, maréchal de France.	1804
Berthollet, chimiste célèbre.	1822	Brongniard, célèbre architecte.	1813
Berthoud, célèbre horloger.	1807	Brosse (Guide la), l'un des fondateurs du Jardin des Plantes.	1641
Bertrand, général.	1844		
Bervic, habile graveur.	1822	Brottier, écrivain.	1789
Berwick, maréchal de France.	1734	Broussais, médecin.	1838
Bessières, maréchal de France.	1813	Bruant (Libéral), archit. fam. 17e siècl.	
Béthisy, lieutenant-général.	1823	Bruée, géographe et littérateur.	1832
Béthune, diplomate célèbre.	1649	Brune, maréchal de France.	1815
Beurnonville, maréch. de France.	1821	Brueys, auteur dramatique.	1723

DES FRANÇAIS, etc.

	Morts en		Morts en
Bruyère (la), moraliste.	1696	Chaulnes (de), maréch. de Fr.	1649
Buache, célèbre géographe.	1773	Chaussée (la), poète aimable.	1754
Buffon, naturaliste illustre.	1788	Chaussier, medecin cél. et acad.	1828
Burnouf, orientaliste	1852	Chauvelin, diplomate.	1832
		Chénier (Jos.), poète dis.ingué.	1811
		Chéron, peintre renommé.	1723
Cabanis, méd. et écriv. distingué.	1808	Chérubini, compositeur.	1842
Cadet-de-Gassicourt, c. pharm.	1799	Chevert, lieutenant-général.	1769
Cadet-de-Vaux, sav. économist.	1828	Choiseul (Ch.), mar. de France.	1626
Caffarelli-du-Falga, général.	1799	Choiseul (César), mar. de Fr.	1675
Callet, peintre habile.	1823	Choiseul-Francières, mar. de Fr.	1711
Calmet (Dom), écriture sainte.	1757	Choiseul-Gouffier, sav. disting.	1817
Calonne, ministre d'état.	1802	Choiseul-Stainville, mar. de Fr.	1789
Cambacérès, archi-chancelier.	1823	Cipierre, grand capitaine.	1565
Campan (mad.), savante.	1822	Clairaut, célèbre géomètre.	1765
Campistron, auteur dramatique.	1723	Clarck, maréchal de France.	1818
Canclaux, lieut.-général et pair.	1815	Clausel, maréchal de France.	1842
Capperonnier, littérateur.	1840	Clavier, magistrat intègre.	1817
Carle-Vernet, peintre d'hist.	1836	Clerm.-Tonnerre, mar. de Fr.	1781
Carnot, homme d'Etat.	1828	Clery, fidèle serv. de Louis XVI.	1806
Caron, chirurgien habile et litt.	1824	Clisson, connétable de France.	1407
Carpentier, célèbre architecte.	1772	Cochin, savant jurisconsulte.	1747
Carré, célèbre jurisconsulte.	1832	Cochin, curé de St-Jacques,	
Cartellier, célèbre sculpteur.	1830	fonda un hospice.	1783
Casa-Bianca, général et pair.	1825	Cœur (Jacques), cél. financier.	1456
Cassini-de-Thury, cél. astron.	1784	Coigny, maréchal de France.	1759
Castries, maréchal de France.	1801	Coigny, pair et maréc. de Fr.	1821
Catinat, maréchal de France.	1712	Colardeau, de l'académie.	1776
Caumartin, chancelier.	1623	Colbert, min. sous Louis XIV.	1683
Caylus (de), académicien.	1765	Coligny, amiral de France.	1572
Cazalès, orateur célèbre.	1805	Coligny, maréchal de France.	1646
Cazotte, poète aimable.	1792	Collé, poète estimé.	1783
Cerceau (du), poète distingué.	1738	Collin-de-Sussy, pair de France.	1826
Chabannes, gr.-maît. de l'artill.	1488	Collin-d'Harleville, poète.	1806
Chabannes-de-la-Palice, maréc.	1525	Colnet, critique spirituel.	1832
Chabaud-Latour, législateur.	1832	Commines, historien.	1509
Chabert, chef d'escadre.	1805	Condamine (la), sav. et voyag.	1774
Cnaigrin, architecte napite.	1811	Condé (le Grand), guer. intrép.	1686
Champagny, ministre.	1834	Condillac (abbé de), académ.	1780
Coampeaux (G. de), sav. prof.	1121	Condorcet, académicien.	1794
Champfort, bon littérateur.	1794	Conti (princ. de), fils de Henri I.	1666
Championnet, gén. de la répub.	1799	Corancès, mathémat. et diplom.	1832
Champollion, archéologue.	1832	Corneille (Pierre), poète illustre.	1684
Chanlaire, habile géographe.	1812	Corneille (Th.), frère du précéd.	1709
Chapelle, poète aimable.	1686	Cornudet, législateur.	1834
Chappe, invent. des télégraphes.	1809	Corvisart, médecin célèbre.	1824
Chaptal (comte de), chimiste.	1832	Cossé-Brissac, maréchal de Fr.	1561
Charas, habile médec. et pharm.	1698	Cotte, architecte illustre.	1733
Chardin, peintre célèbre.	1776	Coucy, architecte célèbre.	1315
Chardin, voyageur célèbre.	1713	Cousin, peintre distingué.	1581
Charles-Martel, maire du Palais.	741	Coustou, sculpteur célèbre.	1739
Charlevoix (Pierre), historien.	1761	Coypel, peintre célèbre.	1723
Charost-Béthune, philanthrope.	1800	Coysevox, célèbre sculpteur.	1722
Chartier (Alain), père de l'éloq.	1449	Crébillon, poète tragique.	1760
Chassiron, législat. et agronome.	1825	Créqui, fam. guerrier.	1682
Chastenet (Jacques de), maréch.	1743	Crèvecœur, maréch. de France.	1497
Châteaubriand (de) écr. illustre.	1848	Crillon, surnommé le brave.	1614
Châteauneuf-Randon, enc. off.	1836	Crillon, lieutenant-général.	1795
Chatellus-de-Beauvoir, maréch.	1453	Crillon, lieut.-gén. et pair de Fr	1820
Châtillon (Gaucher de) connét.	1329	Croï (prince de), cardinal.	1846
Châtre (la), maréch. de France.	1614	Crozat, célèbre jurisconsulte.	1740
Chaudet, hab. peintre et sculpt	1810	Cubières, savant naturaliste.	1820
Chaudon, littérat. distingué.	1817	Cujas, jurisconsulte.	1590
Chaulieu, abbé et poète.	1700	Curaudau, chimiste laborieux.	1831

DICTIONNAIRE

	Morts en		Morts en
Custine, lieutenant-général.	1793	Dolomieu, cél. minéralogiste.	1801
Cuvier, minéral. et natur. sav.	1834	Domairon, pr. de bell.-lettres.	1807
		Domat, habile jurisconsulte.	1695
Dabadie, général de brigade.	1820	Domergue, sav. pr. de gram. fr.	1810
Dacier (Madame), savante.	1720	Dorat, poète dramatique.	1780
Dacier, savant philologue.	1722	Dorigny, peintre estimé.	1663
Dacier (Bon-Joseph), savant.	1833	Dorléans, bon historien.	1698
Dalayrac, cél. comp. de mus.	1809	Doyen, peintre estimé.	1806
Dambray, chancelier de France.	1829	Drouais, bon peintre	1788
Damesme, général.	1848	Drouot, lieutenant-général.	1847
Dampierre, général républicain.	1793	Dubois, chirurgien.	1837
Danchet, poète dramat. et acad.	1748	Dubouchage, min. et pair de Fr.	1821
Dancourt, poète comique.	1726	Ducange, savant.	1688
Dandelot-de-Coligny, cél. gén.	1569	Duchesne, savant chimiste.	1609
Dangeau, gramm. et académ.	1723	Ducis, poète tragique.	1816
Daniel, historiogr. de France.	1728	Duclos, historiogr. de France.	1772
Danloux, peintre.	1809	Dufresny, auteur comique.	1724
Darcet, chimiste célèbre.	1801	Dugas-Montbel, a trad. *Homère*.	1834
Darnaud, lieutenant-général.	1830	Dugommier, brave gén. républ.	1794
Daru, pair de France et littérat.	1829	Duguay-Trouin, marin célèbre.	1736
Daubenton, célèbre naturaliste.	1799	Duguesclin, connétable de Fr.	1330
Daudin, savant naturaliste.	1804	Duhamel-du-Monceau, acad.	1782
Daullé, graveur très estimé.	1763	Duhesme, lieutenant-général.	1814
Daumesnil, gouv. de Vincennes.	1832	Dumaniant, auteur dramatique.	1828
David, peintre fameux.	1825	Dumont-Durville, contre-amir.	1842
Davoust, maréchal de France.	1823	Dumoulin, cél. jurisconsulte.	1566
Decrès, ministre et vice-amir.	1820	Dumouriez, conquit la Belgique.	1823
Defaucompret, traducteur.	1843	Dunois, guerrier intrépide.	1468
Deforis, savant bénédictin.	1794	Dupaty, statuaire habile.	1825
Dejean, ministre de la guerre.	1824	Dupaty, magistrat éclairé.	1832
Delambre, célèbre astronome.	1822	Duperré, amiral.	1846
Delandine, littérat. distingué.	1820	Duperron, cardinal ministre.	1618
Delaplace, prof. d'éloquence.	1823	Dupetit-Thouars, marin intrép.	1798
Delille, poète illustre.	1813	Duport-du-Tertre, ministre.	1793
Delisle (G.), géographe.	1726	Dupuis, célèbre graveur.	1742
Delisle (N.), astronome.	1768	Dupuis, savant littérateur.	1770
Delmas, lieutenant-général.	1813	Dupuy, écrivain distingué.	1651
Delorme, célèbre architecte.	1577	Dupuytren, chirurgien célèbre.	1835
Demachy, chimiste et littérateur.	1803	Duquesne, amiral intrépide.	1688
Demoustier, littérat. distingué.	1801	Duras, maréchal de France.	1704
Denisart, savant jurisconsulte.	1710	Duroc, duc de Frioul.	1815
Denon, diplomate, peintre, etc.	1825	Dusommerard, fondateur du musée de Cluny.	1842
Deparcieux, sav. mathémat.	1799	Duverney, anatomiste.	1730
Desaix, général de l'empire.	1800		
Desaugiers, chans. spirituel.	1825		
Desbillons, cél. poète latin.	1789	Ecuy (abbé l'), savant.	1834
Descamps, peintre et sculpteur.	1791	Effiat, maréchal de France.	1632
Descartes, philosophe célèbre.	1650	Eliseé, orateur chrétien.	1783
Désesarsts, écrivain distingué.	1810	Emery, savant ecclésiastique.	1811
Désessarts, médecin distingué	1811	Enghien-de-Bourbon, gén. intr.	1545
Desèze, défens. de Louis XVI.	1818	Enghien, petit-fils du pr. Condé.	1804
Desfontaines, poète dramatique.	1825	Epée (abbé de l'), fondateur des sourds-muets.	1789
Desforges, auteur dramatique.	1806		
Desgenettes, hab. et sav. chirur.	1836	Espernon (duc d'), grand capit.	1642
Desilles, officier intrépide.	1790	Estaing (le comte d'), vice-amir.	1793
Desmarets, savant académicien.	1815	Estampes (Jacques d'), maréch.	1668
Désormeaux, habile chirurgien.	1830	Estienne, imprimeur célèbre.	1559
Desportes, poète distingué.	1606	Estoile, chanc. de Paris, histor.	1611
Dessault, cél. pr. de chirurgie.	1795	Estourmel (marquis), lieut.-gén.	1823
Dessoles, général et ministre.	1828	Estouteville, célèbre cardinal.	1483
Destouches, poète comique.	1754	Estrades (d'), mar. de France.	1686
Didot, prem. impr. de France.	1804	Estrées (d'), gr. maît. de l'artil.	1571
Digeon, min. et pair de France.	1826	Estrées (d'), mar. de France.	1670
Digeon, lieut.-gén. d'artillerie.	1836	Estrées (d'), mar. de France.	1737

	Morts en		Morts en
Estrées (d'), mar. de France.	1771	Gall (S.), évêque de Clermont.	554
Eustache-de-Saint-Pierre.	1347	Gallais, homme de lettres.	1820
Exelmans, général.	1852	Galland, orientaliste et numismate.	1715
		Gallissonnière (la), ch. d'escadre.	1756
Fabert, maréchal de France.	1662	Ganteaume, vice-amiral de Fr.	1818
Fagan, auteur dramatique.	1755	Garamond, cél. fond. en caract.	1561
Fagon, médecin célèbre.	1744	Garat, célèbre chanteur.	1823
Falconet, habile sculpteur.	1791	Garlande, sénéchal de France.	1118
Fauchet, historiogr. de France.	1601	Garlande, chanc. et sénéch. de F.	1150
Faujas-de-Saint-Fond, sav. géol.	1819	Garnier, historiogr. de France.	1805
Favart, auteur dramatique.	1792	Garsault, laborieux académ.	1778
Favart-de-Langlade, législateur.	1831	Gassendi, antiq. et philosophe.	1655
Fayette (la), maréch. de France.	1464	Gassendi, lieut.-gén. d'artillerie.	1828
Fayette (la), gén. et législateur.	1834	Gassion, maréch. de France.	1647
Feller, biographe estimé.	1802	Gastelier, médecin et écrivain.	1821
Fénélon, archevêq. de Cambrai.	1715	Gatteaux, cél. gr. en médailles.	1832
Fénélon, prélat charitable.	1794	Gaucher, grav. et littér. dist.	1801
Fermat, habile géomètre.	1664	Gauthey, célèbre ingénieur.	1806
Fernel, médecin et mathémat.	1558	Gaveaux, cél. comp. de musiq.	1825
Ferrand, pair de France et acad.	1825	Gay Lussac, savant.	1850
Ferrier-du-Châtelet, général.	1828	Geneviève (Ste), patr. de Paris.	512
Ferrières, jurisconsulte disting.	1714	Geoffroy, célèbre critique.	1814
Ferté (la), maréchal de France.	1681	Géoffroy St-Hilaire (Et.), écriv.	1844
Fertel, imprimeur estimé.	1752	Gérard (François), p. de port.	1836
Férussac (baron de), col. d'artil.	1815	Germain de Paris (St), prél. charit.	576
Feuillade (la), mar. de France.	1691	Germain, orfèvre-ciseleur cél.	1748
Feuquières, général et diplomate.	1640	Gilbert, poète estimé.	1780
Feutrier, évêque de Beauvais.	1830	Gilbert, vétérinaire célèbre.	1800
Filassier, agronome et littérat.	1806	Ginguené, littérat. distingué.	1816
Fléchier, orateur chrétien.	1710	Girard, académ. et grammairien.	1748
Fleurieu, min. sous Louis XVI.	1810	Girardon, architecte et sculpt.	1715
Fleury (abbé), Hist. Ecclésiast.	1723	Girault-Duvivier, grammairien.	1832
Fleury, ministre et cardinal.	1743	Girodet, fameux peintre.	1824
Florian, littérat. et académicien.	1794	Gobelin, trouva l'écarlate.	16e siècle.
Foix (Gaston de), guerr. intr.	1512	Godefroy-de-Bouillon.	1100
Folard (chev.), guerrier et litt.	1752	Godescard, littérature sacrée.	1800
Fontanelle (Dubois de), écriv.	1812	Goujon, sculpteur fameux.	1562
Fontanes, gr.-maît. de l'Univ.	1821	Gourmond, habile imprimeur.	1527
Fontenelle, philosophe.	1757	Gosse, auteur dramatique.	1834
Forbin, marin fameux.	1733	Gossec, cél. comp. de musique.	1829
Force (de la), mar. de France.	1625	Gosselin, évêque de Paris.	885
Fortunat, précept. de Sigebert.	606	Gouvion, gén. de la république.	1792
Foucault, maréchal de France.	1619	Gouvion-Saint-Cyr, mar. de Fr.	1830
Fougeroux-de-Bondaroy, acad.	1789	Gramont, pair de France.	1825
Fourcroy, guerrier et littérateur.	1791	Gramont, capit. des gard. du roi.	1836
Fourcroy, habile chimiste.	1809	Grandcey, maréch. de France.	1725
Fourier, géomètre et académ.	1826	Grandjean, oculiste renommé.	1802
Fournel, avocat célèbre.	1820	Grégoire-de-Tours (St), sav. hist.	593
Fournier, habile grav. et fondeur.	1768	Grenier (comte), général.	1827
Foy, général et député.	1825	Gresset, poète et académicien.	1777
François-de-Neuchâteau, minist.	1828	Grétry, compositeur de musique.	1813
Freret (Nicolas), savant.	1749	Grétry, littérateur et musicien.	1826
Fréron, célèbre critique.	1776	Gribauval, insp. gén. d'artil.	1789
Fresnel, célèbre physicien.	1827	Griffet, écrivain distingué.	1698
Frochot, préfet de Paris.	1828	Gros, célèbre peintre.	1834
Froissart, historien célèbre.	1410	Groust, composit. de musique.	1799
Fulbert, chancelier de France.	1029	Guébriant, maréch. de France.	1643
Fulrade, abbé de Saint-Denis.	784	Guerchy, lieutenant-général.	1767
Furetière, académicien.	1688	Guérin, peintre célèbre.	1833
Furgault, sav. prof. de l'universit.	1795	Gueroult, savant professeur.	1821
Furgole, savant jurisconsulte.	1761	Guiche (de la), maréc. de France.	1632
		Guignes, sav. hist. et académ.	1800
Gail, sav. prof. de litt. grecque.	1830	Guillain, célèbre sculpteur.	1658
Gaillard, historien.	1806	Guillard, littérateur dramatique.	1814

	Morts en		Morts en
Guillaume de Nangis, historien.	1305	Lacaille, astronome.	1762
Guimon-de-la-Touche, litt.	1760	Lacépède, savant naturaliste.	1825
Guiscard, guerrier des plus cél.	1085	Lachaise, confes. de Louis XIV.	
Guise (Claude de Lorraine, duc de), chef de la maison de Guise.	1550	Ses jardins sont consacrés à un cimetière portant son nom.	1709
Guyton-Morveau, chim. distin.	1816	Lachâtre, maréchal de camp.	1824
		Lacretelle aîné, écrivain disting.	1824
Habenneck aîné, musicien.	1849	Lacrosse, contre-amiral.	1829
Hachette, mathématicien célèb.	1834	Ladvocat, *Dictionnaire historiq.*	1765
Hallé, médecin célèbre.	1822	Lafare, cardin.-archev. de Sens.	1829
Harcourt, maréchal de France.	1718	Lafontaine, fabuliste fameux.	1695
Harcourt, maréchal de France.	1750	Lafosse, peintre célèbre.	1776
Harcourt, lieutenant-général.	1769	Lafosse, vétérinaire distingué.	1820
Harcourt, maréchal de France.	1775	Lagrange, cél. mathématicien.	1812
Harlay, magistrat illustre.	1616	Laharpe, littérateur et critique.	1803
Harlay-de-Sancy, diplomate.	1629	Lahire, guerrier.	1447
Harlay, archevêque de Paris.	1694	Lalande, célèbre astronome.	1807
Hatry, général républicain.	1802	Lallemand, général d'artillerie.	1823
Hauterive, diplomate.	1830	Lally-Tollendal, pair de Fr.	1830
Hauteroche, cél. numismate.	1827	Lamarck, célèbre botaniste.	1829
Hautpoul, général intrépide.	1807	Lamarque, lieutenant-général.	1832
Haüy, célèbre minéralogiste.	1822	Lamartillière, cél. gén. d'artill.	1819
Hédouville, lieut.-gén. et pair.	1825	Lamoignon, chanc. de France.	1789
Héhault, chronologiste.	1770	Lamothe-Houdancourt, m. de F.	1657
Henrion-de-Pansey, jurisconsul.	1829	Lamotte-Piquet, amiral de Fr.	1791
Henry, chimiste.	1832	Landri (St), fonda l'Hôtel-Dieu.	655
Hérold, litt. et comp. de mus.	1835	Langier, chimiste.	1832
Hincmar, archevêque célèbre.	882	Langlès, célèbre orientaliste.	1824
Hire (la), cél. mathématicien.	1718	Lanjuinais, pair et académicien.	1827
Hoche, général républ. intrépide.	1797	Lannes, maréchal de France.	1809
Hoffman, littérateur dramatique.	1828	Lannoy, maréchal-de-camp.	1790
Hogue (abbé de la), Écr.-Sainte.	1827	Lanoue, guerrier fameux.	1591
Houchard, général républ. intr.	1793	Lantara, bon peintre.	1778
Houdon, habile sculpteur.	1828	Lantier, littérateur distingué.	1826
Huat, avocat-général.	1836	Laplace, célèbre géomètre.	1827
Hugo, adjudant-général intrép.	1828	Larcher, helléniste distingué.	1812
Hugues-le-Grand.	956	Lasnier, célèbre chirurgien.	1690
Humann, ministre des finances.	1842	Latour-du-Pin, lieut.-général.	1794
Humiade, guerrier.	1156	Latour-Maubourg, m. de la guerre.	1831
Humières, maréc. de France.	1694	Latreille, entomologiste célèbre.	1833
Humière, prélat distingué.	1834	Latouche-Tréville, amiral.	1804
		Laumont, savant minéralogiste.	1834
Jacotin, topogr. et géom. disting.	1827	Lauragais-Brancas, pair de Fr.	1824
Jean-Bart, célèbre marin.	1702	Lauriston, maréchal de France.	1828
Jeanne-d'Arc, héroïne.	1431	Lautrec, maréchal de France.	1528
Jeanne-Hachette, héroïne.	15e s.	Lavalette, amiral de France.	1592
Jeannin, magistrat célèbre.	1622	Lavardin, maréchal de France.	1612
Joinville, célèbre historien.	1318	Lavauguyon, duc et pair.	1836
Joubert, général de l'empire.	1799	Laveaux, écrivain laborieux.	1827
Jourdan, maréchal de France.	1833	Lavoisier, chimiste célèbre.	1794
Jouvenci, écrivain classique.	1719	Laya, prof. de littér. et académ.	1833
Jouvenet, fameux peintre.	1717	Lebailly, fabuliste.	1831
Joyeuse, amiral de France.	1587	Lebarbier, peintre estimé.	1826
Joyeuse, maréchal de France.	1592	Lebas, excellent graveur.	1783
Joyeuse, maréchal de France.	1710	Lebrun, peintre fameux.	1690
Joyeuse-du-Bouchage, m. de Fr.	1608	Lebrun, poète excellent.	1807
Junot, général de l'empire.	1813	Leclerc-d'Ostin, gén. distingué.	1802
Jussieu (de), célèbre botaniste.	1777	Lecont, contre-amiral, inventa le télégraphe de terre et de mer.	1826
Jussieu (Laurent de), botaniste.	1836	Lecourbe, lieutenant-général.	1815
Kellermann, maréc. de France.	1820	Ledoux, architecte estimé.	1806
Kléber, général de l'empire.	1800	Lefebvre-Desnouettes, lieut.-gén.	1822
		Lefebvre, maréc. de France.	1820

	Morts en		Morts en
Lefranc-de-Pompignan, poëte.	1784	Maine-de-Biran, écriv. estimé.	1824
Lefranc-de-Pompignan, poëte.	1790	Maison, maréchal de France.	1840
Legendre, cél. mathématicien.	1833	Malesherbes, déf. de Louis XVI.	1793
Legrand, architecte et écrivain.	1807	Malherbe, cél. poète lyrique.	1626
Legouvé. (*Mérite des Femmes*).	1813	Mallebranche, phil. et métaphys.	1715
Legras (Mme.), fonda, avec S-Vin-		Mallet, historien.	1807
de-Paul, les Sœurs de la Charité		Malleville (de), pair de France.	1832
et les Enfans-Trouvés.	1662	Malouet, min. s. Louis XVIII.	1814
Legraverend, cél. jurisconsulte.	1827	Malte-Brun, géographe.	1827
Lemaire, prof. de poésie latine.	1832	Malus, cél. mathém. et physic.	1812
Lemercier, de l'Institut.	1814	Mansard, célèbre architecte.	1666
Lemierre, cél. poète et académ.	1793	Marc, médecin.	1840
Lemoine, bon peintre.	1737	Marceau, br. gén. républicain.	1796
Lemoine, habile sculpteur.	1778	Marcin, maréchal de France.	1706
Lemonnier, cél. astronome.	1799	Marescot, général d'artillerie.	1832
Lemontey, litt. et académicien.	1826	Marillac, maréchal de France.	1632
Lemot, célèbre statuaire.	1827	Marivaux, écrivain dramatique.	1763
Lenglet-Dufresnoy, chronolog.	1755	Marmontel, écrivain distingué.	1799
Lenoir, fonda le Mont-de-Piété.	1807	Marmont, maréchal de France.	1852
Lenoir-Laroche, ministre et pair.	1825	Marot, poète aim. et gracieux.	1544
Lenostre, cél. dessinat. de jard.	1700	Mars (Mlle), artiste dramatiq.	1847
Lepaute, horloger renommé.	1789	Martial, cél. par ses épigram.	1508
Leroux, médecin célèbre.	1832	Martignan, sav. et lab. littérat.	1698
Lesage, célèbre romancier.	1747	Martignac, avocat et h. d'état.	1831
Lesage, savant chimiste et litt.	1824	Mascaron, célèbre prédicateur.	1703
Lesdiguières, maréc. de France.	1626	Masquelier, graveur distingué.	1855
Lesueur, fameux peintre.	1655	Masséna, maréchal de France.	1817
Lesueur, composit. de musiq.	1837	Massillon, orateur chrétien.	1742
Lévêque, savant mathématicien.	1814	Matignon, maréchal de France.	1597
Lévesque, histor., de l'acad. fr.	1812	Matignon, maréchal de France.	1729
Lévis, maréchal de France.	1787	Mauduit, mathém. distingué.	1815
Lhomond, litt. et grammairien.	1794	Maupertuis, cél. math. et astron.	1759
Lhôpital, chancelier de France.	1573	Maurepas, ministre habile.	1781
Lhôpital, maréchal de France.	1660	Maury, cardinal et littérateur.	1817
Lieutaud, célèbre médecin.	1780	Mazarin, célèbre ministre.	1661
Linguet, avocat renommé.	1794	Méchain, astronome.	1805
Lobau (comte), général.	1838	Médard (St), prélat illustre.	545
Loiseau savant jurisconsulte.	1822	Méhul, composit. de musique.	1817
Loizerolles, se dévoua à la mort		Ménage, bel-esprit épigrammat.	1692
pour son fils.	1794	Mercier, littérateur laborieux.	1814
Lombard, savant archev. de Paris.	1164	Méry, célèbre anatomiste.	1722
Lonchamps, écrivain dramatique.	1832	Métherie (La), sav. naturaliste.	1817
Longueval, historien estimé.	1735	Meunier, général intrépide.	1793
Lorges (de), maréchal de France.	1702	Meynier, général intrépide.	1813
Lorrain (le), peintre célèbre.	1682	Meyraux, médecin-naturaliste.	1832
Louis (baron), ministre.	1837	Mézerai, historien véridique	1683
Louvois, ministre de Louis XIV.	1691	Mignard, peintre célèbre.	1695
Lowendahl, maréch. de France.	1755	Millet-de-Mureau, gén. et littér.	1825
Luce-de-Lancival, littérateur.	1810	Millevoye, poète estimé.	1816
Lussan, maréchal de France.	1628	Millin, savant archéologue.	1818
Luxembourg, maréch. de France.	1695	Miollis, lieuten.-gén. distingué.	1828
Luynes (Ch. d'Albert, duc de),		Mirabeau (comte de), orat. éloq.	1791
connétable de France.	1621	Miramion (dame de), fonda la	
Luynes, card. et arch. de Sens.	1788	maison de charité dite Sainte-	
Luzerne (de la), cél. cardinal.	1821	Pélagie, auj. maison de force.	1696
		Moitte, sculpteur célèbre.	1810
Mabillon, moine des plus érudits.	1708	Molé, célèbre chanc. de France.	1656
Mackau, vice-amiral.	1840	Molière, écrivain illustre.	1673
Macquart, médecin et naturaliste.	1807	Monbarrey, min. s. Louis XVI.	1796
Magallon, général.	1825	Moncey, maréchal de France.	1848
Maienne, vaillant capitaine.	1611	Monge, savant géomètre.	1818
Maillebois, maréch. de France.	1762	Monnier, pair et lieut.-général.	1816
Maillé-de-Brézé, maréch. de Fr.	1650	Monsigny, cél. comp. de musiq.	1817
Mailly, maréchal de France.	1794	Monstrelet, écrivain recherché.	1453

DICTIONNAIRE

	Morts en		Morts en
Montaigne, écrivain philosophe.	1592	Palaprat, poète aimable.	1721
Montaigu, chanc. de France.	1388	Palissot, homme de lettres.	1814
Montalembert, intrép. guerrier.	1553	Panard, poète.	1765
Montalembert, cél. ingénieur.	1800	Paré (Ambroise), chirurgien.	1590
Montalivet, ministre dist. par sa bonne administration.	1822	Parmentier, pharm. et agronome.	1813
		Parseval-Grandmaison, poète.	1834
Montausier, pair de France.	1690	Pascal, cél. géom. et écrivain.	1662
Montault, maréchal de France.	1684	Pasquier, cél. av. au parl. de Paris.	1615
Montcalm, lieutenant-général.	1759	Patrin, minéralogiste célèbre.	1815
Montesquieu, écrivain célèbre.	1755	Patru, jurisconsulte et académ.	1681
Montesquiou, mar. de France.	1725	Pelisson, historiographe.	1693
Montesquiou, chanc. de France.	1798	Pelletan (Philippe), méd. cél.	1827
Montfaucon, savant bénédictin.	1741	Pelletan (Jean-Philippe), id.	1829
Montgaillard, historien.	1825	Penthièvre, grand-amiral de Fr.	1793
Montgolfier, physicien aérien.	1805	Pérignon, maréc. de Fr. et dipl.	1819
Montholon, chanc. de France.	1590	Perit-Radel, habile chirurgien.	1815
Monthyon, philanthrope.	1820	Peron, naturaliste laborieux.	1810
Montluc (Blaise de), guerrier.	1577	Perouse (la), illustre navigateur.	1788
Montmorency-le-Grand, connét.	1250	Perrault, méd. et architecte.	1688
Montmorency (Anne), connét.	1567	Perrée, contre-amiral.	1800
Montmorency, maréc. de France.	1632	Perrier (Casimir), homme d'état.	1833
Montmorin, min. s. Louis XVI.	1793	Perronet, ingénieur célèbre.	1794
Montrevel, maréchal de France.	1716	Petit (Ant.), célèbre médecin.	1794
Moreau, gén. de la république.	1813	Petitot, littérateur distingué.	1825
Morellet, écrivain distingué.	1819	Peyre, architecte habile.	1823
Morland, officier intrépide.	1805	Peyron, bon peintre.	1815
Mortier, maréchal de France.	1835	Philidor, célèbre musicien.	1795
Mouchi, maréchal de France.	1794	Philippe de Dreux, év. et guerr.	1217
Mounier, homme d'état distingué.	1806	Philippon-de-la-Madelaine, litt.	1818
Muy, maréchal de France.	1775	Pibrac, éloquent avocat-général.	1584
Muy, général et pair de France.	1820	Picard, auteur dramatique.	1818
		Piccini, musicien.	1800
Nansouty, général intrépide.	1815	Pichegru, célèbre général.	1804
Napoléon (Joseph), r. de Naples.	1844	Pierre-l'Ermite, promoteur de la première croisade.	1186
Narbonne-Lara, ministre	1813		
Naudet, peintre.	1810	Pierre-le-Vénérable, ab. de Cluny.	1156
Navier, mécanicien, de l'Acad.	1836	Pigalle, sculpteur célèbre.	1785
Necker, ministre de Louis XVI.	1804	Pigeau, jurisconsulte distingué.	1818
Négrier, général.	1848	Pinel, médecin célèbre.	1826
Ney, maréchal de France.	1815	Pingré, astronome et voyageur.	1796
Nicole, célèbre écrivain.	1695	Pluche, écrivain célèbre.	1761
Nicot, ambass. Il importa le tabac en France.	1600	Plumier, mathém. et naturaliste.	1704
		Pluquet, savant écrivain.	1790
Noailles (duc de), mar. de France.	1766	Poinsinet-de-Sivry, labor. écr.	1804
Noailles, maréchal de France.	1708	Poirier, savant bénédictin.	1803
Nodier (Charles), écrivain.	1844	Poissonnier, méd. et chim. cél.	1797
Nouet, astronome et ingén. dist.	1811	Pompignan, littérateur distingué.	1784
Nourri (Adolphe), chanteur.	1838	Portal, médecin célèbre.	1832
		Portalis (N.), min. des cultes.	1807
Olivier, cél. chancelier de Fr.	1560	Pothier, savant jurisconsulte.	1772
Olivier, entomologiste distingué.	1814	Pougens, savant écrivain.	1833
Olivet (abbé d'), grammairien.	1768	Poussin (le), fameux peintre.	1665
Olliviers d'Angers, médecin.	1845	Pradier, sculpteur.	1852
Orléans, historien pur et correct.	1698	Précy, général intrépide.	1820
Ormesson, contr.-gén. des fin.	1600	Prétextat, prélat vénérable.	588
Ormesson, contr.-gén. des fin.	1807	Prevost (abbé), écriv. laborieux.	1753
Ossat (card. d'), prélat vénérab.	1604	Prévost, invent. des panoramas.	1823
Oudinot, maréchal de France.	1847	Proyart (abbé), littérateur.	1808
Ouen (St-), sav. ecclésiastique.	689	Prudhon, peintre estimé.	1813
Ozanam, mathématicien.	1717	Puget, fam. peintre et architecte.	1694
Ozanne, ingénieur de la marine.	1813	Puységur, maréchal de France.	1743
		Puyvert, gouverneur de Vincennes jusqu'en 1830.	1832
Paganini, musicien.	1839		

DES FRANÇAIS, etc.

	Morts en		Morts en
Quélen, duc de la Vauguyon, pair.	1828	Rousseau (J.-J.), écrivain éloq.	1778
Quélen (Hyacinthe), archevêq.	1839	Rousseau (J.-B.), poète lyrique.	1741
Quinault, poète lyrique.	1688	Royer-Collard, habile médecin.	1825
		Royer-Collard, écrivain.	1845
		Ruſhières, historien distingué.	1791
Racine, poète illustre.	1699	Ruy, lieut.-gén. et pair de Fr.	1828
Racine fils (*Poëme de la Religion*).	1763		
Ragois (le), historien estimé.	1682		
Rameau, célèbre musicien.	1761	Sabatier, chirurgien estimé.	1811
Rampon lieutenant-général.	1842	Sabatier, littérateur distingué.	1817
Ramus, sav. prof. de philosophie.	1572	Sacy, traducteur de la Bible.	1684
Randon, lieut.-gén. et comte.	1834	Sage, chimiste célèbre.	1824
Rantzeau, maréchal de France.	1650	Sainmore (Blin de), littérateur.	1807
Rapp, général de caval. et pair.	1821	Saint-André, maréch. de France.	1562
Raymond, bon architecte.	1811	Saint-Eloi, orfévre de Dagobert.	659
Réaumur, célèbre physicien.	1757	Saint-Evremont, écriv. agréable.	1703
Reboulet, historien.	1752	Sainte-Croix (baron), litt. dist.	1809
Regnard, bon poète comique.	1709	Sainte-Foix, écrivain distingué.	1776
Regnault-de-S.-Jean d'Angély.	1819	St-Germain, ministre de la guerr.	1778
Regnault, général.	1848	St-Hilaire, lieut.-gén. d'artill.	1675
Regnier, min. sous Bonaparte.	1814	St-Hilaire, gén. de division.	1809
Remusat, illustre orientaliste.	1832	Saint-Lambert, poète et académ.	1803
Renneville (Sophie), savante.	1822	Saint-Martin, savant orientaliste.	1832
Restaut, grammair. du 17e siècle.	1764	Saint-Priest, min. s. Louis XVI.	1821
Restout, peintre estimé.	1768	St-Remi. Il baptisa Clovis.	533
Ricard, écrivain estimé.	1803	Salle (de la), institut. des Frères	
Riccoboni (Mad.), rom. estimé.	1792	des écoles chrétiennes.	1719
Richard, botaniste estimé.	1821	Santeuil, célèbre poète latin.	1697
Richelet, lexicographe estimé.	1698	Sauval, avocat et historien.	1670
Richelieu, homme d'état célèbre.	1642	Sauveur, excellent géomètre.	1716
Richelieu, maréchal de France.	1788	Savary, duc de Rovigo, lieut.-g.	1833
Richelieu, ministre et pair.	1822	Saxe (de), maréchal de France.	1750
Richeraud, médecin.	1839	Scarron, poète burlesque.	1660
Richery, contre-amiral distingué.	1799	Schomberg, maréchal de France.	1656
Richemond, connétable.	1458	Sedaine (Jean), poète romant.	1797
Richepanse général intrépide.	1807	Sedillot, astronome.	1832
Rieux (de), maréchal de France.	1417	Segrais (Jean Renaud de), poète.	1701
Rivarolles, guerrier intrépide.	1704	Séguier (P.), magistrat illustre.	1580
Robert-de-Vaugondy, géogr.	1766	Séguier, chancelier de France.	1672
Robert (Léopold), peintre cél.	1835	Séguier, magistrat intègre.	1792
Rochambeau, maréch. de France.	1807	Séguier, premier président.	1850
Rochambeau, gén. de division.	1813	Ségur, maréchal de France.	1801
Rochechouart, mar. de France.	1688	Ségur, littérateur distingué.	1830
Rochefoucauld (la), chambellan		Serres (Olivier de), agronome.	1619
de Charles VIII et Louis XII.	1517	Serrurier, maréchal de France.	1819
Rochefoucauld-Liancourt (la).	1827	Sérulas, sav. profess. de chimie.	1832
Rochon, math. et astronome.	1817	Servan, littérateur distingué.	1807
Rohan, maréchal de France.	1513	Servan, min. sous Louis XVI.	1808
Rohan, pair de Fr, et cap. intr.	1638	Sévigné (mad. de), cél. par ses	
Rohan-Montbazon, vice-amiral.	1794	Lettres.	1694
Roland-de-la-Platière, ministre.	1793	Sicart, direct. des Sourds-Muets.	1822
Roland, habile sculpteur.	1819	Sidonius-Appollinarius, sav. év.	488
Rollin (abbé), recteur de l'Univ.	1741	Sigaud-Lafond, chirurg. disting.	1810
Romé de Lisle, sav. min. et phys.	1790	Sonnini, célèbre agronome.	1812
Romme, bon mathém. et litt.	1803	Sorbier, lieutenant-général.	1827
Rondelet, architecte estimé.	1829	Sorbon, fond. de la Sorbonne.	1274
Ronsard, bon poète.	1585	Soubise, maréchal de France.	1787
Roquelaure, mar. de France.	1625	Soufflot, célèbre architecte.	1780
Rosily, vice-amiral.	1832	Soumet (Alexandre), écrivain.	1835
Rotrou, célèbre poète.	1650	Soyez, maréchal-de-camp.	1828
Rouault (Gamaches), mar. de Fr.	1478	Staël (mad. de), savante.	1817
Roubaud, sav. et lab. écrivain.	1792	Stuart-d'Aubigny. mar. de Fr.	1543
Roubo, célèbre menuisier.	1791	Suart, acad. et littérat.	1817

DICTIONNAIRE DES FRANÇAIS, etc.

Morts en

Süe, célèbre anatomiste.	1792
Suffren (Bailli de), célèbre marin.	1788
Suger, ill. ministre de Louis VII.	1152
Sully, ill. ministre de Henri IV.	1641

Taboureau, célé. offic. d'artill	1781
Taillasson, très-bon peintre..	1809
Tallard, maréchal de France.	1728
Talleyrand, card.-arch. de Paris.	1821
Talleyrand-Périgord (prince), diplomate célèbre.	1838
Talmont, guerrier.	1794
Talon, cél. bre avocat-général.	1652
Talon (Denis), avocat-général.	1698
Tanneguy-Duchâtel, gr. capit.	1449
Tarbé, minist. sous Louis XVI.	1805
Tardieu, graveur renommé.	1749
Target, avocat fameux.	1809
Tarrible, savant jurisconsulte.	1811
Taunay, peintre célèbre.	1830
Tavannes, maréchal de France.	1573
Tavernier, fameux voyageur.	1689
Tenon, célèbre anatomiste.	1816
Terray, ministre.	1778
Tessé, maréchal de France.	1725
Thermes (de), mar. de France.	1562
Thévenard, vice-amir. et minist.	1818
Thomas, académicien distingué.	1785
Thomassin, oratorien.	1695
Thomassin, habile graveur.	1741
Thou (de), historien, prés. cél.	1617
Thouin, botaniste célèbre.	1824
Thouret, savant médecin.	1810
Tilly (com e de), lieut.-génér.	1812
Tissot, médecin estimé.	1826
Titon-du-Tillet, littér. français.	1762
Toiras, maréchal de France.	1636
Touche-Fréville (la), br. marin.	1804
Tour-d'Auvergne(la), sold. intr.	1800
Tour-du-Pin-Gouvernet (La), lieutenant-général.	1794
Tournefort, célèbre botaniste.	1708
Tournemine, savant littérateur.	1739
Tourneur (le), littérateur dist.	1788
Tournon, prélat distingué.	1562
Tourville, marin fameux.	1701
Treilhard, savant jurisconsulte.	1810
Trémouille (la), guerrier intrép.	1525
Tressan, littérateur distingué.	1782
Trignan, capitaine intrépide.	1592
Tristan, poète dramatique.	1655
Trivulce, maréchal de France.	1518
Tronchet, défens. de Louis XVI.	1806
Try, magistrat intègre.	1821
Turenne, maréchal de France.	1675
Turgot, homme d'état célèbre.	1781
Turpin, littérateur distingué.	1799

Morts en

Ursins (des), chanc. de France.	1472
Uxelles (d'), maréchal de France.	1730
Vacquerie (la), magistr. illust.	1497
Vaillant (le), voyageur célèbre.	1706
Valart, grammairien distingué.	1779
Valence (comte de), général.	1822
Valhubert, général de l'empire.	1805
Vallière, officier d'artil. céléb.	1759
Valmont-de-Bomare, cél. natur.	1807
Vascosan, imprimeur célèbre.	1576
Vauban, maréchal de France.	1707
Vaucanson, célèbre mécanicien.	1783
Vaudreuil, marin illustre.	1802
Vaugelas (de), grammairien est.	1650
Vaugiraud, marin intrépide.	1819
Vauquelin, chimiste distingué.	1830
Vauvenargues, littérateur dist.	1747
Vauvilliers, sav. prof. d'éloq.	1801
Vaux (comte de), mar. de Fr.	1788
Velly, historien estimé.	1759
Vence (abbé), a trad. la Bible.	1749
Vendôme, général intrépide.	1712
Ventenat, savant botaniste.	1808
Vérac, lieutenant-général.	1828
Vergennes, h. d'état distingué.	1787
Vernet, peintre cél. de marine.	1789
Vertot, célèbre historiographe.	1757
Vicq-d'Azir, célèbre académ.	1794
Vieilleville, maréch. de France.	1571
Vien, célèbre peintre.	1807
Vienne (de), amiral de France.	1396
Vigée, littérateur estimé.	1820
Vigner, historiographe.	1595
Villaret, historien distingué.	1766
Villaret-Joyeuse, vice-amiral.	1812
Villars, cél. maréch. de France.	1734
Villars-Brancas, amiral de Fr.	1595
Villars-Brancas, mar. de France.	1750
Villeroi, maréchal de France.	
Villiers-de-l'Isle-Adam, m. de Fr.	1534
Vincent, bon peintre et littér.	1816
Vincent-de-Paul, (S.) prélat vén.	1660
Vioménil, maréchal de France.	1827
Vitry, maréchal de France.	1645
Voisenon, écrivain aimable.	1775
Voisin, chancelier de France.	1718
Voiture, écrivain célèbre.	1648
Volney, littérateur distingué.	1820
Voltaire, écrivain illustre.	1778
Vrillière (duc de la), ministre.	1777
Wailly, gramm. et lexicographe.	1801
Walckenaër.	1812
Wailly, bon architecte.	182
Watteau, très-bon peintre.	1717
Xaintrailles, guerrier intrépide.	1461

CHRONOLOGIE POÉTIQUE
DE
L'HISTOIRE DE FRANCE.

PREMIÈRE DYNASTIE. (MÉROVINGIENS.)

Commençant à Pharamond en 420, et finissant à Chilpéric III en 751 (22 Rois).

Les chiffres supérieurs désignent l'ordre numérique des Rois. Ceux de la marge indiquent l'avénement au trône.

Ve SIÈCLE, 1er DE LA MONARCHIE.

Les Francs pour premier roi choisirent Pharamond [1].	420
Il règne sur ce prince un silence profond ;	
Et de son successeur [2] un voile épais et sombre	428
Couvre les actions du secret de son ombre.	
Mérovée [3] aux Romains unit ses étendarts :	448
D'Orléans Attila déserte les remparts ;	
Châlons épouvanté l'aperçoit dans ses plaines,	
Où bientôt Mérovée et les aigles romaines	
Rejoignent l'ennemi, l'attaquent sur-le-champ,	
De morts jonchent la terre, et dispersent son camp.	
Instruit par le malheur, après huit ans d'absence,	
Childéric [4] en roi sage administre la France.	456
D'un saint zèle animé pour la religion	
Clovis [5], à Tolbiac, fait sa conversion.	481
Et le peuple, empressé de suivre son exemple,	
Abjure ses erreurs, et court en foule au temple.	
Contre la politique, à la mort de Clovis,	
La France est partagée entre ses quatre fils.	

VIe SIÈCLE, 2e DE LA MONARCHIE.

Childebert [6] à Paris établit sa puissance.	511
Clotaire [7] après sa mort, règne seul sur la France.	558
Cherebert [8] ne sait point réprimer ses désirs,	562
Et passe tout son temps au milieu des plaisirs.	
Chilpéric [9] lui succède ; et bientôt Frédégonde	566
Immole Sigebert à sa haine profonde.	

584 Clotaire [10] règne seul; il redonne aux Français,
Trop long-temps divisés, le bonheur et la paix.
Dans le palais des rois, jusqu'à ce jour, le maire,
Fidèle à son devoir, borne son ministère;
Mais le moment approche où, trahissant sa foi,
Il devient dans l'état plus puissant que le roi.

VIIe SIÈCLE, 3e DE LA MONARCHIE.

628 On voit sous Dagobert [11], au sein de l'opulence,
Construire Saint-Denis avec magnificence;
Saint-Eloi, Saint-Ouen illustrer leur pays.
Des vertus de Batilde, avec raison épris,
638 Clovis II [12] les couronne en la prenant pour femme.
Les besoins de son peuple attendrissent son âme;
Il laisse trois enfans, qui règnent après lui.
656 Clotaire [13], jeune encore a besoin d'un appui.
Pour la France et son fils Batilde se déclare
Contre les attentats d'un ministre barbare.
Ne pouvant d'Ebroïn réprimer les excès,
Dans le couvent de Chelle elle oublie à jamais
Les grandeurs de ce monde. A la mort de Clotaire,
670 Le trône est occupé par Childéric [14], son frère.
Bodillon, d'une main avide de son sang,
Assouvit sa vengeance en lui perçant le flanc.
673 Au rang de ses aïeux Thierry [15] va reparaître;
Mais sous le nom de maire Ebroïn est le maître.
691 Au troisième Clovis [16] succède Childebert [17],
695 Qu'au bout de dix-sept ans remplace un Dagobert [18].

VIIIe SIÈCLE, 4e DE LA MONARCHIE.

711 Quand des Mérovingiens s'écroule la puissance,
Martel par sa valeur est l'appui de la France;
717. Dans les camps ennemis son nom sème l'effroi.
719 Clotaire [19] et Chilpéric [20] n'ont que le nom de roi.
720 Thierry deux [21] ne fait rien; mais son illustre maire
Aux cruels Sarrasins fait mordre la poussière :
Charles-Martel n'est plus, sa gloire lui survit,
724 Et la première race est une ombre qui fuit.
Du front de Childéric [22] tombe le diadème.

SECONDE DYNASTIE. (CARLOVINGIENS.)

Commençant à Pepin en 751, et finissant à Louis V en 987
(13 Rois).

751 Pepin, nommé le Bref [23] s'élève au rang suprême.
768 De Didier, des Saxons, Charlemagne [24] vainqueur,
Du trône d'Occident relève la splendeur.

DE L'HISTOIRE DE FRANCE.

IX.e SIÈCLE, 5.e DE LA MONARCHIE.

Louis [25] son successeur, nommé le Débonnaire,   814
Aurait su gouverner s'il eût été sévère.
Malgré ses ennemis, Charles [26] est couronné,   840
Règne trente-sept ans et meurt empoisonné.
L'ambition des grands de jour en jour augmente.
Le faible Louis deux [27], que l'orage épouvante,   877
Cède au lieu de combattre, et démembre un état
Qui dut à ses aïeux sa force et son éclat.
Carloman et Louis [28], en bonne intelligence,   879
Partagent la couronne et gouvernent la France.
Par l'espoir du butin, les fiers enfans du Nord,
Font sous Charles-le-Gros [29] voler partout la mort.   884
Ils remontent la Seine, et poussent leur audace
Jusqu'aux bords de Paris dont ils cernent la place.
Eudes et Gosselin arment leur bras vengeur.
Le danger qui s'accroît augmente leur ardeur;
Et, quoique abandonnés d'un roi timide et lâche,
A défendre leurs murs leur gloire les attache.
L'ennemi, fatigué d'inutiles combats,
Honteux, lève son camp et porte ailleurs ses pas.
Eudes [30] ceint de lauriers, parvient à la couronne;   888
Sans doute elle est à lui, si la valeur la donne.
Chéri de ses sujets, l'effroi de l'ennemi,
Ce héros de la France est l'honneur et l'appui.
Il n'est plus; et bientôt pour sauver la patrie,
Charles [31] donne à Rollon sa fille et la Neustrie.   898
Vainqueur, mais fugitif, sans espoir de secours,
Au château de Péronne il termine ses jours;
Quant à Louis, son fils, le peuple l'abandonne.

X.e SIÈCLE, 6.e DE LA MONARCHIE.

Sur le front de Raoul [32] on pose la couronne.   923
L'usurpateur n'est plus, et le fils de nos rois, [33]   936
Des rives d'Albion vient recouvrer ses droits.
Lothaire [34] lui succède. Entraîné par la gloire,   954
Il vole contre Othon, remporte la victoire,
Et joint à ses lauriers les palmes de la paix.
On aigrit cependant contre lui ses sujets
Et le bandeau royal est tout ce qui lui reste.
Par un poison reçu d'une main trop funeste,
Ce roi voit de ses jours éteindre le flambeau.
Louis cinq [35] lui succède, et bientôt au tombeau   986
Il entraîne avec lui sa malheureuse race,
Dont les fils de Robert vont occuper la place.

TROISIÈME DYNASTIE. (CAPÉTIENS.)

*Commençant à Hugues-Capet en 987, jusqu'à Louis-Philippe I*ᵉʳ.
(36 Rois).

987 Hugues 16, sage et vaillant, issu du sang des rois,
Est choisi pour régner d'une commune voix.
996 Robert, 37 juste, pieux, et maître de lui-même,
Veut qu'on dise : *Partout on me bénit, on m'aime.*

XIᵉ SIÈCLE, 7ᵉ DE LA MONARCHIE.

1031 Avec ses ennemis Henri 38 signe la paix,
Et vainqueur généreux, les comble de bienfaits.
1060 Philippe 39, qui tient plus à ses jours qu'à sa gloire,
Dédaigne les attraits dont brille la victoire.
Enclin à ses plaisirs, il laisse à Godefroi
L'honneur de commander les vengeurs de la foi.
Ce héros, de nos preux l'élite et le modèle,
Signale sa valeur contre un peuple infidèle.

XIIᵉ SIÈCLE, 8ᵉ DE LA MONARCHIE.

1108 Louis six 40 de son père aperçoit tous les torts,
Mais pour les réparer il fait de vains efforts.
1137 Son fils Louis-le-Jeune 41 épouse Eléonore.
C'est en vain que Suger, ministre qu'il honore,
Veut détourner son roi de quitter ses états
Pour allumer la guerre en de nouveaux climats.
Suger l'avait prévu; le roi, par son divorce,
En dépouillant l'état, le prive de sa force.
1180 Philippe dit Auguste, 42 élu roi des Français,
Prend Ptolémaïde, fait la guerre aux Anglais,
Les expulse de France; et, tout couvert de gloire,
Au combat de Bouvine il vole à la victoire:
Il embellit Paris, meurt, et la nation

XIIIᵉ SIÈCLE, 9ᵉ DE LA MONARCHIE.

1223 Dans Louis huit 43 son fils trouve un cœur de lion.
De ce roi belliqueux la foudre toujours prête
Frappe les ennemis au sein de la tempête.
Les Anglais subjugués, il marche aux Albigeois;
Mais une prompte mort arrête ses exploits.
1226 Saint-Louis, 44 des vertus est le parfait modèle :
A remplir ses devoirs ce monarque fidèle,
Pour la religion combat avec ardeur,
Réprime les abus, et contre l'oppresseur
Fait rendre la justice au faible qu'on opprime.
Prisonnier, il déploie une vertu sublime;
Et les fiers Musulmans, à son auguste aspect,
Sont saisis pour le roi d'estime et de respect.
Sur ces bords africains l'affreuse épidémie

DE L'HISTOIRE DE FRANCE.

Ravage son armée et termine sa vie.
Il a pour successeur Philippe-le-Hardi [45],   1270
Dont le courage obtient la paix de l'ennemi.
Son fils [46] épouse Jeanne, et par cette alliance   1285
Il unit à jamais la Champagne à la France.
Intrépide, prudent, et jaloux de ses droits,
Il ne veut pas souffrir qu'on lui dicte des lois.
À Furnes comme à Mons, il se couvre de gloire;
Le Belge épouvanté lui cède la victoire.

XIVᵉ SIÈCLE, 10ᵉ DE LA MONARCHIE.

Louis dit le Hutin [47], l'aîné de ses enfans,   1314
Ceint le bandeau royal l'espace de deux ans.
Philippe [48] après sa mort parvient à la couronne;   1316
Mais bientôt son trépas appelle sur le trône
Charles quatre le Bel [49], le dernier rejeton   1322
De la première branche, à qui la nation
A dû quatre cents ans sa gloire et sa puissance.

Iʳᵉ Branche des Valois.

Philippe [50] doit régner. En vain de sa naissance,   1328
Edouard est jaloux et conteste les droits.
Le sort, d'abord propice au premier des Valois,
Devient de plus en plus de ses faveurs avare,
Et pour son fier rival chaque jour se déclare.
Ô prince infortuné! ton cruel ennemi
Combat pour se venger, et triomphe à Créci.
Il pense que Calais, au bruit de sa victoire,
Se rendant sur-le-champ, augmentera sa gloire;
Mais les Calésiens pressés de toutes parts,
Intrépides soldats, du haut de leurs remparts,
D'un vainqueur inflexible osent braver la rage.
On n'oubliera jamais leurs efforts, leur courage,
La fureur d'Edouard, le noble dévoûment
D'Eustache de Saint-Pierre et des frères Wissant.
Le second des Valois [51], généreux et sincère,   1350
Fut aussi malheureux que son illustre père.
Jean-le-Bon par sa faute à Poitiers est vaincu;
Mais dans son infortune il n'est point abattu.
Charles V [52] dit le Sage, actif, plein de prudence,   1364
Confie à Duguesclin les destins de la France;
Et ce grand capitaine, enchaînant les succès,
Est le soutien du trône et l'effroi des Anglais.
En proie aux factions et de sang inondée,
De ma patrie, hélas! quelle est la destinée!
On laisse à Charles six [53] l'honneur du sceptre en main,   1380
Mais Henri cinq exerce un pouvoir souverain.

CHRONOLOGIE
XVe SIÈCLE, 11e DE LA MONARCHIE.

1422 Charles sept, [54] menacé par sa mère Isabelle
De perdre la couronne, à ses droits en appelle.
Accablé de revers, il oppose à la fois
A l'orgueilleux Anglais Jeanne-d'Arc et Dunois,
Dont les succès brillans confondent son audace.
De Charles tout à coup le sort change de face.
Jeanne, la lance en main, le casque sur le front,
Vers les murs d'Orléans vole, et venge l'affront
Que la France reçut d'un étranger perfide.
C'en est fait des Anglais : ce courage intrépide
Electrise les cœurs, dociles à sa voix,
Et poursuit jusqu'à Reims le cours de ses exploits.
Jeanne défend Compiègne au péril de sa vie,
Et, ne pouvant rentrer après une sortie,
Elle tombe au pouvoir d'un ennemi cruel :
Martyre sur la terre, elle est un ange au ciel!

1461 Louis onze [55] est un roi politique et bizarre;
Dans le besoin prodigue et par penchant avare;
Mais, sans jamais courir les chances d'un combat,
Il reprend la Bourgogne et fait fleurir l'état.
C'est au duc d'Orléans qu'appartient la régence,
Mais Anne de son père obtient la préférence.

1483 Le jeune Charles huit, [56] comme un fougueux torrent,
Inonde l'Italie et triomphe en courant.
Et non loin de Milan leur honteuse défaite
Du Français intrépide assure la retraite.

Ire Branche d'Orléans.

1498 Louis douze! [57] ce nom d'un de nos meilleurs rois,
Rappelle ses vertus, sa bonté, ses exploits.
Dans les champs d'Agnadel il vole à la victoire,
Et jamais ses revers n'effaceront sa gloire.
Il unit la Bretagne à l'empire des lis ;
Le vertueux d'Amboise illustre son pays,
Est l'idole du peuple et l'appui du monarque.
Pourquoi faut-il, hélas! que l'inflexible Parque
Coupe sitôt le fil de jours si précieux

XVIe SIÈCLE, 12e DE LA MONARCHIE.

IIe Branche des Valois.

1515 François [58] à Marignan, aussi vaillant qu'heureux,
Surmonte le danger ; et, rayonnant de gloire,
Est armé chevalier au champ de la victoire
Par ce fameux Bayard, *sans reproche et sans peur*.
Ces mots *tout est perdu, Madame, fors l'honneur*,
Offrent à mon esprit les revers de Pavie,

Où mille fois ce prince expose en vain sa vie.
Henri deux [59] jouit peu des faveurs du destin,   1547
Et l'heureux Espagnol triomphe à Saint-Quentin.
Dans la France à l'instant, au milieu des alarmes,
On n'entend qu'un seul cri : Français courez aux armes,
Réparez vos malheurs, et qu'un brillant succès
Sous l'empire des lis fasse rentrer Calais !
François deux [60] sur le trône est une ombre éphémère. 1559
Charles neuf [61] lui succède ; et Médicis sa mère,   1560
Divisant les partis, assure son pouvoir,
Les aigrit tour-à-tour et trompe leur espoir.
Henri trois, [62] oubliant sa gloire et sa puissance,   1574
Perdit l'état et lui par son indifférence.
Du pouvoir souverain les Guises trop jaloux,
De la Ligue et des Seize excitent le courroux.
Le vertueux Harlay, sujet toujours fidèle,
Détourne ses regards loin d'un prince rebelle.
Jacques Clément, du roi prêt à verser le sang,
L'atteint d'un coup mortel en lui perçant le flanc ;
Le fanatisme éclate, et ne craint pas de dire
Que ce monstre a cueilli la palme du martyre....

Branche des Bourbons.

Henri quatre [63] succède au dernier des Valois,   1589
Et l'épée à la main, il fait valoir ses droits.
Qu'avec enthousiasme un Français se rappelle
De ce roi valeureux la harangue immortelle :
« Enfans, ralliez-vous à mon panache blanc,
» Vous le verrez toujours briller au premier rang :
» Au chemin de l'honneur il sera votre guide.
» Volez et triomphez d'un ennemi perfide ! »
Et qui pourra jamais se rappeler Henri
Sans être pénétré des vertus de Sully,
Ce ministre immortel que le ciel a fait naître
Pour soulager le peuple et seconder son maître !

XVIIe SIÈCLE, 13e DE LA MONARCHIE

A la mort de Henri, l'amour de ses sujets,   1610
Les pleurs et les soupirs se mêlent aux regrets.
C'est en vain qu'Albion protége La Rochelle.
Sans espoir de secours, cette ville rebelle
Est réduite à fléchir sous le joug de Louis ; [64]
Partout les protestans à ses lois sont soumis.
Richelieu de son roi tient le pouvoir suprême :
L'écueil des factions, l'appui du diadème,
Bravant des courtisans la haine et le courroux,
De l'orage qui gronde il détourne les coups

Et c'est au protecteur des efforts du génie
Et des progrès des arts qu'on doit l'Académie.
De la maison d'Autriche il abaisse l'orgueil ;
Survivant à lui-même il descend au cercueil.
A peine a-t-il fermé les yeux à la lumière
Que l'on voit Mazarin entrer dans la carrière.
En politique habile il gouverne l'état,
Et d'un règne fameux il prépare l'éclat.

1643 Louis-le-Grand ! [65] quel nom vient frapper mon oreille!
Ton règne nous rappelle un siècle de merveille.
Secondant tes efforts, les lettres et les arts
Sur leurs nombreux chefs-d'œuvre attirent les regards.
Par de hardis travaux, la Méditerranée
A l'immense Océan unit sa destinée.
Le commerce fleurit au dedans, au dehors ;
Dans l'un et l'autre monde il étend ses rapports,
A peine du soleil les faisceaux de lumière
Ont éclairé trois mois notre riche hémisphère,
Que toute la Hollande est au pouvoir du roi.
Dans les murs d'Amsterdam il eût dicté la loi,
Si l'inondation couvrant la capitale,
N'eût enfin arrêté sa marche triomphale.
Aux palmes de Rocroi, de Lens et de Fribourg,
Aux exploits de Turenne, on dut ce Luxembourg
L'égide de la France et l'effroi de Guillaume ;
Ce fameux Catinat, émule de Vendôme.
Les lauriers dont Villars se couronne à Denain,
D'une prochaine paix sont le gage certain.
Epuisé, sans espoir, l'empereur d'Allemagne
A la paix de Rastadt abandonne l'Espagne.
Philippe de son trône à peine est possesseur,
Que le peuple espagnol recouvre son bonheur.
Près de mêler sa cendre aux cendres de ses pères
Louis voit le néant des grandeurs passagères.
Son petit-fils est roi dès l'âge de cinq ans,
Et l'état gouverné par le duc d'Orléans.

XVIIIe SIÈCLE, 14e DE LA MONARCHIE,

5171 Louis quinze [66] élevé sur le trône de France,
Rend à ce beau pays, le bonheur, la puissance.
Au trône de Pologne une commune voix
Elève Stanislas une seconde fois ;
Mais pour le détrôner des troupes étrangères,
A pas précipités marchent vers les frontières,
Et la guerre en Europe exerce ses fureurs.
Sur les rives du Pô les Français sont vainqueurs.
Louis quinze à travers les horreurs du carnage ;
Aux champs de Fontenoi remporte l'avantage.

C'est après ce combat qu'il disait à son Fils :
« *Hélas ! de tant de sang la victoire est le prix.* »
L'Anglais met à la paix un obstacle invincible,
Aux malheurs de la guerre il paraît insensible.
A Raucoux, à Lawffelt, nos illustres guerriers,
A force de valeur, sont couverts de lauriers.
Maurice, d'un œil sec, aperçoit la tempête;
Mais, bravant les périls qui menacent sa tête :
Marchons, dit ce héros, *poursuivons nos succès;*
Dans les murs de Maëstricht il faut chercher la paix.
L'Ecole Militaire, auprès des Invalides,
Nous offre le berceau de guerriers intrépides,
Qui, formés par l'étude au grand art des combats,
Apprennent à guider la valeur des soldats.
Louis [67] seize conçoit la flatteuse espérance   1774
D'alléger les impôts en bornant sa dépense;
Pour le bonheur du peuple il ne néglige rien,
Réforme sa maison et ne veut que le bien.
On sait quel fut le prix de sa sollicitude :
Il fut pour ses bienfaits payé d'ingratitude.
Jamais le pauvre en vain n'implore ses secours,
Et pour lui ses bontés augmentent tous les jours.
Il désire, aux abus, porter un prompt remède;
Et, pour y parvenir, il appelle à son aide
Les états-généraux, dont l'indocilité
Est le fatal écueil de son autorité.
Louis, ne doutant pas qu'on en veut à sa vie
Pense fuir le danger en quittant sa patrie.
Mais la Convention, usurpant tous les droits,
Force le roi captif d'obéir à ses lois.
Des maux dont il gémit le déclarant coupable,
On prononce sa mort; arrêt irrévocable
Qui ne peut ébranler sa foi ni sa vertu.
Dans ses derniers momens il n'est point abattu
Il marche à l'échafaud silencieux et calme,
Et bientôt du martyre il va cueillir la palme.
Il veut en vain parler pour la dernière fois;
Mais au son des tambours on étouffe sa voix.
Du fils de saint Louis on presse le supplice;
A l'instant, de ses jours il fait le sacrifice;
Il offre à Dieu son âme, et sa tête au bourreau....
Déjà Louis n'est plus! Mais du sein du tombeau
Où d'une ombre de vie on dépose les restes,
Il prend soudain son vol aux demeures célestes.
Louis XVII [68], sa mère et son auguste sœur,   179
Réunis dans le Temple, allégent leur malheur.
Mais bientôt séparés par un ordre funeste,
On es prive à jamais du seul bien qui leur reste.

Louis à ses bourreaux oppose sa candeur;
Son âge et sa beauté, rien ne touche leur cœur.
Accablé de tourmens le prince enfin succombe
Sans qu'il nous soit permis de pleurer sur sa tombe.
Leur mort est pour la France un désastre nouveau :
Où doit régner la paix on trouve son tombeau.
Louis seize et sa sœur, et son fils et la reine,
En terminant leurs jours ont terminé leur peine.....

Ire *République Française.*

1793 La France en république est un gouvernement ;
La Hollande est conquise et Luxembourg se rend.
Nos valeureux soldats portent partout leurs armes,
Et nos succès croissans dissipent les alarmes:
Le cruel Robespierre, en s'abreuvant de sang,
Exécré des Français, s'élève au premier rang;
Lorsque ses attentats relevant le courage,
Il tombe sous les coups d'un peuple ferme et sage.
De sa mort à l'instant tout le monde est instruit ;
On se serre, on s'embrasse, et la terreur s'enfuit.
Plus de proscription. Ce changement rapide
Fait tomber devant nous l'instrument homicide;
Des malheureux proscrits les cachots sont ouverts,
Et pour le crime seul on réserve des fers.....

1795 Bonaparte paraît alors dans nos armées.
Quel Français oublirait ces fameuses journées,
Ces hauts faits de valeur, ces illustres soldats,
Soumettant l'univers par leurs nombreux combats!
L'Italie d'abord, témoin de notre gloire,
Laisse à nos souvenirs victoire sur victoire :
En Egypte bientôt flottent nos étendards,
Les ennemis vaincus cèdent de toutes parts,
Le Caire, Alexandrie, aussi bien que Rosette,
Offrent à nos héros le fruit de leur conquête.
Mont-Thabor, Aboukir, sont également pris.
Au premier consulat Bonaparte est admis.
Kléber, chargé par lui de soutenir la guerre,
Voit par un assassin terminer sa carrière.
L'honneur de Marengo nous fait perdre Desaix;
Mais la victoire encor nous amène la paix.
Le culte anéanti par la fureur cruelle,
Reprend sous ce héros sa pompe solennelle;
Et la fondation de la Légion-d'Honneur
Distingue le mérite ainsi que la valeur.

XIXe SIÈCLE, 15e DE LA MONARCHIE.

Règne de Napoléon Ier.

1804 Ce guerrier parvenu à la grandeur suprême,
D'empereur des Français reçoit le diadème

Et méditant toujours les plus vastes projets,
Il s'avance en vainqueur de succès en succès.
L'Italie est conquise et saisit sa pensée,
Sur son front glorieux la couronne est placée.
Napoléon premier étonnait l'univers,
Quand un sort ennemi fait naître ses revers.
Eckmül ainsi qu'Essling, Wagram et Ratisbonne,
Sont ses derniers hauts faits, la victoire l'abandonne ;
Accablé d'ennemis, il tombe sous leurs coups,
Et perd la couronne dont il est si jaloux.
Pour la France, il demande aux armes étrangères :
Un Napoléon II !... mais sourd à ses prières,   1814
Il s'exile de France, après tant de combats,
Et le chagrin bientôt le conduit au trépas.

Branche des Bourbons.

Louis XVIII 69 parvient au trône de ses pères ;
La paix ramène enfin les jours les plus prospères !...
Pour les Français, d'ivresse encor tout transportés,
La charte est le maintien des droits, des libertés.
Sa mort est pour la France un vrai sujet d'alarmes,
Le deuil est dans les cœurs, chacun verse des larmes.
Du trône Charles X 70 devenu possesseur,   1824
Promet à ses sujets la paix et le bonheur ;
Déjà ses bataillons, pour venger un outrage,
Avaient conquis Alger et détruit l'esclavage ;
Quand soudain son Conseil, malhabile, imprudent,
Perd à la fois son trône et son gouvernement.
Charles ayant abdiqué, s'exile de la France (1830).

IIe Branche d'Orléans.

Louis Philippe 71 alors ramène l'espérance   1830
Mais un coup imprévu renverse en un instant,   1848
Et les institutions et son gouvernement,
Ses héritiers et lui sont bannis de la France.

IIe République.

Louis-Napoléon obtient la Présidence,   1848
Et du peuple Français, une seconde fois
Il a sept millions et cinq cent mille voix.   1852
Mais pour mieux assurer l'avenir de la France,
Louis-Napoléon est avec confiance,
Encore l'élu du peuple, et sera désormais
Napoléon III, Empereur des Français.

FIN DE LA CHRONOLOGIE.

TABLEAU SYNOPTIQUE
DES ROIS DE FRANCE,
DE PHARAMOND A NAPOLÉON III, Empereur,
D'après Hénault, Lenglet Du Frenoy et Velly.

NOMS DES ROIS.	Monte sur le trône en	Agé de	Règne	Meurt en	Voir Pag.
1er Pharamond...	420	ans	8 ans	428	32
2e Clodion....	428	ans	10 ans	448	34
3e Mérovée....	448	ans	8 ans	456	36
4e Childéric Ier.	456	21 ans	25 ans	481	38
5e Clovis Ier...	481	15 ans	30 ans	511	40
6e Childebert Ier.	511	14 ans	47 ans	558	44
7e Clotaire Ier..	558	60 ans	4 ans	562	46
8e Cherebert...	562	44 ans	4 ans	566	48
9e Chilpéric Ier.	566	30 ans	18 ans	584	50
10e Clotaire II...	584	4 mois	44 ans	628	54
11e Dagobert Ier.	628	26 ans	10 ans	638	58
12e Clovis II...	638	4 ans	18 ans	656	62
13e Clotaire III.	656	5 ans	14 ans	670	64
14e Childéric II.	670	18 ans	3 ans	673	66
15e Thierry Ier...	673	23 ans	18 ans	691	68
16e Clovis III...	691	11 ans	4 ans	695	70
17e Childebert II.	695	12 ans	16 ans	711	72
18e Dagobert II..	711	12 ans	4 ans	715	74
19e Clotaire IV..	717	ans	17 moi	719	76
20e Chilpéric II..	719	49 ans	1 an	720	78
21e Thierry II...	720	6 ans	17 ans	737	80
22e Childéric III.	742	ans	9 ans	754	82
23e Pepin.....	751	37 ans	17 ans	768	84
24e Charlemagne.	768	26 ans	46 ans	814	88
25e Louis Ier....	814	36 ans	26 ans	840	93
26e Charles II...	840	17 ans	37 ans	877	94
27e Louis II.....	877	33 ans	2 ans	879	98
28e Louis, Carlom.	879	ans	5 ans	884	100
29e Charles-le-Gr.	848	49 ans	4 ans	888	102
30e Eudes.....	888	30 ans	10 ans	898	106
31e Charles III..	898	19 ans	25 ans	929	108
32e Raoul.....	923	ans	13 ans	936	112
33e Louis IV....	936	16 ans	18 ans	954	114
34e Lothaire....	954	13 ans	32 ans	986	118

NOMS DES ROIS.	Monte sur le trône en	Âgé de	Règne	Meurt en	Voir Pag.
35e Louis V.....	986	20 ans	1 an	987	122
36e Hugues-Capet	987	45 ans	9 ans	996	126
37e Robert.....	996	25 ans	35 ans	1031	130
38e Henri Ier...	1031	26 ans	29 ans	1060	134
39e Philippe Ier..	1060	8 ans	48 ans	1108	136
40e Louis VI...	1108	30 ans	29 ans	1137	140
41e Louis VII...	1137	17 ans	43 ans	1180	144
42e Philippe II...	1180	15 ans	43 ans	1223	148
43e Louis-VIII...	1223	36 ans	3 ans	1226	152
44e Louis IX....	1226	11 ans	44 ans	1270	154
45e Philippe III..	1270	25 ans	15 ans	1285	162
46e Philippe IV..	1285	17 ans	29 ans	1314	166
47e Louis X....	1314	25 ans	2 ans	1316	170
48e Philippe V...	1316	23 ans	6 ans	1322	172
49e Charles IV...	1322	26 ans	6 ans	1328	174
50e Philippe VI..	1328	35 ans	22 ans	1350	176
51e Jean-le Bon..	1350	30 ans	14 ans	1364	182
52e Charles V...	1364	27 ans	16 ans	1380	186
53e Charles VI...	1380	12 ans	42 ans	1422	190
54e Charles VII..	1422	20 ans	39 ans	1461	196
55e Louis XI....	1461	39 ans	22 ans	1483	200
56e Charles VIII..	1483	13 ans	15 ans	1498	204
57e Louis XII...	1498	36 ans	17 ans	1515	208
58e François Ier..	1515	20 ans	32 ans	1547	214
59e Henri II....	1547	29 ans	12 ans	1559	224
60e François II..	1559	16 ans	17 mois	1560	228
61e Charles IX...	1560	10 ans	14 ans	1574	230
62e Henri III...	1574	22 ans	15 ans	1589	236
63e Henri IV....	1589	36 ans	21 ans	1610	242
64e Louis XIII...	1610	9 ans	33 ans	1643	252
65e Louis XIV...	1643	5 ans	72 ans	1715	262
66e Louis XV....	1715	5 ans	59 ans	1774	278
67e Louis XVI...	1774	20 ans	19 ans	1793	292
68e Louis XVII...	1793	8 ans	28 moi	1795	302
Napoléon Ier, emp.	1804	35 ans	10 ans	1821	316
Napoléon II....	1814	3 ans	»	1832	322
69e Louis XVIII...	1814	58 ans	10 ans	1824	324
70e Charles X...	1824	67 ans	6 ans	1836	328
71e Louis-Phil. Ier	1830	57 ans	18 ans	1851	332
Napoléon III, emp.	1852	44 ans	18 ans	1873	346
Mac-Mahon, prés.	1873	65 ans			352

PREMIÈRE DYNASTIE.
MÉROVINGIENS. — 22 Rois. — (420 à 751).

PHARAMOND, 1er. ROI.
Monte sur le trône en 420 ; règne 8 ans ; meurt en 428.

Quand Pharamond commença-t-il à régner ?
L'an 420, sous le pontificat de Boniface Ier. et pendant les règnes de Théodose et d'Honorius. Il fut élevé sur un bouclier, et promené autour du camp lorsqu'on le reconnut roi.

Qu'a-t-il fait de remarquable ?
Il commença la conquête des Gaules. On lui attribue la *Loi Salique,* qui exclut les femmes du trône (Voy. la note de la page 6).

Quelle était sa religion, et de qui était-il fils ?
Il était païen. Quant à l'origine de Pharamond, on le croit fils de Marcomir, prince français que les Romains retinrent prisonnier en Toscane, pour se venger des courses qu'il faisait en deçà du Rhin.

A-t-il régné long-temps ?
Huit ans : il mourut l'an 428. Clodion, dit le Chevelu, succéda à Pharamond.

Combien cette dynastie a-t-elle eu de rois ?
Vingt-deux, dont le dernier est Childéric III, et les plus illustres sont Mérovée, Clovis Ier, Clotaire Ier, et Clotaire II.

FAITS CONTEMPORAINS.
L'armée des Perses, dans la crainte d'être exterminée par les Romains, se jette dans l'Euphrate. Plus de cent mille hommes y furent noyés (424).

MÉROVINGIENS. — 22-Rois.

PHARAMOND.

Imperium sine fide dedi.

Ma valeur et mes lois, en fondant cet état,
En ont éternisé la puissance et l'éclat.

2.

34 CLODION, 2ᵉ. Roi. 5ᵉ. siècle.

1ʳᵉ. Dynastie. — MÉROVINGIENS.

CLODION, DIT LE CHEVELU.

Romæ vix cessimus.

Contre les Romains seuls qu'attaqua mon épée,
Par le sort des combats ma valeur fut trompée.

CLODION, 2ᵉ. ROI.

Successeur de Pharamond.

Monte sur le trône en 428; règne 20 ans; meurt en 448.

En *quelle année place-t-on son avénement ?*
En l'année 428, sous le pontificat de Célestin, et pendant le règne de Théodose le jeune et de Valentin III.

Pourquoi l'appelle-t-on le Chevelu ?
Parce qu'il avait plus de cheveux ou qu'il les portait plus longs que les autres princes ; car la longue chevelure distinguant alors nos rois du reste de la nation, elle n'était pas particulière à Clodion.

De quelle religion était-il ?
Il était païen, comme son prédécesseur.

Que fit-il de remarquable ?
Il combattit contre les Romains ; mais Aétius, leur général, le défit en Artois. Cependant, sans se laisser abattre par les revers, il fit une nouvelle tentative, battit les troupes romaines, et s'empara de Tournai et de Cambrai, qu'il fut obligé d'abandonner. Il passa de là à Amiens (Somme), y fixa sa demeure, et y termina sa carrière en 448, après un règne de 20 ans. Il fut enterré à Amiens, qui était alors le siége des rois. Mérovée lui succéda.

FAITS CONTEMPORAINS.

L'empereur Théodose le jeune publie son Code, qui est le recueil de toutes les lois faites par ses prédécesseurs. Ce Code a été long-temps en usage, même sous les rois français (437).

MÉROVÉE, 3e. ROI.
Fils de Clodion.

Monte sur le trône en 448 ; règne 8 ans ; meurt en 456.

Quand *Mérovée commença-t-il à régner ?*
L'an 448, sous le pontificat de Léon-le-Grand, et pendant le règne des empereurs Valentinien III et Théodose le jeune.

Quel est son plus beau fait d'armes ?
Il est certain qu'il entra dans les Gaules, et pénétra jusqu'à la Seine. Aétius, général de Valentinien, marcha contre lui pour en arrêter la conquête : mais, dans le même temps, Attila, roi des Huns, dit le fléau de Dieu, entra dans les Gaules avec une armée formidable ; et Aétius, pour arrêter ce torrent, se joignit à Mérovée et à Théodoric, roi des Visigoths. Attila fut taillé en pièces, et perdit deux cent mille hommes. C'est en considération des belles actions de Mérovée que les rois de la première dynastie prirent le nom de Mérovingiens.

Cette bataille se livra dans les plaines de Châlons-sur-Marne : le roi Théodoric y perdit la vie.

De qui Mérovée était-il fils ?
La plupart des historiens le croient fils de Clodion. Il mourut l'an 456, après un règne de 8 à 9 ans, et laissa pour successeur Childéric Ier son fils.

FAITS CONTEMPORAINS.

Commencement de Venise (453).—Attila meurt en Pannonie au milieu des fêtes données à l'occasion de son hyménée (453).

Il y eut une famine si terrible en Italie que des pères et mères furent réduits à la cruelle nécessité de manger leurs enfans (450). Pillage de Rome par les Vandales (455).

MÉROVÉE, 3e. Roi. 5e. siècle. 37

1re Dynastie. — MÉROVINGIENS.

MÉROVÉE.

Nobis ferus Attila cessit.

Malgré ses fiers projets et son orgueil jaloux,
Le barbare Attila tombe enfin sous mes coups.

38 CHILDÉRIC Ier, 4°. Roi. 5e. siècle.

1re. Dynastie. — MÉROVINGIENS.

CHILDÉRIC IER.

Redii virtute decorus.

Sur le trône où je monte une seconde fois,
J'apporte une vertu digne des plus grands rois.

CHILDERIC IER, 4e. ROI.
Fils de Mérovée.
Monte sur le trône en 456, âgé de 21 ans; règne 25 ans; meurt en 481 ans, à l'âge de 45 à 46 ans.

A quelle *époque commença-t-il à régner ?*
L'an 456; mais bientôt ses excès et ses débauches le firent chasser du trône. Il se réfugia chez Basin, roi de Thuringe, et ses sujets le remplacèrent par un certain Egidius, ancien général romain.

Comment ce prince remonta-t-il sur le trône ?
Il avait laissé en France un ami sincère, un sujet fidèle, appelé Guiemans ou Viomade, qui conseilla adroitement à Egidius de charger le peuple d'impôts dans le dessein de le rendre odieux. L'événement remplit son but. Les Français, fatigués des vexations d'Egidius, secouèrent le joug et parurent regretter Childéric. Guiemans l'en informa sur-le-champ, et il remonta sur le trône après huit ans d'exil.

Que fit ensuite Childéric ?
Il se comporta avec modération et prudence. Après avoir pris Angers, Orléans, et battu les Saxons et les Allemands, il épousa Basine, qui abandonna le roi de Thuringe son époux.

Quels enfans naquirent de ce mariage ?
Clovis, qui lui succéda, et trois filles.

Quelle fut la durée de son règne ?
Environ 25 ans; il mourut en 481, et fut enterré à Tournai, où l'on a découvert son tombeau en 1653, renfermant ses armes, ses tablettes, un globe de cristal, etc. que l'on voit à la bibliothèque du Roi.

FAITS CONTEMPORAINS.
Les Saxons se fixent dans la Bretagne (471). — Odoacre se fait proclamer roi d'Italie, et met fin à l'empire romain (476).

CLOVIS IER, DIT LE GRAND.

Salus mihi conjuge parta est.
Esclave de l'erreur, j'adorais de faux dieux;
Mais mon épouse enfin me dessilla les yeux.

CLOVIS Ier, 5e. ROI. 1er. ROI CHRÉTIEN.

Fils de Childéric I et de Basine.

Monte sur le trône en 481, âgé de 15 ans; règne 30 ans; meurt en 511, à l'âge de 45 ans.

———

QUAND *et à quel âge monta-t-il sur le trône ?*
En 481, âgé d'environ quinze ans. Il avait à peine vingt ans lorsqu'il fit la guerre à Siagrius, fils d'Egidius, gouverneur pour les Romains dans les Gaules : l'ayant vaincu, il le fit mourir, selon l'usage barbare de ces temps, et prit ensuite Reims et Soissons en 486.
Quelle fut l'épouse de Clovis ?
Clotilde, princesse chrétienne, fille de Chilpéric, roi des Bourguignons, qu'il épousa en 493.
Etait-il chrétien ?
Non; mais la quinzième année de son règne, il embrassa la religion chrétienne.
Comment s'opéra la conversion de Clovis ?
Ce fut à l'occasion de la victoire qu'il remporta, en 496, sur les Allemands, à Tolbiac (aujourd'hui Zulch), près de Cologne. Au moment où son armée commençait à plier, il se ressouvint du Dieu de Clotilde, et fit vœu d'embrasser la religion chrétienne s'il demeurait vainqueur. *Dieu de Clotilde*, s'écria Clovis, *je fais vœu, si tu m'accordes la victoire, de n'avoir jamais d'autre religion que la sienne !* Il remporta la victoire, et se fit baptiser par St-Remi, archevêque de Reims, le jour de Noël de l'an 496. Une de ses sœurs et 3000 hommes de son armée reçurent également le Baptême.
Qu'arriva-t-il au temps de ce baptême ?
On raconte qu'une colombe apporta une fiole

pleine d'huile sacrée dont on se servit pour l'onction de Clovis, et qui fut employée dans la suite au sacre des rois. On l'appelait la Sainte Ampoule.

Quel titre portent les rois depuis ce baptême ?

Le titre de Rois très-chrétiens, parce qu'ils furent les premiers rois qui embrassèrent le christianisme, et les plus zélés défenseurs de l'Eglise.

Que fit Clovis pour étendre le royaume ?

Il vainquit les Romains, les Bourguignons; défit, en 507, à Vouillé près de Poitiers, Alaric, roi des Visigoths, qu'il tua de sa main. La fin de son règne fut un enchaînement de meurtres et de conquêtes; il soumit tout le pays qui s'étend depuis la Loire jusqu'aux Pyrénées.

Réprima-t-il la dévastation des églises ?

Malgré la promesse qu'il avait faite de donner deux parts du butin aux vainqueurs, et la troisième aux habitans des pays conquis, cela n'empêcha pas l'église de Reims d'être pillée. Saint-Remi, son évêque, pria Clovis de lui faire restituer un vase que ses soldats avaient enlevé; mais le soldat qui en était possesseur le lui refusa : *J'en veux la part qui m'appartient*, dit-il à Clovis; et en même temps il frappe de sa hache le vase pour le diviser. Le roi ne parut pas faire grande attention à cet acte de brutalité; mais un an après, lors de la revue qu'il passait de son armée, ayant remarqué la mauvaise tenue du soldat, il lui jette sa francisque à terre; et, saisissant le moment où il veut la ramasser, il lui fend la tête d'un coup de hache. *Ainsi*, lui dit Clovis, *tu frappas le vase à Soissons*.

Quels honneurs lui rendit l'empereur d'Orient ?

Anastase, instruit de la défaite et de la mort d'Alaric, envoya à Clovis, qui les reçut à Tours, les titres et les ornemens de patrice et de consul.

Quel est le portrait de Clovis ?

Clovis peut être considéré comme le fondateur de la monarchie française. Sa vaillance, qui tenait de la férocité des mœurs de son siècle, lui fit commettre, il est vrai, des cruautés contre quelques princes de son sang pour s'emparer de leurs états ; mais son génie, supérieur à celui de sa nation et de ses contemporains, lui assigne une place distinguée parmi les hommes destinés à gouverner les peuples.

Où mourut Clovis ?

Il mourut, en 511, dans le palais des Thermes à Paris, dont il avait fait la capitale du royaume. Il fut enterré dans l'église de St-Pierre et St-Paul, qu'il avait fait bâtir à la prière de Clotilde. On mit dans la suite cette église sous l'invocation de Ste-Geneviève, parce que cette sainte, qui mourut en 512, âgée de 80 ans, y eut aussi sa sépulture.

Combien laissa-t-il d'enfans ?

Quatre, en faveur desquels il divisa, en autant de parties tirées au sort, son vaste héritage :

Childebert eut le royaume de Paris, c'est-à-dire l'Ile-de-France, le Poitou, le Maine, la Touraine, l'Anjou, la Guienne, la Champagne et l'Auvergne ;

Clodomir fut roi d'Orléans, et eut le Lyonnais, le Dauphiné, la Provence et la Bourgogne ;

Clotaire, roi de Soissons, eut en partage le Vermandois, la Picardie, la Flandre et la Normandie ;

Le royaume de Metz, qui échut à Thierry (il n'était pas fils de Clotilde), le mit en possession de la Lorraine et d'une partie de l'Allemagne.

FAITS CONTEMPORAINS.

Commencement du royaume d'Ecosse par Fergus (503).
On commence à se servir de papier de chiffon. Il a remplacé le papyrus sur lequel on écrivait (505).

CHILDEBERT IER, 6e. ROI.

Fils de Clovis et de Ste-Clotilde.

Monte sur le trône en 511, âgé de 14 ans; règne 47 ans; meurt en 558, à l'âge de 61 ans.

En quelle année monta-t-il sur le trône ?
En 511; il eut en partage le royaume de Paris.
Pourquoi s'unit-il à Clodomir et à Clotaire ?
Pour défendre les intérêts de leur mère, et vénger la mort de leur aïeul contre Sigismond et Gondemar, rois de Bourgogne, dont le royaume fut détruit et réuni à leurs états.
Pourquoi prit-il les armes contre Amalaric ?
Les mauvais traitemens que ce prince faisait éprouver à sa femme, sœur du roi, à cause de la différence de religion, furent cause de la guerre dans laquelle Amalaric fut tué. Childebert assiégea ensuite Saragosse, dont il leva le siége par respect pour St-Vincent, dont l'évêque lui donna la tunique. C'est en l'honneur de ce Saint qu'il fonda St-Germain-des-Prés, où il fut enterré en 558.
Quelles furent les qualités de Childebert ?
Il fut charitable envers les pauvres, et plein de zèle pour la religion chrétienne. Comme il n'eut que des filles, sa mort donna lieu au premier exemple de la loi Salique. Son frère Clotaire lui succéda.

FAITS CONTEMPORAINS.

Importation en France des œufs de vers à soie (530).
La monnaie des rois de France commence à avoir cours dans tout l'empire romain. On croit que Childebert est le premier roi qui ait fait battre monnaie (537).
Commencement du duché de Pologne par Lechus (550).
Le 30 décembre 533, Justinien fait publier le *Digeste*.

CHILDEBERT Ier, 6e. Roi, 6e. siècle. 45

1re. Dynastie. — MÉROVINGIENS.

CHILDEBERT IER.

Armatus terror Iberi.

Tremblez, fiers Espagnols, et craignez son courroux,
Son bras victorieux ne menace que vous

46 CLOTAIRE Ier, 7e Roi. 6e. siècle.

1re. Dynastie. — MÉROVINGIENS.

CLOTAIRE IER.

Vicit amor solii.

Dans mon cœur paternel le sang en vain murmure,
Le trône me rend sourd aux cris de la nature.

CLOTAIRE I{ᴇʀ}, 7ᵉ. ROI.

Fils de Clovis et de Sainte-Clotilde.

Monte sur le trône en 558, âgé de 60 ans; règne 4 ans; meurt en 562, à l'âge de 64 ans.

Quand *monta-t-il sur le trône?*
En succédant à Childebert en 558, et déjà roi de Soissons dans le partage des états de son père, il réunit toute la monarchie sous sa domination.

Contre qui exerça-t-il sa cruauté?
Contre les enfans de Clodomir son frère. Il en poignarda deux de sa propre main. Le troisième se sauva et se fit religieux. On l'invoque aujourd'hui sous le nom de Saint-Cloud; il a donné son nom au village situé sur la Seine, où il s'était retiré.

Quels sont les peuples qu'il vainquit?
Il battit les Saxons, les Thuringiens, dont il ruina le pays; Chramne son fils s'étant révolté une seconde fois, il le fit brûler dans une chaumière avec sa famille. Il témoigna dans la suite un grand repentir d'avoir fait une action si indigne d'un père.

Combien de temps a-t-il régné?
Environ 50 ans comme roi de Soissons, et 4 ans comme roi de toute la France. Il mourut à Compiègne à l'âge de 64 ans, et fut enterré à Soissons.

Quel est le portrait de ce prince?
Il était vaillant, mais cruel et ambitieux. Il dit en mourant : QUEL PENSEZ-VOUS QUE SOIT LE ROI DU CIEL, QUI FAIT AINSI MOURIR LES ROIS DE LA TERRE!

Ce prince eut six enfans, parmi lesquels on distingue Ste-Radégonde, et quatre fils : Caribert, roi de Paris; Gontran, roi d'Orléans et de Bourgogne; Sigebert, roi d'Austrasie; Chilpéric, roi de Soissons.

CHÉRÉBERT ou CARIBERT, 8ᵉ ROI.

Fils de Clotaire et d'Ingonde.

Monte sur le trône en 562, âgé de 44 ans; règne 4 ans; meurt en 566, à l'âge de 48 ans.

QUAND *monta-t-il sur le trône?*
En 562. Il eut en partage le royaume de Paris, tel que l'avait possédé son oncle Childebert; et en outre le Quercy, l'Albigeois, et toute la partie de la Provence située entre la mer et la Durance. C'est sous son règne que commença l'autorité des maires du Palais. Aussitôt qu'il fut roi, il répudia sa femme Ingoberge, et se maria avec Maroflède, puis avec Marcovelde, qui avait pris le voile : ces deux dernières étaient sœurs, et filles d'un cardeur de laine.

Quelles qualités avait ce prince?
Il était bon, ami des sciences; il rendait souvent la justice lui-même. Il n'a régné que quatre ans, et mourut au château de Blaye (Gironde) en 566, à l'âge de 48 ans; il fut enterré dans l'église de Saint-Romain de cette ville. Suivant Hénault, il mourut à Paris, et y fut enterré.

N'ayant laissé que des filles, ses états furent partagés par ses frères (2ᵉ exemple de la loi Salique).

FAITS CONTEMPORAINS.

Bélisaire est disgracié par Justinien qui, dit-on, lui fait crever les yeux (561). Il meurt en 563.

Mort de Justinien âgé de 84 ans, Justin II lui succède (565).

CHEREBERT.

Themidi Musarum numina junxit.

J'ai, sous mon règne, exempt des alarmes de Mars,
Vu fleurir, par mes soins, la justice et les arts.

50 CHILPÉRIC Ier, 9e. Roi. 6e. siècle.

1re. Dynastie. — MÉROVINGIENS.

CHILPERIC IER.

Sub infaustis avibus rexi.

Par de noirs attentats, la colère des cieux,
Rendit mon règne infâme, et mon nom odieux.

CHILPÉRIC IER, 9e. ROI.

Fils de Clotaire et d'Arégonde.

Monte sur le trône en 566, âgé de 30 ans ; règne 17 à 18 ans ; meurt en 584, à l'âge de 47 ans.

Comment *Chilpéric parvint-il à la couronne ?*
Par la mort de Chérébert son frère, car il n'était auparavant que roi de Soissons.

Quelle illustre alliance fit Chilpéric ?
Il épousa Galsuinde, fille aînée d'Athanagilde, roi des Visigoths, et sœur de Brunehaut. Quelque temps après, cette infortunée princesse fut trouvée étranglée dans son lit.

Sur qui tombèrent les soupçons ?
Sur Chilpéric et Frédégonde sa maîtresse. Chilpéric ne tarda pas à épouser cette méchante femme dont il était follement épris, et qui lui fit commettre des crimes affreux.

Quelles furent les suites de cet assassinat ?
Brunehaut, femme de Sigebert, voulant venger la mort de sa sœur, excita le roi son époux à prendre les armes contre Chilpéric.

A quels malheurs fut exposée la France ?
Elle fut le théâtre de deux guerres sanglantes. Dans la première, Chilpéric, dépouillé d'une partie de ses états, se vit forcé de faire la paix. La guerre se ralluma bientôt : Chilpéric eut d'abord quelques succès ; mais il fut ensuite obligé de se renfermer dans Tournai, où il fut investi par Sigebert, que Frédégonde fit assassiner par ses émissaires, en 575. Chilpéric, profitant de l'occurrence, s'empara des trésors de son frère, et relégua Brunehaut à Rouen, d'où elle fut ensuite envoyée en Austrasie.

De quels autres forfaits Frédégonde fut-elle coupable?

Elle fit assassiner Prétextat, évêque de Rouen; arrêter et poignarder Clovis, fils de Chilpéric, mais du premier lit, après l'avoir injustement accusé d'avoir empoisonné trois de ses enfans morts de maladie; et tua de sa propre main Audouère, mère de ce jeune prince.

Comment mourut Chilpéric?

Il fut assassiné en revenant de la chasse, en 584.

Frédégonde, sa femme, et Landry qu'elle aimait, furent soupçonnés d'en être les auteurs. Chilpéric mourut dans la cour de son palais à Chelles, et fut enterré à Saint-Germain-des-Prés.

Combien eut-il de femmes?

Trois: Audouère, qu'il répudia, et dont il avait eu plusieurs enfans; Galsuinde, et Frédégonde.

Quelles furent les mœurs de ce prince?

Il fut aussi méchant et aussi cruel qu'Hérode et Néron. Ses débauches n'eurent point de bornes. Il usurpa le bien de ses frères et accabla le peuple d'impôts. Il fut impie et superstitieux. Quelques historiens lui prêtent beaucoup d'esprit et d'éloquence. En lui accordant ces qualités, on ne peut disconvenir qu'il en fit un très-mauvais usage; et je ne crains pas de dire qu'il était digne d'avoir Frédégonde pour femme, et que Frédégonde méritait un tel époux.

Donnez une idée des autorités qui existaient alors en France?

Les ducs, gouverneurs des provinces, avaient ordinairement douze comtes au-dessous d'eux pour commander dans les villes, faire les levées d'hommes et les conduire à la guerre. Le comte du palais ou palatin avait sous ses ordres le grand-pannetier, le grand-échanson et le grand-queux chargé de la cuisine. Le comte d'étable ou connétable était pour les écuries; le référendaire, qui prit

CHILPÉRIC Ier, 9e. Roi. 6e. siècle.   53

ensuite le nom de garde-des-sceaux ; enfin le maire du Palais, dont la puissance était absolue.

Il n'y avait alors pas d'officiers chargés des finances ; les impôts étaient peu considérables ; le service à la guerre était personnel ; chaque seigneur, avec les troupes qu'il amenait, apportait de quoi fournir à leurs besoins ; et les rois faisaient comme les autres. Leurs revenus consistaient dans le produit de leurs terres et métairies, et dans les dons et présens que les seigneurs et le clergé leur faisaient, et qui passaient dans les mains du chambrier pour le service de la maison du roi.

FAITS CONTEMPORAINS.

Fondation du royaume des Lombards par Alboin (568).
Naissance du faux prophète Mahomet, à la Mecque.
Alboin, roi des Lombards, en Italie, meurt ; Eleph lui succède, et règne 18 mois (573).
Mort de Justin (578). Tibère II est reconnu empereur.
Cosroès, roi des Perses, meurt âgé de 80 ans, après 47 ans de règne. Son fils Hormisdas lui succède (579).
Mort de Tibère II (582) à Constantinople. Maurice lui succède.

54 CLOTAIRE II, 10e. Roi. 7e. siècle.

1re. Dynastie. — MÉROVINGIENS.

CLOTAIRE II.

De spinis rosa nata fui.

Sous un gouvernement injuste et rigoureux,
Peuples, je ne naquis que pour vous rendre heureux.

CLOTAIRE II, 10ᵉ. ROI,
DIT LE JEUNE.

Fils de Chilpéric I et de Frédégonde.

Monte sur le trône en 584, âgé de 4 mois; règne 44 ans; meurt en 628, à l'âge de 45 ans.

En *quelle année commença-t-il à régner?*
L'an 584, n'étant âgé que de quatre mois, ce qui le fit surnommer le jeune.

Qui gouverna l'état pendant sa minorité?
Frédégonde sa mère fut établie régente sous la protection de Gontran son oncle, roi de Bourgogne.

Quels sont les événemens arrivés sous sa régence?
Gontran, qui se défiait de Frédégonde, composa un conseil pour le jeune Clotaire, et obligea cette princesse de quitter Paris. Cependant, après la mort de Gontran, elle reprit toute l'autorité. Childebert, roi d'Austrasie, animé du désir de venger la mort de Sigebert son père, leva une puissante armée. Aussitôt Frédégonde passa en revue ses troupes. Les deux armées en vinrent aux mains près du village de Droissi, à cinq lieues de Soissons. L'armée de Clotaire, commandée par Landry, défit Childebert (593.) On rapporte que Frédégonde parcourut les rangs, tenant son fils entre ses bras, pour exciter le courage de ses soldats. Elle mourut quatre ans après, en 597.

Qu'arriva-t-il après la mort de Frédégonde?
Clotaire se défendait avec peine contre les forces réunies de Théodebert, roi d'Austrasie, et de

CLOTAIRE II, 10ᵉ. Roi. 6ᵉ. siècle.

Thierry, roi de Bourgogne, tous deux fils de Childebert, et petits-fils de Brunehaut; mais, quelque temps après, il fut délivré de ses ennemis. Théodebert, défait par son frère Thierry près de Cologne, fut assassiné, et Thierry mourut de maladie. Clotaire fut reconnu roi par les Austrasiens, malgré les efforts de Brunehaut; et l'extinction de la postérité de Sigebert le rendit souverain de la monarchie.

Clotaire, après tant de succès, ne craignit pas de ternir la gloire de son règne par le supplice affreux de la reine Brunehaut, qui fut liée par les cheveux à la queue d'un cheval indompté, qui la traîna ainsi sur des cailloux, et lui brisa les membres.

Quel jugement porte-t-on de Brunehaut?

Les historiens ne s'accordent point entr'eux. Les uns la peignent sous les couleurs les plus noires, les autres nous assurent qu'elle était remplie de grâces, de mérite, de vertu et de religion.

Quels furent les succès de Clotaire contre les Saxons?

Clotaire remporta sur eux une victoire complète, et tua de sa propre main Berthoald leur duc, qui avait manqué à la foi des traités. Ce fut dans cette expédition que Dagobert, son fils aîné, signala sa valeur, et courut les plus grands dangers. Il fut blessé d'un coup de lance qui fendit son casque.

Quelles furent les qualités de Clotaire?

Il était vaillant, habile dans l'art de gouverner, libéral envers les églises; on dit même qu'il rétablit les lois dans leur ancienne vigueur. Il ne fit jamais la guerre que pour assurer la paix dans ses états, en y faisant régner la justice et l'abondance.

De quel établissement lui est-on redevable?

De celui des parlemens ambulatoires, nommés PLACITA, d'où sont venus les mots PLAIDS, PLAIDER.

Clotaire mourut l'an 628, et fut enterré à Saint-Germain-des-Prés.

CLOTAIRE II, 10ᵉ. Roi. 7ᵉ. siècle. 57

D'où vient que la puissance royale commença à s'affaiblir durant ce siècle ?

Par l'ascendant que prirent successivement les maires du Palais. De simples officiers qu'ils étaient d'abord, ils se rendirent indépendans des rois en créant la charge de maire héréditaire, et ils finirent ensuite par s'emparer du trône.

(628) *Par qui était alors gouvernée la France?*

Par trois princes mineurs: Clotaire II (roi de Paris) avait 13 ans; Théodebert II (roi d'Austrasie), 10 ans, et Thierry II (roi de Bourgogne) en avait 9.

FAITS CONTEMPORAINS.

Embrasement qui consume la ville de Paris (589).

Les Basques s'établissent dans la province de la Gaule qui depuis fut appelée Gascogne (593).

Héraclius, préfet de l'Afrique, s'empare de Constantinople et se fait couronner empereur (610).

Mahomet commence, dit-on, à enseigner ses erreurs (612).

Les Perses ravagent la Palestine, prennent Jérusalem, et enlèvent la croix de Notre-Seigneur qu'ils emportent en Perse (613).

Usage en Bourgogne de cloches pour les églises (615).

58 DAGOBERT Ier, 11e. Roi. 7e. siècle.

1re. Dynastie. — MÉROVINGIENS.

DAGOBERT Ier.

Multi post bella triumphi.

Après tant de combats couronnés par la gloire,
Qu'il est doux de jouir des fruits de la victoire!

DAGOBERT Iᴇʀ, 11ᵉ. ROI.

Fils de Clotaire II et de Bertrude.

Monte sur le trône en 628, âgé de 26 ans ; règne 10 ans ; meurt en 638, à l'âge de 36 ans.

Quand *parvint-il à la couronne ?*
L'an 628, à l'âge de 26 ans.
Quelle fut la conduite de ce prince ?
Il s'occupa d'abord des affaires de l'état, et fit rendre justice aux peuples opprimés ; mais dans la suite il devint étranger au bonheur de ses sujets, et fut l'esclave de ses passions. C'est ainsi que pour fournir à ses débauches et les expier par de pieuses fondations, il écrasa le peuple d'impôts, et augmenta par sa mauvaise conduite l'autorité des maires du Palais, qui s'accrut encore pendant la minorité de ses enfans.
Quels sont les faits remarquables de ce règne ?
Dagobert fit monter le seigneur espagnol Sisenand, sur le trône auquel il était appelé par le vœu de la nation (631). Il défit les Bretons et les Gascons qui s'étaient révoltés, et pacifia le royaume. Saint-Eloi engagea leur roi Judicael à reconnaître l'autorité du souverain, et y parvint.
Quelle église fut fondée par Dagobert en 630 ?
L'abbaye de Saint-Denis qu'il enrichit de dons précieux, et que, suivant quelques historiens, il fit couvrir de lames d'argent. Quelques-uns croient qu'il y mit l'oriflamme.

DAGOBERT Ier, 11e. Roi. 7e. siècle.

Où et en quelle année mourut-il ?

A Epinay-sur-Seine, près de St-Denis, l'an 638, âgé d'environ 36 ans. Il fut le premier roi enterré à l'abbaye de St-Denis.

Qu'était-ce que l'oriflamme déposée dans cette abbaye ?

C'était une espèce de bannière appartenant à l'abbaye de Saint-Denis, comme en avaient la plupart des autres églises ; elle était de soie couleur de feu, décorée de trois queues ou fanons, et entourée de houppes de soie verte. Quelques-uns ont dit qu'elle était semée de flammes d'or, d'où elle avait tiré son nom. Elle était dans l'abbaye, suspendue au-dessus du tombeau de Saint-Denis ; le soin en était confié aux comtes de Vexin, pour défendre les biens de l'église et le monastère de Saint-Denis.

En quoi différait-elle de la bannière ?

En ce que celle-ci était de velours violet ou bleu céleste, ayant deux endroits semés de fleurs de lis, et était carrée, sans aucune découpure par le bas, ainsi que les autres bannières ; au lieu que l'oriflamme était attachée au bout d'une lance comme un gonfalon.

Quel fut le premier roi qui s'en servit ?

On ne trouve point que nos rois se soient servis de l'oriflamme avant Louis VI, dit le Gros, qui était maître du Vexin. Nos rois se servirent depuis de l'oriflamme, lorsqu'ils allaient à quelques grandes expéditions de guerre ; ils la recevaient des mains de l'abbé de Saint-Denis, après avoir communié à Notre-Dame de Paris et à Saint-Denis, étant à genoux, sans chapeau ni ceinture. Les comtes de Vexin avaient droit de la porter, comme étant les premiers vassaux de Saint-Denis. Le roi la portait quelquefois autour de son cou sans la déployer ; car on ne la déployait jamais en vain. Ce fut à la bataille d'Azincourt que l'oriflamme parut pour la

DAGOBERT I‹er›, 11e. Roi. 7e. siècle.

dernière fois; et l'on donne pour preuve de ce rapport, que Charles VII ne put aller la prendre à Saint-Denis, dont les Anglais étaient alors les maîtres. Ses successeurs négligèrent cette bannière, qui demeura ainsi ensevelie dans l'oubli.

Que dit-on de St-Eloi, ministre de Dagobert?

Voici ce qu'en rapportent les historiens : c'était un personnage que sa vertu faisait aimer de tout le monde, et que son génie rendait capable de tout. Il avait appris le métier d'orfévre, et y excellait. Il a fait, entr'autres ouvrages précieux, la châsse de Sainte-Geneviève. Il fut surintendant des monnaies de France. Mais sa piété augmentant avec sa fortune, il se dépouilla de toutes ses richesses en faveur des pauvres, lorsqu'il fut fait évêque de Noyon.

FAITS CONTEMPORAINS.

Mahomet s'empare de la Mecque, et ensuite de presque toute l'Arabie (629). Il meurt à Médine, âgé de 63 ans, et Aboubekre son beau-père, qui lui succède, publie le Coran (632). C'est encore à cette année que les Perses font commencer leur ère.

Edwin, roi des Anglais, est tué dans une bataille par les Bretons (633).

Les Sarrasins deviennent maîtres de presque toute la Perse (637).

Ils s'emparent de Jérusalem et d'Antioche (638).

Premier usage des chars, qui sont d'abord traînés par des bœufs, et dans la suite par des chevaux (638).

CLOVIS II, 12e. ROI.
Fils de Dagobert I et de Nantilde.

Monte sur le trône en 638, âgé de 4 ans; règne 18 ans; meurt en 656, à l'âge de 22 ans.

Quand *et à quel âge Clovis monta-t-il sur le trône?*

L'an 638, âgé d'environ quatre ans. Il fut mis sous la tutelle de Nantilde sa mère, qui gouverna avec Ega, maire du Palais, auquel succéda Erchinoald. L'Austrasie avait pour roi le faible Sigebert, frère de Clovis, et pour maire l'ambitieux Grimoald.

Fut-il marié?

Oui; il épousa Batilde, jeune Anglaise, dont il eut trois fils: Clotaire III, Childéric II et Thierry Ier.

Quelles furent les qualités de Clovis?

Il fut très-humain et très-charitable. Pendant une famine, il fit donner aux pauvres tout ce qu'il avait dans ses coffres; ensuite il fit enlever les lames d'or et d'argent qui couvraient les tombeaux de Saint-Denis et de ses compagnons, pour en distribuer le prix aux malheureux. Ce prince mourut en 656, âgé de 22 à 23 ans, après en avoir régné près de 18; il fut enterré à St-Denis.

FAITS CONTEMPORAINS.

Les Sarrasins brisent l'ancien colosse de Rhodes, que l'on regardait comme l'une des sept merveilles du monde. C'était une figure d'homme ou d'Apollon en bronze qui avait 105 pieds de hauteur; ses jambes étaient si hautes et si étendues que les vaisseaux passaient dessous (652).

CLOVIS II, 12ᵉ. Roi. 7ᵉ. siècle. 63

1ʳᵉ. Dynastie. — MEROVINGIENS.

CLOVIS II.

Vigili stant regna ministro.

Un ministre prudent fait le salut du trône :
Je dois au mien l'éclat dont brille ma couronne.

CLOTAIRE III, 13e. Roi. 7e. siècle.

1re. Dynastie. — MÉROVINGIENS.

CLOTAIRE III.

Caput submittimus uni.

Par les soins d'une mère instruit à gouverner,
Un ministre perfide a su me dominer.

CLOTAIRE III, 13e. ROI.

Fils de Clovis II et de Batilde.

Monte sur le trône en 656, âgé de 5 ans ; règne 14 ans; meurt en 670, à l'âge de 19 ans.

Quand *Clotaire III commença-t-il à régner ?*
L'an 656, à l'âge de cinq ans.
Qui eut le gouvernement pendant sa minorité?
La reine Batilde sa mère, qui gouverna l'état avec beaucoup de sagesse. Elle s'occupa avec un soin particulier de la religion, du bonheur de ses sujets, et de l'éducation de ses enfans. Elle fit nommer à l'évêché d'Autun le pieux et savant Léger, allié de la famille royale. L'église a reconnu cette princesse pour Sainte, à cause de sa rare vertu.
Fut-elle toujours régente ?
Lassée des violences qu'exerçait Ebroïn, maire du Palais, et ne pouvant y remédier, elle se retira à Chelles, près Paris, où elle fonda un monastère.
Comment se comporta ensuite Ebroïn ?
Profitant de l'extrême jeunesse du roi, il se rendit maître absolu du royaume, et exerça mille cruautés envers les Français et les étrangers. Clotaire mourut en 670, âgé d'environ 19 ans. On ignore le lieu de sa sépulture. Childéric son frère lui succéda, parce qu'il n'avait point laissé d'enfans.

FAITS CONTEMPORAINS.

L'empereur Constant fait mourir son frère Théodose (659).
Les Anglais envoient des présens au Pape (665).

CHILDÉRIC II, 14e. ROI.

Frère de Clotaire III.

Monte sur le trône en 670, âgé de 18 ans; règne 3 ans;
meurt en 673, à l'âge de 21 ans.

En *quel temps commença-t-il à régner ?*
L'an 670, après la mort de Clotaire III son frère. Il s'affermit sur le trône en renfermant dans un couvent Ebroïn, qui avait placé Thierry sur le trône, fit mettre Thierry dans l'abbaye de Saint-Denis, et resta paisible possesseur de la couronne.

Comment se conduisit-il ?
Tant qu'il suivit les conseils de Saint-Léger, évêque d'Autun, il gouverna avec sagesse, et réforma les abus; mais dès que ces conseils lui devinrent odieux, il passa sa vie dans la mollesse et dans la débauche. A ces vices il joignit la cruauté, et s'attira la haine de ses sujets. Il fit attacher le seigneur Bodillon à un poteau, et fouetter de verges.

Quelle vengeance Bodillon en tira-t-il ?
Il assassina Childéric près de Rouen, comme il revenait de la chasse, sans épargner dans sa fureur la reine Bilihilde son épouse, et son fils Dagobert.

Childéric laissa-t-il des enfans ?
Il laissa un fils nommé Daniel, qui échappa au massacre, et qui ne régna que long-temps après sous le nom de Chilpéric II.

Où fut-il enterré ?
Dans l'église de St-Germain-des-Prés, en 673.

FAITS CONTEMPORAINS.

Siége de Constantinople par les Sarrasins; leur armée est défaite, et leur flotte incendiée (672).

CHILDERIC II, 14e. Roi. 7e. siècle. 67

1re. Dynastie. — MÉROVINGIENS.

CHILDERIC II.

Claustro disclusimus hostes.

Renfermant dans un cloître Ebroïn et mon frère,
J'ai puni leur orgueil, et vain et téméraire.

68 THIERRY Ier, 15e. ROI. 7e. SIÈCLE.

1re. Dynastie. — MÉROVINGIENS.

THIERRY IER.

Dulcem mihi malo quietem.

Qu'un autre aux champs de Mars exerce sa valeur,
La douceur du repos fait mon plus grand bonheur.

THIERRY I{ᴇʀ}, 15ᵉ. ROI.
Frère de Childéric II.

Monte sur le trône en 673, âgé de 23 ans; règne 18 ans; meurt en 691, à l'âge de 41 ans.

Quand Thierry commença-t-il à régner ?
En 673, après la mort de Childéric II, son frère. Comme il ne fit rien pour sa gloire ni pour le bonheur de son peuple, il est le premier qui ait été mis au nombre des rois fainéans.

A qui donnez-vous le nom de rois fainéans ?
A ces princes qui furent incapables de régner, soit par leur extrême jeunesse, soit par leur faiblesse, et sous lesquels les maires prirent toute l'autorité.

Comment Ebroïn occupa-t-il de nouveau la place de maire du Palais ?
Sorti du couvent où il avait été relégué sous le règne précédent, il força Thierry à le reconnaître pour maire. Il fit périr St-Léger, que le roi avait appelé à la cour, et se porta à toute sorte de cruautés. Il fut assassiné, et la France délivrée de ce tyran.

Combien de temps a régné Thierry ?
Environ dix-huit ans. Il fut enterré dans l'abbaye de Saint-Wast d'Arras, qu'il avait fondée en 690.

Il laissa deux fils, Clovis III et Childebert II, qui lui succédèrent.

FAITS CONTEMPORAINS.

Invention par Callinique du feu grec ou grégeois, feu artificiel qui brûlait dans l'eau (685).

CLOVIS III, 16e. ROI.
Fils de Thierry I et de Clotilde.

Monte sur le trône en 691, âgé de 11 ans; règne 4 ans; meurt en 695, à l'âge de 14 à 15 ans.

QUAND *monta-t-il sur le trône?*
L'an 691, à l'âge de 11 ans.
Comment Pepin-le-Gros parvint-il à la mairie?
Pepin, que les Austrasiens avaient déjà reconnu pour leur duc, refusa de reconnaître Thierry pour son souverain. Thierry eut le courage de défendre les droits de sa couronne. On en vint aux mains: mais Pepin fut vainqueur, et s'empara de l'autorité sous le nom de maire du Palais.
Qu'est-ce que Pepin fit ensuite de remarquable?
Il dompta les Suèves et les Saxons, qui s'étaient révoltés.
Comment considérez-vous Pepin?
Comme un homme d'état et un vaillant guerrier, tout occupé du soin de faire respecter la France, et d'y rappeler l'ordre et la paix.
Clovis étant un prince nul, il doit être regardé comme le second roi fainéant.
Quelle fut la durée de son règne?
Quatre ans: il mourut âgé de 15 ans, et fut enterré à St-Etienne de Choisy-sur-Aisne en 695.

FAITS CONTEMPORAINS.

Justinien se propose de faire un massacre des habitans de Constantinople. Il est prévenu et déposé (695).
Premier usage des plumes à écrire (695).

CLOVIS III, 16ᵉ. Roi. 7ᵉ. siècle.

1ʳᵉ. Dynastie. — MEROVINGIENS.

CLOVIS III.

Socio confidimus uni.

Aux conseils de Pepin aussi bien qu'à son bras,
Ma gloire se remit du soin de mes états.

72 CHILDEBERT II, 17ᵉ. Roi. 7ᵉ. siècle.

1ʳᵉ. Dynastie. — MÉROVINGIENS.

CHILDEBERT II.

Nec tanti regnasse fuit.

Que sert le diadême et le titre de roi,
Quand, sur le trône assis, on ne fait pas la loi.

CHILDEBERT II, dit le JEUNE, 17e. ROI.

Frère de Clovis III.

Monte sur le trône en 695, âgé de 12 ans; règne 16 ans; meurt en 711, à l'âge de 28 ans.

QUAND *monta-t-il sur le trône?*
L'an 695, après la mort de Clovis III son frère.
Il fut nommé *le jeune* parce qu'il n'avait que douze ans quand il fut couronné. On lui donna aussi le surnom de *Juste*, parce qu'il entendait lui-même les causes de ses sujets, et qu'il les jugeait avec le plus grand discernement.

Que dites-vous de ce prince?
Il fut juste, pieux, bienfaisant et capable de gouverner; mais Pepin profita de son extrême jeunesse pour conserver en France une autorité absolue. Il y eut sous ce règne plusieurs expéditions militaires dont il n'est pas étonnant que le maire ait eu toute la gloire, puisqu'il était toujours à la tête de l'armée, et qu'il tenait le souverain relégué dans son palais. Les Frisons, qui s'étaient révoltés une seconde fois, furent vaincus et assujettis à un tribut. Les Allemands, unis aux Suèves, voulurent aussi secouer le joug. Williare leur duc fut défait et obligé de se soumettre.

Quand mourut Childebert?
L'an 711, à 28 ans. Il fut enterré, comme son frère, dans l'église de St-Etienne de Choisy-sur-Aisne.

FAITS CONTEMPORAINS.

Le Christianisme s'étend dans la Frise (698).
Gracus bâtit Cracovie, première ville de la Pologne. (700).

DAGOBERT II, 18e. ROI.
Fils de Childebert II.

Monte sur le trône en 711, âgé de 12 ans; règne 4 ans; meurt en 715, à l'âge de 16 à 17 ans.

Quand Dagobert II parvint-il à la couronne?
L'an 711, âgé d'un peu plus de douze ans; mais, comme son prédécesseur, il n'eut que le titre de roi.

Qui avait donc le gouvernement?
Pepin, avec la même autorité que sous Childebert.

Qu'arriva-t-il à la mort de Pepin?
Le royaume fut en proie à beaucoup de troubles, tandis que l'ordre et la tranquillité y avaient régné pendant l'espace de vingt-sept ans qu'il l'avait glorieusement gouverné.

Que fit ensuite Dagobert?
Il prit les rênes du gouvernement, leva des troupes, marcha contre les Austrasiens, et les tailla en pièces dans la forêt de Guise (aujourd'hui forêt de Compiègne); mais il ne sut ni tirer parti de ses succès, ni soutenir les droits de sa couronne. Il eut l'imprudence de laisser nommer maire Rainfroi, l'un des plus puissans seigneurs de la cour, qui prit la place de Pepin, et devint le maître de l'état.

Combien d'années a régné Dagobert II?
Quatre ans. Il mourut en 715, laissant un fils nommé Thierry II, qui ne fut roi que deux règnes après.

FAITS CONTEMPORAINS.

Artémius, secrétaire de Philippe, lui fait crever les yeux pendant qu'il dormait, et se fait déclarer empereur sous le nom d'Anastase (713).

DAGOBERT II, 18e. Roi. 8e. siècle. 75

1re. Dynastie. — MÉROVINGIENS.

DAGOBERT II.

Brevis mihi gloria regni.

A mon trône arraché par la commune loi,
J'ai joui peu de temps du bonheur d'être roi.

76 CLOTAIRE IV, 19°. Roi. 8°. siècle.

1re. Dynastie. — MÉROVINGIENS.

CLOTAIRE IV.

Magni dat nominis umbram.

Du peuple et de l'état, pour se rendre l'arbitre
Martel, de souverain, me donna le vain titre.

CLOTAIRE IV, 19e. ROI.
Prince peu connu.

Monte sur le trône en 717; règne 17 mois; meurt en 719.

Comment *parvint-il à la couronne ?*
Charles-Martel ayant vaincu, le 21 mars 717, Chilpéric II, fils de Childéric II, et successeur de Dagobert II, fit ensuite déclarer roi Clotaire IV, qui mourut en 719. Après la mort de ce fantôme de roi, Charles-Martel fit asseoir sur le trône Chilpéric II.

Dites-nous ce qu'était Charles-Martel ?
Charles, qui reçut dans la suite le surnom de Martel, était fils de Pepin d'Héristel et d'Alpaïde. Malgré l'opposition du maire Rainfroi, il fut reconnu duc d'Austrasie, et succéda à la puissance de son père, dont il suivit les traces dans la carrière militaire et politique.

Clotaire jouit-il long-temps du titre de roi ?
Environ dix-sept mois.

Les historiens ne disent point de qui il était issu; mais il est certain que c'était un prince du sang royal.

FAITS CONTEMPORAINS.

Les Sarrasins assiégent Constantinople, et sont repoussés. Léon brûle leur flotte avec du feu grégeois. La peste fait mourir près de 300 mille habitans de Constantinople (717).

CHILPÉRIC II, 20e. ROI.

Fils de Childéric II et de Blichilde.

Remonte sur le trône en 719, âgé de 49 ans ; règne 1 an ; meurt en 720, à l'âge de 50 ans.
Il avait régné 3 ans avant d'être vaincu par Charles-Martel.

De *qui Chilpéric II était-il fils ?*

De Childéric II. Avant qu'il fût roi, on le nommait Daniel. Ce fut Rainfroi, maire du Palais, qui le tira du cloître après la mort de Dagobert II, pour le placer sur le trône qui lui appartenait légitimement.

Que fit-il de remarquable ?

Il montra un courage qui doit le faire effacer du tableau des rois fainéans. Aidé de Rainfroi, il soutint ses prétentions les armes à la main. D'abord vainqueur, il fut ensuite vaincu deux fois par Charles-Martel, la première près de Cambrai, la seconde près de Soissons. Il fut obligé de se réfugier en Aquitaine. Après la mort de Clotaire IV, Charles-Martel le rétablit sur le trône, en conservant, sous le titre de maire du Palais, toute l'autorité royale.

Où mourut-il ?

A Noyon, l'an 720, et il fut enterré dans la même ville. Childéric III, son fils, ne monta sur le trône qu'en 724.

FAITS CONTEMPORAINS.

On introduit l'usage de la cavalerie sous Chilpéric II (720).
Les Sarrasins assiégent Toulouse (720).

CHILPÉRIC II, 20ᵉ. Roi. 8ᵉ. siècle.

1ʳᵉ. Dynastie. — MÉROVINGIENS.

CHILPERIC II.

Regnum mutabile sensi.

Roi banni, rappelé, mais toujours dans les fers,
Quel autre sur le trône eut de plus grands revers !

80 THIERRY II, 21e. Roi. 8e. siècle.

1re. Dynastie. — MÉROVINGIENS.

THIERRY II.

Regem minùs quàm fræna ministrat.
Pour amuser le peuple, en lui donnant un roi,
Martel me mit au trône, et fut plus roi que moi.

THIERRY II, 21e. ROI.
Fils de Dagobert II.

Monte sur le trône en 720, âgé de 6 à 7 ans ; règne 17 ans ; meurt en 737, à l'âge de 23 ans.

Où était Thierry avant de monter sur le trône ?
A l'abbaye de Chelles, d'où Charles-Martel le tira et l'éleva sur le trône l'an 720.

Que fit sous ce règne Charles-Martel ?
Il se rendit de jour en jour plus célèbre par la sagesse de son administration et par ses exploits. Il gagna sur les Sarrasins la bataille de Tours, où Abdérame, leur roi, périt avec la plus grande partie de son armée. Il dompta ensuite les Frisons, et réunit leur pays à la couronne. Les Sarrasins avaient fait une irruption en Provence, et s'étaient rendus maîtres de plusieurs places ; Charles-Martel les chassa entièrement de la France. Ce fut la victoire de Tours qui valut à Charles le surnom de Martel, parce qu'il avait écrasé les forces des ennemis, de même qu'un marteau brise le fer.

Les historiens sont-ils d'accord sur son mérite ?
Oui, l'histoire ne lui reproche aucun crime, aucun excès. Il fut aussi sage politique que vaillant guerrier. Il jouit en paix de la soumission de toute l'Europe, due à la renommée de sa valeur. En chassant les Sarrasins, il y conserva la religion chrétienne, qui aurait cessé d'être la religion des Français sous la puissance de ces barbares.

Quand mourut Thierry II ?
L'an 737, âgé d'environ 23 ans ; il fut enterré à St-Denis. Charles-Martel continua de régner sous le titre de duc des Français, sans nommer un nouveau roi. Le temps que le trône fut vacant, est ce qu'on appelle l'*interrègne*, qui dura près de 5 ans.

CHILDÉRIC III, 22ᵉ. ROI.

Fils de Thierry II.

Monte sur le trône en 742 ; règne 9 ans ; est détrôné, et meurt en 754.

Quand *commença-t-il à régner ?*
L'an 742. Il était fils de Thierry II.
Quelle perte avait faite la France ?
Charles-Martel était mort à Crécy-sur-Oise en 741, près Noyon, âgé de cinquante-trois ans. Il fut enterré à Saint-Denis avec beaucoup de pompe.
Comment se conduisit Childéric ?
Il ne fit rien pour soutenir les droits de sa couronne. Pepin, fils de Charles-Martel, et héritier de sa puissance, mais plus ambitieux, profita de la conjoncture. Childéric fut détrôné, rasé, et renfermé dans l'abbaye de St-Bertin en Artois, où il mourut en 754.
Combien a duré cette première dynastie ?
Trois cent trente-un ans, depuis l'avénement de Pharamond en 420, et deux cent soixante-dix ans depuis celui de Clovis-le-Grand.
Quelles furent les causes de sa chute ?
L'incapacité de la plupart de ses derniers rois, et l'excessive puissance des maires, qui en profitèrent pour s'élever au trône. Les plus remarquables sont : Pepin-le-Gros, autrement Héristel ; Charles-Martel son fils, et Pepin-le-Bref.

FAITS CONTEMPORAINS.

L'ère chrétienne employée dans les actes publics en France (743).

FIN DE LA PREMIÈRE DYNASTIE.

CHILDÉRIC III, 22ᵉ. Roi. 8ᵉ. siècle.

1ʳᵉ. Dynastie. — MÉROVINGIENS.

CHILDÉRIC III.

Et reges ferit inclementia sortis.

Le sort capricieux partout frappe sans choix,
Et son ordre insolent fait et défait les rois.

84 PEPIN-LE-BREF, 23ᵉ. Roi. 8ᵉ. siècle.

1ʳᵉ Dynastie. — CARLOVINGIENS.

PÉPIN-LE-BREF.

Merui regnare vocatus.

Si la France m'élève au trône de ses rois
Ma valeur justifie et confirme son choix.

SECONDE DYNASTIE.

CARLOVINGIENS. — 13 Rois dont 5 Empereurs.

(751 à 987.)

Cette dynastie, qui a donné cinq empereurs à l'Allemagne, et treize rois à la France, prit son nom de Charlemagne, parce qu'il en fut le prince le plus illustre ; elle commença l'an 751. On remarque que, semblable à la première, elle eut de beaux commencemens et une fin malheureuse, que Charles de Lorraine, son dernier rejeton, fut privé de la couronne comme l'avait été Childéric, et qu'elle eut aussi plusieurs princes ineptes.

PEPIN, dit le BREF, 23e. ROI.

Fils de Charles-Martel.

Monte sur le trône en 751, âgé de 37 ans ; règne 17 ans ; meurt en 768, à l'âge de 54 ans.

Quel *a été le premier roi de cette dynastie ?*
Pepin-le-Bref, ainsi surnommé à cause de sa petite taille.

Que fit-il en montant sur le trône ?
Il ajouta la cérémonie du sacre au couronnement, pour imprimer à la royauté un caractère plus auguste. Il fut sacré dans la cathédrale de Soissons, par Boniface, archevêque de Mayence, qui l'oignit de l'huile bénite, à la manière des rois d'Israël, afin que cette parole de Dieu, *ne touchez point à mes oints*, servît de bouclier à sa personne et à ses descendans. Depuis Pepin, cette cérémonie a toujours eu lieu à l'inauguration des rois de France.

PEPIN-LE-BREF, 23ᵉ. Roi. 8ᵉ. siècle.

Quelles furent ses premières expéditions ?

Il défit les Saxons qu'il rendit tributaires ; et quelque temps après, il contraignit Astolphe, roi des Lombards, de lever le siége de Rome, et de faire la paix aux conditions qu'il lui imposa en faveur du pape Etienne III, qui était venu en France demander le secours du roi. Pour prix de ce service, le pape le déclara le défenseur de l'église romaine.

Quels furent les derniers exploits de Pepin ?

Il chassa les Sarrasins de Narbonne, dont ils avaient été long-temps les maîtres ; et, quelques années après, il vainquit Waifle ou Gaifre, duc d'Aquitaine, après avoir pris plusieurs places, et ravagé tout le pays qu'il possédait. Le résultat de tant de conquêtes fut la réunion à la France de la Gothie ou Languedoc, et de l'Aquitaine.

Quel trait de courage fit-il ?

Assistant à un combat de bêtes féroces, il dit à quelques seigneurs de faire lâcher prise à un lion furieux qui tenait un taureau par le cou ; aucun d'eux n'ayant voulu s'exposer à un si grand danger, il s'élança à l'instant dans l'arène, et d'un coup de sabre coupa la tête au lion.

Où et quand mourut Pepin ?

Il mourut à St-Denis, le 24 septembre 768 ; il fut enterré à la porte de l'église de cette ville, ainsi qu'il l'avait demandé, le visage contre terre et dans la position d'un pénitent.

Laissa-t-il des successeurs ?

Il laissa de Berthe, sa femme, Charlemagne et Carloman ; le premier eut la Neustrie et la Bourgogne, et le second l'Austrasie.

Quel est le portrait de Pepin ?

Il eut toutes les qualités civiles et militaires ; il ne lui manqua que d'être né sur le trône : il fut ambitieux, mais prudent. Il fit si bien, par sa conduite, par l'éclat de ses victoires, et par la protection qu'il accorda à la religion, qu'il fit oublier son usurpation.

Que remarqua-t-on encore sous son règne?
La main de justice portée pour la première fois comme attribut de justice, et les cours plénières tenues par les rois pendant les fêtes de Noël et de Pâques. Les monarques y paraissaient *superbement vêtus, la couronne sur la tête.* Ils recevaient splendidement les grands seigneurs, qu'ils défrayaient magnifiquement, et auxquels ils *livraient* même de riches habillemens, d'où est venu le mot de *livrées*.

FAITS CONTEMPORAINS.

Etienne II ou III est mis sur le Saint-Siège. Il est le premier pape qui ait été porté sur des épaules d'hommes, et qui ait donné lieu à cette coutume (752).

On commence à faire usage des étoffes de soie et des fourrures (756).

Premières orgues qui aient paru en France; elles furent envoyées par Constantin, empereur d'Orient (758).

L'anti-pape Constantin est obligé d'abdiquer la papauté; on lui crève les yeux, puis on l'empoisonne (768).

88 CHARLEMAGNE, 24ᵉ. Roi. 8ᵉ. siècle.

2ᵉ. Dynastie. — CARLOVINGIENS.

CHARLEMAGNE.

Consilio magnus quis major in armis ?
Politique profond et brave conquérant,
　Aux yeux de l'univers quel autre fut plus grand ?

… CHARLEMAGNE, 24e. Roi. 8e. siècle. 89

CHARLES Ier ou CHARLEMAGNE,
24e. ROI.

Fils de Pepin et de Berthe.

Monte sur le trône en 768, âgé de 26 ans; règne 46 ans;
meurt en 814, à l'âge de 72 ans.

Quand *fut-il couronné ?*

L'an 768, à Noyon; il était né à Ingelheim, près de Mayence, l'an 742. Il devint maître de la monarchie par la mort de son frère Carloman, l'an 771.

Quels sont les exploits de Charlemagne ?

Après avoir vaincu deux fois les Saxons sans pouvoir les dompter, il marche au secours du pape Adrien Ier contre Didier, roi des Lombards, qui voulait s'emparer de l'Italie, taille son armée en pièces, le fait prisonnier, se fait couronner roi de Lombardie, et met ainsi fin à la domination des Lombards, qui avait duré 206 ans (778).

Que fit-il ensuite ?

Il entreprit une expédition en Espagne, dans laquelle, après s'être mis en possession de Saragosse, il rasa les murs de Pampelune; mais de nouvelles révoltes le rappelant en Saxe, Loup, duc de Gascogne et les Navarrois tombèrent sur son arrière-garde et la battirent à Roncevaux. Ce fut à cette bataille que périt le fameux Roland son neveu, que nos premiers romans ont rendu si célèbre.

Que faisaient les Saxons pendant ce temps ?

Ils ravageaient les frontières, brûlaient les églises ainsi que ceux qui s'y réfugiaient, massacraient même des partis entiers de soldats de l'armée française lorsqu'ils en trouvaient l'occasion.

Comment s'y prit Charlemagne pour mettre fin à tant de dévastations et de meurtres ?

Profondément irrité du massacre de ses sujets, il

fond sur les Saxons une troisième fois pour les châtier par un exemple terrible, et, après les avoir fait investir, il en fit mettre à mort 4500 des plus coupables. Cet acte cruel n'empêcha pas Witikind, célèbre général saxon, de fomenter de nouvelles révoltes, qui n'aboutirent qu'à faire écraser les siens après avoir été vaincus dans les batailles les plus sanglantes, ensuite desquelles Witikind lui-même embrassa, ainsi que tous les vaincus, la religion chrétienne; il déposa les armes (775) et fit hommage à Charlemagne.

Quelles conquêtes fit-il encore?

Après avoir conquis la Bohême, chassé les Danois, il prit la Hongrie, l'Autriche et la Bavière, d'où il rapporta des trésors immenses amassés par Attila, et étendit son empire jusqu'à la Baltique.

Que nous offre de remarquable l'an 800?

Le couronnement à Rome par Léon III de Charlemagne empereur d'Occident, au milieu de ces acclamations du peuple pendant la cérémonie : « Vie
» et victoire à Charles-Auguste, grand et pacifique
» empereur des Romains, couronné des Romains! »

Que fit Charlemagne en faveur des sciences ?

Il fit venir en France plusieurs savans, entre autres Alcuin, moine anglais qui l'aida à fonder plusieurs écoles publiques où l'on enseignait la grammaire, le calcul et le chant d'église. On doit encore à ce roi l'usage de compter par livres, sous et deniers, remplacé en 1793 par le calcul décimal. Sous son règne, la langue latine fit place à la langue romance.

Quel est l'éloge de ce prince?

Intrépide et heureux guerrier, il n'en fut pas moins un sage législateur; il pensait qu'il faut des lois pour gouverner, et que la force ne sert qu'à vaincre. Il dressa à Aix-la-Chapelle ces fameux Capitulaires, dont plusieurs ont été renouvelés par

CHARLEMAGNE, 24e. Roi. 9e. siècle.

Louis XIV. Il remplit le monde du bruit de sa gloire, éleva la France au plus haut degré de puissance, et la rendit heureuse sous son règne, et même respectable après sa mort. Il aima, cultiva et protégea les lettres et les arts. Les travaux du cabinet et les fatigues de la guerre ne l'empêchèrent pas de s'occuper avec soin de l'église et de la religion, et d'étendre sa surveillance dans l'intérieur de sa famille. Il fut animé d'une véritable piété et d'une grande charité. Pascal III l'a placé au rang des Saints.

Quelles étaient ses qualités physiques?

Ce prince était de la plus haute taille, avait les yeux pleins de feu, un visage gai et ouvert, l'extérieur le plus majestueux, la démarche noble et aisée. Il était l'homme le plus fort et le plus adroit de son temps. Il ne quittait jamais son épée dont il scellait quelquefois les traités avec le pommeau, en disant : « Je l'ai scellé du pommeau, je le sou-
» tiendrai avec la pointe. »

Où résidait Charlemagne?

A Aix-la-Chapelle, qu'il choisit pour sa capitale, où il mourut en 814, âgé de 72 ans; et y fut enterré dans l'église de Notre-Dame. Il laissa plusieurs enfans. Son fils Louis Ier lui succéda.

FAITS CONTEMPORAINS.

Incendie, à Constantinople, qui consume le palais du patriarche, dans lequel on gardait toutes les œuvres de St-Chrysostôme, écrites de sa propre main (790).

Aaron, roi des Perses, envoie de magnifiques présens à Charlemagne, et lui fait cession des lieux Saints, ou du St-Sépulcre de Jésus-Christ à Jérusalem, et de la première horloge sonnante en France (809).

LOUIS IER, dit le DÉBONNAIRE, 25e. ROI.

Fils de Charlemagne et d'Hildegarde.

Monte sur le trône en 814, âgé de 36 ans; règne 26 ans; meurt en 840, à l'âge de 62 ans.

En quel temps monta-t-il sur le trône ?
L'an 814. Il fut surnommé le Débonnaire à cause de sa bonté.

Quels sont les événemens de ce règne ?
Il n'y eut point de guerres étrangères ; mais une infinité de divisions intestines, par l'extrême facilité du roi à pardonner à ses enfans, qui le firent enfermer deux fois ; la première, dans l'abbaye de St-Médard de Soissons, en 830, d'où il sortit la même année ; la seconde fois, en 833, dans la même abbaye, d'où il sortit encore quelques mois après.

Où mourut ce prince ?
Il mourut de chagrin près de Mayence, âgé de 62 ans, après en avoir régné 26, et fut enterré à Metz, dans l'abbaye de St-Arnould. Ce prince, très-savant pour son temps, était versé dans la connaissance des lois. Le partage de ses états entre ses quatre fils prépara la ruine de l'empire français, qui embrassait presque toute l'Europe sous Charlemagne.

Combien a-t-il eu de femmes ?
Deux : Ermengarde, dont il eut trois fils et trois filles ; et Judith de Bavière, dont il eut Charles-le-Chauve qui fut roi de France.

FAITS CONTEMPORAINS.

Les Sarrasins s'emparent de l'île de Crète, et y bâtissent Candie (823).
Egbert-le-Grand prend le titre de roi d'Angleterre (828).
Etablissement de la Fête de tous les Saints (835).
Commencement du royaume de Navarre (835).

LOUIS Ier, 25e. Roi. 9e. siècle. 93

2e. Dynastie. — CARLOVINGIENS.

LOUIS IER, DIT LE DÉBONNAIRE.

Bis cado, bisque resurgo.

De mon trône, deux fois, par mes fils renversé,
Deux fois, en dépit d'eux, je m'y vis replacé.

94 CHARLES II, 26e, Roi. 9e. siècle.

2e. Dynastie. CARLOVINGIENS.

CHARLES II, DIT LE CHAUVE.

Nec pugnare aut vincere doctus.
Inhabile aux combats, peu sensible à la gloire,
Des Normands contre moi je hâtai la victoire.

CHARLES II, dit le CHAUVE, 26º. ROI.

Fils de Louis I et de Judith.

Monte sur le trône en 840, âgé de 17 ans; règne 37 ans; meurt en 877, à l'âge de 54 ans.

Que fit Charles II en montant sur le trône?

Il livra à Lothaire la bataille de Fontenay, village à 8 lieues d'Auxerre. Charles-le-Chauve, qui avait réuni ses forces aux troupes de Louis de Bavière son frère, y remporta, en 841, une victoire complète sur l'empereur Lothaire son frère aîné. Cette journée fut si meurtrière, qu'on prétend qu'il y périt cent mille hommes. Cette bataille ne produisit aucun fruit, parce que les vainqueurs ne surent pas profiter de leur victoire.

Les incursions des Normands ne commencèrent-elles pas sous ce règne?

Oui: les Normands (hommes du Nord) étaient sortis de la Scandinavie (aujourd'hui la Suède, la Norwége et le Danemarck). On ne saurait sans frémir raconter les ruines, les meurtres et les embrasemens que ces barbares firent en France sous le règne de Charles-le-Chauve. La nécessité les forçait à sortir de leur pays pour chercher ailleurs leur subsistance; car de cinq ans en cinq ans, le Nord, surchargé d'habitans, chassait de son sein une armée de jeunes gens sous la conduite d'un chef de leur nation. Le désir du butin et de la gloire les jetait sur les plus riches provinces, et, joint au faux zèle de leur religion impie et brutale, il les rendait cruels et sanguinaires, surtout envers le clergé. Il n'y eut pas en France une église ni un monastère qu'ils ne pillèrent ou détruisirent; pas une ville qui ne fût rançonnée, livrée au pillage ou

CHARLES II, 26e. Roi. 9e. siècle.

aux flammes. Charles en leur offrant de l'or pour obtenir la paix, leur donna au contraire les moyens et un appât pour lui faire la guerre. Tous les ans ces barbares infestaient les côtes de France.

Quel homme célèbre se distingua à cette époque ?

Robert-le-Fort, qui fut tué en combattant contre les Normands. Il avait obtenu le gouvernement de ce qu'on appelait alors le duché de France. Il fut père du roi Eudes, et bisaïeul de Hugues-Capet.

Quel avantage obtient Charles II en 869 ?

Il fit la conquête de la Lorraine, qu'il fut obligé de partager avec Louis-le-Germanique; il s'empara aussi du royaume de Provence qui avait appartenu à Charles son neveu, mort sans enfant.

Quelle action barbare commit-il en 873 ?

Son fils Carloman ayant formé deux conspirations contre lui, Charles le fit d'abord emprisonner; mais la seconde fois il lui fit crever les yeux et l'enferma pour le reste de ses jours dans une prison étroite.

A quelle époque fut-il couronné empereur ?

Il passa en Italie l'an 875, et, étant allé à Rome, il y reçut de la main du pape la couronne impériale avec une grande solennité. Il fut qualifié, ainsi que Pepin, de roi très-chrétien : titre qui ne commença à devenir propre aux rois de France qu'à partir de Louis XI.

Où mourut-il ?

En repassant les Alpes, en 877, il fut empoisonné par un juif nommé Sédécias, son médecin. Il fut enterré à Nantua (Ain), âgé de 54 ans. On l'a depuis transféré à St-Denis, où il avait désiré être inhumé.

Quelle institution lui attribue-t-on ?

Suivant les chroniques de ce temps, Saint-Denis est redevable à ce roi de la foire de *Landy* ; mais l'abbé Le Beuf a reconnu que cette foire était appelée originairement l'*Indict*, parce que c'était

le temps *indict* ou ordonné pour aller visiter les reliques de la célèbre abbaye de St-Denis.

Quel jugement doit-on porter de ce prince ?
Il fut vain, moins brave qu'artificieux, entreprenant, mais incapable de soutenir ses entreprises. Sans discernement dans le choix des sujets pour les places, il vit plusieurs fois l'état exposé aux plus grands dangers, qu'il aurait pu prévenir avec plus d'énergie et de prévoyance ; il ne sut ni se faire aimer, ni se faire craindre de ses sujets, et porta un coup funeste à l'autorité royale en rendant les dignités et les titres héréditaires dans son royaume.

FAITS CONTEMPORAINS.

Ramire, roi d'Espagne, tue plus de 70 mille Sarrasins (844).
Le pape Léon IV fait fortifier Rome à l'approche des Sarrasins ; leur flotte est dispersée (849).
Les Anglais gagnent la sanglante bataille d'Ockley contre les Danois (852).
Rurik est reconnu premier prince de la Russie. C'est de lui que sont descendus tous les grands-ducs et czars, jusqu'en 1598 (861).

98 LOUIS II, 27ᵉ. Roi. 9ᵉ. siècle.

2ᵉ. Dynastie. — CARLOVINGIENS.

LOUIS II, DIT LE BÈGUE.

Per discrimina regno.

Malgré des mécontens les projets téméraires,
Je parvins à m'asseoir au trône de mes pères.

LOUIS II, dit le BÈGUE, 27e. ROI.

Fils de Charles II et d'Ermentrude.

Monte sur le trône en 877, âgé de 33 ans; règne 2 ans; meurt en 879, à l'âge de 35 ans.

Quand *commença-t-il à régner ?*
En 877, âgé de trente-trois ans. Il n'est point compté au nombre des empereurs d'Occident, quoiqu'il ait été couronné dans la ville de Troyes par le pape Jean VIII, qui s'y était réfugié pour éviter les persécutions de Lambert, duc de Spolette. Suivant toutes les apparences, ce titre ne fut porté par personne jusqu'en 881, qu'il fut donné à Charles-le-Gros.

Cet empire appartenait-il aux Français ?
Oui, parce qu'il avait été fondé par Charlemagne son bisaïeul, et que l'empire était dépendant de la monarchie française.

Louis II laissa-t-il des enfans ?
Il eut d'Ansgarde Louis et Carloman, qui lui succédèrent ; et d'Adélaïde, Charles-le-Simple, qui ne monta sur le trône que trois règnes après.

Quand et à quel âge mourut-il ?
L'an 879, à 35 ans, après en avoir régné deux ; il fut enterré à Compiègne, dans l'église de St-Corneille. Près de mourir, il envoya par l'évêque de Beauvais et par un comte la couronne et les ornemens royaux à son fils Louis, avec l'ordre de se faire sacrer au plus tôt.

FAITS CONTEMPORAINS.
Boson fonde le royaume de Bourgogne cisjurane (879).

100 **LOUIS III et CARLOMAN**, 28ᵉ Roi. 9ᵉ siècle.

Le trône qui jamais ne souffrit de partage,
Nous vit régner ensemble, et régner sans ombrage.

LOUIS III ET CARLOMAN, 28ᵉ. ROI.

Fils de Louis-le-Bègue et d'Ansgarde.

Montent sur le trône en 879; Louis règne 3 ans; meurt en 882. — Carloman règne 5 ans; meurt en 884.

Qui régna après la mort de Louis-le-Bègue?
Louis III et Carloman, qui gouvernèrent l'état dans une parfaite intelligence. Ils gagnèrent une sanglante bataille contre les Normands, près de la rivière de Vienne. Quelque temps après, Louis III en tua neuf mille près d'Amiens; mais, saisi d'une terreur panique, il ne put profiter de sa victoire; il recula, et les barbares pillèrent comme auparavant.

Quand mourut Louis III?
L'an 882. Ce prince mourut sans postérité, après un règne de trois ans, et fut enterré à St-Denis.

Que fit Carloman après la mort de Louis III?
Ce prince, qui assiégeait Vienne en Dauphiné, laissa le commandement de l'armée au comte Richard, qui s'empara de cette place, et fit prisonnières la femme et la fille de Boson. Carloman marcha ensuite contre les Normands qui étaient descendus par l'embouchure de la Somme; mais il se vit forcé de traiter avec eux.

En 882, la France perdit le célèbre Hincmar, archevêque de Reims.

Quel accident enleva Carloman à la France?
Étant à la chasse il fut blessé par un sanglier, et mourut sans postérité; il fut enterré à St-Denis en 884, dans le même tombeau que son frère.

Les Normands rentrèrent en France après sa mort; mais ils en furent chassés par la valeur de Hugues.

102 CHARLES-LE-GROS, 29ᵉ. Roi. 9ᵉ. SIÈCLE.

2ᵉ. Dynastie. — CARLOVINGIENS.

CHARLES-LE-GROS.

Ter rex, et denique nullus.

Par trois peuples, ce roi par trois fois couronné,
Fut de tous ses sujets enfin abandonné.

CHARLES, dit le GROS, 29ᵉ. ROI.

Fils de Louis-le-Germanique.

Monte sur le trône en 884, âgé de 49 ans; règne 4 ans; meurt en 888, à l'âge de 53 ans.

―――

Quand commença-t-il son règne ?
L'an 884, âgé de 49 ans.

Pourquoi ne l'appelez-vous pas Charles III?
Parce qu'on a prétendu que son règne fut une simple régence pendant la minorité de Charles-le-Simple. D'ailleurs, si l'on plaçait ce prince dans l'ordre numérique des Charles, il y en aurait onze au lieu de dix.

Comment parvint-il à la couronne ?
Elle appartenait à Charles-le-Simple; mais l'abbé Hugues, son tuteur, appela au trône de France Charles-le-Gros, qui avait été nommé empereur (880) trois ans auparavant.

Quelle remarque faites-vous sur ce prince ?
Il réunit presque autant d'états que Charlemagne; mais c'était un nain qui portait sur ses épaules le Mont-Atlas; il fut accablé, et succomba contre les efforts de tant d'ennemis.

Quelles causes donnèrent lieu au siége de Paris ?
Charles, sous prétexte de confirmer les traités existans avec les Normands, attire un des principaux chefs dans une embuscade, et le fait massacrer avec les seigneurs qui l'accompagnaient. Cette perfidie porta l'indignation à un si haut point que des armées entières vinrent pour venger la mort de leurs compatriotes.

CHARLES-LE-GROS, 29ᵉ. Roi. 9ᵉ. siècle.

Le siége de Paris étant un des évènemens les plus mémorables du neuvième siècle, entrez dans quelques détails ?

Les Normands, sous la conduite de Rollon leur chef, étaient revenus en si grand nombre, que la Seine était couverte de barques et de bateaux dans l'espace d'environ deux lieues. Après avoir pris et brûlé Pontoise, ils marchèrent contre Paris. N'ayant pu s'en emparer par surprise, ils en firent le siége. Cette ville n'avait alors d'autre étendue que la Cité, et était ainsi environnée de la rivière. Il n'y avait que deux ponts de bois pour y pénétrer, l'un appelé à présent le Pont-au-Change, et l'autre le Petit-Pont, tous les deux défendus par une grosse tour; mais la meilleure défense était dans le courage de ses braves habitans. Les barbares assiégèrent cette ville pendant trois ans. Gosselin, évêque de Paris, anima les habitans par son courage, et voulut partager tous les périls. L'abbé Ébon, son neveu, marcha sur ses traces. Eudes, comte de Paris, depuis roi de France, fils de Robert-le-Fort, se couvrit de gloire. Charles-le-Gros vint lui-même au secours de Paris ; mais instruit que les Normands l'attendaient dans leurs retranchemens, il fut assez faible pour acheter la levée du siége de Paris, au lieu de se joindre aux assiégés pour exterminer les ennemis.

Qu'arriva-t-il après le siége de Paris ?

Charles-le-Gros tomba dans une extrême faiblesse d'esprit ; il devint chagrin et rêveur. Abandonné de tous ses sujets, il se vit réduit à la condition de simple particulier ; il fut déposé solennellement de la dignité impériale. Arnould, bâtard de l'empereur Carloman, lui succéda à l'empire, au préjudice de Charles-le-Simple (fils posthume de Louis-le-Bègue), qui se vit exclus de tous les trônes, à cause de son extrême jeunesse, et qui ne parvint à la couronne qu'après la mort d'Eudes.

CHARLES-LE-GROS, 29ᵉ Roi. 9ᵉ siècle.

Où fut relégué Charles-le-Gros ?

Dans un village de Souabe, absolument délaissé, sans un valet pour le servir, sans un denier pour vivre, et réduit à recourir aux aumônes de l'archevêque de Mayence. Il y mourut de chagrin en 888, et fut enterré dans l'abbaye de Richenaw, dans une île du lac de Constance.

Faites le portrait de Charles-le-Gros ?

Charles était petit, avait les jambes torses, et un embonpoint excessif. Cette obésité le rendait lent et peu propre aux opérations militaires. Son esprit était borné, son caractère ombrageux et défiant. Il était tourmenté d'un mal de tête habituel qui dégénéra à la fin en une démence dont il eut de fréquens accès.

Combien de rois de France de cette dynastie furent empereurs ?

Il y en eut cinq : Charlemagne, Louis-le-Débonnaire, Charles-le-Chauve et Charles-le-Gros. (Pour le cinquième, *voyez* Louis II, p. 98.)

FAITS CONTEMPORAINS.

Les Sarrasins brûlent le monastère du Mont-Cassin, et font mourir Berthaire qui en était abbé (884).

Mort de l'empereur Basile ; son fils Léon VI ou le Philosophe lui succède (886).

Etienne, son frère, est mis sur le siége de Constantinople la même année.

EUDES, 30e. ROI.
Fils de Robert-le-Fort.

Monte sur le trône en 888, âgé de 30 ans; règne 10 ans; meurt en 898, à l'âge de 40 ans.

COMMENT *parvint-il à la couronne?*
Les grands du royaume, effrayés de la situation de l'état, s'assemblèrent à Compiègne pour élire un roi capable de gouverner et de combattre. Le choix des seigneurs tomba sur Eudes, comte de Paris, qui s'était signalé à la défense de cette ville. Il fut proclamé roi dans l'assemblée de Compiègne, et sacré par Gautier, archevêque de Sens.

Que fit-il de glorieux?
Il remporta de grands avantages sur les Normands, et fut pourtant obligé de traiter avec eux.

Qu'arriva-t-il ensuite?
Plusieurs seigneurs, jaloux de voir Eudes sur le trône, prirent les armes en Neustrie, et formèrent un puissant parti en faveur de Charles-le-Simple. Eudes attaqua et battit son compétiteur. Après avoir montré qu'il était en état de se maintenir sur le trône, il voulut bien se prêter à des voies d'accommodement; il partagea le royaume avec Charles-le-Simple, qui avait déjà été reconnu roi dès 893.

Vécut-il long-temps après ce partage?
Non; il mourut à La Fère, âgé de 40 ans, après avoir régné glorieusement près de 10 ans: il fut enterré à St-Denis. Il ne laissa point de postérité, et la couronne rentra dans la famille de Charlemagne.

FAITS CONTEMPORAINS.
Commencement du royaume d'Aragon (894).
Mort de Guy, roi d'Italie. Son fils lui succède (894).

EUDES, 30º. ROI. 9º. SIÈCLE.   107

2º. Dynastie. — CARLOVINGIENS.

EUDES.

Summa petit livor.

La vertu la plus pure, et la plus belle vie,
Ne sont pas, sur le trône, à couvert de l'envie.

108 CHARLES III, 31e. Roi. 9e. siècle.

2e. Dynastie. — CARLOVINGIENS.

CHARLES III, DIT LE SIMPLE.

Quo nec sincerior alter.

Par trop de confiance et de simplicité,
Ce roi perdit son trône avec sa liberté.

CHARLES III, dit le SIMPLE, 31ᵉ. ROI.

Fils de Louis II et d'Adélaïde.

Monte sur le trône en 898, âgé de 19 ans; règne 25 ans; est détrôné en 923; meurt en 929, à l'âge de 50 ans.

Quand commença son règne ?
L'an 898; il fut surnommé le Simple à cause de la faiblesse de son esprit.

Quels en furent les premiers événemens ?
Charles-le-Simple commença à s'attirer le mépris de ses sujets, en faisant la paix avec le duc de Lorraine, sans tirer parti de ses avantages sur ce prince. Les Normands, profitant des divisions de la France et de la faiblesse du monarque, continuèrent leurs cruelles excursions. Ils brûlèrent le château de Tours et l'église de Saint-Martin. Deux ans après (905), ils prirent la ville de Rouen, à composition, sous le commandement de Raoul ou Rollon leur chef, y établirent leur demeure, et fortifièrent les châteaux des environs. Ils pillèrent et ravagèrent ensuite toutes les provinces voisines.

Comment se conduisit le roi ?
Incapable de faire face à un ennemi si redoutable, mais touché des représentations de ses sujets qui voulaient la paix à quelque prix que ce fût, il se résolut enfin, par la médiation de l'archevêque de Rouen, à conclure à Saint-Clair-sur-Epte (village à deux lieues de Gisors (Eure), ce fameux traité par lequel il donna à Rollon sa fille Giselle en mariage; et à titre de duché, la Neustrie, qui, du nom des Normands, fut appelée Normandie, sous

CHARLES III, 31ᵉ. Roi. 10ᵉ. siècle.

la condition expresse qu'il en ferait hommage, et qu'il se ferait chrétien.

Quel parti prit Rollon?

L'intérêt le décida ; il acquit une souveraineté, et de chef de pirates il devint un prince légitime : il se fit instruire, et reçut le baptême la veille de Pâques de l'an 912, il rendit hommage de la Neustrie au roi et épousa la princesse sa fille, qui vécut peu d'années, et dont il n'eut point d'enfans.

Rollon gouverna-t-il long-temps la Normandie?

Il ne vécut que cinq ans après cette cession, et les employa à donner de bonnes lois, à faire observer exactement la justice, et à rebâtir plusieurs églises. On dit que c'est de son nom qu'est venu l'usage, en Normandie, que celui à qui on veut faire tort crie *harol* ou *haro*. Quelques auteurs prétendent que Rollon est le fondateur de la cathédrale de Rouen, où il est enterré dans la chapelle de Saint-Romain. Il eut pour successeur Guillaume son fils, surnommé *Longue-Épée*.

Qu'arriva-t-il ensuite ?

Robert, comte de Paris, frère du roi Eudes, et grand-père de Hugues-Capet, se mit à la tête des mécontens, fut proclamé roi, et se fit couronner à Reims ; mais il ne jouit pas long-temps de son usurpation. Il fut tué dans une bataille qu'il livra à Charles, près de Soissons. Quelques historiens assurent qu'il y périt de la main du roi.

Charles put-il profiter de cet avantage?

Non ; Hugues-le-Grand rallia les troupes consternées de la mort de son père, et le roi fut battu et contraint de se sauver chez Herbert, comte de Vermandois, qui l'enferma au château de Péronne, où il mourut après six ans de captivité, en 929, âgé d'environ cinquante ans. Il fut enterré dans l'église de St-Fourcy de la même ville.

Combien Charles eut-il de femmes ?

Trois : il eut d'Ogine, sa troisième femme, un

fils nommé Louis d'Outremer, qu'elle emmena en Angleterre, auprès de son frère Athelstan, qui en était roi, pour le mettre à l'abri des attentats des rebelles, à qui ses droits pouvaient porter ombrage.

Qui succéda à Charles-le-Simple?

Raoul, duc de Bourgogne.

D'où vient que la couronne de Germanie sortit de la maison de France?

Par l'insouciance de Charles III qui, oubliant ses droits à l'élection de Conrad duc de Franconie, le laissa paisible possesseur d'un état devenu alors héréditaire comme en France. Ainsi s'écroula le vaste empire de Charlemagne, qui embrassait presque toute l'Europe.

FAITS CONTEMPORAINS.

Mort de l'empereur Arnould (899).

Edouard 1er succède à Alfred au royaume d'Angleterre (902).

Ere de la fondation de la ville de Calicut aux Indes, dans la presqu'île en-deçà du Gange (907).

Fin de la dynastie des Tam ou Tang à la Chine, après 290 ans de règne (907).

Mort de l'empereur Léon V. Son fils Constantin VII lui succède (911).

Mort de Conrad. Henri Ier, l'Oiseleur, lui succède (918).

Les Hongrois pillent l'Allemagne, entrent en Italie et brûlent Pavie (924).

RAOUL, DUC DE BOURGOGNE, 32e. ROI.
Beau-frère de Hugues-le-Grand.
Monte sur le trône en 923; règne 13 ans; meurt en 936.

Pourquoi *ce prince parvint-il à la couronne?*
(923). Parce que le trône ayant été offert à Hugues-le-Grand, qui avait remporté de grands avantages sur le roi Charles III, Hugues s'en rapporta au sentiment de sa sœur, qui choisit Raoul son mari pour s'y asseoir. Ce prince est considéré comme un usurpateur; mais il était digne de régner, par sa vertu et son courage.

Que fit-il pour se maintenir sur le trône?
Il distribua plusieurs domaines aux grands. C'est de cette époque qu'on peut dater l'établissement de ces petits états, qu'on nomma dans la suite les fiefs mouvans de la couronne. Le commencement de son règne fut fort agité; mais il triompha de ses ennemis.

Qu'a-t-il fait de glorieux?
Etant allé en Aquitaine, il sut qu'outre les Normands qui avaient obtenu le droit d'occuper la Neustrie, il y en avait d'autres qui avaient osé pénétrer jusques dans le Limosin; il remporta sur eux une victoire complète, qui lui acquit beaucoup d'estime parmi les Français. Il fut aussi vainqueur d'Herbert, comte de Vermandois; et Guillaume, duc de Normandie, lui rendit hommage.

A-t-il régné long-temps?
Treize ans; il mourut sans postérité à Auxerre, en 936, et fut enterré à Sens. Ce prince était religieux, vaillant, et digne d'un meilleur temps.

FAITS CONTEMPORAINS.
On commence à fabriquer des toiles de chanvre (930).

RAOUL, 32e. ROI. 10e. SIÈCLE. 113

2e. Dynastie. — CARLOVINGIENS.

RAOUL, DUC DE BOURGOGNE.

Armis et virtute decorus.

J'ai su par mes vertus et ma haute valeur,
Me faire pardonner le nom d'usurpateur.

114 LOUIS IV, 33ᵉ. Roi. 10ᵉ. siècle.

2ᵉ. Dynastie. — CARLOVINGIENS.

LOUIS IV, DIT D'OUTREMER.

Gallis me reddidit Hugo.

Les soins d'Hugues-le-Blanc, au gré de mes projets,
Me rendent à la France, ainsi qu'à mes sujets.

LOUIS IV, dit d'OUTREMER, 33e. ROI.

Fils de Charles III et d'Ogine.

Monte sur le trône en 936, âgé de 16 ans; règne 18 ans; meurt en 954, à l'âge de 33 à 34 ans.

Pourquoi *a-t-on donné à Louis IV le surnom d'Outremer?*

Parce qu'il fut rappelé d'Angleterre à la mort de Raoul, qui lui avait usurpé la couronne. Il fut couronné roi de France à Laon, par Artold, archevêque de Reims, en 936. Cette ville était alors la résidence des souverains.

Quel personnage pouvait s'emparer du trône?

Hugues-le-Grand, qui crut une seconde fois cette occasion prématurée ou qui la négligea. Louis, à peine âgé de vingt ans, lui donna la charge de premier ministre.

Quels sont les principaux faits de ce règne?

1°. Il entreprit de reprendre la Lorraine sur l'empereur Othon : il obtint d'abord de grands succès; mais il fut ensuite battu et forcé d'évacuer cette province. 2°. Il eut des guerres sanglantes à soutenir contre les grands du royaume qu'il ne put soumettre, et il n'obtint la paix que par l'entremise du pape et de l'empereur Othon, qui eut la générosité de se déclarer contre les rebelles, qui lui avaient offert de le reconnaître pour roi.

Quelles furent les causes de la guerre entre Louis d'Outremer et Hugues-le-Grand?

Guillaume, duc de Normandie, ayant été assassiné par les ordres du comte de Flandre, Louis d'Outremer profita de sa mort pour s'emparer de ses états au préjudice du jeune Richard, fils de

Guillaume; mais ayant manqué de parole à Hugues-le-Blanc, comte de Paris, avec qui il avait promis de partager la Normandie, il la perdit par la valeur de ce seigneur, qui fut assez puissant pour faire le roi prisonnier, et le forcer à rendre cette province à Richard, son légitime souverain. Louis d'Outremer n'obtint la liberté qu'au bout d'un an en cédant la ville de Laon à Hugues, qui n'en continua pas moins de lui faire une guerre très-opiniâtre.

Quels moyens amenèrent la paix?

La crainte des excommunications de la part du pape Agapet II. Ces foudres, actuellement impuissantes, étaient alors fort redoutées de la part des seigneurs, et seules capables de mettre un frein à leurs violences et à leurs injustices.

Combien compte-t-on de ducs de Normandie?

Sept : Raoul ou Rollon, premier duc et gendre de Charles-le-Simple, Guillaume-Longue-Epée, Richard-sans-Peur, gendre d'Hugues-le-Blanc, Richard II le Bon, Richard III, Robert-le-Diable, mort en pèlerinage à Jérusalem, et Guillaume-le-Conquérant, roi d'Angleterre.

Où mourut Louis IV?

(954.) A Reims. Comme il poursuivait un loup, son cheval broncha, et le renversa si rudement par terre, qu'il en fut mortellement blessé. Il fut enterré à Reims, dans l'église de Saint-Remi. Ce prince, recommandable par sa bravoure et la pureté de ses mœurs, était né pour laisser un nom célèbre, s'il eût vécu dans de meilleurs temps. Ce prince fut marié à Gerberge, fille de l'empereur Henri Ier, dit l'Oiseleur, et sœur de l'empereur Othon Ier, surnommé le Grand.

Ce roi laissa-t-il des enfans?

Il en laissa deux : Lothaire, âgé de treize ans, qu'il avait associé à l'empire trois ans avant sa mort, et Charles, âgé seulement de quinze ou seize mois, qui fut dans la suite duc de la Basse-Lorraine.

LOUIS IV, 33e. Roi. 10e. siècle.

Comme ce dernier prince était en bas âge, et que le roi était réduit à ne posséder en propre que les villes de Reims et de Laon, il ne partagea point le royaume avec son aîné, ainsi que cela avait presque toujours été pratiqué dans la première et dans la seconde dynastie. La couronne n'a pas été depuis divisée entre les frères; l'aîné seul a eu le titre et l'autorité de roi, et les cadets n'ont eu que quelques terres en apanage, sous une sujétion entière. La réversion à la couronne, faute d'héritiers mâles, fut encore une des conditions de l'apanage; ce qui n'a pas peu contribué à rétablir la puissance de l'état.

FAITS CONTEMPORAINS.

Mort de Henri, l'Oiseleur; son fils Othon, surnommé *le Grand*, lui succède par élection (936).

Edmond, roi d'Angleterre, est poignardé dans un grand festin; Edred, son frère, lui succède (946).

Les Hongrois continuent à ravager l'Italie. Bérenger II succède à Lothaire (950).

Othon soumet la Bohême (950).

118 LOTHAIRE, 34ᵉ. Roi. 10ᵉ. siècle.

2ᵉ. Dynastie. — CARLOVINGIENS.

LOTHAIRE.

Abrupit fata venenum.

Sans un affreux poison, par ma valeur guerrière,
J'aurais de mes états étendu la frontière.

LOTHAIRE, 34ᵉ. ROI.

Fils de Louis IV et de Gerberge.

Monte sur le trône en 954, âgé de 13 ans ; règne 32 ans ; meurt en 986, à l'âge de 45 ans.

Où naquit Lothaire, et où a-t-il été couronné ?
Il naquit à Laon en 941, et succéda à son père : il avait été sacré à Reims par l'archevêque Artold.

Qui contribua le plus à l'élever sur le trône ?
Hugues-le-Blanc qui, pour la troisième fois, n'avait plus qu'un pas à faire pour monter sur le trône. Dans sa prudence, il ne jugea pas encore les circonstances favorables. Mais s'il ne s'appropria pas tout le royaume, il en joignit du moins encore quelques parties à celles qu'il tenait déjà. Il fit accompagner le titre de duc de France de celui de duc de Bourgogne, et déclarer qu'ils passeraient tous deux en héritage à ses enfans.

Quand mourut Hugues ?
L'an 956, dans la ville de Paris. Sans porter le sceptre, il avait gouverné en souverain pendant plus de vingt ans. Il fut surnommé *le Blanc*, à cause de son teint ; *le Grand*, pour sa puissance, ou peut-être pour sa taille ; et l'*Abbé*, parce qu'il tenait les abbayes de St-Denis, de St-Germain-des-Prés et de St-Martin de Tours. Il laissa toute son autorité et ses domaines à Hugues-Capet son fils, déclaré duc de France par Lothaire, qui lui donna aussi le Poitou et se réduisit ainsi à la seule possession de la ville de Laon.

(978.) *Contre qui le roi fit-il la guerre ?*
D'abord contre les Normands et contre Arnould

comte de Flandre; ensuite contre son frère Charles, soutenu par l'empereur Othon II, maître de la Lorraine. Lothaire voyant que ce prince refusait de lui rendre le pays qui lui appartenait de droit, pour en céder une partie à Charles, y entra à l'improviste à la tête de son armée, reçut le serment des Lorrains dans la ville de Metz, et de là marcha droit à Aix-la-Chapelle. Othon s'y divertissait en toute sécurité avec sa famille; il ne s'en fallut pas d'une demi-heure qu'il n'y fût surpris; il laissa son dîner sur la table, et n'eut que le temps de monter à cheval pour se sauver. Lothaire pilla ses meubles les plus précieux, et ravagea le pays d'alentour.

Que fit alors l'empereur ?

Pour se venger de cette insulte, il fit, la même année, une irruption en France avec soixante mille hommes, saccagea la Champagne et l'Ile-de-France jusqu'à Paris; et envoya dire à Hugues-Capet comte de cette ville, qu'il voulait faire chanter un *Alleluia* sur Montmartre, par tant de clercs qu'il serait entendu de Notre-Dame.

A quoi aboutirent ces rodomontades ?

Elles ne furent pas soutenues par les effets. Son neveu s'étant avancé pour planter, par bravade, sa lance dans la porte de Paris, fut tué par Geoffroi, comte d'Anjou. L'hiver, qui commençait, obligea Othon de se retirer. Lothaire et Hugues-Capet, ayant rassemblé leurs troupes, taillèrent en pièces son arrière-garde au passage de la rivière d'Aisne, et la poursuivirent jusqu'aux Ardennes.

Lothaire sut-il profiter d'un si grand avantage?

Il sut vaincre, mais ne sut pas jouir de sa victoire. La même année il conclut à Reims, avec l'empereur, un traité honteux par lequel il lui cédait la Lorraine. Cette cession indisposa contre le roi tous les grands du royaume, et l'indignation fut encore plus grande contre Charles son oncle,

LOTHAIRE, 34e. Roi. 10e. siècle.

que l'on regardait comm la cause de cette affreuse dévastation.

Comment termina-t-il ses jours ?

Il mourut à Reims, âgé de quarante-cinq ans, après en avoir régné environ trente-deux, empoisonné, à ce qu'on croit, par sa femme Emme; il fut enterré dans l'église de Saint-Remi. Louis V, son fils, qu'il s'était associé depuis plusieurs années, lui succéda.

Quelles étaient les qualités de ce roi ?

C'était un prince belliqueux, actif, soigneux, digne d'une meilleure fin et de meilleurs sujets.

FAITS CONTEMPORAINS.

C'est à cette époque qu'on fait remonter l'origine des ducs de Lorraine (959).

Commencement en Chine de la dynastie ou famille de Sum ou Song, qui dura 320 ans sous 17 empereurs (960).

Othon I, roi de Germanie, est couronné empereur à Rome par le pape Jean XII (962).

Edouard, roi d'Angleterre, est tué: Ethelred son frère lui succède (977).

122 LOUIS V, 35ᵉ. Roi. 10ᵉ. siècle.

2ᵉ. Dynastie. — CARLOVINGIENS.

LOUIS V, DIT LE FAINÉANT.

Vitam ut pater ipse relinquo.

Ma mort, semblable en tout à celle de mon père,
Montre bien ce que peut une femme adultère.

LOUIS V, dit le FAINÉANT, 35°. ROI.

Fils de Lothaire et d'Emme.

Monte sur le trône en 986 âgé de 20 ans; règne 14 mois et 19 jours; meurt en 987, à l'âge de 21 ans.

Quelle *fut l'époque de son avénement?*
L'an 986, à l'âge de 20 ans. Son père, avant de mourir, l'avait associé au gouvernement.
Pourquoi fut-il surnommé le Fainéant?
Parce qu'il ne fit rien pour sa gloire ni pour le bien de sa patrie. Un surnom si honteux paraît bien injuste, quand on fait attention que pendant le peu de temps qu'il régna, il lui fut impossible de rien entreprendre.
Fut-il marié?
Il avait épousé Blanche, fille d'un seigneur d'Aquitaine, dont il n'eut point d'enfans. Il mourut en 987, âgé de 21 ans, après avoir régné environ quinze mois. On soupçonna qu'il avait été empoisonné par la reine.
Où fut-il enterré?
A Saint-Corneille de Compiègne.
N'a-t-il pas été le dernier de cette dynastie?
Avec lui finit la seconde dynastie, qui avait duré deux cent trente-six ans, et donné treize rois à la France, dont cinq furent en même temps empereurs.
Pourquoi Charles de Lorraine, oncle paternel de Louis, ne succéda-t-il pas à la couronne?
Parce qu'il s'était attiré la haine des Français, en recevant de l'empereur la Basse-Lorraine à condition de lui en faire hommage, et que Hugues-Capet,

LOUIS V, 35ᵉ. Roi. 10ᵉ. siècle.

son successeur, était déjà porté sur le trône par les vœux de la nation.

Où les rois de cette dynastie faisaient-ils leur résidence ?

En temps de paix, Charles-Martel et Pepin faisaient leur séjour à Paris ou aux environs ; Charlemagne à Aix-la-Chapelle ; Louis-le-Débonnaire au même endroit ou à Thionville ; Charles-le-Chauve à Soissons ou à Compiègne ; Eudes à Paris ; Charles-le-Simple à Reims ; Louis-d'Outremer à Laon.

Quelles sont les causes de la chute des Carlovingiens ?

1°. La division de l'état en plusieurs royaumes ; 2°. la prédilection de Louis-le-Débonnaire pour Charles-le-Chauve, fils de Judith ; 3°. la stupidité de ses successeurs ; 4°. et enfin les ravages des Normands, qui désolèrent la France pendant quatre-vingts ans.

FIN DE LA SECONDE DYNASTIE.

126 HUGUES-CAPET, 36e. Roi. 10e. siècle.

5e. Dynastie. — CAPÉTIENS. — 1re. BRANCHE.

HUGUES-CAPET.

In melius novus innovo regnum.

Si je donne à la France une face nouvelle,
Roi nouveau, je la rends plus brillante et plus belle.

TROISIÈME DYNASTIE.

CAPÉTIENS. 36 Rois jusqu'a Louis-Philippe Iᵉʳ.
(987 à 1837).

Cette dynastie se divise en 6 branches, dont celle des *Capets*, qui est la tige commune, a eu 14 rois; le dernier fut Charles-le-Bel. La 2ᵉ, dite des *Valois*, en a eu 7, dont Charles VIII fut le dernier. La 3ᵉ, dite d'*Orléans*, n'a eu que Louis XII. La 4ᵉ, dite la seconde des *Valois*, en a eu 5, dont Henri III fut le dernier. La 5ᵉ, dite des *Bourbons*, a eu 8 rois; Henri IV fut le premier, et Charles X le dernier. La 6ᵉ, dite seconde d'*Orléans*, en la personne de Louis-Philippe 1ᵉʳ.

HUGUES-CAPET, 36ᵉ. ROI.

Petit-neveu d'Eudes, et arrière-petit-fils de Robert-le-Fort.

Monte sur le trône en 987, âgé de 45 ans; règne 9 ans; meurt en 996, à l'âge de 54 ans.

A quelle *époque monta-t-il sur le trône?*
Il fut proclamé roi à Noyon, et sacré à Reims le 3 juillet 987, par l'archevêque Adalberon. Il fut surnommé Capet ou à cause de la grosseur de sa tête, ou d'une espèce de chaperon qu'il porta le premier.
Quelles causes l'ont fait élever au trône?
Sa descendance du sang royal. Il était petit-fils de Robert, frère d'Eudes, qui avait été roi de France, et arrière-petit-fils de Robert-le-Fort, comte d'Anjou, et duc de tous les pays entre la Loire et la Seine. Louis V, dit-on, lui avait laissé la couronne en mourant. On peut ajouter à tous ses droits la dignité de duc des Français, et l'élection qu'en firent les grands du royaume pour gouverner la France, à l'exclusion de Charles de Lorraine.
Que fit Charles de Lorraine?
Il leva des troupes, assiégea la ville de Laon, et

HUGUES-CAPET, 36e. Roi. 10e. siècle.

s'en empara. Hugues-Capet vint assiéger son ennemi, qui montra, dans cette occasion, qu'il ne démentait point le sang de Charlemagne. Charles y fut fait prisonnier avec sa famille, et conduit à Orléans, où il fut enfermé dans la tour; il y mourut deux ans après, et laissa des enfans qui moururent sans postérité. Sa mort opéra la soumission de presque tous les grands du royaume.

Quelle était l'étendue de la France ?

Elle contenait l'espace entre la mer de Gascogne, la Manche, le Rhin, la Suisse, les Alpes et la Méditerranée; mais dans cette étendue, une foule de seigneurs appelés grands vassaux, étaient autant de petits souverains reconnaissant peu la royauté; et le domaine des rois était réduit à quelques villes que Hugues-Capet enrichit du comté de Paris et du duché de France.

Que fit-il pour se maintenir sur le trône ?

N'oubliant pas qu'il en était redevable aux grands du royaume, il eut la prudence de les ménager et d'établir une loi par laquelle presque toutes les riches provinces qu'ils possédaient devaient retourner à la couronne faute d'héritiers mâles.

Comment assura-t-il le trône à sa postérité ?

Il se hâta, pour son fils Robert âgé de quinze ans, d'obtenir des seigneurs assemblés à Orléans, que ce jeune prince lui serait associé, et il le fit couronner dans cette ville à la manière alors en usage : l'archevêque le présentait aux grands et au peuple réunis dans l'église, et leur disait : « Le voulez-vous pour roi ? » L'assemblée répondait par acclamation : « Nous le voulons, il nous plaît, qu'il soit notre roi ! »

Que fit-il pour la sûreté de l'état ?

Craignant, avec raison, que les Danois et les Normands ne fissent de nouvelles irruptions par l'embouchure de la Somme, il fortifia Abbeville, qui n'était alors qu'une métairie nommée *Abbatis Villa*.

HUGUES-CAPET, 36e. Roi. 10e. siècle. 129

Quelles qualités avait Hugues-Capet ?

Il sut parvenir au trône par son habileté, et s'y maintenir par son courage et sa prudence ; il se concilia l'amitié des Français par la sagesse de son gouvernement. Il laissa d'Adélaïde de Guienne, sa femme, Robert qui lui succéda. Hugues-Capet mourut à Paris, et fut enterré à St-Denis, près du grand autel. On l'appelait le défenseur de la religion, à cause de sa grande piété. Hugues finit avec le 10e. siècle, dit *siècle de fer*, tant pour les guerres continuelles qui ravagèrent l'Europe, que pour le déréglement des mœurs dans l'église.

FAITS CONTEMPORAINS.

On rapporte au règne de Hugues-Capet l'origine de la pairie en France ; l'usage des chiffres arabes ou indiens, introduits d'Espagne en France par Gerbert, et l'invention des horloges à balancier, également par Gerbert, précepteur de Robert-le-Pieux, et depuis pape sous le nom de Sylvestre II ; ce fut le premier pape français.

Wladimir, grand-duc de Russie, se fait Chrétien, et épouse Anne, sœur des empereurs d'Orient, Basile et Constantin. Il meurt en 1015, après avoir établi le Christianisme dans ses états. L'église Russienne l'a mis au nombre des Saints (987).

130 ROBERT-LE-PIEUX, 37ᵉ Roi. 10ᵉ siècle.

3ᵉ. Dynastie. — CAPÉTIENS. — Iʳᵉ. BRANCHE.

ROBERT-LE-PIEUX.

Omnigenæ virtutis alumnus.
Pieux, juste, savant, charitable, fidèle,
De toutes les vertus quel plus parfait modèle !

ROBERT dit LE PIEUX, 37ᵉ. ROI.

Fils de Hugues-Capet et d'Adélaïde.

Monte sur le trône en 996, âgé de 25 ans; règne 35 ans; meurt en 1031, à l'âge de 60 ans.

A quelle époque placez-vous son avènement?
Aussitôt après la mort de son père, en 996.
Qui épousa-t-il?
Il épousa en premières noces, Berthe sa cousine; mais, par une bulle du pape Grégoire V, il fut obligé de s'en séparer. Il se remaria peu de temps après avec Constance, surnommée Blanche, fille de Guillaume, comte d'Arles et de Provence, belle princesse, mais fière, capricieuse et insupportable.
Comment se comporta-t-elle?
D'une manière si violente et si bizarre, qu'elle aurait bouleversé tout le royaume, si Robert, par sa sagesse, n'y eût maintenu la paix.
Quels effets produisait alors l'excommunication des papes?
Pendant l'interdit il était défendu de célébrer l'office divin, d'enterrer les morts en terre sainte. Le son des cloches cessait; on couvrait les tableaux dans les églises, on descendait les statues des saints, on les revêtissait de noir et on les couchait sur la cendre et des épines: tout prenait un aspect lugubre. L'excommunication de Robert n'avait encore rien offert de pareil en France: abandonné de ses courtisans et de ses domestiques, il ne lui resta, dit-on, que deux serviteurs pour le servir, qui faisaient passer par le feu les plats ôtés de dessus sa table, et jetaient la desserte aux chiens.

ROBERT, 37e. Roi. 11e. siecle.

Quel est le portrait de ce prince ?

Il se rendit recommandable par sa piété et par son zèle pour la religion ; par son amour pour ses sujets, sa douceur et sa bonté ; par sa compassion pour les pauvres, dont il nourrissait tous les jours, dans son palais, un nombre prodigieux. Il aimait les lettres, et pouvait passer pour savant, eu égard à son siècle. Il a composé plusieurs hymnes, entre autres : *O Constantia martyrum*, que l'église chante encore aujourd'hui. Toutes ses actions portaient l'empreinte d'un grand fond de piété, et c'est pourquoi il fut surnommé le *Pieux*. Son plus bel éloge, dit un historien éclairé, est renfermé dans ces mots : *Il fut roi de ses passions comme de ses peuples*. Il doit être regardé, après Saint-Louis, comme le plus vertueux de nos rois.

Quels monumens nous reste-t-il de sa piété ?

L'Eglise de Saint-Germain-l'Auxerrois, qu'il rebâtit en 1020. Il fit commencer l'église de Notre-Dame de Paris, sur les débris d'un temple consacré à Jupiter par des bateliers parisiens, sous l'empereur Tibère. Ce fut sous ce règne que Gui, moine d'Arezzo, inventa la musique à plusieurs parties, ainsi que la gamme jusqu'au *la*. Les notes furent imaginées en 1330 par un Parisien nommé *De Mœurs*. Le *si* fut trouvé en 1650 par un Français nommé *Le Maire*.

Quel trait de bonté nous offre la vie de ce prince ?

Une dangereuse conspiration contre l'état et sa vie fut découverte, les coupables furent arrêtés ; et pendant que les seigneurs étaient assemblés pour les condamner à mort, Robert les fit traiter splendidement, et les admit le lendemain à la Sainte Communion ; il ordonna ensuite qu'on les laissât aller, disant qu'on ne pouvait faire mourir ceux que Jésus-Christ venait de recevoir à sa table.

Quel honneur refusa-t-il ?

ROBERT, 37e. Roi. 11e. siècle.

Dans la crainte de troubler la paix qui régnait en France, il dédaigna l'empire et le royaume d'Italie que les Italiens lui offrirent à la mort de l'empereur Henri II, le Saint (1024).

Où et quand mourut-il ?

Il mourut à Melun en 1031, à l'âge de soixante ans, après en avoir régné trente-cinq; il fut enterré à Saint-Denis. Il semble que la Providence voulût même récompenser ici-bas toutes les vertus de ce prince, en lui accordant, pour le bonheur de son peuple, un règne long et paisible.

Eut-il des enfans ?

Il eut de Constance, sa seconde femme, Hugues dit le Grand, qui mourut avant son père : ainsi Henri, qui était le cadet, monta sur le trône, malgré toutes les brigues de sa mère en faveur de Robert son frère puîné.

Où était alors la résidence du monarque ?

A Paris. Hugues-Capet, à l'exemple de Clovis I er, établit son séjour dans cette ville, qui avait cessé d'être la demeure des rois Carlovingiens et des princes de la première dynastie connus sous le nom de *fainéans*.

FAITS CONTEMPORAINS.

Le calife d'Egypte pille l'église de Jérusalem, et chasse les prêtres de toute la Palestine (1012).

Les Russes entrent en Pologne et en sont chassés (1018).

Canut-le-Grand, roi de Danemarck, se rend maître de l'Angleterre (1017).

Olaüs, roi de Norwége, est tué en combattant contre Canut-le-Grand. On l'honore comme Saint sous le nom d'Olaf (1027).

HENRI Ier, 38e. ROI.

Fils de Robert et de Constance.

Monte sur le trône en 1031, âgé de 26 ans; règne 29 ans;
meurt en 1060, à l'âge de 55 ans.

En QUELLE *année commença-t-il à régner?*
En 1031. Il régna environ quatre ans avec son père qui, de son vivant, l'avait fait sacrer à Reims.
Que fit sa mère pour lui ravir la couronne?
Poursuivant son projet d'élever sur le trône Robert, elle excita une révolte qui fut soutenue par Eudes comte de Champagne, et par Beaudoin comte de Flandres; mais Henri, aidé de Robert dit *le Diable*, duc de Normandie, soumit les rebelles et pardonna à son frère à qui il céda la Bourgogne.
Que fit ensuite Henri?
Eudes, fils de Robert son frère, se souleva contre le roi; les fils du comte de Champagne et le comte de Meulan appuyèrent sa révolte; mais il triompha de nouveau de ses ennemis. (1040.) Henri aida Guillaume-le-Bâtard, fils de Robert-le-Diable, à succéder à son père dans le duché de Normandie.
Quelle idée favorable avez-vous de ce roi?
Il avait hérité de la piété de son père. Les guerres dont il se tira avec succès font preuve de sa valeur
Eut-il des enfans?
Il eut d'Anne de Russie sa femme, Philippe, qu'il fit couronner avant sa mort, et qui lui succéda. Il mourut à Vitry près Paris, en 1060, et fut enterré à St-Denis.

HENRI Ier, 38e. Roi. 11e. siècle.

3e. Dynastie. — CAPÉTIENS. — Ire. BRANCHE.

HENRI IER.

Belli pacisque peritus.

Que son bras se désarme, ou lance le tonnerre,
Il sut faire la paix aussi bien que la guerre.

136 PHILIPPE Ier, 39º. Roi. 11e. siècle.

3e. Dynastie. — CAPÉTIENS. — Ire. BRANCHE.

PHILIPPE IER.

Famam vicit amor.

Quand l'honneur m'appelait au milieu des combats,
L'amour me retenait au sein de mes états.

PHILIPPE Ier, 39e. ROI.

Fils de Henri Ier et d'Anne de Russie.

Monte sur le trône en 1060, âgé de 8 ans; règne 48 ans; meurt en 1108, à l'âge de 56 à 57 ans.

Quand *monta-t-il sur le trône?*
Après la mort de son père, l'an 1060, âgé d'environ huit ans. La régence fut confiée à Beaudoin V, comte de Flandre, qui gouverna très-sagement la France jusqu'en 1067, époque de sa mort.

Que se passa-t-il pendant la régence?
Beaudoin défit, en 1062, les Gascons qui s'étaient révoltés. Edouard, roi d'Angleterre, mourut en 1066 sans laisser de postérité; il désigna par son testament pour lui succéder Guillaume dit le Bâtard, ensuite le Conquérant, fils de Robert-le-Diable.

Philippe fit-il la guerre avec succès?
Il tourna ses armes contre Robert-le-Frison, comte de Flandre, et fut défait près de St-Omer en 1070. Il fit ensuite la guerre aux Anglais; mais elle ne fut pas plus heureuse que la précédente.

Quel démêlé eut-il avec Guillaume?
Guillaume-le-Conquérant, devenu valétudinaire, faisait diète à Rouen pour se débarrasser de l'excès de son embonpoint. Une raillerie que fit le roi l'offensa vivement. Philippe Ier. lui demanda quand il relèverait de ses couches. Le duc lui envoya dire qu'à ses relevailles, il irait le visiter avec dix mille lances en guise de chandelles. Dès qu'il le put, il ne tint que trop parole : il ravagea le Vexin français, mit le siége devant la ville de Mantes, la prit et la brûla, sans épargner même les églises; mais il s'échauffa si fort à l'attaque de cette place, qu'il tomba malade et mourut peu de jours après.

PHILIPPE 1ᵉʳ, 39ᵉ. Roi. 11ᵉ. siècle.

Pourquoi Philippe fut-il excommunié ?

A cause de la répudiation de sa femme Berthe, dont il avait eu plusieurs enfans, et de son mariage avec Bertrade Montfort, qu'il fit séparer du comte d'Anjou son mari. Il fut excommunié trois fois.

Qu'arriva-t-il ensuite ?

Pierre l'Ermite, gentilhomme picard, ayant fait un voyage dans la Terre-Sainte, y avait été témoin des cruautés que les infidèles exerçaient contre les chrétiens. A son retour, il pressa si vivement Philippe de leur envoyer des secours, que les guerriers les plus intrépides tels que Godefroy de Bouillon, Raymond, Hugues, Robert de Flandre, Robert de Normandie, etc. etc. se mirent à la tête de l'armée, et partirent à la conquête de la Terre-Sainte.

Quel fut le résultat du concile de Clermont ?

Le pape Urbain invita les fidèles à s'armer pour la défense de la chrétienté, et à passer en Orient. Ces exhortations furent si ardentes qu'elles firent impression sur tous les esprits. Un nombre infini de personnes de toutes qualités et des deux sexes, s'enrôlèrent dans cette milice. La marque distinctive était une croix rouge, cousue sur l'épaule gauche; et le cri de guerre, en vieux Gaulois de ce temps-là : *Diex el volt*, Dieu le veut.

Quel fut le chef et le héros de cette entreprise?

Godefroy de Bouillon, le plus grand homme de guerre de son siècle, commandait toute l'armée des Chrétiens; il prit Jérusalem et plusieurs autres villes, et fut proclamé, par les seigneurs, roi de Jérusalem (1099); il eut sept successeurs, tous d'origine française jusqu'à Gui de Lusignan, fait prisonnier par Saladin à la bataille de la Tibériade (1187). Ce royaume ne dura que 88 ans. Les soldats portaient des croix sur leurs habits; c'est de là qu'est venu le mot de *croisades*.

PHILIPPE Ier, 39°. Roi. 12°. siècle. 139

Où mourut Philippe ?

A Melun. Son corps fut porté à l'abbaye de St-Benoît-sur-Loire, où il avait choisi sa sépulture. Louis VI, dit le Gros, lui succéda.

Que fait-on remonter à ce tems ?

L'usage des armoiries, au moyen desquelles les croisés se distinguaient entre eux; la fondation de plusieurs ordres religieux; la coutume de planter des croix le long des routes; et l'origine de porter des noms propres que les familles tiraient de leurs terres, de leurs fonctions, de leurs caractères ou de leurs défauts naturels.

FAITS CONTEMPORAINS.

Guillaume-le-Conquérant, maître du royaume d'Angleterre après la mort d'Édouard, par le gain de la bataille d'Hastings sur Haralde qu'Édouard avait choisi pour lui succéder, reste paisible possesseur du trône; sa postérité y règne encore aujourd'hui (1066).

Henri de Bourgogne, 4° descendant de Hugues-Capet, fut le premier roi de Portugal (1095).

140 LOUIS VI, 40°. Roi. 12°. siècle.

3e. Dynastie. — CAPÉTIENS. — Ire. BRANCHE.

LOUIS VI, DIT LE GROS.

Imperio regnoque potens.

Souverain d'un état illustre et florissant,
L'art de le gouverner me rendit tout-puissant.

LOUIS VI, dit le GROS, 40e. ROI.
Fils de Philippe Ier. et de Berthe.

Monte sur le trône en 1108, âgé de 30 ans; règne 29 ans; meurt en 1137, à l'âge de 60 ans.

En quel temps commença-t-il à régner ?
En 1108; il fut sacré et couronné à Sainte-Croix d'Orléans, par l'archevêque de Sens, à cause du schisme qu'il y avait alors dans l'église de Reims. Il avait été associé à la couronne, en 1099, du vivant de son père. Il fut surnommé le Gros à cause de l'énormité de sa taille.

Quels embarras éprouva ce prince ?
L'insubordination des seigneurs et l'influence du roi d'Angleterre, devenu trop puissant en France. Tous les vassaux n'étaient, à proprement parler, ni des sujets ni des souverains, mais autant de petits tyrans qui, par leur jalousie et leur ambition, allumaient continuellement la guerre civile dans le royaume.

Que fit-il pour diminuer l'autorité des vassaux ?
Il en vint à bout par l'établissement des communes, ou associations d'habitans de cités qui se choisissaient leurs maires, et établissaient des compagnies de milice avec lesquelles ils marchaient à la guerre, sous la bannière de leur saint, pour le service du roi, et aussi par l'affermissement des serfs qui jouirent des droits de citoyens.

Par qui fut-il secondé dans cette entreprise ?
Par les quatre frères Garlande et l'abbé Suger, ses principaux ministres.

Que fit-il ensuite ?

Il mit à la raison plusieurs seigneurs qui usurpaient les biens de l'Eglise et de la couronne. Il offrit au roi d'Angleterre de se battre tête à tête avec lui ; mais ce prince n'ayant pas voulu y consentir, il tailla son armée en pièces. On raconte que pendant la mêlée, un Anglais ayant saisi la bride de son cheval en s'écriant : Le roi est pris ! « Ne sais-tu pas, lui répondit Louis sans s'étonner du péril, qu'on ne prend jamais le roi aux échecs ? » Et en même temps d'un coup de sa masse d'armes il l'étendit mort à ses pieds.

Contre qui tourna-t-il ses armes ?

Contre l'empereur Henri V ; mais Louis l'ayant vaincu, il fut forcé d'abandonner la France. C'est à l'occasion de cette guerre que l'oriflamme * parut pour la première fois à la tête de nos armées. Enfin il prit la défense de plusieurs papes, et les mit à couvert de leurs ennemis.

A qui fut-il marié ?

A Lucine, fille de Guy de Rochefort. Ce mariage fut déclaré nul au concile de Troyes, en 1107, pour cause de parenté. Il se remaria à Adélaïde, fille de Humbert, comte de Maurienne et de Savoie. Un des enfans qu'il eut de cette femme fut surnommé Pierre de France, et épousa une héritière de Courtenay. Il a donné des empereurs à Constantinople.

Que fit-il pour affermir davantage la royauté dans sa maison ?

Environ six ans avant sa mort, et après avoir perdu le prince Philippe son fils aîné, il fit sacrer en 1131, à Reims, Louis son second fils.

Quelles qualités avait Louis VI?

Il était d'une physionomie agréable ; il montra beaucoup de zèle pour la religion ; il était doué de toutes les vertus qui font un bon roi ; mais il avait

* On l'appelait ainsi parce que le bâton était couvert d'or, et le bas de l'étoffe découpé en forme de flammes.

une bonté naturelle dont ses ennemis abusaient pour le tromper plus facilement. Il avait pour maxime qu'il vaut mieux mille fois mourir glorieusement que de vivre sans honneur. Il fonda l'abbaye de Saint-Victor, à Paris, où il mourut en 1137. Il fut enterré à Saint-Denis.

Quelles sont ses dernières paroles à son fils ?

« Souvenez-vous, mon fils, et ayez toujours de-
» vant les yeux que l'autorité royale n'est qu'une
» charge publique dont vous rendrez un compte
» très-exact après votre mort. »

FAITS CONTEMPORAINS.

Fondation de l'ordre des Templiers à Jérusalem en 1118. Ils ne reçurent cette dénomination qu'à cause de leur voisinage du Temple, quand ils vinrent à Paris lors de leur retraite de la Terre-Sainte.

Les fils de Henri roi d'Angleterre, et un grand nombre de seigneurs, par l'effet de la tempête, sont engloutis dans la mer, en sortant de Harfleur pour retourner en Angleterre (1120)

144 LOUIS VII, 41e. Roi. 12e. siècle.

3e. Dynastie. — CAPÉTIENS. — Ire. BRANCHE.

LOUIS VII, DIT LE JEUNE.

Frustrà egomet bella extera gessi.
Pour venger les Chrétiens d'un cruel esclavage,
Damas a vu sans fruit quel était mon courage.

LOUIS VII, dit le JEUNE, 41ᵉ. ROI.

Fils de Louis-le-Gros et d'Adélaïde de Savoie,

Monte sur le trône en 1137, âgé de 17 ans; règne 43 ans; meurt en 1180, à l'âge de 60 ans.

Pourquoi Louis VII fut-il surnommé le Jeune ?
Pour le distinguer de son père, avec qui il avait régné.

Contre qui Louis VII fit-il la guerre ?
Irrité de la révolte de Thibault comte de Champagne, son vassal, il ravagea toutes ses terres; et s'étant rendu maître de Vitry en Perthois, il la réduisit en cendres : une église où s'étaient réfugiées 1300 personnes fut comprise dans cet incendie.

(1147.) *Que fit-il en expiation de cette mauvaise action ?*
Le roi partit pour la Terre-Sainte avec 60 mille hommes, laissant la régence à Raoul, comte de Vermandois, et à l'abbé Suger, qui s'était opposé à cette expédition. L'empereur Conrad l'accompagna avec un pareil nombre de soldats; mais la perfidie des Grecs fit échouer l'entreprise.

Le roi courut à la croisade deux dangers imminens : séparé des siens près des bords du Méandre, il résista à un groupe de Sarrasins en montant sur la pointe d'un rocher et en s'adossant à un arbre; les ennemis l'y aperçurent et vinrent l'y attaquer; mais leurs efforts furent inutiles contre la bravoure du roi, et ils finirent par abandonner leur adversaire, qui parvint, au milieu des plus grands périls, à rejoindre son armée après l'avoir cherchée long-temps en prenant des chemins détournés. En revenant en France, son vaisseau fut pris par les Grecs ; mais Louis VII fut délivré par Roger, roi de Sicile.

Quand mourut l'abbé Suger ?

Cet habile ministre, qui avait su rendre la France heureuse et tranquille, mourut à St-Denis en 1152.

Que fit le roi à son retour de la Terre-Sainte ?

(1152.) Il répudia Eléonore, fille de Guillaume duc de Guienne, sous prétexte de parenté, et lui rendit la Guienne et le Poitou qu'elle avait apportés en dot.

Que devint ensuite cette princesse ?

Elle se remaria six semaines après à un prince qui fut ensuite connu sous le nom de Henri II, roi d'Angleterre, et lui apporta en dot ces deux provinces, qui, avec le duché de Normandie qu'il possédait, le rendirent en France plus puissant que le roi.

Que fit le roi après avoir répudié Eléonore ?

Il se remaria à Constance-Elisabeth, fille d'Alphonse VIII, roi de Castille ; et après la mort de cette princesse, il épousa en troisièmes noces Alix, fille du comte de Champagne, dont il eut, en 1165, Philippe, connu ensuite sous le nom d'Auguste.

Qu'arriva-t-il ensuite ?

Louis ayant eu deux guerres à soutenir contre l'Angleterre, termina la première par le mariage de sa fille avec le fils de Henri II, et la seconde par la promesse d'une semblable union.

Que fit-il pour assurer la couronne à son fils ?

Se sentant attaqué d'une paralysie dont il mourut, il fit sacrer le jeune prince le 1er. novembre 1179. Il avait été affligé de cette maladie dans le voyage qu'il venait de faire en Angleterre pour visiter le tombeau de Saint-Thomas de Cantorbéri, pour la santé de son fils. C'est à ce sacre qu'on vit les pairs de France y assister pour la première fois : ils étaient au nombre de douze, dont six laïcs et six ecclésiastiques ; c'est aussi depuis, que la prérogative de sacrer les rois, jusque-là indécise, fut attribuée pour toujours à l'archevêché de Reims.

Louis VII régna-t-il long-temps?

Quarante-trois ans. Ce roi mourut à Paris, l'an 1180, âgé d'environ soixante ans, et fut enterré dans l'église de Barbeaux, près de Fontainebleau.

Quels sont les hommes illustres de ce règne?

Saint-Bernard, regardé comme le dernier Père de l'Eglise; Pierre le Vénérable, abbé de Cluni; Pierre Lombard, dit le maître des Sentences; et le fameux Abeilard, qui édifia son siècle autant par son humilité que par la rétractation de ses erreurs.

FAITS CONTEMPORAINS.

On place au 12e siècle le commencement de l'église de Notre-Dame par Maurice de Sully, évêque de Paris; et l'établissement des écoles dans les cathédrales et les monastères. On doit à ces écoles la conservation de la plus grande partie des ouvrages des anciens. Les moines s'y occupaient aussi à la transcription des livres, et peut-être sans eux toutes les richesses littéraires de l'antiquité seraient-elles perdues pour nous. On fait encore remonter à cette époque les armes de France et le premier sceau où l'on voit une fleur-de-lis.

148 PHILIPPE II, 42ᵉ. Roi. 12ᵉ. siècle.

3ᵉ. Dynastie. — CAPÉTIENS. — Iʳᵉ. BRANCHE

PHILIPPE II, DIT AUGUSTE.

Augusti refero cognomine dotes.

Si du surnom d'Auguste on m'a qualifié
Par mes hautes vertus je l'ai justifié.

PHILIPPE II, dit AUGUSTE, 42e. ROI.

Fils de Louis VII et d'Alix de Champagne.

Monte sur le trône en 1180, âgé de 15 ans; règne 43 ans; meurt en 1223, à l'âge de 58 ans.

Quand Philippe a-t-il commencé à régner ?
L'an 1180, à l'âge de quinze ans. On lui donna le nom d'Auguste à cause de ses belles actions.

Quelle opposition éprouva le roi lors de son mariage avec Isabelle ?
Alix de Champagne, sa mère, voulut empêcher ce mariage, de crainte qu'il n'augmentât l'autorité du comte de Flandre, oncle d'Isabelle et tuteur de Philippe-Auguste. Elle excita la révolte de quelques vassaux, fit prendre les armes au comte de Champagne son frère, et engagea le roi d'Angleterre à le soutenir contre la France. Le jeune roi, sans s'effrayer de cette coalition, commença par punir les chefs de la révolte, célébra son mariage, et força le roi d'Angleterre à lui demander la paix.

Quels furent ses premiers actes ?
Il publia des édits très-sévères contre les blasphémateurs, et chassa les Juifs de son royaume, comme inventeurs de l'usure et de l'agiotage.
(1184.) Gérard de Poissy, qui administrait les finances, remit de sa propre volonté dans le trésor onze mille marcs d'argent.

Philippe fit-il le voyage de la Terre-Sainte ?
(1191.) Oui : il prit la ville de St-Jean-d'Acre, autrefois appelée Ptolémaïde ; il aurait sans doute fait d'autres conquêtes, sans la mésintelligence qui éclata entre lui et Richard-Cœur-de-Lion, roi d'Angleterre ; ce qui l'obligea de revenir en France.

A qui fit-il la guerre à son retour?

Aux Anglais; il les chassa du Poitou, de l'Anjou et de plusieurs provinces, et en moins de trois ans se rendit maître absolu de toute la Normandie.

Quel est son fait militaire le plus glorieux?

(1214.) La plus célèbre de ses victoires est celle qu'il remporta sur l'empereur Othon et ses alliés, à la bataille de Bouvines, village à 3 lieues de Lille.

Quels en sont les détails?

Philippe-Auguste, à la tête d'une armée de cinquante mille hommes, tailla en pièces une armée de cent cinquante mille, mit en fuite l'empereur, et fit prisonniers les comtes de Flandre et de Boulogne. Le roi y fit des prodiges de valeur, et y reçut une blessure à la gorge. La bataille se donna le 27 juillet, et dura depuis midi jusqu'au soir. On combattit de part et d'autre avec une fureur égale. Guérin de Jérusalem, évêque de Senlis, qui avait acquis une longue expérience dans les guerres du Levant, rangea lui-même l'armée en bataille, mais il ne combattit point à cause de sa qualité d'évêque. Philippe, évêque de Beauvais, ne se servit point d'épée, mais d'une massue de bois. Mathieu II, baron de Montmorency, contribua beaucoup au gain de la bataille; quatre ans après (1218), il fut fait connétable: ce fut lui qui éleva cette dignité au-dessus de tous les offices militaires. Louis, fils aîné de Philippe, défit en même temps les Anglais. Ce fut dans cette campagne qu'on vit pour la première fois un maréchal de France commander l'armée.

Que fit le roi après la bataille de Bouvines?

Il revint à Paris, où il fit son entrée triomphale au milieu des plus vives acclamations de joie. Il avait fait vœu, après sa victoire, de bâtir une abbaye en l'honneur de Dieu et de la Sainte-Vierge. Son fils, Louis VIII, s'en acquitta en fondant celle de Notre-Dame-de-la-Victoire, près de Senlis.

Quels monumens lui doit-on?

PHILIPPE II, 42ᵉ. Roi. 13ᵉ. siècle.

L'église de Notre-Dame de Paris, commencée sous le règne précédent, fut continuée. On vit s'élever l'église de Cluni et celle de St-Remi de Reims. Paris fut agrandi, embelli, pavé en grande partie, et ceint de murs; on y établit plusieurs colléges. Ce prince fit une forteresse d'un vieux château royal appelé Louvre, du mot saxon *louveay*, qui signifie château. Elle fut démolie sous François Iᵉʳ. qui, sur cet emplacement, fit élever, en 1528, le vieux Louvre.

Où mourut Philippe-Auguste?

A Mantes, l'an 1223, à l'âge de 58 ans, après un règne de 43 ans. Il fut enterré à St-Denis.

Combien de fois avait-il été marié?

Trois fois : la première avec Isabelle de Hainault, dont il eut Louis VIII; la seconde avec Ingéburge, fille du roi de Danemarck, dont il n'eut point d'enfant; et la troisième avec Agnès de Méramie, dont il eut Philippe, comte de Boulogne, et Marie, qui épousa le comte de Namur.

Quel est l'éloge de ce prince?

Il fut jaloux de ses droits, ambitieux, vaillant, actif, bon politique, heureux dans ses entreprises, constamment occupé de sa gloire et du bonheur de son peuple. Il aima les lettres et protégea les savans. Il est le premier qui ait soudoyé des troupes et qui les ait gardées en temps de paix.

FAITS CONTEMPORAINS.

Saladin s'empare d'Alep, de Damas et de Jérusalem (1187).
Richard, en revenant de la Terre-Sainte, est retenu prisonnier quatorze mois par Henri VI, roi de Naples (1192).
Mort de Saladin, sultan d'Egypte (1194).
Usage de la boussole en France (1200).
Genghiskan fonde l'empire des Mogols (1203.)

LOUIS VIII, DIT LE LION, 43e. ROI.
Fils de Philippe II et d'Isabelle de Hainault.

Monte sur le trône en 1223, âgé de 36 ans; règne 3 ans;
meurt en 1226, à l'âge de 39 ans.

Pourquoi fut-il surnommé le Lion?

A cause de son grand courage. C'est pourquoi les Anglais l'avaient choisi pour leur roi; mais ayant appelé au même temps Henri III, fils de Jean-sans-Terre, Louis revint en 1223 succéder à son père Philippe-Auguste, et fut sacré à Reims avec Blanche de Castille sa femme. Il est le premier roi de cette dynastie qui ne fût pas sacré du vivant de son père.

Quelles sont ses conquêtes?

Pour punir Henri III de n'avoir pas assisté à son sacre, comme son vassal pour la Guienne, il lui prit le Limousin, le Périgord, le pays d'Aunis, La Rochelle; et, tournant ses armes victorieuses contre les Albigeois, hérétiques protégés par le comte de Toulouse, il les battit à Albi, s'empara de Carcassonne, Béziers, Pamiers, et alla toujours battant ses ennemis jusqu'aux portes de Toulouse, où il laissa le commandement de son armée à Imbert de Beaujeu. Mais en revenant du Languedoc, il tomba malade à Montpensier en Auvergne et mourut à l'âge de 39 ans, après en avoir régné trois. On soupçonna qu'il mourut empoisonné. Son corps fut porté à St-Denis.

Laissa-t-il des enfans?

Il eut de Blanche de Castille neuf fils et deux filles; cinq le précédèrent au tombeau; Isabelle fonda le monastère de Long-Champs, et Louis IX lui succéda.

LOUIS VIII, 43ᵉ. Roi. 13ᵉ. siècle.   153

3ᵉ. Dynastie. — CAPÉTIENS. — 1ʳᵉ. BRANCHE.

LOUIS VIII, DIT LE LION.

Metuendus in hæresim ultor.

Fléau de l'hérésie et vengeur de mes droits,
La mort seule arrêta le cours de mes exploits.

7.

154 LOUIS IX, 44e. Roi. 13e. siècle.

3e. Dynastie. — CAPÉTIENS. — Ire. BRANCHE.

LOUIS IX, DIT SAINT-LOUIS

Decus addidit astris.

D'un immortel éclat ce grand roi revêtu,
Règne aux cieux où l'a fait couronner sa vertu.

LOUIS IX, DIT SAINT-LOUIS, 44°. ROI.

Fils de Louis VIII et de Blanche de Castille.

Monte sur le trône en 1226, âgé de 11 ans ; règne 44 ans ; meurt en 1270, à l'âge de 55 ans.

A quelle *époque monta-t-il sur le trône ?*
En 1226, âgé de onze ans et demi. Il était né à Poissy (à cinq lieues de Paris), où il fut baptisé. C'est pour cette raison qu'étant jeune, il fut quelquefois nommé Louis-de-Poissy.

Qui fut chargé de la régence ?
Blanche de Castille sa mère, qui réunit pour la première fois la qualité de tutrice et celle de régente. Les ennemis de l'état, dont l'autorité avait été abaissée sous les deux règnes précédens, crurent le moment favorable pour secouer le joug. Dans ces circonstances fâcheuses, cette princesse, si digne de tenir les rênes du gouvernement, montra autant de prudence que de courage pour affermir la puissance royale et soumettre les rebelles. Blanche de Castille joignait aux grâces dont la nature l'avait ornée, une vertu solide et beaucoup de piété.

Quels sont les événemens de ce règne ?
La soumission des Albigeois ; le soulèvement des écoliers de l'Université de Paris, heureusement apaisé ; l'envoi des émissaires de la part du Vieux de la Montagne pour faire assassiner le roi ; la révolte du comte de la Marche, et la défaite des Anglais ses alliés aux batailles de Taillebourg et de Saintes.

Que produisit la soumission des Albigeois ?
Le comte de Toulouse, qui soutenait les Albigeois, acheva de se soumettre ; et la principale condition du traité conclu avec le roi, fut que la

fille du comte épouserait Alphonse, comte de Poitiers, frère de St-Louis, et que, faute d'héritiers de ce mariage, le comté de Toulouse reviendrait à la couronne, ce qui arriva. Ce fut alors que Toulouse et ses dépendances prirent le nom de Languedoc.

Quelle fut la cause du soulèvement des écoliers de l'Université?

(1229.) Quelques-uns d'entr'eux ayant été maltraités dans une querelle qu'ils avaient eue avec les bourgeois, n'obtinrent pas la satisfaction qu'ils désiraient, et résolurent de quitter Paris. Le duc de Bretagne et le roi d'Angleterre, croyant pouvoir profiter de cette mésintelligence, leur offrirent une retraite; mais le grand-conseil du roi, craignant de priver la capitale d'un si grand avantage, trouva les moyens de calmer l'effervescence des esprits.

A quelle époque fut fondée l'université?

On a prétendu que l'Université de Paris devait son établissement à Charlemagne. Une origine si ancienne et si glorieuse n'est attestée par aucun auteur contemporain; mais il y a toute apparence que l'Université prit naissance sous Louis-le-Jeune, et qu'elle ne fut ainsi appelée que sous Saint-Louis. Pierre Lombard doit en être regardé comme le véritable fondateur. Son état le plus florissant fut sous le règne de Charles VI.

Quel danger courut le roi?

Le Vieux de la Montagne (on nommait ainsi le prince des Ismaliens ou Assassins, peuple qui occupait les montagnes de la Syrie) avait dépêché en France deux de ses émissaires pour assassiner le roi; mais il s'en repentit bientôt, et les contremanda par d'autres, qui, en attendant qu'ils eussent trouvé les premiers, avertirent le roi de se tenir sur ses gardes.

Quelles furent les suites de la révolte du comte de la Marche?

(1242.) Il avait déjà été forcé de rendre hommage au roi; mais bientôt, à l'instigation de sa femme, il

LOUIS IX, 44ᵉ. Roi. 13ᵉ. siècle. 157

reprit les armes, et fut soutenu par les Anglais. Louis marche contre ses ennemis, livre et gagne la bataille de Taillebourg, et combat le lendemain près de Saintes, où il défait le comte de la Marche et son allié le roi d'Angleterre ; il fit avec ce dernier une trêve de cinq ans ; mais il en coûta au comte la ville de Saintes et la Saintonge, qui furent réunies à la couronne.

Quelle était la position des Chrétiens dans la Terre-Sainte ?

Les Chorasmiens, peuple sorti de Perse, d'autres disent d'Arabie, se jetèrent sur la Terre-Sainte, ruinèrent tous les saints lieux de Jérusalem, et l'inondèrent du sang des Chrétiens. La nouvelle en fut portée au roi, qui, vivement affligé de ces maux, ne songea qu'à remplir le vœu qu'il avait fait d'aller à la Terre-Sainte, pendant une grave maladie dont il fut attaqué à la suite de l'expédition contre le comte de la Marche. Avant de partir, il régla les affaires intérieures de son royaume, s'assura de la paix avec ses voisins, et laissa la régence à la reine Blanche sa mère (1248).

A quelle époque s'embarqua-t-il ?

Au mois d'août, à Aigues-Mortes, avec ses trois frères et presque toute la noblesse française ; il arriva heureusement en septembre à l'île de Chypre, d'où il mit à la voile le printemps suivant pour Damiette. Il trouva le rivage bordé des troupes du soudan ; en vain elles s'opposèrent au débarquement de son armée ; ce prince, dont la valeur affronta les dangers, s'élança le premier dans l'eau, l'épée à la main, sur les infidèles qui ne purent tenir contre l'attaque des Français. Le lendemain de leur défaite, le roi fit son entrée à Damiette, à la tête de son armée. Cette victoire jeta l'effroi dans tout le pays.

Quelles en furent les suites ?

Elles devinrent déplorables, par l'intrépidité

aveugle du comte d'Artois, qui ayant mis en fuite trois cents cavaliers, les poursuivit imprudemment jusques dans leur camp. Les ennemis, dont il avait forcé les retranchemens, crurent voir fondre sur eux l'armée entière des Chrétiens; mais les infidèles s'étant aperçus du petit nombre des Français, firent volte-face, et les repoussèrent avec vigueur. Le comte d'Artois fut obligé de se jeter dans Massoure, où il fut aussitôt investi. Pressé de tous côtés, et par les troupes du soudan, et par les habitans, ce malheureux prince périt dans cette journée, avec tous les braves qui l'avaient accompagné.

(1250.) *Que devint alors le roi?*

Le roi ne fut pas beaucoup plus heureux. Après plusieurs combats opiniâtres, les Français, réduits à un petit nombre par la famine et les maladies contagieuses, furent enveloppés et accablés par les Barbares. Enfin, le roi fut fait prisonnier avec Alphonse comte de Poitiers, Charles comte d'Anjou, ses frères, ainsi que les seigneurs qui se trouvaient à l'armée.

Comment se conduisit-il dans sa prison?

Il s'y montra toujours roi et chrétien; sa patience, sa piété, sa fermeté, son égalité d'âme, frappèrent d'étonnement et d'admiration les Musulmans. « Nous » te regardions, disaient-ils, comme notre prison- » nier, notre esclave, et tu nous traites comme si » nous étions tes prisonniers! »

Comment le roi obtint-il sa liberté?

Le sultan lui fit proposer de rendre Damiette, et comme cette place n'était pas en état de défense, il y consentit. On lui demanda, en outre, 400,000 livres pour sa rançon; mais il répondit aux envoyés du soudan: « Allez dire à votre maître qu'un » roi de France ne se rachète point pour de l'argent; » je donnerai cette somme pour la rançon de mes » troupes, et Damiette pour ma personne. »

Que fit le roi après avoir recouvré sa liberté?

LOUIS IX, 44º. Roi. 13º. siècle.

Quelque vives que fussent les instances de la régente pour le retour du roi, il passa en Palestine, où, dans l'espace de quatre ans, il délivra une foule de Chrétiens, et répara plusieurs places fortes. (1254) Le roi revint en France, où sa présence était indispensable après la mort de Blanche de Castille sa mère. Cette princesse fut enterrée dans l'abbaye de Maubuisson, qu'elle avait fondée en 1242.

Que fit le roi après son retour ?

Il s'occupa avec soin à maintenir la paix dans son royaume, et à faire rendre la justice.

Doit-il être considéré comme législateur ?

Oui : on lui est redevable de plusieurs lois très-sages. Il substitua aux duels la preuve par témoins; il ordonna, en 1262, que dans les terres où les barons n'avaient point de monnaie, il n'y aurait que celle du roi qui y aurait cours pour le même prix qu'elle avait dans ses domaines; il rendit une ordonnance contre les blasphémateurs, portant des peines très-sévères, qui furent ensuite restreintes à une peine pécuniaire, à l'exhortation du pape Clément IV. C'est sous St-Louis qu'il faut placer, d'après Joinville, historien contemporain, l'institution des maîtres des requêtes, dont le nombre fut d'abord fixé à trois, et que fut formé l'établissement de la police de Paris, par Etienne Boileau, prévôt de cette ville. Ce magistrat, digne des plus grands éloges, divisa les marchands et artisans en différens corps de communautés, et s'attacha avec soin à la répression des abus et à la punition des crimes.

Quel jugement peut-on porter de Saint-Louis?

Saint-Louis, dit avec raison le père Daniel, a été un des plus grands hommes qui aient jamais été. En effet, ce prince fut d'une valeur à toute épreuve; mais il n'en fit usage ni par ambition, ni par injustice. On ne le vit donner des preuves du plus grand courage que pour combattre les rebelles, les ennemis de l'état ou de la religion. Il veilla avec un soin particulier à l'exacte administration de la justice. « En été, dit Joinville, après avoir entendu la messe, il allait se récréer au bois de Vincennes, s'asseoir au pied d'un chêne, et faisait asseoir auprès de lui le sieur de Nesle, le comte de Soissons et moi. » Tous ceux qui avaient affaire à lui approchaient librement de sa personne, et puis le roi demandait à haute voix si quelqu'un avait des demandes ou des plaintes à lui adresser. Il écoutait ceux qui parlaient, et donnait la sentence selon l'équité. Quelquefois, il ordonnait à messieurs Pierre Fontaine et Geoffroi de Villette d'ouïr les parties et de leur faire droit. J'ai vu plusieurs fois, ajoute le même historien, que le roi, sous le costume le plus simple, faisait étendre des tapis dans son jardin de Paris, pour donner audience, et rendait justice à tous ceux qui s'adressaient à lui.

Que d'éclat réel, dit un autre historien, dans ces lits de justice! que de grandeur dans cette simplicité! Cependant, malgré cette simplicité, qui a tant de prix pour ceux qui savent apprécier la véritable grandeur, St-Louis était magnifique quand il était obligé aux représentations qu'exige la dignité royale.

Comment est-il considéré dans sa vie privée?
Comme le fils le plus soumis et le meilleur maître: on l'eût pris pour le plus modeste particulier. Les exercices de la plus simple dévotion remplissaient toutes ses journées; et il y joignait les vertus solides qui ne furent jamais démenties dans le cours de sa vie.

Quels sont les monumens érigés sous ce règne?
Saint-Louis fit bâtir la Sainte-Chapelle, et fonda, à Paris, l'église et l'hôpital des Quinze-Vingts pour trois cents gentilshommes à qui les Sarrasins avaient crevé les yeux. Robert de Sorbon, docteur en théologie, et confesseur du roi, fonda le collége de Sorbonne, depuis si célèbre; on y professa la théologie jusqu'à l'époque de la révolution. Louis XVIII l'a rétabli.

Ne fit-il pas une seconde croisade ?

Sans être rebuté de la première, il entreprit une seconde expédition pour la Terre-Sainte, et mit le siége devant Tunis ; mais la peste s'étant mise dans son armée, il en fut attaqué, et mourut le 25 août 1270. Etant au lit de la mort, il fit appeler son fils Philippe, pour lui laisser des instructions qu'il avait écrites de sa propre main. Sa chair et ses entrailles furent portées en Sicile ; son chef à la Sainte-Chapelle de Paris ; son cœur et ses os à St-Denis. Le pape Boniface VIII le canonisa à Orviette, en 1297.

POSTÉRITÉ DE S^T-LOUIS.

Il eut de Marguerite, fille du comte de Provence, sa femme, onze enfans, cinq filles et six fils, dont l'aîné, qui lui succéda, était Philippe surnommé le Hardi. Le sixième, nommé Robert comte de Clermont en Beauvoisis, épousa Béatrix, fille et héritière d'Agnès de Bourbon. De ce mariage est issue la troisième branche des Bourbons, qui, trois cents ans après (1589), parvint à la couronne par l'avénement de Henri IV.

162 PHIIPPE III, 45ᵉ. Roi. 13ᵉ. siècle.

3ᵉ. Dynastie. — CAPÉTIENS. — Iʳᵉ. BRANCHE.

PHILIPPE III, DIT LE HARDI.

Quàm fortis pectore et armis.
A tous mes ennemis j'ai plus donné d'alarmes ;
Par ma propre valeur encor que par mes armes.

PHILIPPE III, DIT LE HARDI, 45ᵉ. ROI.

Fils de St-Louis et de Marguerite de Provence.

Monte sur le trône en 1270, âgé de 25 ans ; règne 15 ans ; meurt en 1285, à l'âge de 40 ans.

―――

Qui succéda à Saint-Louis ?
Philippe, son fils aîné, à l'âge d'environ 25 ans.
Pourquoi fut-il surnommé le Hardi ?
A cause de la grande valeur qu'il avait montrée en Afrique. Il battit les infidèles ; et après avoir conclu la paix avec eux, il revint en France, et gouverna le royaume avec sagesse et prudence. Après avoir été sacré à Reims, en 1271, il rétablit Alphonse, son neveu, sur le trône de Castille, et réunit le Languedoc à la couronne par la mort de la fille unique de Raymond comte de Toulouse.
Qu'offre de remarquable le concile général tenu à Lyon en 1274 ?
Il était composé de cinq cents évêques ou archevêques, de soixante-dix abbés et de mille autres ecclésiastiques, tant docteurs en théologie que députés des chapitres ; il fut présidé par le pape Grégoire X, et le roi y assista.
Quelles affaires y furent traitées ?
On s'y occupa de la réformation des abus de l'église et des mœurs des chrétiens, ainsi que de la réunion de l'église grecque à l'église romaine.
Quel événement arriva-t-il sous ce règne ?
Le massacre des Français à Palerme, arrivé le jour de Pâques 1282.
Comment fut-il appelé ?
Le massacre dit *des Vêpres Siciliennes*. Il y avait

plusieurs années que Charles d'Anjou, frère de Saint-Louis, régnait heureusement en Sicile, quand un Italien nommé *Jean Procida*, qui avait quelque sujet de mécontentement, et qui connaissait la disposition des esprits, forma le projet d'une conspiration. Animé du désir de la vengeance, il traita avec le roi d'Aragon, qui n'attendait que le moment favorable pour faire valoir ses droits au trône de Sicile, et qui devait faire une descente dans cette île pour soutenir les conjurés. Ils avaient choisi le jour de Pâques pour égorger tous les Français, et le signal fut le son des cloches pour les Vêpres. Aux premiers coups de cloche, les Français furent massacrés sans distinction d'âge et de sexe. Les conjurés poussèrent la cruauté jusqu'à égorger les femmes enceintes. On assure qu'en deux heures de temps il périt au moins huit mille Français.

Que fit le roi pour venger leur mort?

Il fit en personne la guerre au roi d'Aragon, prit Roses et Gironne; mais étant rentré en France, il mourut à Perpignan, d'une fièvre maligne, l'an 1285, après un règne de quinze ans, et dans la quarante-unième année de son âge. Son corps fut porté à Saint-Denis.

Quel jugement doit-on porter sur ce prince?

Il tenait de son père pour la bravoure, la bonté, la libéralité, la justice; mais son ignorance profonde et sa superstition aveugle lui firent commettre bien des fautes.

Philippe laissa-t-il des enfans?

Il laissa deux fils d'Isabelle d'Aragon, sa première femme; Philippe-le-Bel qui lui succéda, et Charles de Valois dont le fils monta sur le trône en 1328. Philippe-le-Hardi eut quatre enfans de sa deuxième femme Marie de Brabant, dont trois lui survécurent.

N'est-ce pas sous ce règne que furent données les premières lettres de noblesse?

Elles furent accordées par Philippe à son orfévre ou argentier-trésorier, Raoul de Crépi. Avant ces lettres, deux choses rendaient noble le roturier : la première, l'acquisition d'un fief, parce qu'il engageait à un service militaire; la seconde, son mariage avec une fille issue de race noble.

Que fait-on encore remonter à ce règne?

La fondation de l'université de Montpellier (Hérault), dont l'école de Médecine fut la plus célèbre après celle de Salerne dans le royaume de Naples; et le premier usage du chiffon de linge pour la fabrication du papier.

FAITS CONTEMPORAINS.

Mort de Henri III, roi d'Angleterre, et conquête du pays de Galles par Edouard Ier. son successeur (1272).

Rodolphe, comte d'Hapsbourg, est élu empereur et couronné à Aix-la-Chapelle (1273). Il est le chef de la maison d'Autriche, qui vient de la même souche que celle de la maison de Lorraine, réunie à elle depuis 1736. Il déclare la guerre à Ottocar roi de Bohême, qui est tué dans le combat avec plus de 14,000 hommes (1278).

Fondation de a ville de Mariembourg en Prusse (1281).

166 PHILIPPE IV, 46e. Roi. 13e. siècle.

3e. Dynastie — CAPÉTIENS. — Ire. BRANCHE.

PHILIPPE IV, DIT LE BEL.

Sui juris ultor, vicit hostem.

De puissans ennemis la haine et l'insolence,
M'ont forcé de mes droits à prendre la défense.

PHILIPPE IV, DIT LE BEL, 46ᵉ. ROI.

Fils de Philippe III et d'Isabelle d'Aragon.

Monte sur le trône en 1285, âgé de 17 ans; règne 29 ans; meurt en 1314, à l'âge de 46 ans.

A quelle époque parvint-il à la couronne?
L'an 1285, âgé d'environ dix-sept ans. Il fut marié à Jeanne, reine de Navarre, héritière de ce royaume et des comtés de Champagne et de Brie; en conséquence de ce mariage Philippe-le-Bel prit le titre de roi de Navarre.

Pourquoi fut-il surnommé le Bel?
Parce qu'il était d'un physique très-agréable.

Quels sont ses faits militaires?
Dans une guerre qui éclata entre la France et l'Angleterre, mais qui fut promptement terminée, le comte de Flandre prit les armes en faveur d'Edouard Iᵉʳ. Philippe-le-Bel gagna la bataille de Furnes contre les Flamands, qui y perdirent seize mille hommes. Ce brillant succès fut bientôt suivi de la perte de la bataille de Courtrai, où les Flamands, ayant à leur tête un simple tisserand de Bruges, remportèrent (1302) une victoire complète; 20000 Français et Robert d'Artois, leur général, y perdirent la vie. Edouard abandonna les Flamands, quoiqu'ils fussent vainqueurs, et fit la paix avec la France. Philippe se vengea (1304) de la défaite de Courtrai à l'affaire de Mons-en-Puelle, où les Flamands furent taillés en pièces. Ce fut à cette occasion qu'on lui érigea une statue équestre dans l'église Notre-Dame de Paris.

Quels sont les autres événemens mémorables?

168 PHILIPPE IV, 46°. Roi. 14°. siècle.

Les démêlés avec Boniface VIII ; le parlement rendu sédentaire à Paris ; la translation du St-Siége à Avignon, et l'abolition de l'ordre des Templiers.

Quelles en furent les suites ?

(1303.) Le premier sujet de mécontentement de Boniface VIII était la retraite que le roi avait accordée aux Colonnes, ses ennemis. Boniface VIII lança une bulle foudroyante, et mit le royaume en interdit. Philippe-le-Bel assembla les états-généraux, où, pour la première fois, fut admis le tiers-état ou députés des communes ; mais comme le pape mourut peu de temps après, Benoît XI rétablit les choses dans l'état où elles étaient auparavant.

Que fit le roi pour la justice ?

Il rendit sédentaire à Paris le parlement, qui suivait auparavant la cour.

Par qui fut aboli l'ordre des Templiers ?

Clément V, de concert avec Philippe, poursuivit avec vigueur l'instruction du procès des Templiers, dont l'ordre fut aboli dans un concile tenu en 1311, à Vienne en Dauphiné.

Peut-on regarder comme avérés les chefs d'accusation contre cet ordre ?

Les crimes dont on accusait ces religieux militaires sont trop monstrueux pour qu'on puisse facilement les en croire coupables.

Quel fut le sort des Templiers ?

Le grand-maître Jacques de Molay, et le frère du dauphin de Viennois, furent brûlés tout vifs, à Paris, le 11 mars 1313. On prétend que le premier, protestant de l'innocence des Templiers, ajourna le pape et le roi au tribunal de Dieu, et qu'en effet ils moururent au temps prédit. L'origine de cet ordre remonte à la première croisade en 1095.

Quel pays fut réuni à la couronne ?

Ce fut le comté de Lyon, par la conquête qu'en fit Louis, fils aîné du roi, sur Pierre de Savoie, archevêque de cette ville.

PHILIPPE IV, 46e. Roi. 14e. siècle.

Où mourut Philippe-le-Bel ?

A Fontainebleau en 1314, âgé de 46 ans, après un règne de 29. Il fut porté à St-Denis. Il laissa 3 enfans qui occupèrent le trône successivement après lui.

On doit à ce prince la construction du Palais, près la Sainte-Chapelle.

Quelles furent les qualités de Philippe ?

Il fut le prince le mieux fait de son temps, fier, entreprenant, jaloux de ses droits; mais sévère, ambitieux et vindicatif. On lui reproche avec raison l'altération des monnaies, qui le fit appeler faux-monnayeur; et la surcharge d'impôts.

Quelle est la date de l'établissement du Jubilé ?

Vers la fin du 13e. siècle, Boniface VIII publia une indulgence ou relaxation des peines canoniques pour tous ceux qui, confessés et pénitens, visiteraient l'église de St-Pierre et de St-Paul de Rome durant un certain nombre de jours. Clément VI réduisit l'indulgence à 50 années, et Paul II à 25.

Quelle est son origine ?

Cette institution semble tirer son origine des jeux séculaires que les anciens Romains célébraient de cent ans en cent ans : cette année s'appelait l'année du Jubilé, mot qui signifie *cri de joie*. Quand le paganisme fut aboli, les peuples ne perdirent pas la coutume de venir de tous côtés à Rome, la première année de chaque siècle; mais, sanctifiant cette solennité, ils communiaient sur le tombeau des Apôtres S.-Pierre et S.-Paul.

FAITS CONTEMPORAINS.

Invention des lunettes par Florentin Salvino en 1290.

Le pape Boniface VIII ajoute une seconde couronne à la tiare, et la troisième fut mise par Benoît XII ou Urbain V (1294).

Commencement de la Maison Ottomane (1300).

Clément V rétablit le Saint-Siége à Avignon (1305).

Commencement de la république suisse en 1307.

LOUIS X, dit le HUTIN, 47°. ROI.

Fils de Philippe IV et de Jeanne de Navarre.

Monte sur le trône en 1314, âgé de 25 ans; règne 2 ans; meurt en 1316, à l'âge de 27 ans.

POURQUOI *fut-il surnommé le Hutin ?*
Il fut ainsi appelé d'un vieux mot qui signifie querelleur. Il fut sacré à Reims en 1315.

Qu'a-t-il fait de remarquable ?
(1315.) Il fit faire le procès à Enguerrand de Marigny, son premier ministre des finances, accusé d'avoir chargé le peuple d'impôts, et détourné à son profit plusieurs sommes considérables. Cet infortuné seigneur, dont l'innocence fut reconnue plusieurs années après, fut condamné à mort, et pendu au gibet de Montfaucon.

Quel moyen prit le roi pour se procurer de l'argent ?
Il rendit un édit par lequel les habitans des campagnes pouvaient s'affranchir à prix d'argent.

Combien de femmes a eues ce prince ?
Deux : Marguerite fille de Robert, duc de Bourgogne, dont il eut Jeanne, héritière du royaume de Navarre ; et Clémence de Hongrie, dont il eut un fils posthume qui ne vécut que huit jours. C'est pourquoi la couronne passa à la ligne collatérale.

Où mourut Louis-le-Hutin ?
Il mourut à Vincennes en 1316, à l'âge de 27 ans. On soupçonna qu'il avait été empoisonné. Il fut enterré à Saint-Denis.

FAITS CONTEMPORAINS.
Indépendance de la Suisse par Guillaume Tell (1315).

LOUIS X, DIT LE HUTIN.

Aspera semper amans.

Jamais d'aucun péril, ébranlé ni surpris,
L'obstacle à ses projets mettait toujours le prix.

172 PHILIPPE V, 48ᵉ. ROI. 14ᵉ. SIÈCLE.
3ᵉ. Dynastie. — CAPÉTIENS. — Iʳᵉ. BRANCHE.

PHILIPPE V, DIT LE LONG.

Imperio potens tractare sereno.
La France, sous ce roi digne de ses hommages,
Du règne le plus doux goûta les avantages.

PHILIPPE V, dit le LONG, 48e. ROI.
Frère de Louis X.

Monte sur le trône en 1316, âgé de 23 ans; règne 6 ans meurt en 1322, à l'âge de 29 ans.

A quelle époque parvint-il à la couronne ?
En 1316, âgé de 23 ans, après la mort de Louis-le-Hutin son frère. Il fut sacré à Reims en 1317, et surnommé le Long à cause de sa grande taille.

A qui revint le royaume de Navarre ?
A Jeanne, fille de Louis-le-Hutin, héritière de ce royaume, où les femmes avaient le droit de régner, mais elle fut exclue du trône de France par la loi salique. Elle épousa le comte d'Evreux. De ce mariage naquit Charles-le-Mauvais.

N'a-t-il rien fait de remarquable ?
Il chassa les Juifs du royaume, soupçonnés d'avoir voulu empoisonner les puits et les fontaines publiques, rendit un grand nombre de sages ordonnances, et termina les démêlés avec la Flandre.

Où mourut-il ?
A Vincennes, le 3 janvier 1322, dans sa vingt-neuvième année, après un règne de cinq ans et six mois. Son corps fut porté à St-Denis, son cœur aux Cordeliers de Paris, et ses entrailles aux Jacobins.

Il laissa quatre filles, qu'il avait eues de Jeanne de Bourgogne. Son frère Charles lui succéda.

FAITS CONTEMPORAINS.
Etablissement de l'ordre du Christ en Portugal (1319).

CHARLES IV, dit LE BEL, 49ᵉ. ROI.
Frère de Philippe V.

Monte sur le trône en 1322, âgé de 26 ans; règne 6 ans; meurt en 1328, à l'âge de 32 à 33 ans.

Quand et comment parvint-il à la couronne?
En 1322, par la mort de Louis-le-Hutin et de Philippe-le-Long ses frères. Il fut sacré à Reims.

Qu'arriva-t-il au commencement de ce règne?
Il fit faire une recherche sévère des financiers, presque tous Lombards, qui avaient dilapidé le trésor. De La Guette, receveur-général des finances, mourut à la question sans avouer où étaient les trésors qu'on lui supposait avoir pris sur le peuple.

Fit-il rendre exactement la justice?
Ce prince, malgré sa bonté et sa douceur, exigea que la justice fût rendue impartialement. Sa modestie lui fit refuser la couronne impériale que le pape voulait placer sur sa tête.

Que fit-il avant sa mort?
Il érigea la baronnie de Bourbon en duché-pairie en faveur de Louis Iᵉʳ, fils aîné de Robert de France, 6ᵉ. fils de St-Louis, et l'un des aïeux de Henri IV.

Où mourut Charles?
(1328.) A Vincennes, dans sa 33ᵉ année, après avoir régné 6 ans; il fut enterré à St-Denis. La 1ʳᵉ. branche des Capétiens s'éteignit avec lui, après avoir donné 14 rois et duré 341 ans.

FAITS CONTEMPORAINS.

Institution des Jeux floraux, à Toulouse, par Clémence Isaure (1324). Invention de la poudre à canon (1325).

CHARLES IV, 49e. Roi. 14e. siècle. 175

5e. Dynastie. — CAPÉTIENS. — Ire. BRANCHE.

CHARLES IV, DIT LE BEL.

Extrà formosus et intrà.

Pour lui former les traits et de l'âme et du corps,
Le ciel à pleines mains prodigua ses trésors.

176 PHILIPPE VI, 50°. Roi. 14°. siècle.

3e. Dynastie. — CAPÉTIENS, IIe. BRANCHE, et Ire. des VALOIS. — 7 ROIS.

PHILIPPE VI, DIT DE VALOIS.

Ramo avulso non defecit alter.

De ce fertile tronc une branche arrachée,
Par une autre aussitôt se trouve remplacée.

SECONDE BRANCHE,

PREMIÈRE DES VALOIS. — 7 Rois (1328 à 1498).

PHILIPPE VI, dit de Valois, 50ᵉ. ROI.

Fils de Charles de Valois, et petit-fils de Philippe III.

Monte sur le trône en 1328, âgé de 35 ans; règne 22 ans; meurt en 1350, à l'âge de 57 ans.

Quand *monta-t-il sur le trône?*
Il monta sur le trône en 1328.
Pourquoi l'appelle-t-on Philippe de Valois?
Parce que le comté de Valois était l'apanage que Charles de Valois son père lui avait donné.
Qu'entend-on par le mot apanage?
C'est le domaine que les rois de la 3ᵉ. dynastie donnaient aux puînés, sous la condition expresse de renonciation à la couronne qui appartenait à l'aîné et à ses descendans, par ordre de primogéniture masculine. Depuis Philippe-le-Bel, les apanages étaient réversibles à la couronne faute d'hoirs mâles.
Quel fut le compétiteur de Philippe?
Édouard III, roi d'Angleterre, qui prétendait à la couronne de France par sa mère Isabelle, fille de Philippe-le-Bel, dont Philippe de Valois n'était que le neveu.
Qui termina ce différend?
Les états du royaume décernèrent la couronne à Philippe de Valois, en vertu de la loi salique qui

en exclut les femmes. C'était à cause des prétentions d'Edouard que les rois d'Angleterre prenaient le titre de rois de France. L'exclusion et l'ambition d'Edouard furent l'origine des guerres sanglantes qui s'allumèrent entre la France et l'Angleterre pendant le long règne de ce prince.

Combien cette branche a-t-elle eu de rois ?
Sept, de père en fils, dans l'espace de 170 ans.

Comment Philippe signala-t-il son avénement?
(1328.) Il fit arrêter Pierre-Remi, sieur de Montigny, qui avait dilapidé les finances. Le roi, dix-huit chevaliers, vingt-cinq seigneurs et princes réunis au parlement, rendirent un arrêt par lequel il fut condamné à être pendu au gibet de Montfaucon.

A combien s'éleva la confiscation de ses biens?
A douze cent mille francs, somme prodigieuse pour ce temps-là ; ce qui ferait aujourd'hui environ dix-neuf millions, parce que la livre tournois (20 sous à cette époque), est aujourd'hui l'équivalent de 14 l. 11 sous 10 deniers.

Quel fut le premier fait d'armes de ce prince?
(1328.) Il gagna contre les Flamands la bataille de Cassel, où il fit des prodiges de valeur; le connétable Gaucher de Châtillon s'y distingua, quoiqu'il fût âgé de quatre-vingts ans.

Quand commença la guerre avec l'Angleterre?
Ce fut l'an 1336 que commença contre l'Angleterre une guerre qui dura, à diverses reprises, plus de cent ans. Philippe eut quelques avantages dans la Flandre ; mais ils furent bien loin de compenser la perte de la bataille navale de l'Ecluse, où la flotte française, qui avait à bord quarante mille hommes, fut détruite par celle d'Angleterre. Ces premières hostilités furent suivies d'une trève d'un an.

Que fit le roi pour subvenir à ses besoins ?
(1344.) Il établit un nouvel impôt sur le sel, ce qui fut cause qu'Edouard l'appelait, par une méchante raillerie, l'auteur de la *loi salique*.

Que se passa-t-il ensuite?

Les hostilités avaient recommencé en 1345. Philippe de Valois avait fait décapiter Olivier de Clisson et quelques seigneurs bretons, sur le simple soupçon d'être d'intelligence avec les Anglais. Bientôt l'héroïque veuve d'Olivier tira vengeance de la mort de son époux. Après avoir envoyé son fils à Londres, elle prit les armes contre la France, et on la vit, bravant les plus grands dangers, s'emparer de plusieurs forts en Normandie. Philippe de Valois assembla son armée pour s'opposer à Édouard, qui ravageait cette province.

Quel parti prit le roi d'Angleterre?

Instruit de la marche du roi de France, il précipita sa retraite, en se dirigeant sur la Picardie. Il fut vigoureusement repoussé au passage de Péquini et de Pont-de-Remi, et se trouva fort embarrassé sur les bords de la Somme.

Quand se donna la bataille de Crécy?

Le 26 août 1346. Les Français passèrent la Somme sur le pont d'Abbeville, et quoique la chaleur fût ce jour-là excessive, ils furent en présence de l'ennemi à trois heures et demie. Édouard ne pouvant plus éviter le combat, choisit un poste avantageux sur une colline près du village de Crécy. On représenta à Philippe que l'armée, fatiguée par une marche forcée, avait besoin de repos, et qu'il fallait remettre au lendemain l'attaque de l'ennemi. Le comte d'Alençon, frère du roi, insista pour le combat, et malheureusement l'action s'engagea malgré les plus sages avis. Le désespoir et la nécessité de vaincre électrisèrent le courage des Anglais. Dès la première charge, les Français furent repoussés, et le comte d'Alençon resta sur le champ de bataille. On croit que ce fut à cette journée que les Anglais firent usage, pour la première fois, de pièces de canon. Quoi qu'il en soit, toute l'armée française fut bientôt mise en déroute. Philippe, dans l'espérance de rallier ses troupes, se battit comme un lion, et reçut plusieurs blessures. Vingt mille Français périrent dans cette sanglante bataille. Les revers de nos armes vinrent autant de l'imprudence et de l'incapacité des chefs, que de l'indiscipline des soldats.

Quelle place fut ensuite forcée de se rendre?

Après la bataille de Crécy, Edouard mit le siége devant la ville de Calais, qui ne fut prise que le 3 août 1347, au bout de onze mois et quelques jours. Les Anglais l'ont gardée jusqu'en 1558, qu'elle fut reprise par François duc de Guise.

Qu'arriva-t-il de remarquable à ce siége?

La renommée n'oubliera jamais le nom d'Eustache de Saint-Pierre, un des plus riches bourgeois de Calais, et sa générosité pour sauver ses concitoyens. Edouard, irrité de leur longue résistance, ne voulait point capituler avec eux si on ne lui livrait six des principaux habitans pour en faire ce qu'il lui plairait.

Quel parti prirent alors les habitans?

Au milieu de la consternation générale; le désespoir se mêla aux larmes et aux gémissemens, et commanda la terrible résolution de périr tous les armes à la main. Cependant le temps pressait, il fallait prendre un parti et rendre réponse au plus tôt. Mais Eustache de Saint-Pierre, voyant qu'on voulait se défendre jusqu'à la dernière extrémité, s'offrit à l'instant pour être une des six victimes qu'Edouard désirait sacrifier à sa vengeance. A son exemple, cinq autres Calaisiens s'offrirent, avec la même générosité, pour le salut de leurs concitoyens. Ils allèrent, la corde au cou et nus en chemise, porter les clés à Edouard. L'inflexible vainqueur, au lieu d'admirer le dévouement de ces généreux habitans, et d'en être touché, ordonna de faire venir le bourreau. En vain tous les seigneurs de sa cour sollicitèrent en leur faveur. Ils allaient périr, si la vertueuse épouse de ce cruel monarque ne se fût jetée à ses pieds pour lui demander leur grâce, qu'elle n'obtint qu'à force de pleurs et de prières.

Quelles furent les acquisitions de Philippe ?

Il répara une partie de ses pertes par l'acquisition de Montpellier, du Roussillon, du comté de Champagne et de Brie. Humbert II, dernier dauphin, inconsolable de la mort de son fils, se retira du monde, et céda le Dauphiné au roi, sous la condition que les fils aînés de France s'appelleraient Dauphins.

Où mourut Philippe ?

A Nogent, près de Chartres, et fut enterré à St-Denis. Jean-le-Bon son fils lui succéda (1).

(1) La situation de la France était déplorable sous Philippe VI ; elle fut affligée, en 1338, d'une horrible famine ; une guerre malheureuse fit prodigieusement hausser le prix des denrées ; des ministres déprédateurs accablèrent le peuple d'impôts, et réduisirent le roi à l'indigence ; et, pour comble de calamités, une peste générale exerça, en 1348, les plus cruels ravages. Les historiens rapportent que l'on vit pendant quelques heures, dans le ciel, un globe de différentes couleurs, qui, en tombant sur la terre, répandit partout une odeur délétère. Ce fléau enleva à l'Europe les deux tiers de sa population en moins de dix-huit mois.

182 JEAN-LE-BON, 51e. Roi. 14e. siècle.

3e. Dynastie. — CAPÉTIENS, IIe. BRANCHE; et Ire. DES VALOIS.

JEAN, DIT LE BON.

Vicit quamquàm victus.

Si le sort une fois a trahi mon grand cœur,
La gloire du vaincu fit rougir le vainqueur.

JEAN-LE-BON, 51ᵉ. ROI.

Fils de Philippe VI et de Jeanne de Bourgogne.

Monte sur le trône en 1350, âgé de 30 ans; règne 14 ans;
meurt en 1364, à l'âge de 44 ans.

Que *fit le roi en montant sur le trône ?*
Il donna la charge de connétable à Charles de la Cerda, et fit trancher la tête à Raoul comte d'Eu, qui en était revêtu, accusé d'avoir des intelligences avec les Anglais. Charles-le-Mauvais, irrité de ce qu'on lui avait refusé le comté d'Angoulême, qui lui revenait en épousant la fille de Jean-le-Bon, empoisonna la Cerda trois ans après, et conspira contre le roi.

Quel parti prit le roi dans cette occurrence?
Jean craignant que Charles-le-Mauvais ne s'unisse avec l'Angleterre pour le détrôner, l'attira à Rouen, le fit arrêter et conduire à Paris sous bonne escorte. Cette arrestation fit prendre les armes à Edouard, satisfait de trouver une occasion de recommencer la guerre avec la France.

Quels furent les événemens de cette guerre?
Le prince de Galles, si fameux par le gain de la bataille de Crécy, eut le commandement de l'armée anglaise. Il ravagea l'Auvergne, le Limosin et le Poitou. Jean fit marcher en diligence ses troupes pour s'opposer aux progrès de l'ennemi, et l'atteignit à Maupertuis, à deux lieues de Poitiers. Le prince de Galles, qui n'avait que huit mille hommes sous ses ordres, se retrancha dans un terrain inégal, embarrassé de vignes, de haies et de buissons, et par conséquent inaccessible à la cavalerie. Il avait tout prévu contre le développement des forces supérieures du roi; mais dépourvu de vivres, il ne pouvait échapper à sa perte, si Jean se fût borné à

le cerner, et qu'il ne se fût pas laissé emporter par sa témérité. Le prince anglais voyant le danger auquel il était exposé, demanda la paix, et fit les propositions les plus avantageuses. Le roi refusa tous les avantages de la victoire pour courir les chances du combat, et fut sourd aux plus sages représentations. La bataille fut livrée le 19 septembre 1356. L'armée française fut taillée en pièces; Jean-le-Bon fut fait prisonnier, conduit à Bordeaux, et de là en Angleterre.

Que devint la France pendant sa captivité?
Charles-le-Mauvais, échappé de sa prison, arma contre le dauphin (depuis Charles V), reconnu lieutenant du royaume. La France devint alors le théâtre de troubles et de séditions par la révolte des Parisiens, excités par Marcel, prévôt des marchands, et par la faction des paysans connus sous le nom de la Jacquerie, qui pillaient les maisons et exerçaient toutes sortes de cruautés. Le dauphin, craignant pour sa vie, fut obligé de quitter Paris et de se retirer à Compiègne. Jean Maillard ayant appris que Marcel devait introduire Charles-le-Mauvais dans la capitale, marcha à sa rencontre et lui fendit la tête d'un coup de hache. Sa mort fit cesser la rébellion, et le dauphin rentra dans Paris.

Quelle circonstance amena la paix?
Une horrible tempête ayant frappé d'épouvante les plus intrépides guerriers d'Edouard, ce monarque se tourna vers l'église de Chartres dont il apercevait les clochers, et fit vœu, s'il échappait à un si grand danger, de consentir à la paix. Elle fut en effet conclue à Brétigny près Chartres, et mit fin à la captivité de Jean-le-Bon, prisonnier à Londres depuis quatre ans, moyennant la cession du Poitou, de la Saintonge, du Périgord, etc., et le paiement de trois millions d'écus d'or pour sa rançon. Mais les états assemblés par le dauphin en 1360, rejetèrent le traité honteux auquel avait consenti le

JEAN-LE-BON, 51°. Roi. 14°. siècle. 185
roi. Edouard reprit les armes, ravagea l'Artois et la Picardie ; mais il fut obligé de lever le siége de Reims.
Quelles qualités remarque-t-on dans ce roi ?
Il était d'une grande franchise, et tenait inviolablement sa parole ; mais il manquait de prudence et de politique. Il disait souvent : « Que si la bonne
» foi et la vérité étaient bannies de tout le reste du
» monde, elles devraient se trouver dans la bouche
» des rois. » Il mourut à Londres, où il était retourné pour traiter de la rançon de son fils le duc d'Anjou, qui s'était enfui y étant en ôtage. Il fut enterré à St-Denis en 1364.

FAITS CONTEMPORAINS.

Jean-le-Bon institue l'ordre de l'Etoile (1350).
Edouard crée l'ordre de la Jarretière (1350).
Second Jubilé sous Clément VI (1350).
Bulle d'Or, contenant le réglement pour l'élection des empereurs d'Allemagne (1356).
Avénement au trône de Pierre-le-Cruel (1357).
Edouard III, roi d'Angleterre, interdit dans tous les actes publics de son royaume l'usage de la langue française, dont on se servait depuis long-temps en Angleterre (1360).

186 CHARLES V, 52e. Roi. 14e. siècle.

3e. Dynastie. — CAPÉTIENS, IIe. BRANCHE ;
et Ire. DES VALOIS.

CHARLES V, DIT LE SAGE.

Immanes potui superare procellas.
En bravant les éclats d'un dangereux orage,
De tous mes ennemis j'ai confondu la rage.

CHARLES V, 52ᵉ. ROI.

Fils de Jean et de Bonne de Luxembourg.

Monte sur le trône en 1364, âgé de 27 ans; règne 16 ans meurt en 1380, à l'âge de 43 ans.

Où naquit Charles V?
Au château de Vincennes. Il fut le premier qui prit le titre de dauphin, par la cession du Dauphiné par Humbert II à Philippe de Valois.

Pourquoi fut-il nommé le Sage et l'Eloquent?
Parce que, sans sortir de son cabinet, il faisait réussir ses desseins, et qu'il était ennemi de la flatterie ; il mérita le titre d'éloquent, par les preuves qu'il donna de son éloquence aux audiences du parlement, où il se trouvait souvent.

Comment se conduisit Charles-le-Mauvais?
Il reprit les armes sous différens prétextes; mais il perdit, le 16 mai 1364, la bataille de Cocherel, entre Evreux et Vernon. Cette victoire fut due au fameux Duguesclin, qui commandait l'armée de Charles V. L'année suivante il fut conclu un traité de paix entre ces deux princes.

Que fit ensuite Duguesclin?
Il alla faire la guerre en Espagne, et emmena, sous l'espoir du butin, les grandes compagnies, troupes de brigands qui infestaient la France depuis le malheureux règne du roi Jean, et dont Charles V était bien aise de purger le royaume. Arrivé en Espagne, il chassa du trône de Castille Pierre dit le *Cruel*, et fit couronner à sa place Henri de Transtamare.

Qu'arriva-t-il en 1369 et 1370?
La guerre ayant éclaté avec l'Angleterre, Duguesclin reçut l'épée de connétable, et jura qu'il ne remettrait l'épée dans le fourreau qu'après avoir

chassé les Anglais du royaume. Il tint parole, et devint la terreur des ennemis. Il les battit de tous côtés, et leur reprit presque toute la Guienne, le Poitou, où périt le brave Chandos, capitaine anglais ; la Saintonge, le Rouergue, le Périgord, et une partie du Limousin. Il ravit ainsi aux Anglais les avantages de toutes leurs victoires.

Où mourut ce vaillant capitaine ?

Au siége de Châteauneuf de Randon, à l'âge de 66 ans, le 13 juillet 1380, et fut enterré à St-Denis.

Olivier de Clisson, son compagnon d'armes, lui succéda dans la charge de connétable.

Quel honneur lui rendirent les ennemis ?

Les assiégés avaient promis de se rendre, si, au 12 juillet, ils n'avaient reçu aucun secours. Quand on somma le gouverneur de rendre la place le lendemain, le jour même de la mort de Duguesclin, il répondit que, suivant la capitulation, il s'acquitterait de sa parole envers ce grand capitaine, comme s'il était vivant. En effet, il sortit avec les premiers officiers de la garnison, et vint mettre sur le cercueil du connétable les clefs de la ville, avec les mêmes marques de soumission que si ce brave guerrier eût encore commandé l'armée.

Quelle ordonnance rendit Charles V ?

Il déclara la majorité des rois à quatorze ans : elle était fixée à vingt ans.

Quel éloge fait-on de ce prince ?

Il fut recommandable par sa sagesse, sa piété, son zèle à faire rendre la justice, et sa sévérité à réprimer les désordres de la cour. Il donna l'exemple de la pratique des vertus. Il fut bon père, bon époux et bon roi ; il s'était distingué par sa piété filiale. On a dit de lui que jamais prince ne se plut tant à demander conseil, et ne se laissa moins gouverner. Il apporta le plus grand discernement dans la distribution des emplois. Sans jamais paraître à la tête des armees, dit un de nos meilleurs historiens, il sut, par sa rare prudence, réparer tous les maux qui avaient affligé la France sous le règne précédent; et, sans sortir de son cabinet, il reprit sur les Anglais tout ce que son père et son aïeul, avec du courage et bien des peines, avaient perdu en combattant en personne.

Où mourut Charles V?

(1380.) Au château de Beauté-sur-Marne, d'un poison lent que Charles-le-Mauvais lui donna lorsqu'il n'était encore que dauphin. Il fut enterré à St-Denis. Il laissa deux fils, Charles VI qui lui succéda, et Louis, qui fut duc d'Orléans *.

* Charles V fut le premier qui, depuis Charlemagne, protégea et aima les sciences. On en trouve une preuve dans l'établissement d'une bibliothèque royale qu'il plaça dans une tour du Louvre, appelée la *Tour de la Librairie*. Il parvint à y rassembler environ neuf cents volumes, nombre prodigieux pour un temps où l'imprimerie n'avait pas encore été inventée. Elle fut augmentée dans la suite par les soins de Louis XII et de François Ier, et devint immense sous Louis XIV et Louis XV. C'est aujourd'hui le plus bel établissement en ce genre. Il fit élever le château de St-Germain-en-Laye, et la Bastille en 1370 (détruite en 1789).

190 CHARLES VI, 53e. ROI. 14e. SIÈCLE.

3e. Dynastie. — CAPÉTIENS, IIe. BRANCHE;
et Ire. DES VALOIS.

CHARLES VI.

Eò carior quò infelicior.

En butte aux traits du sort, de revers accablé,
Plus je fus malheureux, plus je me vis aimé.

CHARLES VI, 53e. ROI.

Fils de Charles V et de Jeanne de Bourbon.

Monte sur le trône en 1380, âgé de 12 ans; règne 42 ans; meurt en 1422, à l'âge de 54 ans.

Quand *parvint-il à la couronne ?*
En 1380, âgé de douze ans et quelques mois, sous la régence du duc d'Anjou, son oncle. Il fut sacré à Reims le 4 novembre suivant.

1382.) *Qu'a-t-il fait de glorieux ?*
Il dompta les Flamands révoltés contre le comte de Flandre, et en défit quarante mille à la bataille de Rosbecq. Quelques historiens prétendent que ce fut à cette bataille que parut pour la dernière fois l'oriflamme; d'autres croient, avec plus de fondement, que ce fut à celle d'Azincourt.

Qu'arriva-t-il à Paris pendant l'expédition en Flandre ?
Au lieu de diminuer les impôts, on les augmenta. Les Parisiens, mécontens, se révoltèrent; ils coururent piller l'Hôtel-de-Ville et l'Arsenal, où ils s'armèrent de maillets de plomb, ce qui les fit surnommer *Maillotins*. Ils ouvrirent ensuite les portes des prisons à tous les criminels, et mirent à leur tête, malgré lui, Hugues Aubroit, prévôt de Paris, qui y était renfermé. Le roi rentra dans la capitale, et fit punir les principaux coupables.

De quel ennemi redoutable la France fut-elle délivrée ?
De Charles-le-Mauvais, roi de Navarre, qui mourût universellement exécré.

CHARLES VI, 53e. Roi. 15e. siècle.

Quelles étaient les qualités du roi avant sa démence ?

Il était affable, bienfaisant, belliqueux; il ne désirait rien tant que de soulager son peuple; aussi était-il appelé le *Bien-Aimé*.

Dans quelle occasion se déclara la démence de Charles VI ?

Un seigneur, nommé Pierre de Craon, avait assassiné le connétable de Clisson, qui ne mourut point de ses blessures. Le coupable, pour échapper à la punition de son crime, se réfugia chez le duc de Bretagne. Sur le refus de ce prince de livrer Craon, le roi résolut de lui faire la guerre. Il partit du Mans le 5 août 1392, et prit la route de Nantes. A peine avait-il fait une lieue, qu'un homme mal vêtu se saisit de la bride de son cheval en lui disant : « Noble roi, ne passe pas outre, tu es trahi. » Cette rencontre, jointe à l'extrême ardeur du soleil, fit une telle impression sur Charles VI qu'il perdit la raison, devint furieux et tua quelques personnes qui l'entouraient. Il eut pourtant, dans la suite, des intervalles de bon sens qui lui duraient quelquefois un mois, et même plus.

De quels malheurs fut suivi cet événement ?

La démence du roi fut la cause des maux incalculables dont la France fut affligée par la grande mésintelligence entre les princes du sang, le duc d'Orléans frère du roi, et le duc de Bourgogne son oncle, qui voulaient tous avoir la régence, qui appartenait de droit au duc d'Orléans comme le plus proche parent du roi, et par la haine d'Isabelle reine de Bavière pour son fils le dauphin, depuis Charles VII.

Qui se saisit du pouvoir ?

Le duc de Bourgogne, Philippe-le-Hardi, qui mourut en 1404.

Comment se conduisit Jean-sans-Peur son fils qui lui succéda ?

CHARLES VI, 53e. Roi. 15e. siècle.

Le duc d'Orléans souffrait impatiemment de ne pas avoir la principale autorité. Le duc de Bourgogne, qui l'avait eue jusqu'alors, employa tous les moyens pour la conserver. Il résolut de se défaire d'un ennemi si dangereux; et par ses ordres, le duc d'Orléans fut assassiné rue Barbette, dans la nuit du 23 au 24 novembre 1407.

Quelle fut la suite des événemens ?

Le comte de St-Pol, gouverneur de Paris, et dévoué au duc de Bourgogne, souleva la multitude contre les Armagnacs, et excita la sédition des Cabochiens, ainsi nommés de Caboche, chef des bouchers qui composaient cette faction. Ils exercèrent toutes sortes de violences, et plusieurs chefs du parti des Armagnacs furent sacrifiés.

Quel parti prirent les Anglais ?

Henri V, roi d'Angleterre, voyant la France déchirée par les factions d'Orléans et de Bourgogne, jugea la conjoncture favorable pour lui faire la guerre. A la tête de soixante mille hommes, il débarqua, en 1415, à Harfleur, et s'en empara.

Quelle bataille perdirent les Français ?

(1415.) La bataille d'Azincourt (village de l'Artois, à trois lieues d'Hesdin.)

Quelle fut la conduite de la mère du dauphin ?

Mécontente de ce que le dauphin approuvait tout ce que faisait le comte d'Armagnac, et de ce qu'il s'était saisi des trésors qu'elle avait accumulés aux dépens de l'état, elle se ligua contre son fils et son mari, avec les Bourguignons et les Anglais.

Que se passa-t-il ensuite à Paris ?

(1418.) Le duc de Bourgogne rentra dans la capitale, avec l'aide de Villiers-de-l'Isle-Adam. C'est dans ces nouveaux troubles que périrent le comte d'Armagnac, connétable, et les évêques de Senlis, de Bayeux et de Coutances. Le dauphin s'échappa et se retira à Montargis.

CHARLES VI, 53ᵉ. Roi. 15ᵉ. siècle.

Qu'arriva-t-il au duc de Bourgogne ?

Jean-sans-Peur, voyant avec inquiétude la trop grande puissance de Henri V, consentit à un accommodement avec le dauphin. Ces deux princes eurent une entrevue sur le pont de Montereau, où Jean-sans-Peur fut assassiné en 1419, par les gens du dauphin, indignés de son audace.

Quels furent les événemens de 1420 ?

Philippe, dit le Bon, succéda à son père, et résolut de venger sa mort. Il vint trouver le roi et la reine à Troyes. Sur ces entrefaites arrivèrent les ambassadeurs du roi d'Angleterre. C'est là que fut signé, le 21 mai, par Isabelle de Bavière le plus honteux traité. Le mariage de Catherine, fille de Charles VI, avec Henri V, y fut arrêté ; le dauphin fut exclus de la couronne dont le roi d'Angleterre fut déclaré l'unique héritier, avec le titre de régent jusqu'à la mort du roi ; et comme il mourut cinquante-un jours avant Charles VI, il laissa la régence de France à son frère le duc de Bedfort.

Comment se conduisit le dauphin ?

Indigné de cette injustice, il en appela à la loi fondamentale de l'état, prit justement la qualité de régent, transféra le parlement et l'université à Poitiers, et nomma un connétable, un chancelier et plusieurs grands-officiers.

Quel avantage eut le dauphin en 1421 ?

Il gagna contre les Anglais la bataille de Baugé en Anjou. Cette victoire ranima le courage des sujets fidèles, et fut suivie de quelques autres avantages.

Où mourut Charles VI ?

A Paris, le 20 octobre 1422, âgé de 54 ans, après en avoir régné 42. Il fut enterré à Saint-Denis.

Ce prince laissa-t-il des enfans ?

Oui. Il avait eu d'Isabelle de Bavière onze enfans : cinq filles, dont trois lui survécurent, et six fils, dont il ne resta que Charles qui lui succéda.

Quel était l'état de la marine sous Charles VI ?

CHARLES VI, 53e. Roi. 15e. siècle.

Ce roi ayant le projet de conquérir l'Angleterre, avait fait assembler au port de l'Ecluse une flotte de 1287 vaisseaux, la plus considérable que la France ait eue depuis Charlemagne. Cette expédition échoua par la faute du duc de Berri son oncle.

Quelles inventions remontent à ce règne?

Pour distraire ce prince, on inventa, en 1393, les cartes à jouer dont les figures retracent encore les costumes de ce temps. L'usage des chariots branlans, ou espèce de carrosses, remonte encore à cette époque; on s'en servit à l'occasion d'une entrée d'Isabelle à Paris.

FAITS CONTEMPORAINS.

La connaissance de l'algèbre apportée en France, par Léonard (de Pise), date de 1400.

Découverte des îles Canaries par Jean Bethencourt, gentilhomme Normand (1405).

Tamerlan meurt en 1405. Sa postérité règne encore dans les Indes: c'est ce que nous appelons le Grand-Mogol.

Jean Hus commence à enseigner ses erreurs en Bohême (1407). Il est condamné par le concile de Constance à être brûlé vif en 1415. — Commencement du duché de Savoie (1416).

Henri V, roi d'Angleterre, meurt à Vincennes (1422).

3e. Dynastie. — CAPÉTIENS, IIe. BRANCHE;
et Ire. DES VALOIS.

CHARLES VII, DIT LE VICTORIEUX.

Regnum sub virgine tutum.

Une vierge dont Dieu favorisait le bras,
Fut l'appui de mon trône et sauva mes états.

CHARLES VII, 54ᵉ. ROI.

Fils de Charles VI et d'Isabelle de Bavière.

Monte sur le trône en 1422, âgé de 20 ans; règne 39 ans; meurt en 1461, à l'âge de 59 ans.

Quand parvint-il à la couronne ?
L'an 1422. Il fut surnommé le Victorieux parce qu'il chassa les Anglais de la France.

Dans quel état était la monarchie ?
Depuis le siége de Paris, elle n'avait jamais été si près de sa ruine. Le Languedoc, le Dauphiné et le Lyonnais, étaient les seules provinces dont il jouissait paisiblement. Les Anglais étaient maîtres de la capitale et du reste de la France, dont le duc de Bedfort, frère de Henri V, était régent.

Comment s'améliorèrent les affaires de Charles ?
Par la mésintelligence des ducs de Brabant et de Glocester, et en élevant à la dignité de connétable le comte de Richemond, prince du plus grand mérite, et frère du duc de Bretagne.

Qu'était le comte de Dunois ?
Ce jeune prince, fils naturel du duc d'Orléans, se signala pour la première fois devant Montargis dont il fit lever le siége aux Anglais.

Que firent ensuite les Anglais ?
Ils assiégèrent la ville d'Orléans au mois d'octobre 1428. Cette place forte, dont la prise eût porté le dernier coup à la monarchie, était défendue par le comte de Dunois, Saintrailles, La Hire, et tous les plus vaillans capitaines de France.

Où était alors le roi ?
Il était retiré à Chinon. On lui conseillait de se retirer en Dauphiné; mais il se détermina à ne

point abandonner les provinces de la Loire, cédant aux sages avis de Marie d'Anjou, son épouse, qui vendit son argenterie et ses pierreries pour le paiement des troupes du roi.

Quel événement fameux sauva la France ?

Elle penchait vers sa ruine, lorsqu'une fille de dix-huit ans, née de parens pauvres, à Dom-Remi, près de Vaucouleurs en Lorraine, se crut inspirée de Dieu pour faire lever le siége d'Orléans, et relever la monarchie. Elle alla trouver le roi à Chinon, et lui fit part de sa mission. On profita de l'enthousiasme de cette jeune fille pour ranimer le courage de l'armée. Aidée des meilleurs généraux, elle se mit à la tête des troupes, et leur communiqua son audace belliqueuse. Aussitôt tout changea de face. Elle se jeta dans Orléans, et le 8 mai 1429, elle en fit lever le siége aux Anglais, malgré la plus vigoureuse résistance. Dès-lors on regarda Jeanne-d'Arc, dite la *Pucelle d'Orléans*, comme la libératrice de la France. Cet échec terrible qu'elle fit éprouver aux Anglais, fut suivi des plus brillans succès.

Que fit ensuite Jeanne-d'Arc ?

Elle déclara au roi que le second point de sa mission était de le conduire à Reims, pour y être sacré. En effet, le roi y fut sacré le 17 juillet 1429.

Que fit ensuite Jeanne-d'Arc ?

(1430.) Elle voulut se retirer, disant que sa mission était remplie ; mais le roi ne voulut pas y consentir. Elle se jeta dans Compiègne, dont le duc de Bourgogne faisait le siége. Elle y combattit vaillamment ; mais dans une sortie elle fut faite prisonnière et livrée aux Anglais. Au lieu d'admirer sa vertu et son courage, ils crurent réparer leur honneur en la notant d'infamie, et la firent brûler vive à Rouen le 30 mai 1431 : était elle âgée de 20 ans. La ville d'Orléans lui éleva, sur la place du Martroi, une statue qu'on y voit encore.

CHARLES VII, 54e. Roi. 15e. siècle. 199

(1437.) *Que fit le roi d'Angleterre ?*

Il se fit sacrer à Paris ; mais Charles l'en expulsa bientôt, ainsi que du reste de la France. Calais seul resta en sa possession.

De quelle manière mourut Charles VII ?

Ayant refusé toute nourriture pendant six jours, dans la crainte que son fils ne l'empoisonnât, il mourut à Méhun en Berry, et fut enterré à St-Denis.

Quel éloge fait-on de ce prince ?

Charles VII se rendit recommandable par son gouvernement paternel. On eût pu le nommer heureux s'il avait eu un autre père et un autre fils.

FAITS CONTEMPORAINS.

Institution de l'ordre de la Toison-d'Or par Philippe duc de Bourgogne (1429).

Découverte des îles Açores par les Portugais (1432).

Découverte de l'imprimerie à Mayence, par Jean Guttemberg (1449), et premier emploi à Paris en 1470.

Secret de la peinture à l'huile par Jean Van-Eick (1450).

Mahomet II prend Constantinople et met fin à l'empire d'Orient (1453).

Invention des bombes par **Sigismond de Rimini** (1457), premier usage en France au siége de Mézières en 1521.

Découverte des îles du Cap-Vert (1460).

LOUIS XI, 55ᵉ. Roi. 15ᵉ. siècle.

3ᵉ. Dynastie. — CAPÉTIENS, 11ᵉ. BRANCHE;
et Iʳᵉ. DES VALOIS.

LOUIS XI.

Prudenti callidus arte.

Cruel, dissimulé, injuste, mais prudent,
Il rendit, le premier, le trône indépendant.

LOUIS XI, 55ᵉ. ROI.

Fils de Charles VII et de Marie d'Anjou.

Monte sur le trône en 1461, âgé de 39 ans ; règne 22 ans ; meurt en 1483, à l'âge de 61 ans.

Quels *furent ses premiers actes d'autorité ?*
A peine monté sur le trône, il destitua presque tous les officiers de la cour, de la justice et des finances.
Quel fut le premier événement de ce règne ?
La ligue du bien public soutenue par Charles-le-Téméraire, duc de Bourgogne, et par le duc de Berri, frère du roi, qui prirent pour prétexte le soulagement du peuple. Louis XI prit les armes pour s'opposer aux factieux, et fut défait à Montlhéry. Ce roi, fidèle à sa maxime : Qui ne sait dissimuler, ne sait pas régner, accorda tout aux confédérés, bien sûr de tout recouvrer par sa politique.
Quelle fut la cause de sa détention à Péronne ?
(1468.) Pendant qu'il s'y tenait des conférences pour prévenir une rupture avec Charles-le-Téméraire, le roi entretenait des intelligences avec les Liégeois, dont il appuyait la révolte. Louis eut cependant l'imprudence d'aller à Péronne. Le duc de Bourgogne, informé de sa conduite par la trahison du cardinal de la Balue, le fit enfermer dans le château de cette ville, et l'obligea à signer un traité onéreux, et de marcher avec lui contre les rebelles. Le roi punit cette perfidie en faisant renfermer le cardinal à Loches, où il resta onze ans.
Qu'arriva-t-il au siége de Beauvais ?
(1472.) Le duc de Bourgogne, enflé de ses succès, vint se présenter devant Beauvais, et tenta d'emporter la place d'assaut. C'en était fait de la ville, si

les femmes n'eussent volé au secours de la garnison, ayant à leur tête Jeanne Hachette, femme intrépide, qui combattit avec tant de courage qu'elle le força d'en abandonner le siége.

Quels personnages conspirèrent contre le roi?

Le comte de Saint-Pol et le duc de Nemours, qui furent exécutés en 1477.

Quel est son chef-d'œuvre politique?

Le traité avec l'Angleterre. Par ce traité il empêcha Edouard de se joindre à Maximilien d'Autriche; et en laissant les droits indécis, il abandonna au roi d'Angleterre ses vaines prétentions. Pendant ce temps il se mit en état de faire face à ses ennemis.

La France fut-elle agrandie sous ce prince?

Oui. Après la mort de Charles-le-Téméraire, tué au siége de Nancy en 1477, il réunit les deux Bourgognes à la couronne, ainsi que l'Artois; il acquit la Provence en 1487 par le testament de Charles d'Anjou, son dernier comte. Mais en refusant le mariage de Marie de Bourgogne avec le dauphin, il fit passer les Pays-Bas dans la maison d'Autriche, cette princesse ayant épousé Maximilien. Les guerres qui s'ensuivirent coûtèrent des flots de sang à la France.

Comment doit-on considérer ce prince?

C'était (dit Comines) un prince fort sage dans l'adversité, très-adroit pour pénétrer les intérêts et les pensées des hommes, et pour les tourner à ses fins; soupçonneux à l'excès, jaloux de sa puissance et très-absolu dans ses volontés; qui ne savait ce que c'est que pardonner, et foulait beaucoup ses sujets. Il était avare par goût, et prodigue par politique. Il ne fut jamais tranquille ni content : en temps de paix, il soupirait après la guerre; et quand il était en guerre, il désirait la paix. Il était plus instruit que les seigneurs de sa cour, et avait plus d'érudition que les rois n'avaient cou-

LOUIS XI, 55e. Roi. 15e. siècle.

tume d'en avoir. Il était détesté des grands qu'il fit rentrer dans le devoir, à cause de sa sévérité; et redoutable à ses ennemis, à cause de la profondeur de sa politique. Il affermit beaucoup l'autorité royale.

Où mourut Louis XI?

Au Plessis-les-Tours; il fut enterré à Notre-Dame de Cléry, qu'il avait fait bâtir. Il eut de Charlotte de Savoie cinq enfans, deux morts en bas âge; Anne, mariée à Pierre de Bourbon, seigneur de Beaujeu; Jeanne, mariée à Louis d'Orléans, depuis Louis XII; et Charles VIII, qui lui succéda.

FAITS CONTEMPORAINS.

Charles duc de Bourgogne prend Liége, en fait brûler presque toutes les maisons, renverser les murailles, et jeter plus de 600 petits enfans dans la Meuse (1468).

Etablissement des Postes en 1469.

Création de l'ordre de St-Michel (1469).

Premier établissement en France des manufactures d'étoffes d'or, d'argent et de soie, à Tours (1470).

Muller enseigne le calcul par fractions décimales (1472).

Ordre de l'Eléphant établi par Christian, roi de Danemarck.

— Iwan jette le fondement de l'empire de Russie (1478).

204 CHARLES VIII, 56ᵉ. Roi. 15ᶜ. siècle.

3ᵉ. Dynastie. — CAPÉTIENS, IIᵉ. BRANCHE;
et Iʳᵉ. DES VALOIS.

CHARLES VIII, DIT L'AFFABLE.

Viam gaudens fecisse ruinæ.

Presque sûr de périr, mon bras et mon courage
Entre mes ennemis m'ouvrirent un passage.

CHARLES VIII, 56e. ROI.

Fils de Louis XI et de Charlotte de Savoie.

Monte sur le trône en 1483, âgé de 13 ans; règne 15 ans;
meurt en 1498, à l'âge de 28 ans.

Où naquit Charles VIII?
Au château d'Amboise près Tours, le 30 juin 1470.
Il était fils de Louis XI et de Charlotte de Savoie.

Quand succéda-t-il à son père?
En 1483; il n'était âgé que de treize ans deux mois.
Anne de France, dame de Beaujeu, eut le gouvernement de la personne du roi son frère, comme l'avait ordonné Louis XI, et malgré les oppositions du duc d'Orléans, qui, en sa qualité de premier prince du sang, voulait avoir la principale autorité. Il fut sacré à Reims par Pierre de Laval.

Par quels actes signala-t-il son avénement?
Il donna la liberté à Charles d'Armagnac, frère de Jean, tué à Lectoure; il rendit aux enfans de Jacques d'Armagnac une partie des biens dont on n'avait point disposé après l'exécution de leur père sous le règne précédent.

Où mourut le duc de Bretagne?
Il mourut à Nantes. Par son testament, il institua le maréchal de Rieux tuteur de ses deux filles, Anne et Isabeau. Cette dernière étant morte au bout de deux ans, Anne demeura héritière unique, et fut déclarée duchesse et souveraine de Bretagne.

A qui cette princesse fut-elle mariée?
(1491.) A Charles VIII, malgré l'engagement qu'elle avait contracté avec Maximilien d'Autriche.

CHARLES VIII, 56e. Roi. 15e. siècle.

Le duc d'Orléans, à qui le roi avait rendu la liberté, contribua beaucoup à la conclusion de ce mariage.

Jamais la cour de France n'avait été aussi brillante que sous le règne de Charles VIII. Anne de Bretagne, qui aimait la grandeur et la magnificence, voulut avoir une cour. Les femmes des seigneurs, qui jusqu'alors avaient passé leur vie dans un château, vinrent à la cour, où elles furent suivies de leurs maris.

Quelle guerre entreprit Charles?

Il passa en Italie avec une armée formidable pour conquérir le royaume de Naples sur lequel il avait des droits. Il entra à Florence le 17 novembre 1494, et à Rome le 31 décembre suivant. Continuant le cours rapide de ses succès, il fit son entrée triomphale à Naples le 21 février 1495; mais bientôt la fortune l'abandonna, et tous les prestiges de la gloire s'évanouirent.

Quelle ligue se forma contre ce prince?

L'empereur Maximilien, le Pape, Ferdinand roi d'Aragon, Henri VIII roi d'Angleterre, et les Vénitiens, conclurent, à Venise, une ligue pour chasser Charles VIII de l'Italie.

1495. *Comment le roi se fraya-t-il un passage?*

Il entoura l'armée des confédérés, et gagna la bataille de Fornoue (village près de Plaisance), quoiqu'il n'eût que huit mille hommes, et que l'armée ennemie fût forte de quarante mille hommes. Ce ne fut que par des prodiges de valeur qu'il parvint à opérer sa retraite en France. Les ennemis laissèrent le champ de bataille couvert de leurs morts.

Perdit-on le royaume de Naples?

Oui. Malgré la bataille de Séminare, gagnée par d'Aubigny, le royaume de Naples fut perdu en aussi peu de temps qu'il avait été conquis. Ferdinand fut rappelé par ses sujets; et, secondé par Gonzalve de Cordoue, fameux général de Ferdinand-le-Catholique, roi d'Espagne, il en reprit possession.

CHARLES VIII, 56e. Roi. 15e. siècle.

Charles VIII vécut-il long-temps après ?
Il mourut d'apoplexie, dans une galerie du château d'Amboise, le 7 avril 1498. Il fut le dernier de la première branche des Valois.

Quelles furent les qualités de ce prince ?
« Charles VIII, dit Comines, ne fut jamais que petit homme de corps, et peu entendu ; mais il était si bon qu'il n'est possible de voir. » S'il eût reçu une meilleure éducation, il aurait été capable de bien gouverner. Il était plus heureux et intrépide qu'habile capitaine. Ses revers n'ont que trop prouvé qu'il est plus facile de conquérir que de conserver.

FAITS CONTEMPORAINS.

Les Portugais découvrent le Cap de Bonne-Espérance (1487).

Ferdinand roi de Castille et d'Aragon, prend Grenade, et met fin à la domination des Maures ou Sarrasins, qui avait subsisté 780 ans (1492).

Christophe Colomb, Génois, découvre le Nouveau-Monde ou Amérique pour les Espagnols (1493).

Améric-Vespuce, Florentin, aborde le Nouveau-Monde, et lui fait donner son nom (1497).

Les Walaques enlèvent de Pologne près de cent mille hommes qu'ils vendent aux Turcs (1498).

208 LOUIS XII, 57ᵉ. Roi. 15ᵉ. siècle.

3ᵉ. Dynastie. — CAPÉTIENS, IIIᵉ. BRANCHE, dite D'ORLÉANS. — 1 ROI.

LOUIS XII, DIT LE PÈRE DU PEUPLE.

In illo parentem Gallia vidit.

La France, sous ce roi vertueux, juste, humain,
Vit un règne de père et non de souverain.

TROISIÈME BRANCHE,

DITE D'ORLÉANS. — I ROI. (1498 à 1515.)

LOUIS XII, 57ᵉ. ROI.

Fils de Charles duc d'Orléans, et de Marie de Clèves.

Monte sur le trône en 1498, âgé de 36 ans ; règne 17 ans ; meurt en 1515, à l'âge de 53 ans.

Quand parvint-il à la couronne ?

L'an 1498. Il fut sacré à Reims. Il épousa successivement Jeanne de France, fille de Louis XI, dont il fut séparé; Anne de Bretagne, veuve de son prédécesseur Charles VIII; et Marie, fille de Henri VII, roi d'Angleterre. A son avènement il remit au peuple le présent de couronnement, et diminua de moitié les impôts; ce qui lui mérita le glorieux surnom de *Père du Peuple*.

Quels sont les principaux faits de ce règne ?

La conquête du Milanais et de Gênes ; la guerre de Naples, suivie de la mésintelligence entre les Français et les Espagnols, et des batailles de Séminare et de Cérignoles ; la révolte et la soumission de Gênes ; la ligue de Cambrai ; la bataille d'Agnadel ; les exploits de Nemours et de Bayard : la journée des Eperons ; et la Bourgogne préservée d'une invasion par la prudence de La Trémouille.

Quels étaient ses droits sur le Milanais ?

Il lui appartenait comme petit-fils de Valentine de Milan, sœur unique du dernier duc légitime. Aussitôt que Louis XII fut monté sur le trône, il songea à recouvrer non-seulement le Milanais, mais encore Gênes qui s'était soumis volontairement à la France en 1401, sous Charles VI.

Qui avait usurpé le duché de Milan ?

François Sforce, qui avait épousé une fille naturelle de Galéas, père de Valentine ; et Ludovic Sforce, qui en descendait, y régnait alors.

(1499.) *Louis XII fut-il vainqueur ?*

Le Milanais fut conquis dans l'espace de vingt jours par l'armée française sous les ordres de Louis de Luxembourg. Le roi fit son entrée dans Milan le 6 octobre ; Trivulce en eut le gouvernement. Cette conquête fut suivie de la soumission de Gênes.

Que fit ensuite Louis XII ?

(1501.) Il se joignit à Ferdinand-le-Catholique, qui avait aussi des droits sur le royaume de Naples qu'ils convinrent de partager, et dont ils firent la conquête en moins de quatre mois.

(1502 et 1503.) *Que firent-ils ensuite ?*

Après avoir dépouillé Frédéric, les deux monarques, qui s'étaient ligués contre lui, se firent la guerre à cause du partage du royaume de Naples ; mais les Français furent obligés de l'évacuer après la perte des batailles de Seminare et de Cérignoles.

Quel guerrier parut dans l'armée française ?

Pierre du Terrail de Bayard, gentilhomme du Dauphiné, si connu sous le nom de chevalier Bayard, et si intrépide et si vertueux qu'on lui donna encore celui de Chevalier sans Peur et sans Reproche. Seul, pendant un assez long espace de temps, il arrêta deux cents Espagnols à la barrière du pont.

Que fit Louis lors de la révolte des Génois ?

Il partit pour Gênes à la tête d'une armée supérieure aux forces des rebelles, qui furent contraints de se rendre à discrétion.

Quel événement suivit la reddition des Génois ?

La ligue conclue contre les Vénitiens entre le Pape, la France, l'Espagne et l'Empereur.

LOUIS XII, 57e. Roi. 16e. siècle.

A quelle bataille se signala le roi?

(1509.) A la bataille d'Agnadel (village à huit lieues de Milan), qu'il gagna en personne contre les Vénitiens, le 14 mai. Louis XII s'exposa aux plus grands dangers. Quelques officiers l'ayant averti du péril : *Que celui qui a peur*, répondit l'intrépide monarque, *se mette derrière moi.*

Quelle perte fit le roi en 1510?

Il eut la douleur de voir mourir à Lyon le cardinal d'Amboise, le soutien de la France, ministre sans avarice et sans orgueil, justement aimé de son roi et des Français, qui n'avait en vue que le bien public, qui mérita pendant sa vie les bénédictions du peuple, et après sa mort les hommages de la postérité.

Qu'arriva-t-il après la bataille d'Agnadel?

(1510.) Le pape se ligua avec Ferdinand-le-Catholique, Henri VIII et les Suisses. Louis XII se vit seul en butte contre tant d'ennemis.

Que se passa-t-il en Italie?

(1512). Gaston de Foix, duc de Nemours, ayant assiégé Ravenne, les ennemis s'en approchèrent pour y porter du secours. Après avoir fait explorer leurs forces par Bayard, il en vint aux mains, le 11 avril, et gagna la bataille de Ravenne. Le vainqueur voulut ajouter à son triomphe la défaite d'un bataillon espagnol qui se retirait en bon ordre, et fut tué à l'âge de 23 ans. La mort de ce jeune héros entraîna la perte du Milanais, malgré les efforts du maréchal de la Palisse. Voici les propres paroles de Louis XII, en apprenant cette victoire : « Je voudrais ne pas avoir un pouce de terre en Italie, et pouvoir faire revivre mon neveu Gaston, et tous les braves qui ont péri avec lui. Dieu nous garde de remporter jamais de telles victoires! »

Quels nouveaux malheurs éprouva la France?

(1513.) Maximilien, Henri VIII et les Suisses pénétrèrent dans la Picardie, et mirent le siége devant

LOUIS XII, 57e. Roi. 16e. siècle.

Thérouanne qu'ils prirent après la journée de Guinegaste, dite la journée *des Eperons*, où les Français furent mis en déroute.

Avec qui Louis XII fit-il la paix ?

Accablé de ses disgrâces, et voyant toute l'Europe liguée contre lui, il traita d'abord avec Ferdinand, à qui il céda tous ses droits sur le Milanais, et avec Henri VIII, dont il épousa Marie sa sœur; alors enfin la France jouit des douceurs de la paix.

Où et quand mourut ce bon prince ?

A Paris, le 1er. janvier 1515, âgé de cinquante-trois ans : il en avait régné dix-sept. La France entière pleura sa perte. A sa mort, les crieurs des différens corps, en agitant leurs sonnettes, criaient le long des rues : Le bon roi Louis, le père du peuple, est mort ! Son corps fut porté à Saint-Denis, et mis dans un mausolée. La branche d'Orléans commença et finit dans la personne de ce prince.

Quelles bonnes qualités avait Louis XII?

Il avait l'humeur gaie et facile ; il était, comme toutes les belles âmes, l'ennemi des flatteurs et des médisans; il aimait à s'entendre dire ses propres vérités. A tant de belles qualités il joignait la plus grande valeur. A son avénement à la couronne, quelques seigneurs l'excitèrent à se venger de ceux qui l'avaient fait prisonnier à la bataille de Saint-Aubin ; il leur répondit ces belles paroles : Ce n'est pas au roi de France à venger les injures faites au duc d'Orléans. Prévoyant les dissipations que le luxe et la prodigalité de François Ier. causeraient après sa mort, il disait en soupirant : Ah ! nous travaillons en vain, ce gros garçon gâtera tout.

Quels services rendit-il à la France?

Il s'appliqua à réprimer les abus et les désordres, abrégea les formalités des procédures, rétablit la sévérité de la discipline militaire, protégea le commerce et les lettres, et fit réparer la marine.

LOUIS XII, 57ᵉ. Roi. 16ᵉ. siècle.

Quelle faute contre la politique commit ce prince?

Celle de se brouiller avec les Suisses pour se livrer aveuglément à Ferdinand-le-Catholique, prince redoutable et perfide, qui se flattait de l'avoir souvent trompé ; on le blâme aussi, et avec raison, d'avoir tenté des entreprises téméraires, et de n'avoir pas su profiter de ses succès.

Louis XII eut-il d'habiles généraux?

Oui : entr'autres Gaston de Foix, La Trémouille, et les maréchaux de Chaumont, de Trivulce, de la Palisse, et de Stuart-d'Aubigny.

FAITS CONTEMPORAINS.

Naissance de Charles-Quint à Gand (1500).

Découverte du Brésil par les Portugais (1500.)

Les Espagnols, sous la conduite du cardinal Ximénès, enlèvent Oran aux Infidèles du royaume d'Alger (1509).

Découverte des îles Moluques par les Portugais (1511).

L'Allemagne est partagée en cercles ou provinces par une assemblée qui se tient à Trèves (1511).

Sélim devient empereur des Turcs, après avoir, dit-on, fait empoisonner son père Bajazet II ; il fait mourir ses frères et ses neveux (1512).

214 FRANÇOIS Ier, 58e. Roi^e. 16e. SIÈCLE.

3e. Dynastie. — CAPETIENS, IVe. BRANCHE; et IIe. DES VALOIS. — 5 ROIS.

FRANÇOIS IER.

Non inglorius in tanto discrimine victus.

Quand au grand Charles-Quint, seul j'osai résister,
J'ai, même en succombant, su me faire admirer.

QUATRIÈME BRANCHE,

SECONDE DES VALOIS. — 5 ROIS (1515 à 1589).

FRANÇOIS IER, 58e. ROI.

Fils de Charles d'Orléans et de Louise de Savoie.

Monte sur le trône en 1515, âgé de 20 ans ; règne 32 ans ; meurt en 1547, à l'âge de 52 ans.

Quelle *était l'origine de François Ier ?*

Il était premier prince du sang, comte d'Angoulême, duc de Valois, et arrière-petit-fils de Louis duc d'Orléans, et de Valentine de Milan. Il naquit à Cognac le 12 septembre 1494, et fut sacré en 1515.

Combien cette branche a-t-elle eu de rois ?

Cinq : François Ier, Henri II, François II, Charles IX et Henri III.

Fut-il marié plusieurs fois ?

Il épousa, l'an 1514, Claude de France, fille de Louis XII et d'Anne de Bretagne, et en secondes noces Eléonore d'Autriche, sœur de Charles-Quint et veuve d'Emmanuel, roi de Portugal.

Qu'est-ce que ce règne offre de remarquable ?

La conquête du Milanais, due au gain de la bataille de Marignan ; l'élection de Charles-Quint, malgré la concurrence de François Ier ; les longues et sanglantes guerres entre ces deux princes, rivaux l'un de l'autre ; les commencemens de l'hérésie de Luther et de Calvin ; le schisme de l'Angleterre ; la renaissance des lettres, et les progrès de la langue française.

FRANÇOIS Ier, 58e. Roi. 16e. siècle.

Quelle fut la première entreprise du roi?

Il tourna d'abord ses vues sur le duché de Milan, qu'il voulait recouvrer. La cession qu'en avait faite Louis XII ne pouvait nuire aux droits de François Ier, qui était arrière-petit-fils de Valentine de Milan, fille, comme on l'a déjà dit, de Galéas, et sœur unique du dernier duc légitime de Milan.

Qui prit le commandement de l'armée?

François Ier se mit à la tête de ses troupes, et établit avant son départ la duchesse d'Angoulême sa mère, régente du royaume.

Quelle victoire lui assura le Milanais?

(1515.) Le gain de la fameuse bataille de Marignan (à 4 lieues de Milan).

Quels sont les détails de cette bataille?

Jamais deux armées ne combattirent avec plus d'acharnement de part et d'autre. La nuit fit suspendre le combat, qui jusqu'alors resta indécis. François Ier dormit quelques heures en face de l'ennemi, sur l'affût d'un canon. Le lendemain matin, le combat recommença avec la même fureur qu'auparavant, et dura jusqu'à midi. La terreur et le désordre s'étaient répandus parmi les Suisses, qui battirent en retraite après avoir laissé quinze mille hommes sur le champ de bataille. Le célèbre maréchal Jean-Jacques Trivulce, qui s'était trouvé à dix-huit batailles, dit que les autres étaient des jeux d'enfans, et que celle-ci était un combat de géans.

François Ier, qui avait fait des prodiges de valeur, voulut être armé chevalier sur le champ de bataille, par la main de Bayard.

Que fit le pape Léon X après cette conquête?

Effrayé des succès de François Ier, il fit sa paix avec lui. L'établissement du concordat anéantit la pragmatique-sanction. En vertu de ce traité, le pape laissa au roi le droit de nommer aux évêchés,

FRANÇOIS Ier, 58e. Roi. 16e. siècle. 217
et le roi abandonna au pape le droit des annates (revenu d'un an des grands bénéfices.)

Qu'arriva-t-il après la mort de Maximilien ?
Charles V son petit-fils, qui avait succédé en 1516 à Ferdinand roi d'Espagne, son aïeul maternel, prétendit à l'empire. François Ier. fut son compétiteur. Les deux rivaux firent valoir leurs prétentions, et employèrent tous les moyens qu'ils crurent propres à réussir. L'ombrage que l'on avait pris de la valeur de François Ier, de sa prétendue ambition, fit perdre toutes les mesures que le roi avait prises. Charles, plus heureux, réunit les suffrages, et fut élevé à la dignité impériale. Ces deux princes devinrent jaloux l'un de l'autre, et bientôt ennemis irréconciliables.

(1521.) *Quelle fut la cause apparente des premières hostilités ?*
Le duc de Bouillon venant de déclarer la guerre à l'empereur, ce prince ne douta pas qu'il ne fût appuyé par le roi. Il ouvrit la campagne par la prise de Mouzon (ville à 4 lieues de Sedan); François Ier. eut quelques succès, et ne sut pas en profiter.

Comment se termina cette campagne ?
Par le sanglant combat de la Bicoque, où le général français Lautrec, accablé par le nombre, fut mis en déroute. Il ne resta plus à la France que Novarre, Pizzighitone, Crémone et le château de Milan.

Quel parti prit le connétable de Bourbon ?
(1523.) Toujours en butte aux persécutions de la duchesse d'Angoulême, il sortit de France, et se jeta dans le parti de l'empereur. Cette princesse, la seule cause de ce malheur, compromit les intérêts du roi son fils, pour se venger du connétable, qui avait plusieurs fois refusé ses propositions de mariage. Ainsi, ce jeune prince, qui avait vu ses biens mis en séquestre par des juges iniques, fut poussé au désespoir; et, tout couvert encore des lauriers de Marignan, le défenseur de son pays en devint bientôt le plus cruel ennemi.

FRANÇOIS Ier, 58e. Roi. 16e. siècle.

(1524.) *Que fit le roi dans cette conjoncture?*

Il envoya une armée en Italie sous le commandement de Bonnivet, favori de la duchesse d'Angoulême. Il obtint d'abord quelques légers succès, mais bientôt la défection des Suisses et les maladies l'obligèrent à évacuer le Milanais. Ce fut à la malheureuse retraite de Rebec que notre arrière-garde fut taillée en pièces par le connétable de Bourbon. Bayard et le comte de Saint-Pol firent la plus vive résistance, et sauvèrent les débris de l'armée; mais Bayard fut blessé à mort.

Quelles furent ses dernières paroles?

Il perdait son sang par ses blessures, et était couché au pied d'un chêne, où il attendait la mort, lorsque le connétable de Bourbon, le trouvant dans cette situation, lui témoigna toute la peine qu'il en ressentait. « Il n'y a pas sujet d'avoir pitié de moi, » lui dit Bayard, car je meurs en homme de bien » et d'honneur; mais j'ai pitié de vous, qui portez » les armes contre votre roi, à qui votre naissance » et votre serment vous obligent d'être fidèle. » Et il expira peu de momens après.

L'année 1525 fut-elle plus heureuse?

Le roi, que ses revers n'avaient pu dégoûter de la conquête du Milanais, était rentré en Italie. Après la reddition de Milan, il fit le siége de Pavie, contre l'avis de ses officiers les plus expérimentés, et ajouta à cette faute celle de diviser ses forces, en envoyant un détachement dans le royaume de Naples. Nos meilleurs généraux jugèrent prudent de lever le siége et d'éviter le combat; le sentiment contraire de l'amiral Bonnivet prévalut. L'action s'engagea le 24 février; les Français, après s'être vaillamment défendus, furent taillés en pièces, perdirent environ neuf mille hommes, et, pour comble de malheur, le roi fut fait prisonnier.

Que fit-il de glorieux à cette fatale journée?

Couvert de blessures, il affronta en vain la mort

pour ne point tomber entre les mains de ses ennemis, et refusa de se rendre au connétable de Bourbon. Ce fut après la bataille de Pavie qu'il écrivit à la duchesse d'Angoulême : *Madame, tout est perdu, hormis l'honneur!* Il fût ensuite transféré à Madrid, où il ne fut point traité par Charles-Quint avec les égards dus à son rang et à son mérite.

La Trémouille, Chabannes de la Palisse, et de Foix périrent dans cette action.

Que firent alors les puissances étrangères ?

Toute l'Italie fut alarmée; le Pape, Sforce duc de Milan, et les Vénitiens se liguèrent contre Charles pour lui enlever le royaume de Naples.

Que fit-on pour délivrer le roi ?

La duchesse d'Alençon sa sœur, qui fut ensuite reine de Navarre, se rendit à Madrid, se flattant d'obtenir des conditions moins onéreuses; mais Charles-Quint fut inébranlable dans sa résolution. Cependant, après bien des difficultés, le traité de délivrance du roi fut conclu le 14 janvier 1526, et François Ier. partit de Madrid le 21 février suivant. En rentrant en France il donna pour ôtages le dauphin et son second fils jusqu'à l'exécution du traité.

Les armes des coalisés furent-elles heureuses ?

Nullement. Le connétable de Bourbon se rendit maître de tout le Milanais, et marcha ensuite contre Rome, dont il promit le pillage à ses soldats. Il y donna l'assaut le 6 mai 1527, et y fut tué à l'âge de trente-huit ans. Malgré sa mort, Rome fut prise et saccagée, et le pape Clément VII fut investi dans le château Saint-Ange, où il s'était réfugié. Il serait trop douloureux de rappeler toutes les horreurs dont cette ville fut le théâtre pendant deux mois. La capitale de la chrétienté aurait eu moins à souffrir en tombant au pouvoir des barbares, qu'en devenant la proie des troupes d'un prince catholique.

Que se passa-t-il jusqu'au traité de Cambrai ?

L'arrivée précipitée des Français en Italie obligea

les Impériaux à traiter avec le pape pour sa délivrance, et à se retirer des états de l'Eglise. L'année suivante, Lautrec se jeta dans le royaume de Naples, et en assiégea la capitale; il mourut bientôt de la maladie contagieuse qui ravageait l'armée. On fut contraint de lever le siége, et cette expédition fut aussi malheureuse que les précédentes.

(1529.) *Quels furent les principaux articles du traité de Cambrai?*

Le mariage du roi avec Eléonore, veuve du roi de Portugal, et sœur de l'empereur, et sa renonciation à tous ses droits sur le Milanais, sur les comtés de Flandre et d'Artois. Cette paix fut dite *la paix des Dames*, parce qu'elle fut l'ouvrage de la duchesse d'Angoulême et de Marguerite d'Autriche.

La France jouit-elle long-temps de la paix?

Jusqu'en 1535, que François voulut faire revivre ses droits sur le Milanais, à la mort de François Sforce. En 1536, les Impériaux firent une irruption en Provence; Charles-Quint fit en personne le siége de Marseille, qu'il fut obligé de lever par la valeur des assiégés et la bonne conduite du connétable de Montmorenci. Vers le même temps, les Flamands étaient entrés en Picardie, d'où ils furent contraints de se retirer après avoir levé le siége de Péronne.

Quelle faute commit François Iᵉʳ?

Ce fut d'accorder à Charles-Quint le passage par la France pour aller punir la révolte des Gantois. Charles-Quint promit au roi l'investiture du Milanais, et fut reçu à Paris avec les plus grands honneurs; mais dès qu'il fut hors du royaume, il nia sa promesse.

Pourquoi recommença t-on les hostilités?

La mauvaise foi de l'empereur, et l'assassinat commis sur deux ambassadeurs du roi, par l'ordre du gouverneur du Milanais, en furent les causes.

Quelles en furent les chances?

Le fait d'armes le plus glorieux pour la France fut la bataille de Cérisoles, gagnée en 1544 par le comte d'Enghien.

FRANÇOIS Ier, 58e. Roi. 16e. siècle.

Comment finit la guerre avec Charles-Quint ?

Par la paix de Crépi (près de Senlis) conclue en 1544; deux ans après Henri VIII fit aussi la sienne.

Quels traits peut-on citer de la bonne foi de François Ier?

Quelqu'un lui conseillant, pour user du droit de représailles, de faire pendre des soldats ennemis qu'on avait fait prisonniers : « Je n'ai garde de le » faire, répondit le roi, je perdrais une occasion » de vaincre en vertu Charles, à qui je suis obligé » de céder en fortune. »

Une femme, dont un gentilhomme avait assassiné le fils, se jeta aux pieds du roi pour lui demander justice : « Relevez-vous, lui dit le prince, » il n'est pas nécessaire de se mettre à genoux pour » me demander justice, je la dois à tous mes sujets : » à la bonne heure si c'était une grâce. »

Que fit ce prince pour les sciences et les arts ?

Il fit bâtir le château de Chambord (à quatre lieues de Blois), superbe monument gothique.

Il forma une bibliothèque à Fontainebleau, et l'enrichit de manuscrits rares et curieux; il institua le Collége Royal et fit bâtir l'église St-Eustache en 1533; il fit de sages ordonnances pour corriger les abus de la justice, et abréger les procès. En 1539, il ordonna que tous les actes publics qui jusqu'alors avaient été rendus en latin le fussent en français. C'est à cet heureux changement qu'on doit rapporter l'origine des progrès de notre langue.

Est-ce sous ce prince qu'il faut placer la renaissance des lettres ?

Oui ; il en recueillit les débris échappés aux ravages de la Grèce, et partagea avec les Médicis la gloire d'avoir fait fleurir en Europe les sciences et les arts, proscrits par l'ignorance et le fanatisme des Turcs; la protection qu'il leur accorda lui valut le surnom de *Père des Lettres*, titre plus glorieux que celui de conquérant, toujours arrosé du sang et des pleurs des nations. François Ier. honora particulièrement Jean Lascaris, aussi illustre par son savoir que par sa naissance, et Robert-Etienne, qui a rendu à l'imprimerie de si grands services.

Quels orages s'élevèrent contre l'Eglise ?
La doctrine de Martin Luther, celle de Calvin et le schisme d'Angleterre.

Quand commença le luthéranisme ?
L'an 1517. Le fameux Luther, moine augustin, professeur de l'université de Wittemberg, commença à établir sa doctrine, qui se répandit bientôt dans différentes parties de l'Allemagne. Foudroyé par les censures de l'Eglise, Luther en devint l'ennemi le plus pernicieux. En vain l'empereur voulut arrêter les progrès du luthéranisme, plusieurs princes allemands l'embrassèrent ouvertement. En 1529, Charles-Quint convoqua la diète de Spire, pour rétablir la paix entre les princes chrétiens et les princes luthériens. Quatorze villes impériales protestèrent contre le décret impérial, et c'est de cette protestation qu'est venu le nom de *Protestans*, donné aux hérétiques. L'empereur convoqua ensuite une diète à Augsbourg, où les Protestans firent la fameuse *Confession* qui porte le nom de *Confession d'Augsbourg*.

D'où était Calvin ?
Il était de Noyon en Picardie. Il vint à Paris en 1532, et y composa plusieurs ouvrages contre la religion. Obligé de sortir de la capitale, il se réfugia à Angoulême, et de là à Poitiers. Comme on était sur le point de l'arrêter en France, il s'échappa et se retira à Genève. Le calvinisme fit de grands progrès dans le royaume, malgré les efforts de François Ier. pour l'éteindre.

Quelle fut l'origine du schisme d'Angleterre ?
Le divorce que fit Henri VIII, roi d'Angleterre, avec Catherine d'Aragon, tante de l'empereur, pour épouser Anne de Boulen. Les motifs qu'il

donna à la cour de Rome furent insuffisans, et le pape Clément VII s'opposa à cette séparation. Cependant Henri VIII l'épousa en 1532. Il fut excommunié; et, pour se venger, il se sépara de l'Eglise romaine avec son royaume, et se déclara chef de l'Eglise anglicane.

Où mourut François Ier?

Au château de Rambouillet le 31 mars 1547. Son corps fut porté à St-Denis. Il laissa de Claude de France une fille mariée à Emmanuel Philibert duc de Savoie, et un fils qui régna après lui sous le nom de Henri II.

FAITS CONTEMPORAINS.

Invention des pistolets ou fusils à ressort, en Italie (1517).
Election de Charles-Quint à l'empire d'Autriche (1519).
Magellan fait son premier voyage autour du Monde (1519).
Les Espagnols se rendent maîtres du Pérou en 1533, après la découverte qu'en avait faite Pizarre en 1525.
Commencement du duché de Brandebourg et de Prusse, qui depuis 1700 a le titre de royaume (1525).
Etablissement définitif des doges à Gênes (1528).
Découverte du Japon par Mendez Pinto, aventurier Portugais (1545).

3e. Dynastie. — CAPÉTIENS, IVe. BRANCHE,
et IIe. DES VALOIS.

HENRI II.

Ora impia lege repressi.

Par de sévères lois, l'autorité suprême
Fit, dans la bouche impie, expirer le blasphême.

HENRI II, 59ᵉ. ROI.

Fils de François I et de Claude de France.

Monte sur le trône en 1547, âgé de 29 ans; règne 12 ans;
meurt en 1559, à l'âge de 41 ans.

Q∪AND *parvint-il à la couronne?*
L'an 1547, à l'âge de 29 ans; il fut sacré à Reims.
Que fit-il au commencement de son règne?
Il fit avec succès la guerre en Picardie contre les Anglais, et les chassa de Boulogne, dont ils s'étaient rendus maîtres sous le règne précédent.
Que firent plusieurs princes allemands?
(1551 et 1552.) Les électeurs de Saxe et de Brandebourg, irrités de ce que l'empereur leur avait refusé de mettre en liberté le landgrave de Hesse, se liguèrent contre lui, et obtinrent l'assistance de Henri II, qui fut déclaré protecteur de la liberté germanique. Le roi se mit en marche à la tête d'une puissante armée pour joindre ses alliés, et prit sur sa route Metz, Toul et Verdun. Cette conquête, et les succès de l'électeur de Saxe, obligèrent Charles-Quint à conclure le traité de paix de Passaw, dans lequel il ne fut pas question des intérêts de la France.
Qu'arriva-t-il alors?
(1552 et 1553.) L'empereur, irrité contre le roi, fit un armement considérable, et vint attaquer la ville de Metz, dont il fut forcé de lever le siége par la vigoureuse résistance du duc de Guise, que Henri II avait envoyé dans cette ville à la tête de l'élite de l'armée. Charles-Quint y perdit trente mille hommes; et pour se venger de la honte de ce siége, il s'empara d'Hesdin, et ruina de fond en comble la ville de Thérouanne.

Quels nouveaux avantages remporta le roi?

(1554.) Après avoir ravagé le Brabant, le Hainaut et le Cambrésis, il défit les Impériaux à la bataille de Renti, à six lieues de St-Omer. François, duc de Guise, se signala dans cette journée.

Henri fut-il aussi heureux contre Philippe que contre Charles-Quint?

Non; il perdit contre lui deux batailles, celle de St-Quentin en 1557, et celle de Gravelines en 1558. Dans la première, les Français étaient commandés par le connétable de Montmorenci, et les ennemis par Emmanuel Philibert, duc de Savoie, l'un des plus grands capitaines de son siècle. L'armée espagnole fit le siége de Saint-Quentin, qui fut vaillamment défendu par l'amiral de Coligny. Le connétable de Montmorenci, quoiqu'avec des forces bien inférieures, s'avança pour secourir la place, contre l'avis du maréchal de Saint-André. Il parvint en effet à y jeter quelques secours; mais ayant été attaqué dans sa retraite, qu'il effectua avec trop de lenteur, il fut taillé en pièces et fait prisonnier avec le maréchal de Saint-André. Cette défaite entraîna la prise de Saint-Quentin, malgré la résistance de Coligny, qui fut fait prisonnier. Les succès des Espagnols jetèrent la consternation dans Paris, dont ils étaient si peu éloignés.

Le maréchal de Termes, après avoir pris Dunkerque et Saint-Vinox, fut battu à Gravelines.

Que fit Henri pour arrêter l'ennemi?

Il rappela en toute hâte d'Italie le duc de Guise, qui fut fait lieutenant-général du royaume. Ce grand homme rétablit la confiance par la prise importante de Calais, qui était au pouvoir des Anglais depuis 1347. Après les avoir chassés entièrement de France, il remporta plusieurs avantages sur les Espagnols.

(1559.) *La guerre continua-t-elle long-temps?*

Non; le roi fit la paix de Cateau-Cambrésis au moment où il reprenait le dessus, et perdit par ce

HENRI II, 59e. Roi. 16e. siècle.

traité, ce que les armes espagnoles n'auraient pu lui enlever après trente ans de succès. Le roi ne conserva que Toul, Metz et Verdun.

Quels mariages furent arrêtés par ce traité?
Le mariage d'Elisabeth, fille du roi, avec Philippe II, et celui de Marguerite de France sa sœur, avec le duc de Savoie.

Comment mourut Henri II?
Ce fut au milieu des fêtes données à l'occasion de ce mariage, que ce malheureux prince trouva la mort. En joûtant dans un tournois contre le comte de Montgomery, il reçut, par la visière de son casque, un tronçon de lance dont il fut blessé à l'œil, et mourut le 10 juillet 1559, à 41 ans, après en avoir régné douze. Il fut enterré à Saint-Denis.

Il laissa de Catherine de Médicis plusieurs filles et quatre fils : François II, Charles IX, Henri III, et François duc d'Anjou.

Quelles étaient les qualités de ce prince?
Il fut très-vaillant. S'il eut quelques-uns des défauts de son père, il n'en n'eut pas toutes les bonnes qualités; mais il eut plus de bonheur que lui sans avoir autant de mérite.

FAITS CONTEMPORAINS.

Les orangers, apportés de la Chine, sont cultivés en Portugal (1548).

Marie, reine d'Angleterre, rétablit la religion catholique (1553); elle épouse Philippe II, roi d'Espagne (1554).

Jean Wasilowitz, grand-duc de Russie, s'empare d'Astracan. C'est depuis ce temps qu'il prend le titre de Tzar (Czar) (1554).

Abdication de Charles-Quint en faveur de son fils Philippe II (1552), et de son frère Ferdinand (1556); il se retire au monastère de St-Just en Estramadure. Il y mourut le 21 septembre 1558, âgé de 59 ans. — Elisabeth, reine d'Angleterre, rétablit la religion protestante (1558).

FRANÇOIS II, 60ᵉ. ROI.

Fils de Henri II et de Catherine de Médicis.

Monte sur le trône en 1559, âgé de 16 ans; règne 17 mois; meurt en 1560, à l'âge de 18 ans.

Q{uand} *monta-t-il sur le trône?*
En 1559; il fut sacré à Reims. Il avait épousé, en 558, Marie Stuart, reine d'Ecosse, fille de Jacques V.

Comment se comporta-t-il?
Il laissa conduire les affaires de son royaume par le duc de Guise, et le cardinal de Lorraine son frère. Ils prirent tant d'autorité qu'ils s'attirèrent la haine du roi de Navarre et du prince de Condé.

Qu'en résulta-t-il?
Cette division causa de grands désordres dans l'état. Le règne de François II, quoique d'une très-courte durée, fit éclore tous les maux qui, sous les derniers des Valois, inondèrent la France. Le prince de Condé se déclara chef du parti de la doctrine naissante de Calvin; et pour anéantir la maison de Guise, il s'unit à l'amiral de Coligny, au colonel et au cardinal de Châtillon, qui étaient trois frères.

Quel événement eut lieu en 1560?
La découverte de la conspiration ourdie à Amboise pour enlever la personne du roi.

Que fit le roi après la conspiration d'Amboise?
Il assembla les états-généraux à Orléans, où le roi de Navarre et le prince de Condé furent mandés. Le prince de Condé fut arrêté en arrivant dans cette ville, sous le prétexte d'une nouvelle conspiration; il fut condamné à mort; mais la sentence ne fut point exécutée, parce que François II mourut sur ces entrefaites, le 5 décembre 1560, âgé de 18 ans, sans laisser de postérité. Il fut enterré à St-Denis.

FRANÇOIS II, 60e. Roi. 16e. SIÈCLE. 229

3e. Dynastie. — CAPÉTIENS, IVe. BRANCHE; et IIe. DES VALOIS.

FRANÇOIS II.

Ætas brevis, aptaque regno.

Digne, en effet, du trône où te plaça le sort,
Trop jeune tu payas le tribut de la mort.

230 CHARLES IX, 61e. Roi. 16e. siècle.

3e. Dynastie. — CAPÉTIENS, IVe. BRANCHE;
et IIe. DES VALOIS.

CHARLES IX.

Me invito, mali multa commisere mala.

Des factieux puissans, dans ces temps malheureux,
Ont commis sous mon nom mille forfaits affreux.

CHARLES IX, 61e. ROI.

Fils de Henri II et de Catherine de Médicis.

Monte sur le trône en 1560, âgé de 10 ans; règne 14 ans; meurt en 1574, à l'âge de 24 ans.

Où naquit Charles IX ?
A St-Germain-en-Laye. Il monta sur le trône à l'âge de dix ans, et fut sacré à Reims. Catherine de Médicis, sa mère, fut déclarée régente; et Antoine de Bourbon, roi de Navarre, lieutenant-général. Le célèbre Amyot fut chargé de son éducation.

(1562.) *Quel événement amena la guerre civile?*
Le massacre de Vassy. Le duc de Guise passant dans cette ville, ses gens eurent une querelle avec les Huguenots, et en vinrent aux mains. Le duc de Guise accourut pour apaiser le tumulte, et fut blessé d'un coup de pierre au visage. Aussitôt les Catholiques firent main-basse sur les Huguenots, dont il y eut plus de deux cents tués ou blessés: ceux-ci demandèrent en vain justice, en vertu de l'édit de janvier qui leur permettait le libre exercice de leur culte. Les chefs du parti protestant étaient le prince de Condé et l'amiral Coligny.

(1562.) *Qu'arriva-t-il après cet événement ?*
Le prince de Condé s'empara d'Orléans. Les Protestans prirent aussi Rouen et plusieurs villes importantes. Le roi reprit Rouen la même année. Ce fut au siège de cette place que le roi de Navarre fut blessé à mort. Les Catholiques gagnèrent la bataille de Dreux. Les généraux des deux armées, le prince de Condé et le connétable, furent faits prisonniers; le maréchal St-André fut tué.

(1563.) *Où périt François duc de Guise ?*

Au siége d'Orléans, où il fut assassiné par Poltrot, gentilhomme angoumois du parti protestant. Les Huguenots obtinrent un édit de pacification qui leur accordait de grands avantages. Le roi fut déclaré majeur, et laissa toute l'autorité à sa mère.

Charles IX rendit en 1564 une ordonnance portant que l'année commencerait au 1er janvier; elle ne fut mise en vigueur qu'en 1567. *

(1567.) *Quel résultat eut la bataille de St-Denis?*

Chaque parti voulut s'attribuer la victoire; mais ce qu'il y a de certain, c'est que les Catholiques restèrent maîtres du champ de bataille. Le connétable de Montmorenci y fut blessé à mort à l'âge de 74 ans.

Qu'arriva-t-il en 1568?

Les deux partis épuisés eurent recours aux négociations, et conclurent la paix à Longjumeau. Elle fut appelée *la petite paix*, parce qu'elle ne dura que six mois. Une troisième guerre civile, plus terrible que les deux autres, fut causée par les mesures que prit Catherine de Médicis pour faire arrêter le prince de Condé et l'amiral de Coligny, qui, avertis à temps, se sauvèrent à La Rochelle.

Quelle bataille gagna le duc d'Anjou?

La bataille de Jarnac, le 13 mars 1569. Le prince de Condé y fut fait prisonnier: sa vie devait être en sûreté selon les lois de la guerre; mais une guerre de religion ne respecte rien. Il fut tué par un capitaine des gardes du duc d'Anjou, nommé Montesquiou.

Qui commanda l'armée des Protestans?

La reine de Navarre, Jeanne d'Albret, leur amena son fils, prince de Béarn, depuis Henri IV; quoiqu'il n'eût que seize ans, il se déclara chef du parti. Coligny résolut d'attirer le duc d'Anjou à un combat; on en vint aux mains à la Roche-d'Abeille, en Limosin, et les Protestans eurent tout l'avantage.

* Sous les Mérovingiens l'année commençait le 1er mars; — sous les Carlovingiens le jour de Noël; — et sous les Capétiens, jusqu'à Charles IX, le jour de Pâques.

Le jeune Henri, duc de Guise, obligea l'amiral Coligny de lever le siége de Poitiers; et le duc d'Anjou gagna, le 3 octobre, la sanglante bataille de Moncontour, où les Huguenots perdirent au moins cinq mille hommes et une partie de leur artillerie.

(1570.) *Fit-on la paix après ces événemens ?*
Il y eut une troisième paix conclue à St-Germain. On promit aux Huguenots La Rochelle, La Charité, Montauban et Cognac. Le roi épousa, la même année, Elisabeth d'Autriche.

(1572.) *Quels moyens employa Catherine de Médicis pour le succès de ses projets ?*
L'amiral de Coligny, sous le prétexte d'une guerre dans les Pays-Bas, fut rappelé à la cour. Le roi lui avait écrit qu'il avait besoin de ses services et de ses conseils, et qu'il devait écarter toute défiance. La reine de Navarre, attirée à Paris par le mariage de son fils avec Marguerite de Valois, sœur de Charles IX, qu'il épousa le 17 août 1572, tomba malade, mourut au bout de six jours, et le prince de Béarn prit le titre de roi de Navarre.

(1572.) *Que se passa-t-il ensuite ?*
L'amiral de Coligny fut blessé d'un coup d'arquebuse en rentrant dans son hôtel, rue de Béthisy. Cet attentat fut l'avant-coureur d'un massacre général.

Quand et comment arriva la journée de la Saint-Barthélemi ?
Dans la nuit du 23 au 24 août 1572. Vers minuit, la reine-mère entra dans la chambre de Charles IX, qui chancelait dans sa résolution. Quand ce prince vit que tout était prêt, il frémit. L'humanité semblait l'emporter dans son cœur sur le désir d'exterminer les hérétiques d'une manière si odieuse. Sa mère, furieuse, l'accusa de lâcheté et d'irréligion. Il fit un geste de désespoir avant le signal du massacre. On sonna la cloche de Saint-Germain à la pointe du jour, en manière de tocsin. Aussitôt le duc de Guise investit l'hôtel de l'amiral de Coligny,

et resta dans la cour ; un nommé Besme, allemand, son domestique, entra dans la chambre de l'amiral, qu'il frappa d'un coup d'épée dans la poitrine. Ceux qui l'accompagnaient le percèrent de plusieurs coups de poignard, et jetèrent son corps par les fenêtres. On le traîna avec indignité dans la ville, et on le pendit à Montfaucon.

Qu'arriva-t-il ensuite?

Aussitôt que Coligny fut mis à mort, on sonna la cloche du Palais, et le massacre devint général. La plupart des seigneurs protestans furent assassinés dans leurs maisons. Une douzaine de gentilshommes furent passés au fil de l'épée dans le Louvre même ; les galeries et les escaliers étaient couverts de morts. Le carnage dura sept jours, et s'étendit dans tout le royaume, excepté dans quelques villes qui en furent garanties par le courage de ceux qui y commandaient. Henri, roi de Navarre, et le prince de Condé, fils du prince tué à Jarnac, furent obligés de faire abjuration pour conserver la vie. Il n'y eut qu'Ambroise Paré, chirurgien du roi, et sa nourrice qui furent exceptés du massacre.

(1573.) *Le parti protestant fut-il abattu?*

La Saint-Barthélemi ne fit qu'irriter le mal. Montauban donna le signal d'une nouvelle révolte. Les Protestans reprirent les armes. Le duc d'Anjou fit le siége de La Rochelle ; et, repoussé dans quatre assauts par les assiégés, il y perdit la plus grande partie de son armée. Ce siége se termina par un accord favorable aux Rochellois. Sancerre ne se rendit que sous la condition d'une entière liberté de conscience.

Que devint le roi pendant ces mouvemens ?

La santé de ce prince s'altérait de jour en jour. Il était tombé dans un état extraordinaire : le sang lui sortait par tous les pores. Ce prince, voyant approcher le terme de sa vie, déclara sa mère régente du royaume, et mourut au château de Vincennes le 30 mai 1574, dans la quatorzième année de son

CHARLES IX, 61e. Roi. 16e. siècle. 235

règne, et dans la vingt-quatrième de son âge. Il fut enterré à Saint-Denis. Il ne laissa pas de postérité.

Quel jugement porte-t-on de ce prince?

Ce prince aimait la gloire, les lettres et les sciences, et était plein de valeur ; il nous a même laissé des preuves de son talent pour la poésie : il nous reste quelques-uns de ses vers adressés au poète Ronsard. Amyot, son précepteur, lui avait inspiré le goût des belles-lettres. Ce fut, dit Brantôme, le maréchal de Retz, florentin, qui le pervertit et lui fit oublier et laisser la belle nourriture que lui avait donnée le brave de Cipierre, son gouverneur *.

* On vit briller sous ce règne Michel-Ange, excellent peintre, sculpteur et architecte, mort en 1564 ; Pierre Ramus, né près de St-Quentin, professeur au collége de Navarre, et enveloppé dans le massacre de la St-Barthélemi ; le Camoëns, dit le Virgile portugais, mort en 1579 ; le chirurgien Ambroise Paré, mort en 1590 ; le poète Ronsard, décédé en 1585, et le chancelier de L'Hôpital. Parmi les guerriers, on distingue les Montmorency, Condé, François de Guise, Coligny, et le maréchal de Tavannes.

FAITS CONTEMPORAINS.

Jean Nicot apporte une plante de tabac en France, e il y naturalise (1560). — Première voiture publique établie en 1574.

236 HENRI III, 62e. Roi. 16e. siècle.

3e. Dynastie. — CAPÉTIENS, IVe. BRANCHE;
et IIe. DES VALOIS.

HENRI III.

Externæ patriam præpono coronæ.
Le trône que je quitte est moins cher à mes yeux,
Que l'espoir de régner où régnaient mes aïeux.

HENRI III, 62e. ROI.

Fils de Henri II et de Catherine de Médicis.

Monte sur le trône en 1574, âgé de 22 ans; règne 15 ans; meurt assassiné en 1589, à l'âge de 37 ans.

Quand commença-t-il à régner?
L'an 1574, âgé de près de vingt-trois ans. Il était né à Fontainebleau le 19 septembre 1551.

Où régnait Henri lors de la mort de Charles?
Henri avait été sacré à Cracovie comme roi de Pologne, en 1574; mais il abandonna secrètement ce royaume à la nouvelle de la mort de son frère Charles, pour venir régner dans sa patrie, et fut couronné et sacré à Reims le 13 février 1575. Il se maria avec Louise de Lorraine, princesse de Vaumont.

Que fit ensuite ce prince?
Sous l'influence de Catherine de Médicis, et incapable de surmonter les obstacles, il ne fit rien pour son bonheur ni pour celui de son peuple.

Qu'arriva-t-il au commencement de son règne?
Le prince de Condé à la tête des Huguenots, les Rochellois et le roi de Navarre recommencèrent les hostilités. Le duc d'Alençon se joignit aux rebelles. Henri, duc de Guise, fut blessé dans une rencontre près de Château-Thierry, d'un coup de pistolet, ce qui lui fit donner le surnom de *Balafré*.

Comment parvint-on à rétablir la paix?
On donna à Paris un édit de pacification qui permit aux Protestans le libre exercice de leur religion.

Qu'arriva-t-il après sa publication?
Il se forma aussitôt dans les provinces une confédération qu'on appela la *Sainte Ligue*, et dont le

duc de Guise-le-Balafré était l'âme. Malgré l'édit de pacification, les Huguenots furent insultés.

Le roi était-il instruit des motifs de la ligue ?

Il n'en pouvait douter. Une copie des projets séditieux de cette confédération était tombée entre ses mains, et lui avait dévoilé les horribles desseins que couvrait le prétendu zèle pour la défense de la religion catholique ; et au lieu d'employer son autorité pour la détruire, il s'en déclara le chef, pour empêcher les ligueurs de mettre à leur tête le duc de Guise. Telle fut l'origine de la Ligue, qui dut ses progrès à la faiblesse de Henri III.

L'édit de pacification fut-il révoqué ?

Les états assemblés à Blois révoquèrent l'édit de pacification, et défendirent dans le royaume l'exercice de toute autre religion que de la catholique.

Quel fut le résultat de cette révocation ?

La guerre recommença entre les Huguenots et les Catholiques, et le royaume fut replongé dans toute sorte de malheurs.

(1578.) *Quel ordre établit Henri III ?*

Il institua l'ordre du Saint-Esprit, et en fixa le nombre à cent chevaliers, qui devaient faire profession de la religion catholique, et prêter serment de n'obéir qu'aux ordres émanés du roi.

Quelle fut la conduite du roi de Navarre ?

Il reprit les armes, et se signala par la prise de Cahors.

(1584.) *Comment devint-il l'héritier présomptif de la couronne ?*

Par la mort du duc d'Anjou (auparavant duc d'Alençon), et parce que Henri III n'avait pas d'enfans.

(1585.) *Que fit le cardinal de Bourbon ?*

Il publia un manifeste où il prit le titre de premier prince du sang, et recommanda aux Français de maintenir la couronne dans la branche catholique.

Le duc de Guise prit la qualité de lieutenant-général de la Ligue, se mit à la tête des ligueurs, et, de sa propre autorité, s'empara de Toul et de Verdun. La faiblesse du roi, dans cette circonstance, porta le dernier coup à sa puissance.

Quel traité prépara Catherine de Médicis ?

Celui qui fut conclu à Nemours, le 7 juillet 1585. Il fut tout à l'avantage des ligueurs, leur triomphe et l'anéantissement de l'autorité royale. Les Protestans continuèrent les hostilités.

(1586.) *Comment fut appelée cette guerre ?*

La guerre des trois Henris, à cause de Henri III à la tête des royalistes; de Henri de Navarre chef des Huguenots; et de Henri duc de Guise, chef des ligueurs. L'année suivante, le roi de Navarre gagna la bataille de Coutras (Gironde).

Quelle nouvelle faction s'éleva ?

La faction des *Seize*, espèce de ligue particulière pour Paris seulement, ainsi appelée parce qu'elle était composée de seize chefs qui s'étaient partagé l'administration dans les seize quartiers de Paris. Elle était entièrement dévouée au duc de Guise.

Quel avantage remporta le duc de Guise ?

Une armée considérable de Protestans allemands avait pénétré en France pour secourir les Calvinistes. Le duc de Guise la battit à Vimori en Gâtinais, et Aulneau dans le pays de Chartres, et la chassa du royaume.

(1588.) *Comment arriva la journée dite des Barricades ?*

Les ligueurs avaient formé le projet d'enlever le roi pendant qu'il irait à Vincennes. En ayant été averti, il fit entrer pendant la nuit des troupes dans Paris; elles devaient s'emparer des principaux postes de la ville; mais cette précaution devint le signal d'une révolte. Les Parisiens se barricadèrent, et tendirent des chaînes dans les rues; les troupes, enveloppées de tous côtés, furent obligées de mettre bas les armes. Le duc de Guise, dont le roi implora le secours, calma la fureur des séditieux; et

Henri, pour se mettre à l'abri de tout danger, se retira à Chartres ; le duc de Guise resta maître de Paris.

(1588.) *A quelle extrémité fut réduit Henri III?*

Redoutant les forces de l'Espagne, et les fureurs de la ligue, il se rendit de Chartres à Rouen, où fut conclu, au mois de juillet, le traité de la Réunion, à la honte de la royauté. Cette négociation fut l'ouvrage de Médicis, et le roi s'aperçut trop tard du précipice où l'avait entraîné sa mère.

Que devinrent le duc et le cardinal de Guise?

Ils furent assassinés à Blois, le duc le 23 décembre, et le cardinal le lendemain.

Qu'arriva-t-il après cet événement?

Un bouleversement général. Les Guises, sujets rebelles, furent regardés comme des martyrs ; presque toutes les villes, dans ces entrefaites, se soulevèrent contre Henri III. (1589) Catherine de Médicis mourut à Blois âgée de soixante-dix ans.

Qui succéda à l'autorité du duc de Guise?

Son frère le duc de Mayenne. Les ligueurs le déclarèrent lieutenant-général de l'état et couronne de France ; et ils donnèrent à leurs assemblées le nom de *Conseil de l'Union*. Le parlement de Paris, fidèle à son roi, fut mis à la Bastille.

Que fit alors Henri III?

Il se vit obligé de se joindre au roi de Navarre. Les deux monarques eurent une entrevue près de Tours, et leur rapprochement fut sincère.

Que fit le duc de Mayenne?

A la tête de ses troupes, il tenta de s'emparer de Tours pour enlever le roi qui s'y était retiré ; mais il se sauva bien vite à l'approche du roi de Navarre.

Que firent ensuite les deux rois?

Ils réunirent leurs forces, qui furent augmentées d'un secours de dix mille Suisses que leur amena Sanci, et ils vinrent ensuite assiéger Paris.

(1589.) *Où, et par qui fut assassiné Henri III?*

HENRI III, 62e. Roi. 16e. siècle.

A Saint-Cloud, le 1er. août, par un jeune homme des environs de Sens, appelé Jacques Clément, esprit faible, ignorant et égaré par le fanatisme. Pour être admis à parler au roi, il dit qu'il avait à faire, à lui seul, une communication importante. Il fut introduit; et, saisissant le moment où les seigneurs s'étaient éloignés de la personne de Henri, il lui enfonça un poignard dans le ventre. Ce prince mourut le lendemain de sa blessure. Son corps fut déposé à l'abbaye de Compiègne et porté à Saint-Denis en 1610. Dans Henri III finit la 4e. branche, dite la 2e. des Valois.

FAITS CONTEMPORAINS.

Peste à Milan où St-Charles-Borromée, archevêque, donne des preuves de charité (1576).

Commencement des états-généraux en Hollande (1581).

Réforme du calendrier sous Grégoire XIII (1582).

Les Russes construisent en Sibérie la ville de Tobolsk (1587).

Marie Stuart, reine d'Ecosse, est décapitée après avoir été emprisonnée dix-neuf ans (1587).

Philippe II, roi d'Espagne, voit détruire, par la tempête et par l'adresse de l'amiral anglais François Drack, la fameuse flotte dite l'*invincible*, qui devait envahir l'Angleterre (1588).

242 HENRI IV, 63e. Roi. 16e. siècle.

3e. Dynastie. — CAPÉTIENS, Ve. BRANCHE, dite des BOURBONS.

HENRI IV, DIT LE GRAND.

Ferro mea regna redemi.
Malgré mes ennemis, je règne sur la France,
Et par droit de conquête et par droit de naissance.

CINQUIÈME BRANCHE,

DITE DES BOURBONS. — 8 ROIS.

HENRI IV, 63e. ROI.

Fils d'Antoine de Bourbon et de Jeanne d'Albret.

Monte sur le trône en 1589, âgé de 36 ans; règne 21 ans; meurt en 1610, à l'âge de 57 ans.

Où naquit Henri IV ?
Au château de Pau en Béarn, le 13 décembre 1553. Il descendait en ligne directe de St-Louis par Robert comte de Clermont, son 6e fils, qui avait épousé l'héritière d'Archambaut, seigneur de Bourbon.

Quel fantôme de roi lui opposait-on ?
Le cardinal de Bourbon, dit Charles X. Ce prince, qui était frère puîné d'Antoine de Bourbon, père de Henri IV, mourut à Fontenay (Poitou) le 9 mai 1590, à l'âge de 67 ans. Henri IV fut reconnu roi par la plus grande partie des seigneurs qui se trouvaient à la cour.

Qui commandait les troupes de la Ligue ?
Le duc de Mayenne, qui s'était fait nommer lieutenant-général, et avec qui le roi essaya en vain de faire un accommodement.

(1589.) *Henri continua-t-il le siége de Paris ?*
Non; voyant son armée s'affaiblir, il leva son camp, prit le chemin de Compiègne, et de là marcha en Normandie, pour s'approcher des secours qu'il attendait d'Elisabeth, reine d'Angleterre.

HENRI IV, 63ᵉ. Roi. 16ᵉ. siècle.

Que fit alors le duc de Mayenne ?

Informé de l'affaiblissement de l'armée royale, il se mit à la poursuite de Henri IV, à qui la ville de Dieppe ouvrit ses portes.

(1589.) *Les armées en vinrent-elles aux mains ?*

Oui : le duc de Mayenne assiégea la ville de Dieppe. Un corps de ses troupes fut défait par un détachement de l'armée du roi, et l'on se disposa bientôt à une action générale. La petite ville d'Arques, à deux lieues de Dieppe, devint célèbre par la victoire qu'y remporta Henri IV avec une armée de sept mille hommes, combattant contre trente mille. C'est à l'occasion de cette bataille qu'il écrivit à Crillon : Pends-toi, brave Crillon, nous avons combattu à Arques, et tu n'y étais pas !

(1590.) *Que fit ensuite ce prince ?*

Ayant reçu des renforts d'Angleterre, il s'avança jusqu'à Paris, dont il força quelques faubourgs ; mais il fut obligé de se retirer à l'approche des ducs de Mayenne et d'Aumale.

(1590.) *Quelle victoire signalée remporta-t-il ?*

Ayant joint le duc de Mayenne dans la plaine d'Ivry (bourg du département de l'Eure, à six lieues d'Evreux) entre les rivières d'Iton et d'Eure, il lui livra bataille le 14 mars, et remporta une victoire complète, toujours avec une armée bien inférieure. Avant le combat il parcourut les rangs ; et montrant aux soldats son casque surmonté d'un panache blanc, il leur dit : ENFANS, SI LES CORNETTES VOUS MANQUENT, VOICI LE SIGNE DU RALLIEMENT ; VOUS LE TROUVEREZ TOUJOURS AU CHEMIN DE LA VICTOIRE ET DE L'HONNEUR !

Que fit le roi après la bataille d'Ivry ?

Le roi prit Mantes, Vernon, Corbeil, Melun et Lagny ; il vint faire le siége de Paris, dont le blocus dura plus de quatre mois.

Quelle était la situation des assiégés ?

Les Parisiens étaient réduits aux plus affreuses extrémités, et contraints de manger des ânes, des chevaux, des chiens, des rats, etc. Ces tristes ressources épuisées, ils furent poussés par la faim à faire de la farine avec des os des morts du cimetière des Innocens. Cette disette fut suivie d'une mortalité presque générale. Ainsi, la guerre, la peste et la famine ravagèrent la capitale, et tous ces fléaux réunis ne purent déterminer les ligueurs à se rendre à Henri IV, qui aurait pu s'en emparer de vive force, mais qui ne voulut pas l'exposer aux horreurs d'une ville prise d'assaut.

Pourquoi le roi leva-t-il le siège de Paris?
Le duc de Parme, qui commandait dans les Pays-Bas les troupes du roi d'Espagne, vint au secours de Paris avec quinze mille hommes. Le roi leva le siège pour aller à la rencontre du duc, qui, satisfait d'avoir débloqué et ravitaillé cette ville, ne voulut point courir les risques d'une bataille, s'empara seulement de Lagny et de Corbeil.

(1591.) *Le roi ne tenta-t-il pas de surprendre Paris?*
Oui. Il usa d'un stratagême qui ne lui réussit point; il fit déguiser douze capitaines qui s'avancèrent vers la porte St-Honoré, conduisant chacun un cheval chargé de farine. Il y avait des gens postés pour les aider à s'emparer de cette porte, qu'ils devaient embarrasser dès qu'elle leur serait ouverte; mais on eut quelque soupçon, et elle resta fermée. Cette tentative inutile fut appelée la *journée des Farines*.

Quelle fut la conduite des Seize?
Profitant de l'absence du duc de Mayenne, ils s'érigèrent en tribunal, condamnèrent à être pendus, et firent exécuter le président Brisson, Larcher, conseiller au parlement, et Tardif, conseiller au Châtelet, qui leur étaient devenus suspects. Le duc de Mayenne, de retour à Paris, en fit pendre quatre des plus coupables.

(1592.) *Henri IV se rendit-il maître de Rouen?*
Non : cette ville fut vaillamment défendue par Villars-Brancas (depuis amiral), et par le duc de Parme qui rentra une seconde fois en France, et vint au secours de Rouen. Le roi leva son camp pour reconnaître ses forces; mais le général ayant rempli son but en faisant lever ce siége, ne songea plus qu'à se retirer.

Quelle fut la suite de la campagne?
Le roi qui, l'année précédente, avait perdu le brave Lanoue devant le château de Lamballe, perdit cette année, au siége d'Epernon, le maréchal de Biron, qui y fut tué d'un coup de canon. En Languedoc, Antoine Scipion, duc de Joyeuse, fut défait par l'armée royaliste au combat de Villemur, et se noya dans le Tarn en passant à cheval cette rivière à la nage.

Quelle était la situation morale de Paris?
Les divisions augmentaient de jour en jour entre les royalistes qu'on nommait politiques, et la faction des Seize, qui s'affaiblissait de plus en plus.

(1593.) *Que fit le duc de Mayenne?*
Il convoqua à Paris une assemblée de prétendus états-généraux dont l'ouverture se fit au Louvre.

Quelles prétentions avait l'Espagne?
Elle osa proposer d'abolir la loi salique, de ne point reconnaître Henri IV pour légitime souverain, quand même il embrasserait la religion catholique, et de déclarer l'infante reine de France.

Comment furent accueillies ces propositions?
Le parlement les rejeta, en se déclarant ouvertement le défenseur des lois fondamentales de l'état; et le duc de Mayenne, voyant que l'Espagne n'agissait que pour ses propres intérêts, engagea les états à consentir à une conférence entre les catholiques des deux partis; elle fut tenue à Surêne (village près de Paris) le 29 avril, malgré l'ambassadeur d'Espagne et le cardinal-légat.

Quelle fut l'issue de cette conférence ?

La conversion du roi qui se fit instruire dans la religion chrétienne, et fit son abjuration le 25 juillet, dans l'église de Saint-Denis, entre les mains de l'archevêque de Bourges, en présence de plusieurs évêques et de tous les grands de sa cour. Le même jour il dépêcha des courriers à tous les parlemens pour les informer de sa conversion.

Les jours du roi ne furent-ils pas en danger ?

Un scélérat nommé Pierre Barrière, batelier de profession, conçut le projet d'attenter à la vie du roi ; mais un dominicain en donna avis à un gentilhomme de la reine. Il fut jugé et mis à mort.

(1594.) *Quel fut l'heureux résultat de la conversion du roi ?*

La ville de Meaux avait donné l'exemple de la soumission, par le zèle de Vitry, qui en était gouverneur. Plusieurs villes se rendirent au roi, entre autres Orléans, Bourges. La reddition de Lyon fut le coup le plus terrible pour les ligueurs de Paris. Le sacre du roi, qui eut lieu à Chartres le 27 février 1594, détacha de la ligue une grande quantité d'officiers.

Quel jour le roi entra-t-il dans Paris ?

Paris lui ouvrit enfin ses portes le 22 mars 1594. Le comte de Brissac vint au-devant de lui ; Henri IV l'embrassa, et lui donna sur-le-champ, pour récompense, le bâton de maréchal. Le prévôt des marchands et les échevins de la ville lui présentèrent les clefs.

Que fit le roi lorsqu'il fut entré dans Paris ?

Il permit aux troupes espagnoles de sortir de la capitale. Il alla ensuite entendre la messe à Notre-Dame, où l'on chanta le *Te Deum* ; les boutiques s'ouvrirent, et l'on entendit de toutes parts les cris mille fois répétés de *Vive le Roi !* Il fit publier une amnistie, et sortir de Paris les plus déterminés ligueurs.

Dans quelle situation la Ligue se trouva-t-elle?
Il n'y avait plus que le duc de Mayenne et le duc de Mercœur qui eussent persévéré dans leur révolte, le premier en Bourgogne, l'autre en Bretagne. L'accommodement du duc de Guise avec Henri IV réduisit la Ligue aux abois.

Qu'arriva-t-il au mois de décembre 1594?
Un écolier du collége de Clermont, nommé Jean Châtel, âgé de 18 ans, fils d'un marchand drapier, frappa le roi d'un coup de couteau, au moment qu'il se baissait pour embrasser un seigneur appelé Montigni. Il lui coupa la lèvre inférieure et lui cassa une dent. Le roi voulait lui pardonner, le parlement s'y opposa, et le régicide fut puni de mort.

(1595.) *A qui déclara-t-on la guerre?*
Comme le roi d'Espagne ne cessait d'exciter la révolte en France, le roi lui déclara la guerre. Le duc de Mayenne, malgré ses efforts, ne put empêcher la soumission de plusieurs villes considérables de la Bourgogne. Henri IV voulut achever de soumettre lui-même cette province. Toute son armée devait se réunir à Fontaine-Française (bourg à huit lieues de Dijon). A peine y fut-il arrivé qu'il apprit la marche de l'armée espagnole ; aussitôt, sans s'inquiéter du nombre, il s'avança hardiment contre les ennemis ; il fut tout-à-coup enveloppé, et dans ce péril imminent, il appela auprès de sa personne tout ce qu'il y avait d'officiers et de seigneurs, en leur criant : « A moi, Messieurs, et » faites comme vous m'allez voir faire. » Ils chargèrent l'ennemi avec une telle furie et une telle audace qu'ils virent fuir dix-huit mille hommes commandés par Ferdinand de Velasco et le duc de Mayenne. Le roi manda à sa sœur, après la bataille de Fontaine-Française : « Peu s'en faut que vous n'ayez été mon héritière. »

(1596.) *Que fit alors le duc de Mayenne?*

Il fit sa paix avec le roi, qu'il reconnut pour son légitime souverain, attendu que ce prince avait reçu l'absolution du Saint-Siége. Deux ans après, le parti de la Ligue fut tout-à-fait anéanti par la soumission du duc de Mercœur.

(1597.) *Comment les Espagnols se rendirent ils maîtres d'Amiens?*

Des soldats habillés en paysans conduisaient une voiture chargée de noix. Dès que la porte leur fut ouverte, un d'eux laissa tomber un sac, en faisant semblant de le remuer; les soldats du poste se mirent à ramasser les noix qui étaient tombées. A l'instant, les paysans-soldats se saisirent des armes de la porte, et furent bientôt soutenus par les troupes en embuscade qui s'emparèrent de la ville.

Que fit le roi en apprenant la prise d'Amiens?

« Allons, dit Henri IV, c'est assez faire le roi
» de France, il est temps de faire le roi de Na
» varre. » En effet, il en vint faire le siége en personne, et la reprit malgré les efforts des Espagnols.

Quel traité de paix fut conclu cette année?

La paix avec l'Espagne fut conclue à Vervins le 2 mai. Elle fut très-glorieuse pour Henri IV.

Quel édit rendit le roi?

L'édit de Nantes, qui permettait aux Protestans le libre exercice de leur religion.

(1601.) *Quel traité fut fait avec la Savoie?*

Le traité conclu à Lyon, par lequel le Bugey, la Bresse et le Valromey furent cédés à la France.

(1602.) *Le duc de Biron resta-t-il fidèle au roi?*

D'intelligence avec l'Espagne et le duc de Savoie, il trama une conspiration contre le roi. Ce bon prince le fit venir auprès de lui, espérant que par un aveu sincère de tout ce qu'il savait, il mériterait le pardon de sa faute; mais n'ayant rien pu gagner sur cet esprit fier et opiniâtre, il fut convaincu du crime de lèse-majesté, et eut la tête tranchée dans la cour de la Bastille, par arrêt du parlement.

Par quel digne ministre le roi fut-il secondé ?

Par l'immortel Sully, vaillant guerrier, ministre intègre, véritable ami de son roi, et sage économe des deniers de l'état. Il justifia la confiance de Henri, laissant dans le trésor, en se retirant du ministère, une somme considérable pour ce temps-là.

Quels embellissemens fit le roi ?

Il fit achever le Pont-Neuf, commença le canal de Briare pour l'approvisionnement de Paris, et la galerie du Louvre pour joindre les Tuileries au Louvre ; il établit plusieurs manufactures, et fit construire plusieurs bâtimens.

Quelle fut la fin déplorable de Henri IV ?

Le 14 mai 1610, le carrosse du roi, en entrant dans la rue de la Ferronnerie, alors fort étroite, fut arrêté par un embarras de voitures. Les valets de pied furent obligés de passer sous les charniers des Innocens ; un nommé Ravaillac, natif d'Angoulême, montant sur la roue dans le moment où le roi lisait un papier au duc d'Epernon, lui porta un coup de couteau avec tant de promptitude, qu'à peine les seigneurs de sa suite s'en aperçurent. A l'instant le roi s'écria : je suis blessé ! et expira un moment après. Ravaillac fut arrêté le poignard à la main.

Quels seigneurs accompagnaient le roi ?

Il avait dans son carrosse les ducs d'Epernon et de Montbazon, les maréchaux de Lavardin et de Roquelaure, les marquis de la Force et de Mirebeau.

Quelle sensation produisit la mort de Henri ?

Le plus bel éloge de ce prince est dans les regrets de son peuple, qui le pleura comme un père. Paris fut dans le deuil et la consternation. Ainsi mourut ce bon roi, à 57 ans, après un règne de 21 ans.

Laissa-t-il des enfans ?

Il laissa cinq enfans de Marie de Médicis, sa seconde femme : Louis XIII, et Gaston duc d'Orléans; et trois filles : Elisabeth mariée à Philippe IV, roi d'Espagne; Christine au duc de Savoie Victor-Amédée; et Henriette-Marie à l'infortuné Charles Ier, roi d'Angleterre.

Quel éloge fait-on de ce prince?

Il unit à une extrême franchise, à la plus habile politique, aux sentimens les plus élevés, une grande simplicité; et à un courage de soldat un fonds d'humanité inépuisable. C'est à juste titre que la postérité lui a décerné le surnom de *Grand*.

FAITS CONTEMPORAINS.

Le comte d'Essex, favori de la reine d'Angleterre Elisabeth, est décapité (1601).

Jacques Ier, fils de Marie-Stuart, réunit l'Angleterre à l'Ecosse, et prend le nom de roi de la Grande-Bretagne (1603).

Etablissement des manufactures de soie, de tapisserie, de faïence, de cristal, etc. en France (1603).

Etablissement des Français dans le Canada (1604), et fondation de la ville de Québec (1608).

On rapporte à 1608 l'invention des lunettes d'approche.

252 LOUIS XIII, 64e. Roi. 17e. siècle.

3e. Dynastie. — CAPÉTIENS, Ve. BRANCHE, dite des BOURBONS.

LOUIS XIII, DIT LE JUSTE.

Fidei ac regni expulit hostes.

France, et vous, saints autels, dont je soutins l'éclat,
De tous ses ennemis je purgeai mon état.

LOUIS XIII, 64ᵉ. ROI.

Fils de Henri IV et de Marie de Médicis.

Monte sur le trône en 1610, âgé de 9 ans; règne 33 ans meurt en 1643, à l'âge de 42 ans.

Quand *monta-t-il sur le trône, et où était-il né?*
En 1610, après la mort de son père; il était né à Fontainebleau le 27 septembre 1601. Marie de Médicis, sa mère, eut la régence. Il fut sacré à Reims, le 17 octobre 1610, et marié à Bordeaux, en 1615, à la fille de Philippe III, Anne d'Autriche, infante d'Espagne, qu'il ramena à la tête de son armée jusqu'à Châtelleraut.

Quels seigneurs prirent les armes?
Le prince de Condé, le duc de Longueville, le maréchal de Bouillon, et plusieurs autres, quittèrent la cour, et prirent les armes pour rétablir l'autorité royale usurpée par le maréchal d'Ancre, favori de la reine mère. L'abus qu'il fit de son crédit sur l'esprit de cette princesse fut la cause de tous les troubles arrivés pendant la minorité.

(1617.) *Comment finirent ces troubles?*
Par la mort du maréchal d'Ancre. Vitry, capitaine des gardes, l'arrêta de la part du roi sur le pont du Louvre; mais le maréchal ayant voulu faire résistance, reçut trois coups de pistolet, et tomba mort à l'instant. La populace exhuma son corps, et le traîna indignement dans les rues. Éléonore Galigaï, femme de ce maréchal, fut brûlée en place de Grève par arrêt du Parlement du 8 juillet. La reine-mère quitta la cour, et se retira à Blois.

Quel homme célèbre entra au ministère?

L'évêque de Luçon, si connu depuis sous le nom de cardinal de Richelieu.

(1619.) *La reine-mère resta-t-elle à Blois?*

Souffrant avec impatience son exil, elle s'évada secrètement de cette ville, et se retira à Angoulême, avec l'aide du duc d'Epernon. L'état fut menacé d'une guerre civile; Marie de Médicis leva des troupes, et le roi prit sur-le-champ des mesures pour réprimer cette révolte, qui fut suivie d'un prompt accommodement. Il pardonna au duc d'Epernon, et la reine se retira à Angers.

(1620.) *La paix avec la reine fut-elle durable?*

Non. Marie de Médicis ralluma la guerre, avec l'espoir d'être soutenue par les grands du royaume. Le roi n'eut besoin que de se montrer en Normandie pour s'assurer de la fidélité de cette province; de là, il prit la route d'Angers, et fit attaquer le Pont-de-Cé, où les troupes de la reine s'étaient retranchées; elles furent culbutées, et Marie de Médicis, se voyant hors d'état de faire résistance, envoya au roi des députés pour lui annoncer sa soumission. Les seigneurs qui avaient embrassé son parti obtinrent leur pardon, et la reine revint à Paris.

Quand commença la première guerre contre les Protestans?

En 1621, à cause de la restitution des biens ecclésiastiques, dont ils s'étaient emparés en Béarn. Les chefs furent les ducs de Rohan et de Soubise.

Quels en furent les principaux événemens?

Les forces du roi, qui avaient été partout victorieuses, échouèrent au siége de Montauban, vaillamment défendu par le marquis de la Force.

(1622.) Le duc de Soubise s'étant cantonné dans l'île de Rhé, près de La Rochelle, on résolut de le chasser de ce poste. Le roi fit paraître en cette occasion la plus grande valeur, défit les troupes qui défendaient le poste, et força de Soubise à la retraite. Le roi alla ensuite visiter la tranchée au siége de Rohan en Saintonge, où il courut le plus grand danger pour sa vie; mais son intrépidité enflamma l'ardeur des troupes, et la prise de cette ville fut suivie de la reddition de plusieurs places. Le marquis de la Force reçut le bâton de maréchal pour prix de sa soumission; le duc de Guise défit sur mer les Rochellois: ce succès fut suivi de la paix.

(1622.) *Que se passa-t-il encore d'important ?*

L'évêché de Paris, qui était suffragant de Sens, fut érigé en archevêché le 20 octobre 1622. La métropole de Paris a aujourd'hui pour suffragans les évêchés de Chartres, de Meaux, d'Orléans, de Blois, de Versailles, d'Arras et de Cambrai.

En 1624 et 1625, Richelieu commença la guerre de la Valteline. Les Protestans levèrent une seconde fois l'étendard de la révolte.

Que fit alors le cardinal de Richelieu ?

Il conçut et exécuta le projet d'anéantir le parti protestant; de réduire les grands dans les justes bornes de leur devoir, et d'abaisser la maison d'Autriche. Il acquit un ascendant irrésistible sur l'esprit du roi, qui sentit le besoin qu'il avait d'un tel ministre. Le cardinal se rendit bientôt maître de toutes les affaires, devint chef du conseil, et surintendant général de la navigation et du commerce.

(1627.) Après la mort de Lesdiguières, le roi supprima la charge de connétable, qui, depuis Philippe-Auguste, était la première dignité de l'état.

Qui soutint la révolte des Protestans ?

L'Angleterre, dont la flotte aborda à l'île de Rhé, pour porter des secours aux Rochellois. Les Anglais furent battus par les maréchaux de Schomberg et de Toiras, et obligés de se rembarquer, après avoir perdu environ huit mille hommes.

Que fit-on pour réduire les rebelles ?

On fit commencer, le 28 novembre, la fameuse digue imaginée et exécutée par Métézeau, de

Dreux, architecte du roi. En 1628, l'Angleterre envoya une nouvelle flotte, qui s'en retourna sans avoir obtenu aucun succès. Une troisième tentative ne fut pas plus heureuse.

A quelles extrémités fut réduite La Rochelle ?

Cette ville, étroitement bloquée, éprouva bientôt toutes les horreurs de la famine. On voulut faire sortir les bouches inutiles ; mais les assiégeans s'y opposèrent. Cependant les Anglais, malgré leurs efforts, ne purent jeter aucun secours dans la place ; les habitans se virent réduits à la plus cruelle extrémité, et il ne leur resta plus que l'alternative de se rendre ou de mourir de faim. Enfin les Rochellois eurent recours à la clémence du roi, qui leur pardonna leur révolte. Ils se rendirent le 28 octobre 1628, et Louis XIII y fit son entrée le 1er. novembre suivant. Les fortifications furent démolies, et les habitans désarmés ; la religion catholique y fut aussitôt rétablie.

(1629.) *Que fit ensuite Louis XIII ?*

Il s'avança en Savoie pour soutenir les droits de Charles de Gonzagues, duc de Nevers, sur le duché de Mantoue, contre l'Espagne et la Savoie, et força le duc de Savoie à un accommodement.

(1629.) *Quels troubles y eut-il dans l'intérieur ?*

Comme les Protestans du Languedoc avaient encore les armes à la main contre la défense du roi, il marcha sur Privas, et s'en rendit maître le 27 mai. Le sac de cette ville jeta la consternation parmi les religionnaires. Alais capitula le 8 juin ; le roi fit son entrée à Nîmes au mois de juillet, et le cardinal à Montauban le 20 août. Ainsi fut terminée la dernière guerre civile de religion.

(1630.) *Pourquoi le roi reprit-il les armes ?*

Parce que le duc de Savoie n'exécuta point le traité de Suze, et que, d'accord avec l'Espagne, il voulut de nouveau dépouiller le duc de Mantoue ; mais Louis marcha de nouveau contre la Savoie, s'en rendit maître, conclut la paix, et fit maintenir le duc de Mantoue dans son duché.

Qui sollicita le renvoi de Richelieu ?

Le roi, cédant aux vives sollicitations de sa mère et de la reine, leur avait promis de renvoyer son ministre. Lorsque le roi fut de retour à Versailles, on conseilla au cardinal d'aller le trouver; il le vit, et rentra dans ses bonnes grâces. Cette journée fut appelée *la journée des Dupes*.

(1631.) La reine-mère se retira dans les Pays-Bas, et Gaston en Lorraine.

Que fit Richelieu pour abaisser l'Autriche?

Le 23 janvier, il conclut un traité avec le fameux Gustave-Adolphe, roi de Suède, qui fit trembler l'empereur par la rapidité de ses victoires.

(1632.) *Que fit Gaston, frère du roi?*

A la tête de quelques troupes, il entra dans le Languedoc, dont le duc de Montmorenci était gouverneur, et qu'il entraîna malheureusement dans sa révolte. Montmorenci, abandonné des Espagnols et de Gaston, se vit obligé de résister seul à des forces supérieures. Les deux armées en vinrent aux mains près de Castelnaudary, le 1er. septembre; les troupes du roi étaient commandées par le maréchal de Schomberg; le duc de Montmorenci se battit en désespéré, et fut fait prisonnier, tout couvert de blessures. Il fut condamné à mort à Toulouse, et décapité le 30 octobre, à l'âge de 37 ans.

(1635.) *Que firent les Espagnols?*

Instruits du traité que la France venait de conclure avec la Hollande, ils surprirent la ville de Trèves, et enlevèrent l'électeur.

Que produisit cette surprise?

Une longue et cruelle guerre en Allemagne, en Italie et dans les Pays-Bas.

Quelle victoire remportèrent les Français?

Ils gagnèrent la bataille d'Avein, sous le commandement des maréchaux de Châtillon et de Brézé.

Que se passa-t-il en 1636?

Le duc de Rohan, déjà deux fois vainqueur dans la Valteline, battit les Espagnols sur les bords du lac de Côme. De Créqui se signala en Italie sur les bords du Tésin. Mais bientôt les Espagnols vengèrent leurs revers par la prise de Corbie, du Catelet, et de la Capelle. La prise de ces trois places jeta la consternation dans Paris ; mais le roi s'avança dans la Picardie à la tête de son armée, et les força à repasser la Somme.

Que se passa-t-il en 1637?

En Provence, le comte d'Harcourt reprit les îles de Sainte-Marguerite et de Saint-Honorat, que les Espagnols possédaient depuis 1635. En Roussillon, le duc d'Halluin leur fit lever le siége de Leucate, et leur prit armes, bagages et munitions. Il fut fait maréchal, et prit le nom de Schomberg.

Quels étaient les alliés de la France?

Les Suédois, commandés par le duc de Weimar, un des premiers capitaines de l'Europe.

(1638.) *Quels furent ses glorieux faits?*

Il tailla en pièces les Impériaux à Rhinfeld, et fit prisonniers les quatre généraux de l'empereur. Jean-de-Vert, le plus fameux, fut mené en triomphe à Paris. Le duc de Rohan périt devant Rhinfeld. Le duc de Weimar mourut à Neubourg sur le Rhin, le 18 juillet 1639, à l'âge de trente-six ans.

En 1640 les Français enlevèrent aux Espagnols la ville d'Arras, qui se donna à la France.

(1641.) *Le comte de Soissons ne prit-il pas les armes contre sa patrie?*

Ligué avec le duc de Bouillon, et soutenu par les forces de l'Espagne, il livra bataille aux troupes du roi, à la Marsée, y fut vainqueur, et y perdit la vie.

Quel homme célèbre mourut en 1641?

Le duc de Sully, âgé de 82 ans, maréchal de France, principal ministre sous Henri IV.

Quel fut le résultat de la campagne?

La défaite des Espagnols par le maréchal Houdancourt, le gain de la bataille de Villefranche, la reddition de Collioure, de Perpignan et de Saluces; enfin la conquête du Roussillon, qui depuis a toujours appartenu à la France.

(1642.) *Qui conspira contre Richelieu ?*

Cinq-Mars, fils du maréchal d'Effiat, d'abord protégé par le cardinal, était parvenu, auprès du roi, au plus haut degré de faveur. Cependant il ne laissait échapper aucune occasion favorable pour le perdre dans l'esprit du monarque; il osa même pratiquer des intelligences avec l'Espagne, et fit entrer dans le complot Gaston et le duc de Bouillon.

Que fit alors le cardinal ?

Le cardinal en ayant eu connaissance, instruisit aussitôt le roi du traité qui tendait à bouleverser l'état. Cinq-Mars fut arrêté à Narbonne le 13 juin; le duc de Bouillon le fut au milieu de son armée, le 23; et Gaston fit sa paix, comme à son ordinaire, en abandonnant ses complices. M. de Thou fut aussi arrêté pour n'avoir point révélé le complot dont il avait eu connaissance. Il fut jugé et condamné à mort avec Cinq-Mars, et ils eurent tous deux la tête tranchée à Lyon, le 12 septembre. Le duc de Bouillon eut son pardon en livrant Sedan au roi.

Où mourut Marie de Médicis, veuve de Henri IV ?

A Cologne, le 3 juillet 1642, dans la misère, à l'âge de soixante-huit ans.

Et le cardinal de Richelieu ?

Il mourut à Paris, le 4 décembre suivant, âgé de cinquante-huit ans, et fut enterré dans l'église de Sorbonne, qu'il avait fait rebâtir avec une magnificence vraiment royale. Son mausolée est le chef-d'œuvre du célèbre Girardon. Le cardinal Mazarin lui succéda dans le ministère.

Quelles constructions furent élevées sous la régence de Marie de Médicis?

Elle fit commencer, en 1613, l'aqueduc d'Arcueil, et ériger sur le Pont-Neuf, le 23 août 1614, la statue équestre de Henri-le-Grand, envoyée par Côme II, grand-duc de Toscane; bâtir, en 1615, le palais du Luxembourg, par Jacques Desbrosses, célèbre architecte. Le Palais-Cardinal, aujourd'hui Palais-Royal, fut bâti par Richelieu.

Quels établissemens utiles furent formés?

En 1634, le premier méridien fut fixé, par une ordonnance de Louis XIII, à l'Ile-de-Fer, la plus occidentale des Canaries. La même année, le Jardin des Plantes fut planté par les soins de M. Bouvard, premier médecin du roi, et de M. Gui de la Brosse, médecin ordinaire. Richelieu établit l'imprimerie royale, et en 1635 l'Académie Française fut créée. Saint-Vincent-de-Paul commença aussi l'établissement des Enfans-Trouvés.

Dans quel état était la santé du roi?

Elle dépérissait de jour en jour. Lorsqu'il vit approcher sa fin, il fit une déclaration en forme de testament, par laquelle il ordonnait qu'après sa mort la reine serait régente, que le duc d'Orléans serait lieutenant-général, et que le conseil serait composé du prince de Condé, du cardinal Mazarin, du chancelier Séguier, du surintendant des finances Claude Bouthilier, et de Chavigny son fils, secrétaire-d'état. Il fit ensuite baptiser le dauphin, qui reçut le nom de Louis, et fut tenu sur les fonts par la princesse de Condé et le cardinal Mazarin.

Le roi releva-t-il de cette maladie?

Non; il mourut à Saint-Germain-en-Laye, le 14 mai 1643, à pareil jour que Henri IV; il était âgé de 42 ans, en avait régné 33. Il fut enterré à Saint-Denis. On lui donna le surnom de *Juste*.

Combien laissa-t-il d'enfans?

Deux: Louis XIV, qui lui a succédé; et Philippe, duc d'Orléans.

LOUIS XIII, 64e. Roi. 17e. siècle.

FAITS CONTEMPORAINS.

Assemblée des états-généraux à Paris : c'est la dernière qui ait été tenue en France jusqu'en 1789 (1614).

Fondation de Batavia par les Hollandais (1621).

La peste enlève à Lyon plus de 60 mille habitans (1628).

Louis XIII met la France sous la protection de la Sainte-Vierge par un vœu solennel. Depuis 1638 jusqu'au 15 août 1829 il s'est fait tous les ans à cette époque à Paris une procession à laquelle assistaient les princes, le parlement et les autres cours et tribunaux (1638).

Naissance de Philippe de France le 27 septembre : il a été depuis appelé duc d'Orléans ; et c'est le chef de la maison régnante aujourd'hui (1640).

INVENTIONS ET DÉCOUVERTES.

Les logarithmes par un seigneur écossais (1614). Le microscope, le thermomètre et le télescope par Corneille Drebbel (1618). Découverte de la circulation du sang par Harvey, Anglais (1619). Invention du fusil (1630). Introduction des gazettes ou journaux par un médecin (1632). Premier usage des baïonnettes inventées à Bayonne (1642). Invention du baromètre par Toricelli (1643).

262 LOUIS XIV, 65ᵉ. ROI, 17ᴇ. SIÈCLE.

3ᵉ. Dynastie. — CAPÉTIENS, Vᵉ. BRANCHE, dite des BOURBONS.

LOUIS XIV, DIT LE GRAND.

Consiliis, armisque potens.
Ses armes, sa valeur, sa vaste intelligence,
Aussi loin que sa gloire ont porté sa puissance.

LOUIS XIV, 65ᵉ. ROI.

Fils de Louis XIII et d'Anne d'Autriche,

Monte sur le trône en 1643, âgé de 5 ans; règne 72 ans; meurt en 1715, à l'âge de 77 ans.

A QUEL *âge Louis XIV monta-t-il sur le trône?*
A cinq ans. Il était né à Saint-Germain-en-Laye le 5 septembre 1638.

Que se passa-t-il à son avénement?
(1643.) Cinq jours après la mort de Louis XIII, le duc d'Enghien (depuis le grand Condé) gagna sur les Espagnols la mémorable victoire de Rocroi (Ardennes), et l'amiral de Brézé battit devant Carthagène la flotte d'Espagne.

(1644.) Le duc d'Orléans s'empara de Gravelines (Nord) après un siége de deux mois. La même année, le duc d'Enghien et Turenne se signalèrent aux trois journées de Fribourg, où Merci, général autrichien, perdit armes et bagages. Philipsbourg, Mayence, Landau et plusieurs autres places tombèrent au pouvoir des Français.

Qu'arriva-t-il en 1645 et 1646?
Turenne fut battu à Mariendal par le général Merci. Le duc d'Enghien, qui était venu au secours de Turenne, gagna la bataille de Nordlingen, où fut tué le général Merci.

En Catalogne, Roses se rendit au comte du Plessis-Praslin. Turenne rétablit l'électeur de Trèves dans ses états. Le duc d'Orléans fit de nouvelles conquêtes en Flandre. Le duc d'Enghien, après la prise de Furnes, enleva Dunkerque aux Espagnols, qui furent aussi battus au combat sanglant d'Orbitello (Toscane), où fut tué l'amiral de Brézé âgé de 27 ans.

(1648.) *Quelle bataille amena la paix ?*

La bataille de Lens, gagnée par le grand Condé (auparavant duc d'Enghien). Par le traité de paix de Westphalie, conclu avec l'Autriche, la France acquit Metz, Toul, Verdun et l'Alsace.

Le 7 septembre 1651, étant dans sa 15e. année, le roi fut déclaré majeur, et sacré le 7 juin 1654.

En 1656, afin d'éteindre la mendicité, et mettre des bornes à l'oisiveté, il fit bâtir l'Hôpital-Général, pour y renfermer les pauvres de tout âge et de tout sexe.

Quelle est l'origine de la Fronde ?

La guerre civile éclata, à cause de l'emprisonnement d'un président et d'un conseiller au Parlement. De là l'origine de la *Fronde*, ou du parti opposé à Mazarin. La cour se retira à St-Germain-en-Laye. Il y eut un combat à la porte St-Antoine, où Condé, à la tête des rebelles, fut battu par Turenne. Le roi revint à Paris en 1652; et lorsque l'orage fut apaisé, Mazarin rentra dans la capitale.

Quels avantages eut-on sur les Espagnols ?

Turenne arrêta le cours de leurs conquêtes, et leur fit lever le siége d'Arras. Ce fut alors que le roi fit sa première campagne, en se rendant maître de Stenai. La campagne suivante ne fut pas moins glorieuse pour la France. Don Juan d'Autriche et le prince de Condé, qui commandaient les Espagnols, perdirent, le 4 juin 1658, la bataille des Dunes, qui fut suivie de la prise de Dunkerque et de plusieurs autres places par Turenne.

(1659.) *Où fut signée la paix ?*

Dans la petite île des Faisans, au milieu de la rivière de la Bidassoa, qui sépare la France de l'Espagne. Cette paix, dite des Pyrénées, fut l'ouvrage du cardinal Mazarin. L'infante Marie-Thérèse fut promise à Louis XIV, qui l'épousa l'année suivante, le 9 juin, à Saint-Jean-de-Luz (Navarre française); et le 26 août la reine fit son entrée à Paris

LOUIS XIV, 65e. Roi. 17e. siècle.

La France eut à regretter Mazarin, qui mourut à Vincennes le 9 mars 1661, âgé de 49 ans.

Le roi, qui avait alors 22 ans, voulut gouverner par lui-même. Le surintendant Fouquet fut emprisonné pour ses dilapidations : la fête qu'il venait de donner au monarque lui avait coûté 18 millions. Colbert lui succéda, et rendit la splendeur et la prospérité au royaume.

(1662). *Que fit ensuite le roi ?*

Il rendit un édit contre les duels, et s'imposa la loi de n'accorder jamais de grâce aux coupables. Cette sévérité produisit l'effet qu'on espérait.

(1662.) *Que fit-on pour conserver Dunkerque ?*

Cette ville, prise en 1658 aux Espagnols, devait être aussitôt remise aux Anglais, suivant le traité fait avec eux. Le roi en obtint la cession à la France moyennant 5 millions. L'alliance avec les Cantons suisses fut renouvelée à Paris le 28 novembre 1663.

C'est la même année que fut créée l'Académie des Inscriptions et Belles-Lettres pour faire les inscriptions, devises et médailles qui auraient quelque rapport au roi ou au public. La devise de Louis XIV était un soleil sur lequel on lisait : *Nec pluribus impar*. L'Académie de Peinture et de Sculpture date de 1664. Louis XIV en fonda une semblable à Rome, où les élèves qui ont remporté le prix à Paris vont se perfectionner, et sont entretenus aux dépens de l'Etat. L'année suivante fut établie l'Académie des Sciences.

Pourquoi le roi eut-il des démêlés avec le pape ?

Parce que son ambassadeur à Rome avait été insulté par les soldats de la garde Corse ; et sur le refus de satisfaction d'Alexandre VII, il se saisit d'Avignon, et se prépara à faire marcher une armée en Italie (1664). Le cardinal Ghigi, neveu du pape, vint faire excuse au roi. Les Corses furent cassés, et vis-à-vis leur ancien corps-de-garde fut élevée une pyramide en mémoire de cet événement ; mais elle fut démolie en 1668, à la sollicitation du pape Clément IX, successeur d'Alexandre VII.

(1665.) *Que fit le roi en faveur du commerce ?*

Il commença le magnifique canal du Languedoc, de 64 lieues de long, qui fait la jonction des deux mers; le port de Cette (Hérault), et la jolie ville de Rochefort, dont il fit un département maritime.

Le roi établit une cour de justice composée de l'élite de la magistrature, qui fit le procès à plusieurs financiers qui auraient mérité le dernier supplice, mais auxquels on se contenta de faire rendre gorge.

(1666). *Que fit le roi en faveur du peuple ?*

Les seigneurs, à la suite des guerres civiles, se croyant en droit d'opprimer le peuple, il créa des tribunaux qu'on appela les *Grands-Jours*, dont les juges furent tirés des parlemens du royaume. Plusieurs gentilshommes accusés ayant été punis, ces châtimens remirent l'ordre et la sûreté dans l'état.

Comment s'y prit Louis XIV pour conserver ses officiers après le licenciement de l'armée ?

Il les incorpora dans ses gardes-du-corps, et composa de nouvelles compagnies d'ordonnance qu'il joignit aux troupes de sa maison; et afin de les tenir en haleine, il en fit faire des revues et des campemens.

(1666.) *Contre quelle puissance se déclara le roi ?*

Contre l'Angleterre, en faveur des Hollandais. Les Français battirent les Anglais, et les chassèrent de l'île de Saint-Christophe. L'année suivante, la paix fut conclue à Breda.

En 1667, le roi rendit une ordonnance pour abréger la longueur des procès.

Qu'arriva-t-il de plus remarquable en 1667 ?

Après la mort de Philippe IV, le roi, ayant sous ses ordres le maréchal de Turenne, marcha en Flandre pour faire valoir les droits de la reine sur les Pays-Bas. Tournai, Douai, et les places les plus

LOUIS XIV, 65e. Roi. 18e. siècle. 267

importantes furent enlevées aux Espagnols. La campagne fut terminée par la prise de Lille, où le roi fit son entrée le 28 avril 1667. Il s'exposa tant à ce siége, que Turenne le menaça de se retirer s'il ne se ménageait pas davantage.

Quelles furent les autres conquêtes du roi ?

Il se rendit maître de la Franche-Comté au milieu de l'hiver, en 1668. La paix fut signée à Aix-la-Chapelle le 2 mai. La France retint seulement les conquêtes faites en France.

(1669.) *Quel prince se retira à Paris ?*

Casimir, roi de Pologne, qui abdiqua la couronne à Varsovie, dans la résolution d'embrasser l'état ecclésiastique. Le roi lui donna l'abbaye de St-Germain-des-Prés, où il mourut en 1672.

(1670.) *La paix ne fut-elle point troublée ?*

Le duc de Lorraine fit tous ses efforts pour soulever contre le roi les puissances de l'Europe. Le maréchal de Créqui eut ordre d'entrer avec une armée dans la Lorraine, qu'il prit avec le duché de Bar, de sorte que ce prince inquiet et remuant se vit dans un moment dépouillé de tous ses états.

(1672.) *Quelles furent les chances de la guerre ?*

Louis XIV, en deux mois, conquit les provinces d'Utrecht, d'Over-Yssel et de Gueldres, et prit plus de quarante villes fortifiées. Ce fut pour perpétuer le souvenir de ces conquêtes, que la ville de Paris fit ériger l'arc de triomphe de la porte Saint-Denis.

Le roi se rendit maître de Maëstricht le 29 juin 1773. La Prusse fut forcée de faire la paix.

En 1674, il s'empara de Besançon, et fit en trois mois la conquête de toute la Franche Comté.

Que se passa-t-il en Allemagne et en Flandre ?

Turenne battit les Allemands à Sintzheim ; et, à la tête de vingt-deux mille hommes, il s'avança ensuite contre l'armée impériale, forte de quarante mille, sous les ordres du duc de Lorraine, et le défit à Esheim. En Flandre, Condé gagna la sanglante bataille de Senef contre le prince d'Orange.

Qu'arriva-t-il sur mer?

L'escadre que commandait le vice-amiral Trompe, après avoir fait une descente à Belle-Isle sur les côtes de Bretagne, fut obligée de se rembarquer. L'amiral Ruyter débarqua 8000 hommes au Fort-Royal à la Martinique pour en chasser la colonie française. Ils attaquèrent le fort sans succès et furent contraints d'abandonner l'entreprise après avoir perdu 1600 hommes.

(1675.) *Que se passait-il en Allemagne?*

Le maréchal de Turenne fit passer le Rhin à son armée. Après avoir épuisé toutes les ressources de l'art de la guerre, il attaqua l'ennemi à Salsbac, et y fut tué le 27 juillet 1675 d'un coup de boulet qui emporta un bras au général Saint-Hilaire. Il était âgé de soixante-quatre ans, et fut enterré à Saint-Denis. Au milieu de la consternation, la belle retraite des Français par le comte de Lorges fut regardée comme une victoire. La bataille d'Attenheim coûta la vie au marquis de Vaubrun. Condé, qui avait le commandement de l'armée, s'empara d'Haguenau et de Saverne, et força l'ennemi à repasser le Rhin. Le maréchal de Créqui fut battu à Conzarbruck le 11 août, et fait prisonnier dans Trèves le 6 septembre.

Que firent les Espagnols et les Hollandais?

Ils voulurent assiéger Agosta, après s'être opposés en vain à l'arrivée des secours dans Messine. L'armée navale de France rencontra les escadres d'Espagne et de Hollande; le combat fut d'abord sanglant; mais l'amiral Ruyter ayant été blessé à mort, elles ne songèrent plus qu'à la fuite. Les Hollandais perdirent dans Ruyter ce que nous avions perdu dans le maréchal de Turenne. Le maréchal de Vivonne, qui avait déjà battu sept mille Espagnols devant Messine, acheva de détruire dans la Méditerranée les flottes espagnole et hollandaise

Quelle fut l'issue de la campagne de 1676 ?

Le roi fit sauter la citadelle de Liége, et prit Condé en personne. Le duc d'Orléans s'empara de Bouchain, et le maréchal d'Humières de la ville d'Aire. Le prince d'Orange fut obligé de lever le siége de Maëstricht; et Philipsbourg ne se rendit au duc de Lorraine qu'après un blocus de six mois.

Racontez-nous les événemens de 1677 ?

Après la reddition de Valenciennes au duc de Luxembourg, le roi se rendit maître de Cambrai. Le prince d'Orange vint au secours de St-Omer, dont le duc d'Orléans faisait le siége, et perdit, le 11 avril, la bataille de Cassel; le 20 du même mois, le duc d'Orléans s'empara de Saint-Omer. A la fin de l'année, le maréchal d'Humières prit la place de Saint-Guillain.

En Allemagne, le maréchal de Créqui, après plusieurs succès contre le duc de Lorraine, termina cette glorieuse campagne par la prise de Fribourg.

Les Espagnols furent défaits dans le Lampourdan par le maréchal de Noailles. Le comte d'Estrées, qui avait déjà vaincu l'amiral Binck à Tabago (Amérique), s'empara de cette place le 12 décembre.

(1677.) *Que fit le roi pour la science astronomique?*

Il fit construire un magnifique bâtiment à l'extrémité de la rue d'Enfer et du palais du Luxembourg, qui fut nommé *Observatoire*, et où les astronomes de l'Académie des Sciences vont faire leurs observations.

Qu'arriva-t-il en 1678?

Louis XIV, satisfait d'avoir rempli son but par la prise de Gand et d'Ypres, revint à St-Germain

Quel fut le résultat de tant de succès?

La paix glorieuse de Nimègue entre la France, la Hollande, l'Espagne et l'Empire, par laquelle la Franche-Comté et plusieurs villes des Pays-Bas furent assurées à la France.

Comment se conduisit le prince d'Orange?

Quoiqu'il eût connaissance du traité de paix, il ne laissa pas d'attaquer nos troupes; mais il fut battu près de Mons par le maréchal de Luxembourg. Le combat fut sanglant, et la mauvaise foi de l'ennemi ne servit qu'à relever la valeur de l'armée française.

(1680.) *Où s'établirent les Français?*

Dans les Indes orientales, par l'acquisition qu'ils avaient faite de Pondichéry en 1674.

Quel titre fut donné à Louis XIV?

Le surnom de *Grand*, justement mérité, de l'aveu même des étrangers.

En 1680, le roi fit une levée de 60 mille marins divisés en trois classes de 20 mille, dont les deux premières pour les vaisseaux de guerre et marchands, et 20 mille qui restaient à la disposition de l'état.

Qu'arriva-t-il en 1681?

Strasbourg se rendit au roi, qui y fit son entrée le 23 octobre. Louis XIV perfectionna les ports de Brest et de Toulon, et augmenta la marine de plus de six mille matelots.

Que fit-on contre les corsaires d'Alger?

Duquesne bombarda cette ville en 1682 et 1683. L'année suivante, de Tourville força les Algériens à implorer la clémence du roi.

En 1682 furent établies dans plusieurs villes des compagnies de jeunes gens qu'on nomma *Cadets*. On les instruisait dans les exercices militaires; et lorsqu'on les trouvait capables de commander, on les faisait sous-lieutenans, enseignes, etc. On en fit autant pour la marine.

(1683.) *Quelle perte fit l'état?*

Le 6 septembre, mourut Colbert, âgé de 64 ans. Ce fut ce ministre qui porta les arts à ce degré de splendeur qui a tant illustré le règne de Louis XIV.

(1684.) *Quelle conduite tinrent les Génois?*

Au mépris de leur alliance avec la France, ils entretenaient des intelligences avec ses ennemis; le roi, n'ayant pu obtenir satisfaction, fit bombarder Gênes; mais, à la sollicitation du pape, il consentit à ne pas s'en rendre maître, pourvu que cette république lui fît la réparation qu'il désirait. Le doge, accompagné de quatre sénateurs, vint faire sa soumission au roi le 15 mai 1685.

Quel fut le résultat de la campagne de 1684?

La prise de Luxembourg fut suivie d'une trève de vingt ans entre la France, l'Espagne et l'Empire. C'est en 1684 que le roi de Siam envoya des ambassadeurs pour rendre hommage à Louis XIV.

Quels sont les événemens de 1685?

La ville de Tripoli fut bombardée par le maréchal d'Estrées, et Tunis fit sa paix avec la France. Louis XIV révoqua l'édit de Nantes le 22 octobre.

(1686.) *Que fit le maréchal de la Feuillade?*

Il érigea une statue au roi sur la place des Victoires. Cette même année, le grand Condé mourut âgé 66 ans. Il mérita le titre de *Grand* par ses exploits. Les plus éloquens orateurs ont immortalisé la mémoire de ce héros.

Quelle coalition fut formée contre la France?

(1687.) Celle d'Augsbourg, par toutes les puissances de l'Europe. Les hostilités commencèrent l'année suivante. Le roi fit marcher des troupes en Allemagne; elles prirent Philipsbourg, Manheim, Trèves, et plusieurs autres places.

(1690.) *Que fit le maréchal de Luxembourg?*

A la bataille de Fleurus (Flandre), il tailla en pièces l'armée des alliés, sous le commandement du prince de Valdec. Cette victoire est le plus beau fait d'armes du maréchal de Luxembourg.

Que se passa-t-il sur mer?

Il y eut le 10 juillet, près de Dieppe, un combat où de Tourville battit les flottes anglaise et hollandaise. Le comte d'Estrées fit une descente à Theing-mouth, où il brûla 4 vaisseaux de guerre ennemis.

Que fit le maréchal de Catinat?

Il attaqua le duc de Savoie à Stafarde (Piémont), et remporta une victoire complète, qui fut suivie de la prise de Saluces et de Suze.

Quels furent les événemens de 1691?

Le roi prit Mons le 9 avril; le maréchal de Catinat se rendit maître de Nice, de Villefranche et de plusieurs autres places. Le maréchal de Luxembourg gagna en Flandre la bataille de Leuze.

Qu'arriva-t-il en 1692?

Le roi prit Namur. Le maréchal de Luxembourg y gagna, sur les troupes du prince d'Orange, la sanglante bataille de Steinkerque, en Hainault. Le duc de Savoie ravagea le Dauphiné, où Catinat ne put résister à des forces supérieures aux siennes.

Que fit le roi en 1693?

Il établit l'Ordre militaire de Saint-Louis.

Racontez-nous ce que firent nos armées?

Elles s'emparèrent du Palatinat. Luxembourg gagna, le 29 juillet, la bataille de Nervinde en Brabant, contre le prince d'Orange, qui perdit son camp, plus de douze mille hommes, la plus grande partie de son artillerie, soixante étendards, et vingt-deux drapeaux. Cette brillante victoire fut suivie de la prise de Charleroi. Le maréchal de Catinat vengea, le 4 octobre, les ravages du Dauphiné par le gain de la bataille de la Marsaille (Piémont), contre le duc de Savoie. Les Anglais furent chassés de la Martinique, où ils avaient fait une descente. De Tourville, ayant attaqué près de Cadix le vice-amiral Rook, qui escortait la flotte de Smyrne, lui brûla quatre vaisseaux de guerre; et prit, brûla ou coula à fond 80 vaisseaux richement chargés.

(1694.) *Que fit le maréchal de Noailles?*

Déjà maître de Roses, il défit les Espagnols au passage du Ter; s'empara de Palamos, de Girone,

LOUIS XIV, 65e. Roi. 18e. siècle. 273
du fort d'Hostalrich, et de la ville de Castel-Follit. Tant de succès effrayèrent le cabinet de Madrid.

Qu'arriva-t-il ensuite ?

En 1696 fut signé, à Turin, le traité de paix entre la France et la Savoie. En 1697, la prise de Barcelonne (Catalogne) par le duc de Vendôme, détermina l'Espagne et l'empereur à consentir à la paix, qui fut rendue à l'Europe par le traité de Riswick.

En 1700, le roi donna un édit pour le bannissement du royaume, des mendians, des fainéans et des vagabonds.

(1700.) *Quel événement troubla la paix ?*

La mort de Charles II, roi d'Espagne, qui, par son testament, institua pour son héritier le duc d'Anjou, petit-fils de Louis XIV. Ce prince lui succéda sous le nom de Philippe V. Proclamé roi à Madrid le 24 novembre, il partit de Versailles le 4 décembre. L'année suivante, l'Empereur, l'Angleterre et la Hollande formèrent contre la France et l'Espagne une ligue dans laquelle entrèrent ensuite le duc de Savoie et le Portugal.

(1701.) *Où commencèrent les hostilités ?*

En Italie, où le prince Eugène, général de l'Empereur, gagna les batailles de Carpi et de Chiari. Ce fut cette année que mourut à St-Germain-en-Laye, Jacques II, que les efforts de Louis XIV ne purent rétablir sur le trône d'Angleterre.

(1702.) *Quel fut le succès de cette campagne ?*

Le prince Eugène fut obligé de lever le blocus de Mantoue. Le duc de Vendôme gagna, le 15 août, la bataille de Luzara contre les Impériaux. Le roi d'Espagne y était en personne. Le 14 octobre fut livrée la bataille de Fridlingen, près de Huningue, où le marquis de Villars défit l'armée impériale commandée par le prince de Bade ; ce qui lui valut le bâton de maréchal. En 1703, le maréchal de Villars poursuivit le cours de ses succès. Le duc de

12.

Bourgogne s'empara du Vieux-Brisack, et le maréchal de Tallard gagna la bataille de Spire.

(1704.) *Quel fut ensuite le sort des armes?*

La France, qui n'avait eu que des succès, éprouva les plus grands revers. Le prince Eugène et milord Marlborough remportèrent, à Hochstet, le 13 août 1704, une victoire complète sur l'armée française. La perte de cette bataille entraîna celle de la Bavière, et rejeta nos troupes des bords du Danube de l'autre côté du Rhin (1705). Le duc de Vendôme gagna, en Italie, la bataille de Cassano contre le prince Eugène; le maréchal de Villars empêcha les ennemis de pénétrer en Champagne; mais l'année suivante le maréchal de Villeroi éprouva une déroute complète à Ramillies, dans le Brabant, et les alliés se rendirent maîtres de la plus grande partie des Pays-Bas. Le duc de Vendôme remporta en Italie, à Calcinato, une victoire signalée dont on perdit les avantages aussitôt que le vainqueur fut parti pour prendre le commandement de l'armée de Flandre. Le 7 septembre, les Français perdirent la bataille de Turin, et leur défaite entraîna la perte de toute la Lombardie.

(1707.) *Qu'arriva-t-il en Espagne?*

Le maréchal de Berwick, qui commandait les troupes de Philippe V, fit oublier les revers de la campagne précédente, par la victoire complète remportée à Almanza sur l'archiduc Charles.

Que se passa-t-il les années suivantes?

(1708.) Les ennemis gagnèrent la bataille d'Oudenarde, et prirent Lille. Le terrible hiver de 1709 mit le comble à nos désastres. Le 11 septembre se donna la bataille de Malplaquet, dont le champ, resté au pouvoir du prince Eugène et de Marlborough, coûta la vie à trente mille hommes de leur armée; les Français n'en perdirent que dix mille; mais la blessure que reçut de Villars causa la retraite de l'armée, qui fut faite en bon ordre.

Que fit le roi dans cette conjoncture?

Il demanda avec instance la paix à ses ennemis, qui la lui refusèrent avec dédain.

Que se passa-t-il jusqu'au congrès d'Utrecht ?

(1710.) La défaite de ses troupes près de Saragosse obligea Philippe V d'abandonner Madrid et de se retirer à Valladolid. L'archiduc entra dans la capitale, où la tristesse des habitans lui fit connaître qu'ils ne le regardaient point comme leur légitime souverain. Sur la fin de l'année Philippe rentra dans Madrid. Ayant passé le Tage avec le duc de Vendôme, il fit prisonniers, le 9 décembre, cinq mille Anglais dans la ville de Brihuega; le lendemain il tailla en pièces, à Villaviciosa, l'armée des alliés, commandée par le comte de Staremberg. Cette victoire lui assura la couronne d'Espagne (1711.) L'expédition de Duguay-Trouin dans le Brésil causa aux Portugais un dommage de plus de 25 millions.

(1712.) *Que fit le maréchal de Villars ?*

Il sauva la France en forçant le camp des ennemis à Denain, où il fit prisonniers le comte d'Albermale qui le commandait, et plusieurs généraux; il força ensuite le prince Eugène à lever le siège de Landrecies, s'empara de Douai, et prit à Marchiennes une artillerie formidable, et beaucoup de munitions de guerre et de bouche. Saint-Amand, Bouchain et le Quesnoi tombèrent au pouvoir des Français. Des succès si décisifs mirent les alliés hors d'état de continuer la guerre, et ils implorèrent à leur tour la paix qu'ils avaient refusée à des conditions avantageuses. Elle fut signée à Utrecht l'année suivante.

Quelle puissance continua la guerre ?

L'empereur. Le maréchal de Villars obtint de grands avantages, et s'empara de Fribourg, et de Landau qui nous resta. Les Impériaux furent forcés d'évacuer la Catalogne, qui fut soumise par le roi d'Espagne. Barcelonne ne se rendit que l'année suivante. La paix fut signée à Rastadt le 6 mars 1714.

(1715.) *Quel ambassadeur arriva à Paris ?*

LOUIS XIV, 65ᵉ. Roi. 18ᵉ. siècle.

Celui de Perse, qui eut le 19 février une audience du roi dans la galerie de Versailles.

Louis XIV vécut-il long-temps après la paix?

Non ; il mourut à Versailles le 1ᵉʳ. septembre 1715, après une courte maladie, âgé de 77 ans : il en avait régné 72, ne laissant d'autre postérité que son arrière petit-fils le duc d'Anjou, qui lui succéda sous le nom de Louis XV. Son corps fut porté à Saint-Denis.

Quels monumens doit-on à ce prince?

On doit à Louis-le-Grand l'hôtel des Invalides (1670), l'Observatoire, le Val-de-Grâce, la façade du Louvre, l'achèvement de la machine de Marly, l'École d'Achitecture, le parc et le château de Versailles. Il agrandit et embellit Paris; fit planter les boulevards intérieurs, construire plusieurs ponts, et achever les Tuileries, dont Le Nôtre dessina le jardin. On lui est redevable aussi de la construction d'une quantité de monumens religieux.

Que dites-vous du règne de Louis XIV?

Il a été le plus long et le plus glorieux de la monarchie. Ce prince a partagé avec d'autres conquérans la gloire des armes ; mais il en est une qui lui appartient en propre, non moins brillante et plus solide, celle d'avoir protégé et fait fleurir les arts, les sciences et le commerce. Les dernières années de ce monarque furent un tissu de disgrâces; mais il fut plus grand dans ses revers que dans le cours de sa longue prospérité.

Qui contribua à illustrer son règne?

Une foule de grands hommes dans tous les genres. S'agissait-il de vaincre : Vauban, Turenne, Condé, Villars, Vendôme, Luxembourg, Créqui et Catinat servaient de boucliers au monarque presque toujours à la tête de ses troupes; tandis que Tourville, Duquesne, Jean-Bart et Duguay-Trouin luttaient vaillamment sur mer contre les escadres ennemies. Son conseil était composé de Colbert,

LOUIS XIV, 65e. Roi. 18e. siècle.

Louvois, Torcy, Molé, Lamoignon et d'Aguesseau, ministres habiles; Bourdaloue, Massillon et Fléchier lui inspiraient ses devoirs par une éloquence religieuse; le soin de l'éducation de ses enfans était confié à Bossuet, Fleury et Fénélon; les peintres et sculpteurs célèbres Le Poussin, Lebrun et Lesueur embellissaient ses palais, construits par Perrault et Mansard. Il restait à Louis, après ses campagnes glorieuses, Molière, Corneille, La Fontaine, La Bruyère, pour occuper agréablement ses loisirs; et enfin pour écrire son histoire, Racine et Boileau.

FAITS CONTEMPORAINS.

Charles Ier, roi d'Angleterre, est décapité (1649).
Descartes, né à La Haye en Touraine, meurt à Stockholm. Son corps fut dans la suite apporté secrètement en France, et enterré dans l'église de Ste-Geneviève (1650).
Premier usage du papier timbré pour les actes publics (1655).
Les Hollandais importent la cannelle en Europe (1657).
Cromwel, proclamé protecteur en 1653, meurt en 1658.
Premier éclairage de Paris, fait avec des chandelles (1668).
Découverte du Mississipi par les Français en 1679.
Maison St-Cyr établie pour 300 demoiselles nobles (1686).
Le czar Pierre fait bâtir Saint-Pétersbourg (1704).
Les Anglais prennent Gibraltar (1704). Ils l'ont encore.

278 LOUIS XV, 66ᵉ. Roi. 18ᵉ. siècle.

3ᵉ. Dynastie. CAPÉTIENS, Vᵉ. BRANCHE,
dite des BOURBONS.

LOUIS XV, DIT LE BIEN-AIMÉ.

Gloriosa avorum vestigia pressit.
A son illustre aïeul succédant dès l'enfance,
Il suivit son exemple et fut cher à la France.

LOUIS XV, 66ᵉ. ROI.

Arrière-petit-fils de Louis XIV et de Marie-Thérèse d'Autriche.

Monte sur le trône en 1715, âgé de 5 ans; règne 59 ans; meurt en 1774, à l'âge de 64 ans.

Quand Louis XV monta-t-il sur le trône ?
Le premier septembre 1715, âgé de cinq ans et demi. Il était né à Versailles le 15 février 1710.
Qu'arriva-t-il après la mort de Louis XIV ?
Philippe, duc d'Orléans, fut déclaré régent, le duc de Villeroi nommé gouverneur, et le duc du Maine, suivant les dernières volontés de Louis XIV, fut surintendant de l'éducation du roi.
Le dénûment dans lequel était le trésor, par suite des guerres malheureuses du dernier règne, dut appeler les premiers soins du régent; mais le moyen qu'il employa pour rétablir le crédit produisit l'effet contraire à ses intentions.
Par un édit du 2 mai 1716, il créa une banque sous le nom de Law et compagnie, dont les fonds furent fixés à 1200 actions de 3000 francs chacune; mais en 1719 leur valeur fictive, par l'abus qu'on en avait fait en en créant de nouvelles, surpassant de beaucoup la quantité du numéraire de la France, il en résulta une confusion telle dans les finances du royaume et dans les fortunes des particuliers, qu'en 1720, après la fuite du contrôleur-général Law, qui alla se réfugier à Venise où il mourut en 1729, il se trouva un déficit qui surpassait dix-sept cent millions.
Quelle fut la cause de la guerre pendant la minorité ?

Les armemens d'Espagne pour recouvrer les anciens domaines qui avaient été détachés de cette couronne par la paix d'Utrecht. Le 2 août 1718, il fut conclu à Londres un traité conventionnel entre la France, l'empereur, l'Angleterre et la Hollande ; et il y fut arrêté que l'empereur reconnaîtrait le roi d'Espagne, à condition qu'on lui céderait la Sicile, et que la Sardaigne serait donnée en indemnité au duc de Savoie. L'Espagne refusa toute voie d'accommodement, et les puissances alliées lui déclarèrent la guerre.

Racontez les événemens de cette guerre ?

Les hostilités en Sicile furent mêlées de succès et de revers ; la Sardaigne fut évacuée par les Autrichiens. Le maréchal de Berwick enleva aux Espagnols Fontarabie, Saint-Sébastien, et tout le pays voisin des côtes de Biscaye. La paix fut signée en 1720, conformément au traité de Londres.

Où et quand fut sacré le roi ?

A Reims, le 25 octobre 1722, et il fut déclaré majeur au mois de février 1723. La même année mourut le régent, à qui succéda dans le ministère le duc de Bourbon, qui fut bientôt remplacé par le cardinal de Fleuri, dont la sage administration répara les pertes de la France.

Le roi se maria à Fontainebleau, en 1725, avec Marie, fille de Stanislas Leczinski, roi de Pologne.

1733. *Pourquoi la guerre fut-elle entreprise ?*

Parce que les opposans à la réélection de Stanislas au trône de Pologne élurent pour roi, sous l'influence de la Russie, Auguste II, électeur de Saxe, qui fut couronné à Cracovie le 17 janvier suivant. Le roi voyant que l'empereur s'était déclaré en faveur de ce prince, fit marcher des troupes en Allemagne sous les ordres du maréchal de Berwick, qui s'empara du fort de Kell. Les rois de Sardaigne et d'Espagne se joignirent à la France.

Quels furent les événemens en Italie ?

Les Français et leurs alliés eurent les plus grands succès. Le roi de Sardaigne et le maréchal de Villars prirent Pavie, Milan, et conquirent presque tout le Milanais. Ce fut la dernière campagne de ce grand capitaine, qui mourut à Turin au mois de juin 1734, âgé de plus de quatre-vingts ans. Le maréchal de Coigni, qui lui succéda dans le commandement, gagna le 29 juin la bataille de Parme, et le 19 septembre celle de Guastalla. Ces deux journées, si glorieuses pour les armes de France et de Piémont, firent perdre à l'empereur presque tous ses états en Italie. En Allemagne, le maréchal de Berwick fut tué au siége de Philipsbourg le 12 juin 1734. Cette place fut prise le 18 juillet suivant, par d'Asfeld.

(1735.) *Cette guerre dura-t-elle long-temps ?*

Non ; les préliminaires de la paix furent signés à Vienne le 30 octobre, par les soins de Louis XV ; et le traité définitif ne le fut qu'en 1738. Il fut convenu que Stanislas abdiquerait la couronne de Pologne, en conservant le titre de roi, et qu'il serait mis en possession des duchés de Lorraine et de Bar, pour être réunis à la France après sa mort ; que le duc de Lorraine aurait en échange la Toscane ; que Don Carlos garderait le royaume des Deux-Siciles ; que le roi de Sardaigne aurait Tortone dans le Milanais, et les duchés de Parme et de Plaisance.

(1740.) *Quel événement troubla la paix ?*

La mort de l'empereur Charles VI, arrivée le 20 octobre, dans la 29e. année de son règne. En lui finit la branche masculine d'Autriche, qui occupait le trône impérial sans interruption depuis 1438.

Qui succéda à Charles VI ?

Marie-Thérèse sa fille aînée, à défaut de postérité masculine. Elle associa au gouvernement son époux, François-Etienne de Lorraine, grand-duc de Toscane. Les maisons de Bavière et de Saxe, et le roi d'Espagne s'opposèrent à ce qu'elle prît possession des états héréditaires ; la cour de Turin réclama le

Milanais, et fit ensuite son accommodement; le roi de Prusse revendiqua d'anciens droits sur la Silésie, et, à la tête de trente mille hommes, il fit une irruption subite dans ce duché, dont il se rendit maître. La France soutint l'électeur de Bavière, et de toutes parts on prit les armes. L'Angleterre et la Hollande, d'abord médiatrices, se déclarèrent ensuite pour Marie-Thérèse.

Qu'arriva-t-il en 1741 ?

Le 25 juin l'archiduchesse Marie - Thérèse se fit couronner reine de Hongrie à Presbourg. Les Hongrois, pleins d'un juste enthousiasme pour cette illustre princesse, résolurent de la secourir de toutes leurs forces. Cependant l'électeur de Bavière s'empara de Passaw; et, avec un secours de quarante mille hommes que lui envoya Louis XV, il conquit la Haute-Autriche, et se fit prêter serment de fidélité à Lintz, qui en est la capitale. Le 26 novembre, le comte de Maurice de Saxe, à la tête des Français, se rendit maître de Prague, où les états de Bohême reconnurent pour roi l'électeur de Bavière.

Racontez ce qui s'est passé en 1742 et 1743 ?

Charles Albert, électeur de Bavière, fut élu empereur le 24 janvier 1742, à Francfort-sur-le-Mein, où il fut couronné le 22 février suivant sous le nom de Charles VII. La ville d'Egra (Bohême) se rendit au comte de Saxe le 19 avril. Les Autrichiens étaient entrés dans la Bavière, qu'ils furent obligés d'abandonner; mais, à la fin de l'année, ils y firent une nouvelle invasion, et en furent chassés par le comte de Sckendorff, général de l'empereur. La reine de Hongrie fit sa paix avec le roi de Prusse, à qui elle céda la Silésie, et quelque temps après avec l'électeur de Saxe, roi de Pologne; ainsi la France et la Bavière eurent à soutenir tout le poids de la guerre. Investi par les forces supérieures de l'ennemi, le maréchal de Belle-Isle sortit de Prague, dans la nuit du 16 au 17 décembre, et, par une retraite surprenante qui lui fit le plus grand honneur, il arriva le 26 à Egra, à la tête de l'armée française. La faible garnison qu'il avait laissée à Prague, sous les ordres de Chevert, en sortit le 2 janvier 1743, avec les honneurs de la guerre, et se retira à Egra, qui tomba au pouvoir des Autrichiens.

(1743.) *Reprenez le fil des événemens?*

Le 29 janvier le cardinal de Fleuri, ministre vertueux et économe, mourut à Issy près Paris, à l'âge de 89 ans. On lui a reproché avec raison d'avoir négligé la marine, si florissante sous Louis XIV.

Les Autrichiens se rendirent maîtres de Munich et de toute la Bavière. Dettingen est célèbre par la journée du 13 juin. C'était entre Hirschstein et Dettingen, dans la petite plaine appelée *le Chant du Coq*, que se donna la bataille entre les Français commandés par le maréchal de Noailles, et les alliés par le général anglais comte de Stairs. Le roi d'Angleterre Georges II y était présent. L'action fut opiniâtre : aucun parti ne put s'attribuer la victoire.

Que se passa-t-il en Flandre et en Allemagne?

Louis XV s'étant mis à la tête de l'armée de Flandre, se rendit maître de Menin, d'Ypres et de plusieurs autres places importantes. Les Autrichiens, après avoir forcé le passage du Rhin, entrèrent en Alsace. A cette nouvelle Louis XV, ayant sous ses ordres le maréchal de Noailles, y accourut de Flandre avec un détachement de l'armée, et tomba dangereusement malade à Metz le 8 août : mais il fut entièrement hors de danger le 19 suivant. Aussitôt dans tout le royaume les transports de la joie la plus vive succédèrent à la consternation et à la douleur la plus profonde : c'est d'après les témoignages d'un intérêt si cher que l'on donna à Louis XV le surnom de *Bien-Aimé*.

(1745.) *Qu'y eut-il de remarquable?*

Le 20 janvier mourut à Munich, à l'âge de quarante-huit ans, Charles VII, empereur d'Allemagne et électeur de Bavière; il eut pour successeur dans l'électorat de Bavière son fils Maximilien-Joseph, qui fit son accommodement avec la reine de Hongrie, et observa une stricte neutralité le reste de la guerre.

La bataille de Fontenoi près de Tournai, gagnée le 11 mai par le roi en personne, ayant sous ses ordres le maréchal de Saxe, couvrit de gloire l'armée française; le duc de Cumberland qui commandait l'armée des alliés (Anglais, Autrichiens et Hollandais), y perdit plus de quinze mille hommes. En Piémont les armées combinées de France et d'Espagne remportèrent au passage du Tanaro une victoire sur le roi de Sardaigne et les Autrichiens; elles prirent ensuite Asti, Casal, Valence et plusieurs autres villes. Le 13 septembre, François-Etienne de Lorraine, grand-duc de Toscane, fut élu empereur à Francfort et couronné sous le nom de François Ier.

Qu'arriva-t-il en 1746?

Le plus beau fait d'armes de cette campagne fut la bataille de Raucoux près de Liége, gagnée le 11 octobre par le maréchal de Saxe contre les armées combinées d'Autriche, d'Angleterre et de Hollande, commandées par le prince Charles de Lorraine.

En Italie, les Français perdirent la bataille de Plaisance; les Autrichiens s'emparèrent de Gênes et en enlevèrent les trésors. Ce fut en vain que cette ville chassa ses ennemis; elle eût succombé sous une puissance formidable si Louis XV ne fût venu à son secours, en lui envoyant le maréchal de Richelieu.

Quelle entreprise firent en France les alliés?

Une irruption subite en Provence, d'où ils furent chassés l'année suivante par le maréchal de Belle-Isle. Les Anglais prirent les îles Sainte-Marguerite et Saint-Honorat, qui furent reprises quelques mois après.

Que se passa-t-il dans les Indes Orientales?

La marine française qui avait été négligée, n'était pas en état de résister à la marine anglaise; cepen-

LOUIS XV, 66e. Roi. 18e. siècle. 285

dant de La Bourdonnaye, après avoir battu l'escadre des Anglais, leur prit Madras. Dupleix les força ensuite de lever le siége de Pondichéry.

Quels furent les autres succès des Français ?

(1747.) Le roi fit avancer des troupes en Hollande; elles prirent l'Ecluse, le Sas de Gand, et achevèrent en très-peu de temps la conquête de la Flandre hollandaise. Le 2 juillet, le roi ayant sous ses ordres le maréchal de Saxe, remporta une victoire complète à Lawffelt (pays de Liége) contre les alliés qui étaient commandés par le duc de Cumberland, et qui laissèrent sur le champ de bataille environ dix mille hommes. Le comte de Lowendal, après deux mois de fatigues continuelles, emporta d'assaut, le 16 septembre, la ville de Berg-op-Zoom que l'ennemi regardait comme imprenable par ses fortifications et sa position près de la mer. Pour prix d'une action si glorieuse, il reçut le bâton de maréchal.

(1748.) *Quel événement amena la paix ?*

Le roi l'avait offerte en vain à chaque victoire qu'il avait remportée en Flandre; mais les alliés furent les premiers à la demander, lorsqu'ils virent nos armées victorieuses sous les portes de Maëstricht, qui se rendit le 7 mai.

Où fut signé le traité définitif ?

A Aix-la-Chapelle le 18 octobre. François Ier. fut reconnu empereur; la reine de Hongrie, son épouse, céda les duchés de Parme et de Plaisance à Don Philippe, gendre de Louis XV; le roi de Sardaigne obtint de nouvelles possessions dans le Milanais; le roi de Prusse conserva la Silésie; Don Carlos, infant d'Espagne, resta paisible possesseur du royaume des Deux-Siciles; et Louis XV, en sacrifiant toutes ses conquêtes pour le bien de ses alliés, exigea que le duc de Modène et la république de Gênes fussent rétablis dans tous leurs droits.

(1751.) *Quel établissement fit Louis XV ?*

Celui de l'Ecole-Militaire, en faveur de cinq cents

jeunes gentilshommes dont les pères sans fortune seraient morts au service du roi, ou le serviraient encore dans ses armées. Ce monument, élevé à côté de l'Hôtel des Invalides, présente sous le même coup-d'œil le berceau et le tombeau des guerriers. Louis XV, affligé de l'état de délabrement de l'ancienne église de Ste-Geneviève, posa, en 1764, les fondemens de la nouvelle basilique de ce nom, aujourd'hui l'un des plus beaux monumens de Paris.

Que se passa-t-il en 1755?
Sur mer et dans les colonies, les Anglais attaquèrent les Français sans déclaration de guerre, et perdirent au combat de l'Ohio le général Braddock.

(1756.) *Quel parti prirent les autres puissances?*
On vit d'un côté la Prusse se liguer avec l'Angleterre; et d'un autre l'Autriche, auparavant notre plus cruelle ennemie, s'unir à la France et à l'électeur de Saxe. A la fin de l'année, l'Empire, la Russie et la Suède entrèrent dans la coalition contre la Prusse, où régnait Frédéric-le-Grand.

Quels furent les événemens de la guerre?
Ils furent heureux pour la France. Il y eut sur les côtes d'Espagne, dans la Méditerranée, un combat où de la Galissonnière, commandant de l'escadre française, battit l'escadre anglaise sous les ordres de l'amiral Bing, que sa défaite mit hors d'état de secourir Port-Mahon. Le 28 juin le maréchal de Richelieu se rendit maître de cette place que l'on regardait comme imprenable, et de toute l'île de Minorque que possédait l'Angleterre depuis la guerre de la Succession.

Que se passa-t-il pendant la campagne de 1757?
Le 26 juillet le maréchal d'Estrées tailla en pièces, près de Hastemberg (Hanovre), les Anglais, les Hanovriens et les Hessois, commandés par le duc de Cumberland. Le 5 novembre, le roi de Prusse gagna à Rosback (Saxe) une victoire complète sur le prince de Soubise; le maréchal de Richelieu fut

alors obligé d'abandonner ses conquêtes pour renforcer l'armée française qui venait d'être mise en déroute.

Quel danger courut le roi en 1757 ?

Un fanatique appelé Damien, blessa le roi au côté droit d'un coup de couteau ; il fut arrêté et exécuté.

Que se passa-t-il encore sur le continent ?

Le 23 juillet 1758 le duc de Broglie vengea à Sandershausen, près de Cassel, la déroute de l'armée française à Crevelt ; et le 10 octobre suivant, le prince de Soubise fut vainqueur à Lutzelberg, à l'entrée du pays d'Hanovre. Le 13 avril 1759, le duc de Broglie défit complétement à Berghen, près de Francfort, les Hessois et les Hanovriens commandés par le prince Ferdinand de Brunswick, qui, quelque temps après, tailla en pièces près de Minden (Westphalie), le maréchal de Contades. Le 16 octobre suivant le prince de Brunswick fut battu par le marquis de Castries à la journée de Rhinberg ou de Cloterskamp. Le 21 janvier 1761 fut livrée la bataille de Grunberg, où l'ennemi éprouva un échec qui l'obligea de lever le siége de Cassel.

(1762.) Quelle action termina les hostilités ?

La bataille de Joannisberg, près de Friedberg, gagnée par le prince de Condé. Si le vainqueur ne put réparer les désastres de Rosback et de Minden, ni empêcher la prise de Cassel, il soutint du moins la gloire et la valeur françaises.

Qu'arriva-t-il de glorieux avant le combat de Cloterskamp ?

Au moment où l'armée française était sur le point d'être surprise, le brave chevalier d'Assas, capitaine au régiment d'Auvergne, se dévoua pour son roi et sa patrie. Il s'était à peine engagé dans une reconnaissance que tout-à-coup des grenadiers ennemis s'avancèrent et lui mirent la baïonnette sur le corps, en lui disant : *silence ou tu es mort. A moi, d'Auvergne*, s'écria-t-il, *voilà l'ennemi !* et à l'instant il tomba percé de coups.

Ne faites qu'un seul tableau des événemens sur mer et dans les colonies ?

Malgré l'opiniâtre défense du marquis de Montcalm, les Anglais conquirent en Amérique le Canada qu'ils ont conservé, la Guadeloupe, et la Martinique. Quelques sacrifices que fît la France elle ne put leur empêcher de prendre en Afrique le Fort-Louis et l'île de Gorée ; elle perdit dans les Indes-Orientales, Chandernagor, Surate et Pondichéry. La perte de cette dernière place y anéantit la puissance des Français, et fut le commencement de la prospérité des Anglais dans cette riche contrée. Le traité dit le *Pacte de famille*, qui avait été conclu entre le cabinet de Madrid et celui de Versailles, entraîna l'Espagne dans les malheurs de la guerre, et ne fut point un obstacle aux succès des Anglais.

Quelles tentatives firent les Anglais ?

Ils débarquèrent en 1758 près de St-Malo ; mais, à l'approche des troupes françaises, ils firent une retraite précipitée. S'étant rendus maîtres de Cherbourg, après une descente inopinée, on les contraignit de l'abandonner au bout de quelques jours. Ils échouèrent aussi dans une seconde tentative près de Saint-Malo, et y perdirent environ quatre mille hommes. Les bombes qu'ils lancèrent sur le Hâvre ne causèrent pas un grand dommage. L'amiral anglais Hawke eut l'avantage dans le combat naval livré le 20 novembre 1759 à la hauteur de Belle-Isle.

Où fut signée la paix ?

Elle fut signée à Paris le 10 février 1763. Les conditions furent onéreuses pour la France : elle rendit l'île Minorque, avec toutes ses conquêtes en Hanovre, et céda aux Anglais le Canada avec tous les établissemens de la compagnie des Indes sur le

LOUIS XV, 66e. Roi. 18e. siècle.

Gange; de son côté l'Angleterre nous restitua tous les autres pays dont elle s'était emparée.

Quels établissemens fit Louis XV?

Il institua l'ordre du Mérite Militaire en faveur des officiers étrangers qui font profession de la religion protestante, et établit la petite poste, qui ne commença son service qu'en 1760.

En 1768, le roi fixa le traitement des curés à 500 fr., et celui des vicaires à 300 fr.

Les Gênois, ne pouvant la réduire, cédèrent à la France l'île de Corse, qui ne fut entièrement soumise qu'en 1769.

(1770.) Le roi envoya une escadre devant Tunis pour sommer le bey de faire réparation des insultes faites au pavillon français. On bombarda Biserte et Suze; et il subit les conditions qui lui furent imposées. Le 16 mai 1770, le dauphin, depuis Louis XVI, épousa l'archiduchesse Marie-Antoinette d'Autriche, née à Vienne le 2 novembre 1755.

En 1771, le roi accorda une haute-paye aux soldats qui avaient servi vingt-quatre ans, et leur permit de porter pour décoration deux épées en sautoir brodées sur un écusson d'étoffe rouge attaché à l'habit. Elle leur tenait lieu de la croix de St-Louis, destinée aux officiers seulement.

Quel accident arriva à Paris en 1772?

Dans la nuit du 29 au 30 décembre, le feu prit à l'Hôtel-Dieu; il fut si violent qu'il éclaira tout Paris pendant plusieurs heures, et ne fut éteint qu'au bout de cinq ou six jours. Beaucoup de malades furent brûlés, plusieurs personnes qui portaient du secours, périrent ou furent blessées. Trois salles de malades furent la proie des flammes, et les dommages évalués à 2 millions.

Quand et à quel âge mourut Louis XV?

Le 10 mai 1774, âgé de 64 ans, après un règne de 59 ans. Son corps fut porté à Saint-Denis.

POSTÉRITÉ DE LOUIS XV.

Il est né du mariage de Louis XV avec Marie-Charlotte-Sophie-Félicité LECZINSKI, huit princesses ; et

Louis, Dauphin de France, le 4 septembre 1729 ; mort à Fontainebleau le 20 décembre 1765, âgé de 36 ans ;

Le duc d'Anjou, mort en bas âge.

Le Dauphin épousa à Versailles, le 23 février 1745, Marie-Thérèse, Infante d'Espagne, morte le 22 juillet 1746, âgée de vingt ans. De ce mariage naquit une Fille.

Il se remaria à Versailles, le 9 février 1747, à Marie-Joséphine DE SAXE. De ce mariage sont nés :

Le duc de Bourgogne, mort le 22 mars 1761 ;

Le duc d'Aquitaine, mort le 22 février 1754 ;

Le duc de Berry, né le 23 août 1754, roi après Louis XV, sous le nom de Louis XVI, mort décapité en 1793 ;

Louis-Stanislas-Xavier, né le 17 novembre 1755, mort roi de France sous le nom de Louis XVIII, le 16 sep, 1824 ;

Charles-Philippe, comte d'Artois, qui occupa le trône sous le nom de Charles X ; né le 9 octobre 1757, marié le 16 novembre 1773, avec Marie-Thérèse DE SAVOIE ; veuf le 2 juin 1805 ; mort en novembre 1836 ;

Madame Clotilde DE FRANCE, née le 23 septembre 1759, mariée le 27 août 1775, avec le prince de Piémont ;

Mme. Elisabeth-Philippine-Marie-Hélène DE FRANCE, née le 3 mai 1764.

FAITS CONTEMPORAINS.

Mort de Charles XII, roi de Suède, à Frederiks-Hall (1718).

Etablissement de l'instruction gratuite à Paris (1719).

La Pragmatique-Sanction est adoptée par les provinces d'Autriche en 1719, et dans la suite par presque toutes les puissances. Elle a été faite par l'empereur Charles VI en 1713 pour assurer sa succession à Marie-Thérèse d'Autriche au défaut d'hoirs mâles.

Peste à Marseille qui enlève une partie de la population (1720).

Mort du cardinal Dubois, ministre sous la régence (1723).

Etablissement d'une imprimerie à Constantinople (1726).

Mort de Newton, âgé de 85 ans (1727).

Premières maisons numérotées à Paris (1728).

Envoi par Louis XV d'académiciens au Pérou et en Laponie, pour déterminer la figure de la terre (1735).

Première exposition des tableaux dans la galerie du Louvre (1739).

Fondation de l'Ecole des Ponts et Chaussées (1747)

Adoption du calendrier grégorien en Angleterre en 1751; les Suédois l'ont mis en usage l'année suivante. La Russie seule en Europe suit aujourd'hui l'ancien Calendrier.

Premier paratonnerre placé sur la machine de Marly (1752).

Louis XV ordonne de faire les grandes cartes de la France, levées géométriquement par Cassini. Elles doivent être au nombre de 173 feuilles de grand-aigle sur une échelle d'une ligne pour cent toises (1756).

Ordres de Chevalerie.

Création de l'ordre de la Fidélité en Danemarck pour les seigneurs et les dames (1723).

Institution de l'ordre de Saint-Henri en Pologne (1736).

L'ordre de Saint-Janvier est créé à Naples (1738).

Le roi de Suède renouvelle les ordres de chevalerie des Séraphins, de l'Epée et de l'Etoile du Nord (1748).

Institution de l'ordre des chevaliers militaires de Marie-Thérèse par l'impératrice-reine (1757).

292 LOUIS XVI, 67ᵉ. Roi. 18ᵉ. siècle.

3ᵉ Dynastie. — CAPÉTIENS, Vᵉ. BRANCHE, dite des BOURBONS.

LOUIS XVI.

Minùs indulgens, magis rex.

Louis ne sut qu'aimer, pardonner et mourir :
Il aurait su régner s'il avait su punir. Delille.

LOUIS XVI, 67ᵉ. ROI.

Fils de Louis Dauphin, et de Marie-Joséphine de Saxe.

Monte sur le trône en 1774, âgé de 20 ans, règne 18 à 19 ans; meurt en 1793, à l'âge de 38 ans et demi.

Quand *Louis XVI parvint-il à la couronne*
Le 10 mai 1774. Il signala le commencement de son règne par des actes de bonté : il fit disparaître les restes de servitude dans ses domaines, supprima les corvées; abolit la forme cruelle de la question préparatoire, réforma lui-même sa propre maison pour mettre de l'économie dans les finances, et fit plusieurs établissemens en faveur des malades et des indigens.
(1775.) *Où fut sacré le roi?*
A Reims, le 11 juin, par M. de la Roche-Aimon.
Le 6 août 1775, la comtesse d'Artois accoucha d'un fils qu'on nomma *duc d'Angoulême*.
Le prince de Conti mourut le 2 août 1776, à 59 ans.
(1777.) L'empereur d'Allemagne Joseph II vint visiter la France.
(1778.) *Quel fut le premier enfant de la reine?*
Madame Royale, *Marie-Thérèse-Charlotte*, aujourd'hui duchesse d'Angoulême, née le 19 décembre 1778. — Le 24 janvier de la même année, la comtesse d'Artois donna le jour à un prince qui fut nommé *Charles-Ferdinand*, duc de Berry.
Quel événement troubla la paix de la France?
L'indépendance des Etats - Unis, déclarée dans un congrès général, le 4 juillet 1776; c'est ainsi que furent nommées les treize provinces d'Amérique qui

se liguèrent contre les Anglais. Le 6 février 1778, fut signé à Paris un traité d'alliance et de commerce avec les États-Unis : dès-lors la guerre s'alluma entre la France et l'Angleterre.

Rapportez-en les événemens remarquables ?

Le marquis de Bouillé se distingua par la prise des îles de Tabago, de St-Eustache et de St-Christophe. Le comte d'Estaing, le bailli de Suffren, le marquis de Lafayette et la Mothe-Piquet se rendirent redoutables aux Anglais. La marine fut mise sur un pied respectable. Les armées combinées de France et des États-Unis eurent un avantage signalé sur le général anglais lord Cornwallis, qui fut fait prisonnier dans New-Yorck avec toute son armée. Les troupes des Américains, sous le commandement de Washington, déployèrent avec succès les plus grands efforts. Il y avait environ cinq ans que duraient les hostilités lorsque les négociations furent entamées. Le traité définitif de paix fut signé à Versailles le 3 septembre 1783 : l'indépendance des États-Unis fut une perte pour l'Angleterre.

Qu'arriva-t-il dans l'intérieur ?

Le 8 juin 1781, le théâtre de l'Opéra, situé au Palais-Royal, fut consumé par les flammes.

(1782.) Le 3 mars, Madame *Sophie* de France, tante du roi, termina sa carrière. Le grand-duc et la grande-duchesse de Russie visitèrent Paris le 18 mai.

Le 27 mars, la reine donna naissance à *Louis-Charles*, duc de Normandie (Louis XVII).

Quel nouveau port fut établi ?

Celui de Cherbourg ; le roi alla le visiter en 1786. C'est un des plus sûrs et des meilleurs de l'Europe.

Quelle était la situation du royaume ?

Il y avait le plus grand désordre dans les finances ; mais Louis XVI y était étranger. Les emprunts ne pouvaient que l'augmenter, et les économies étaient insuffisantes ; cependant il fallait promptement trouver des moyens pour faire face aux dépenses.

ASSEMBLÉE DES NOTABLES.

(1787.) *Quel fut le plan de M. de Calonne ?*
Il fit convoquer à Versailles une assemblée des notables, et y proposa l'impôt sur le timbre, et une imposition sur les immeubles sans distinction. Le ministre lutta en vain contre l'opiniâtreté des privilégiés; et, voyant sa disgrâce prochaine, il quitta sa place, et crut devoir se retirer en Angleterre pour sa sûreté. Louis XVI le remplaça par M. de Loménie-Brienne qui, après avoir blâmé le plan de son prédécesseur, fut obligé d'y avoir recours. Le 19 novembre 1787, le roi tint un lit-de-justice pour l'enregistrement de l'édit portant création d'un impôt sur le timbre et d'une subvention territoriale. Le Parlement refusa de l'enregistrer.

1788. *Que fit le ministre dans ces conjonctures?*
Il prit ses mesures pour l'établissement d'une cour-plénière; mais le Parlement, menacé de perdre sa prépondérance, demanda ouvertement la convocation des états-généraux comme seuls compétens pour établir de nouveaux impôts. M. de Brienne, qui venait d'échouer dans son entreprise, donna sa démission, se retira à Rome, où il reçut le chapeau de cardinal : il eut Necker pour successeur, qui présenta l'édit pour la convocation des états-généraux. Le 8 octobre il se tint à Versailles une assemblée des notables pour en régler le mode; mais elle fut dissoute après deux mois d'un travail inutile. Le 27 décembre suivant, sur le rapport de Necker, il fut décidé qu'ils se tiendraient à Versailles avant la fin d'avril 1789.

(1789.) *N'y eut-il pas quelque trouble à Paris?*
Le 28 avril on pilla la manufacture de Réveillon au faubourg St-Antoine, et on en brûla les débris dans les rues.

ÉTATS-GÉNÉRAUX.

(1789.) *Quand s'ouvrirent les états-généraux?*
Le 5 mai. Ils étaient composés des députés des

LOUIS XVI, 67ᵉ. Roi. 18ᵉ. siècle.

trois ordres; on distinguait alors en France, le clergé, la noblesse et le tiers-état.

ASSEMBLÉE CONSTITUANTE.
(Du 5 mai 1789 au 1ᵉʳ octobre 1791.)

Comment se conduisit le tiers-état ?

Il se constitua en assemblée nationale, le 17 juin. La salle des séances fut fermée le 20, par ordre du roi; mais les députés se rendirent au jeu de Paume sous la présidence de Bailly. Il y eut le 23 une Séance royale, où le roi ordonna aux députés de se rendre dans la chambre affectée à chaque ordre; mais ils n'y obtempérèrent point.

Que se passa-t-il après le 27 juin ?

Le roi retira le portefeuille à M? Necker, qui lui paraissait dangereux, et lui ordonna de quitter le royaume dans les vingt-quatre heures. Aussitôt que cette nouvelle fut répandue, il se forma bientôt des attroupemens qui amenèrent l'insurrection qui éclata à Paris le 14 juillet 1789.

Racontez les événemens de cette journée ?

L'hôtel des Invalides fut investi, on y prit les armes et les canons; on sonna le tocsin, on battit la générale, et le peuple se précipita en foule vers la Bastille, dont il se rendit maître. M. Delaunay, qui en était gouverneur, y périt; M. de Flesselles, prévôt des marchands, fut tué d'un coup de pistolet.

Quelles en furent les suites ?

Le comte d'Artois, depuis *Charles X*, dont les jours étaient en danger, quitta le royaume. Le 22 juillet, M. Foulon, désigné pour être ministre, et Berthier son gendre, intendant de Paris, furent massacrés. Les circonstances avaient forcé Louis XVI de rappeler Necker, qui revint en triomphe à Paris.

Que se passa-t-il le 5 octobre ?

Un attroupement considérable enfonça les portes de l'Hôtel-de-Ville pour s'emparer des armes qui s'y trouvaient, et se dirigea ensuite sur Versailles, d'où le roi fut ramené le lendemain.

Comment se termina l'année 1789?

Le 19 octobre 1789, l'assemblée nationale tint sa première séance à Paris. La France fut divisée en départemens. Le 2 novembre, tous les biens du clergé furent mis à la disposition de la nation; et le 17 suivant fut décrétée la première création du papier-monnaie, nommé *assignats*.

Que se passa-t-il en 1790?

L'assemblée nationale supprima les vœux monastiques, et ôta au roi le droit de paix et de guerre. Le 19 juin, elle abolit la noblesse, les ordres, les titres honorifiques, les armoiries, et établit la constitution civile du clergé. Necker se retira en Suisse.

Rapportez les premiers événemens de 1791?

Les Parlemens furent supprimés, et il se forma des sociétés connues sous le nom de *Clubs*. Le 3 mars, l'assemblée décréta que l'argenterie des églises serait transportée aux hôtels des Monnaies. Le 3 avril, la nouvelle église de Ste-Geneviève fut destinée à recevoir les cendres des grands hommes, et prit le nom de Panthéon.

Quelle était alors la position de Louis XVI?

De plus en plus affligeante : réduit à un délaissement pénible par l'émigration d'une partie de la noblesse et du clergé, abreuvé d'amertume, en butte à toutes les persécutions, accusé de tous les maux, et craignant pour ses jours, il sortit secrètement de Paris dans la nuit du 20 au 21 juin 1791, accompagné de sa famille, et prit la route de la Lorraine; il arriva sans obstacle jusqu'à Varennes, où il eut le malheur d'être arrêté. Le 22, *Monsieur*, depuis Louis XVIII, quitta aussi la capitale, et prit la route des Pays-Bas.

Qu'arriva-t-il après l'arrestation du Roi?

Il fut ramené à Paris; ses pouvoirs furent suspendus jusqu'au 14 septembre, qu'il accepta la constitution; le 30 suivant l'assemblée nationale termina ses séances; et le 1er. octobre, l'assemblée législative la remplaça.

ASSEMBLÉE LÉGISLATIVE.
(Du 1ᵉʳ octobre 1791 au 21 septembre 1792.)

(1792.) *Revenez aux agitations de l'intérieur ?*

Le 20 janvier et les jours suivans, les boutiques des épiciers furent pillées sous prétexte d'accaparement. L'assemblée législative avait lancé des décrets terribles contre les princes du sang et les émigrés, dont les biens furent confisqués au profit de la nation. Le roi apposa son *veto* à ces décrets, c'est-à-dire en empêcha l'exécution par ce seul mot *veto*, je défends. On avait adopté cette formule dans la constitution pour exprimer le refus du prince.

Que firent les puissances étrangères ?

Elles avaient formé une coalition contre la France. Le 20 avril la guerre fut déclarée à l'empereur, et les premières hostilités commencèrent aux environs de Tournai.

Racontez ce qui s'est passé le 20 juin 1792 ?

Un attroupement considérable, armé de piques, de haches, et traînant des canons, se porta au château des Tuileries. Louis, sans s'effrayer, fit ouvrir les portes de son appartement ; ses raisons apaisèrent, et l'on se retira après avoir mis sur la tête du monarque le bonnet rouge, dit *de la liberté*.

Quel événement mit fin à la royauté ?

L'attaque et la prise du château des Tuileries, le 10 août, sur le bruit répandu la veille de la fuite du roi.

Quelles furent les suites du 10 août ?

Le roi fut suspendu de ses pouvoirs, et transféré le 13 au Temple avec toute sa famille. Ce fut le 11 que furent abattues les statues des rois : celle du bon Henri IV, devant laquelle on forçait les passans de se prosterner en 1790, ne fut même pas épargnée.

Qu'arriva-t-il le 2 septembre ?

Le massacre dans les prisons et dans les rues, qui dura quatre jours ; il y périt plus de quatre mille

LOUIS XVI, 67e. Roi. 18e. siècle.

personnes. C'est dans ces scènes d'horreur que fut mutilée et déchirée la princesse de Lamballe, dont des forcenés promenèrent la tête et le cœur au bout d'une pique. De pareils massacres eurent lieu à Lyon, à Reims, à Meaux et à Versailles.

(1792.) *Que se passa-t-il aux armées ?*
Les Prussiens prirent Longwy, Verdun; assiégèrent Lille, et pénétrèrent dans la Champagne L'alarme se répandit alors dans la capitale, l'on y organisa aussitôt de nombreux bataillons, qui forcèrent les ennemis d'évacuer le territoire français; et tandis que le général Custine s'emparait du Palatinat, on prenait la Savoie et Nice.

CONVENTION NATIONALE.
RÉPUBLIQUE FRANÇAISE.

Quel jour s'installa la convention nationale ?
Le 21 septembre 1792, sous la présidence de Pétion. Dans sa première séance elle abolit la royauté et proclama la république. Quelque temps après, elle proscrivit les titres de *monsieur* et de *madame*, auxquels elle substitua ceux de *citoyen* et de *citoyenne*. Elle ordonna ensuite que le roi serait appelé Louis-Capet.

Quelle bataille fut gagnée sur les Autrichiens ?
Celle de Jemmappes, commandée par Dumouriez, ayant sous ses ordres le général d'Harville et le duc de Chartres (aujourd'hui roi), qui rendit les Français maîtres de la Belgique. Cette même année la Savoie fut réunie à la France, et prit le nom de département du Mont-Blanc.

Racontez les faits d'armes de la fin de 1792 ?
Les généraux Labourdonnaie, Valence, Lamarlière, s'emparent, en novembre, de Tournai, Gand, Charleroi, Bruxelles, Ostende, Malines, Ypres, Furnes, Bruges, Anvers, Tirlemont et Liége; et en décembre, de tout le pays entre Saare et Moselle.

LOUIS XVI, 67ᵉ. Roi. 18ᵉ. siècle.

(1792.) Que devint Louis XVI?

Un décret du 3 décembre décida qu'il serait jugé par la Convention. Le Roi comparut à la barre le 26, accompagné de Malesherbes, Desèze et Tronchet.

Qu'arriva-t-il ensuite?

(1793.) Après plusieurs jours de discussion, la sentence de mort fut prononcée le 17 janvier contre Louis XVI, à la faible majorité de cinq voix. Les membres de la Convention qui le jugèrent étaient au nombre de sept cent vingt-un. Ce fut en vain que l'infortuné monarque en appela à la nation; il demanda ensuite un sursis de trois jours qui lui fut refusé. Le dimanche 20 janvier, à deux heures après-midi, le ministre de la justice se présenta chez le roi, et lui fit la lecture de l'arrêt fatal. Louis XVI demanda à voir sa famille librement et sans témoins. Ce fut à huit heures et demie du soir que commença cette douloureuse entrevue : toute la Famille Royale se précipita dans les bras du roi, et un morne silence fit place aux sanglots. Inondé de leurs pleurs et pressé dans leurs bras, le meilleur des pères donna sa bénédiction à ses malheureux enfans. Sur les dix heures, il s'en sépara pour toujours. Il entra dans sa chambre, et ordonna à Cléry, son valet de chambre, de l'éveiller à cinq heures.

Donnez quelques détails sur la mort du roi, le 21 janvier 1793 ?

Il monta à neuf heures du matin dans la voiture du maire de Paris, son confesseur étant auprès de lui et deux officiers de gendarmerie vis-à-vis, sans être abattu, et tout occupé de ses prières jusqu'au lieu du supplice. Le silence qui régnait de toutes parts, peignait la terreur, le deuil et les regrets du peuple. Enfin, arrivé au terme fatal, il monta sur l'échafaud avec une fermeté héroïque, en présence d'une foule immense et d'une garde formidable; il s'avança, et prononça ce peu de mots : *Français, je*

LOUIS XVI, 67e. Roi. 18e. siècle. 301

meurs innocent.... je pardonne à mes ennemis. Je souhaite que ma mort.... Un sinistre roulement de tambour étouffa sa voix et l'empêcha de continuer. A dix heures et dix minutes n'existait plus le fils de tant de rois; il était âgé de 38 ans et demi, et en avait régné près de dix-neuf.

Quelles étaient les qualités de Louis XVI ?

Louis était bon, humain, très-religieux, bon mari, bon père et excellent maître *.

* Nous plaçons le règne de Louis XVII à la suite de celui de Louis XVI, sans anticiper sur les événemens de 1793, que nous reprenons à l'article *République*, page 306.

FAITS CONTEMPORAINS.

Louis XVI pose la première pierre de l'Ecole-de-Médecine à Paris (1774). — La vaccine est importée en France (1776).
Etablissement d'un Mont-de-Piété à Paris (1777). — Indépendance de l'Amérique reconnue par les Anglais (1782).
Ascension de globes aérostatiques par Montgolfier (1783).
Création des assignats par l'Assemblée Nationale (1789).
Louis XVI assiste à la fédération du Champ-de-Mars (1790).
Invention des panoramas par un Ecossais (1790).
Le télégraphe est inventé par Chappe (1791).
Massacre des prisonniers à Paris (2 et 3 septembre 1792).
Mise en usage du système métrique (1793).

302 LOUIS XVII, 68ᵉ. Roi. 18ᵉ. siècle.

3ᵉ. Dynastie. — CAPÉTIENS, Vᵉ. BRANCHE,
dite DES BOURBONS.

LOUIS XVII.

Galliæ spes, in vinculis obiit diem.
Seul, au fond de sa tour, sous l'œil de ses tyrans,
Il languit et périt à la fleur de ses ans.

LOUIS XVII, 68ᵉ. ROI *.

Fils de Louis XVI et de Marie-Antoinette.

Reconnu roi en 1793, âgé de 8 ans ; meurt en 1795, à l'âge de 10 ans.

Quel fut le successeur de Louis XVI ?
Louis-Charles duc de Normandie, son fils, devenu dauphin par la mort de son frère aîné Louis-Joseph-François-Xavier, arrivée à Meudon le 4 juin 1789.

Que fit Monsieur *dans ces circonstances ?*
Il prit le titre de régent pendant la minorité du roi son neveu, et conféra au comte d'Artois celui de lieutenant-général ; il informa ensuite toutes les cours de l'Europe de la fin tragique de Louis XVI, qui reconnurent Louis XVII. Le comte d'Artois se rendit près la cour de Russie en mars 1793.

Faites le portrait du jeune roi ?
Il avait une figure charmante, sa taille était bien dessinée ; on admirait la vivacité de ses mouvemens, son air gracieux, et sa longue et belle chevelure. Il annonçait un esprit juste et toute la bonté de Louis XVI ; il avait l'âme sensible, et était doué d'une intelligence prématurée.

Qui prit soin de son éducation ?
Louis XVI, qui lui donna des leçons d'histoire, de géographie et de langue latine. Cléry lui enseignait l'arithmétique, et lui apprenait à écrire. Il fut confié à la reine et à madame Elisabeth sa tante, après la mort de son père.

Comment fut traitée la Famille Royale ?
Avec une rigueur excessive par les nouveaux com-

(*) Ce prince, nommé roi par les Vendéens et par l'armée de Condé à la mort de son père, en 1793, ne jouit de ce titre que 28 mois 17 jours, étant mort en 1795, à l'âge de 10 ans.

missaires de la Commune. La reine et madame Elisabeth furent accusées d'entretenir des correspondances. Au mois d'avril 1793, on fit en conséquence une visite au Temple, et sans pitié on arracha du lit le jeune prince pendant son sommeil. Dès-lors tout espoir fut perdu, toute consolation fut évanouie, et les mesures les plus vexatoires mirent le comble aux malheurs de la Famille Royale.

Louis XVII fut séparé de sa mère le 3 juillet, en vertu d'un arrêté du comité de Salut public.

La reine resta-t-elle long-temps au Temple ?

Non : le 2 août, à 2 heures du matin, on vint lui notifier le décret qui ordonnait sa translation à la Conciergerie. Madame Royale et madame Elisabeth demandèrent à la suivre et ne furent point écoutées.

Comment y fut traitée la reine ?

Elle fut renfermée dans une chambre regardée comme la plus malsaine de la prison, sous la surveillance d'un gardien chargé des travaux les plus sales, qui veillait nuit et jour auprès d'elle. Pendant qu'elle reposait sur un méchant lit de sangle, elle n'en était séparée que par un paravent en lambeaux. Reine, fille et sœur d'empereur, elle manquait souvent de souliers, et n'avait d'autre vêtement qu'une mauvaise robe noire qu'elle était obligée de raccommoder tous les jours, pour ne pas être nue.

Lui fut-il accordé des défenseurs ?

Oui, MM. Chauveau-Lagarde et Tronçon-Ducoudrai acceptèrent une mission si dangereuse, quoiqu'ils fussent bien persuadés qu'ils ne parviendraient jamais à la sauver, malgré la fausseté des crimes allégués contre la reine. En effet, elle fut condamnée le 16 octobre 1793, et conduite le même jour au supplice sur une charrette, les mains liées derrière le dos, et assaillie pendant tout le trajet par les injures les plus grossières.

Que devint madame Elisabeth ?

Elle ne fut pas plutôt renfermée dans la Conciergerie qu'elle y subit un interrogatoire secret. Le lendemain elle comparut devant le tribunal révolutionnaire, où elle fut condamnée à mort. Elle avait entendu son acte d'accusation, tissu d'impostures, sans éprouver le moindre trouble ; ce fut avec le même calme qu'elle entendit son arrêt de mort. Elle tomba sous la hache le 10 mai 1794, âgée de 30 ans.

Où Louis XVII mourut-il ?

Au Temple, le 8 juin 1795, âgé de dix ans deux mois douze jours. Son corps fut transporté sans aucune cérémonie au cimetière de Sainte-Marguerite, faubourg Saint-Antoine.

Que fit alors le prince de Condé ?

Le 4 juillet 1795 il annonça cet événement à son armée par une proclamation qui se termine par ces paroles : « Messieurs, le roi Louis XVII est mort ; vive le roi Louis XVIII ! »

FAITS CONTEMPORAINS.

Voyage de Van-Couver aux côtes occidentales de l'Amérique (1793).

C'est dans les mois d'avril, mai, juin et juillet de cette année qu'ont lieu les assassinats ordonnés par les tribunaux révolutionnaires de Paris, d'Arras, Avignon et d'autres villes, où l'on envoyait par charretées à l'échafaud, les personnes les plus recommandables par leur savoir (1794).

Mort de Robespierre sur l'échafaud, qui met fin au régime de la terreur le 9 thermidor an II (25 juillet 1794).

Défaite de Kosciusko par les Russes, et prise d'assaut de Varsovie par Suwarow (1794). — Partage de la Pologne entre la Russie, l'Autriche et la Prusse (1795).

Quoique Louis XVIII fût proclamé roi par l'armée de Condé, le 8 juillet 1795, comme il ne revint en France qu'en 1814, après la déchéance de Bonaparte, nous ne ferons dater son règne que de cette époque. Nous allons donc suivre le fil des événemens, sous la République, le Directoire, le Consulat et l'Empire, jusqu'au jour de sa rentrée.

RÉPUBLIQUE FRANÇAISE.
(Du 21 Septembre 1792 au 2 Décembre 1804.)

CONVENTION NATIONALE, suite.
Du 21 Septembre 1792 au 8 Juin 1795.

(1793.) COMMENT *se conduisit la Convention?*
Elle proscrivit, les 31 mai et 2 juin, plusieurs de ses membres ; tout exercice du culte fut interdit ; les édifices publics convertis en prisons. Il fut établi un comité ordonnateur d'assassinats juridiques, appelé comité de salut public, et un tribunal révolutionnaire, pour prononcer sans appel et même en masse l'arrêt de mort des accusés déclarés ennemis de la république. Enfin, les morts furent exhumés de leurs cercueils, et leurs cendres outragées. Emportée par son esprit de bouleversement, et pour ne rien laisser subsister de ce qui avait été jusqu'alors, la Convention décréta une nouvelle ère, dite ère républicaine, qui compte depuis le 20 septembre 1792, et qui a cessé d'être en usage le 1ᵉʳ janvier 1806.

Quels sont les noms des mois républicains ?
Janvier fut appelé Pluviôse ; Février, Ventôse ; Mars, Germinal ; Avril, Floréal ; Mai, Prairial ; Juin, Messidor ; Juillet, Thermidor ; Août, Fructidor ; Septembre, Vendémiaire ; Octobre, Bru-

maire ; Novembre, Frimaire ; Décembre, Nivôse.

Comme les mois étaient tous de trente jours, il y avait cinq jours, qu'on nommait complémentaires ou *Sanculottides*.

Comment chaque mois était-il divisé ?

En trois dixaines. Le 1er jour s'appelait Primidi ; le 2e, Duodi ; le 3e, Tridi ; le 4e, Quartidi ; le 5e, Quintidi ; le 6e, Sextidi ; le 7e, Septidi ; le 8e, Octidi ; le 9e, Nonidi ; enfin le 10e, Décadi, qui était le jour du repos.

La légende du calendrier fut-elle changée ?

Oui : les noms des Saints furent remplacés par ceux des productions des trois règnes de la nature, telles que Blé, Bœuf, Marbre, etc.

Quelles parties de la France prirent les armes ?

Les départemens de l'Ouest. Cette guerre sanglante où combattaient Français contre Français, est connue sous le nom de guerre de la Vendée. Les chefs royalistes qui y périrent, furent Charrette, Cathelineau, Beauchamp, Lescure, la Roche-Jacquelin et Stofflet, etc.

Lyon soutint avec opiniâtreté toutes les horreurs d'un siége à jamais mémorable. Les assiégeans s'en rendirent maîtres le 9 octobre 1793, et la Convention prononça ce terrible décret : « Lyon sera détruit ; son nom sera effacé des villes de la république, et sur ses murs il sera élevé une colonne avec cette inscription : Lyon fit la guerre à la liberté, Lyon n'est plus. »

Toulon, qui se rendit aux Anglais au nom du roi, fut abandonné le 19 décembre 1793.

Quelle amélioration utile fut faite en 1793 ?

L'uniformité des poids et mesures en France, calculée d'après le système décimal.

Que se passa-t-il aux armées ?

Le 18 mars 1793, le général autrichien prince de Cobourg gagna, dans les Pays-Bas, la bataille de Nerwinde ; les Français perdirent la Belgique.

RÉPUBLIQUE FRANÇAISE. 18e. siècle.

Le 3 avril, le général Dumouriez fit arrêter les commissaires français, et passa le lendemain dans le camp autrichien avec 3,000 hommes. Les Espagnols, qui s'étaient avancés près de Bayonne au commencement de mai, obtinrent divers avantages. Le 25, les Autrichiens enlevèrent le camp des Français à Famars. Le même mois, l'amiral anglais Howe défit la flotte française, et se rendit maître de six vaisseaux, après un combat opiniâtre.

Le 8 septembre fut gagnée par les Français la bataille de Honds-Koote près de Dunkerque; les Anglais étaient commandés par le duc d'Yorck, et les Français par le général Houchard.

(1794.) Le général Jourdan gagna la mémorable bataille de Fleurus, dans laquelle les alliés perdirent dix mille hommes. Les Français reprirent la Belgique. L'année suivante, Pichegru fit la conquête de la Hollande.

Quand fut délivrée la France de Robespierre?

Le 9 thermidor an II (27 juillet 1794). Cet homme, qui inonda la France de sang, et dont l'ambition sacrifia tous les conventionnels qui lui portaient ombrage, tomba lui-même sous l'instrument de mort dont il avait établi la permanence.

Combien la république comptait-elle d'armées?

Quatorze, composées des Français de 18 à 25 ans, formant ensemble 7 à 8 cent mille hommes.

Quelle paix fut conclue le 5 avril 1795?

Celle avec le roi de Prusse. La France fit un traité d'alliance avec la république Batave.

Qu'arriva-t-il à Quiberon en 1795?

Plus de cinq cents émigrés Français, qui s'étaient rendus par capitulation, périrent le 12 juillet, par ordre du conventionnel envoyé dans cette ville.

Quelle était la situation de la France?

Elle fut affligée d'une affreuse disette par les accaparemens et par le discrédit du papier-monnaie multiplié à l'infini.

Quels pays furent réunis à la France en 1795 ?

La Belgique, le pays de Liége et le Luxembourg; on les forma en départemens : des Deux-Nèthes, de la Dyle, de la Lys, de l'Escaut, de Jemmapes, de Sambre et Meuse, de la Meuse-Inférieure, de l'Ourthe, et des Forêts.

Que se passa-t-il le 5 octobre 1795 ?

Le peuple de Paris, lassé d'une assemblée à laquelle il crut avoir de grands reproches à faire, s'avança en armes sur la Convention, pour la dissoudre; mais il fut repoussé par la force, et on eut à regretter la perte d'un grand nombre de citoyens.

Quand disparut la Convention ?

Le 26 octobre 1795, après avoir tyrannisé la France pendant plus de trois ans. Deux jours après s'ouvrit le nouveau corps législatif, divisé en deux conseils, l'un des *Anciens*, et l'autre des *Cinq Cents*. Le 4 novembre suivant fut installé le pouvoir exécutif appelé *Directoire*, composé de cinq membres.

DIRECTOIRE EXÉCUTIF.

Du 8 Juin 1795, jusqu'au 13 Décembre 1799.

Quelle fut la gestion du directoire ?

Les recettes se firent avec désordre; elles furent au-dessous des dépenses, et en peu de temps le trésor fut épuisé. Les assignats, qui s'élevaient à une somme exorbitante, n'avaient plus de valeur; on eut recours à des emprunts forcés. Les fabriques s'anéantissaient de jour en jour; il n'y avait plus de commerce, et le peu de vaisseaux qui nous restaient pourrissaient dans nos ports; on manquait de fonds pour les armées, qui n'avaient ni vivres, ni habillemens. La divergence des opinions amena bientôt une scission entre le directoire et le corps législatif.

Quel échange eut lieu le 19 décembre 1795 ?

La fille de Louis XVI fut rendue à sa famille contre les cinq commissaires de la convention prisonniers en Autriche. Cette princesse se retira en

Autriche, et suivit sa famille à Mittaw. Ce fut dans cette ville que fut célébré son mariage avec le duc d'Angoulême.

(1796.) *Quel général parut à la tête des armées ?*
Bonaparte, chargé du commandement en chef de l'armée d'Italie. Il gagna, le 11 avril, sur les Autrichiens et les Piémontais, la bataille de Montenotte, qui fut suivie de la paix de Paris entre la France et la Sardaigne, et de la cession de la Savoie réunie à la France.

Quand fut gagnée la bataille de Castiglione ?
Le 3 août, Bonaparte, ayant sous ses ordres Augereau, Masséna et Serrurier, gagna la bataille de Castiglione, où vingt mille Autrichiens restèrent sur le champ de bataille.

Quelle belle retraite eut lieu le 10 septembre ?
Celle de l'armée du Rhin et de la Moselle, où Moreau traversa la Forêt-Noire au milieu du feu de mille pièces de canon.

Quelles batailles livrèrent nos armées ?
Celles de Millesimo, de Dego, de Ceva, de Mondovi, de Lodi, de Renchen, de Rastadt, d'Etlingen, de Lotano, de Neresheim, de Friedberg, où les Autrichiens furent complètement défaits ; de Roveredo, de Bassano, de Saint-Georges et d'Arcole, gagnées sur les Autrichiens.

Qu'arriva-t-il en 1797 ?
Le directoire fit introduire dans la nuit les troupes qui étaient casernées aux environs de Paris ; elles s'emparèrent, sans coup-férir, de tous les postes. Le lendemain à quatre heures du matin, il fit tirer trois coups de canon sur le Pont-Neuf, et ce fut le signal de l'attaque des Tuileries, où se réunissaient les commissions des deux Conseils. Augereau, qui commandait cette expédition, se dirigea vers la salle de la commission, où furent arrêtés Delarue et Pichegru. Le président du Conseil, Lafont-Ladebat,

fut arrêté dans sa maison, et Murinais dans la rue du Temple. Deux directeurs furent proscrits; Carnot s'enfuit, mais Barthélemy fut pris et déporté. Par suite de cette journée, cinquante-trois représentans et plusieurs autres personnes furent condamnés à la déportation.

Quels furent les faits d'armes de 1797 ?

La sanglante bataille de Rivoli, la prise de Mantoue, celle d'Ancône; la paix de Tolentino entre la république et le pape; sa renonciation à Avignon et au Comtat; la cession du Ferrarais, du Bolonais et de la Romagne; la possession d'Ancône jusqu'à la paix continentale; la bataille et le passage du Tagliamento par les Français, qui s'emparèrent de Trieste huit jours après.

En Allemagne, le passage du Rhin à Strasbourg par le général Moreau.

Quels traités de paix furent conclus ?

Le 5 avril, un traité d'alliance offensive et défensive entre la république et le roi de Sardaigne; un autre entre la France et le Portugal; enfin le traité de paix définitif de Campo-Formio, entre la république et l'empereur, qui nous céda un grand nombre de provinces.

Quel général perdit la vie à Rome ?

(1797.) Le général Duphot, dont l'assassinat fut vengé l'année suivante par le général Berthier, qui fit le pape prisonnier et s'empara de Rome.

Qu'arriva-t-il en 1798 ?

Une armée française entre dans la Suisse, et la république de Genève est réunie à la France.

Une flotte française de quatre cents voiles, commandée par Bonaparte, et dirigée par l'amiral Bruyx, sort du port de Toulon le 19 mai, et fait voile pour Alexandrie, dont elle s'empare le 1er. juillet, ainsi que de Rosette. Les Français arrivent le 22 au Caire, où ils établissent leur quartier-général.

La bataille des Pyramides fut gagnée par Bonaparte le 21 juillet. La flotte française fut entièrement défaite le 1ᵉʳ août au combat d'Aboukir ; l'amiral Bruyx y fut tué, et le vaisseau amiral l'*Orient*, de 120 canons, fut incendié ; dix vaisseaux tombèrent au pouvoir de l'amiral Nelson.

Que se passa-t-il encore d'important ?

La Porte déclara la guerre à la France ; les Français furent attaqués sur le territoire romain par les troupes napolitaines. La république arma aussitôt contre les rois de Naples et de Sardaigne.

Avec quelles puissances eut-on la guerre ?

La France se vit seule en butte aux forces réunies de l'Autriche, de la Russie, de la Toscane, de l'Angleterre, de la Turquie, du Portugal et des États barbaresques.

Nos armées furent-elles toujours victorieuses ?

Non, elles perdirent la bataille de Stockach en Allemagne, et celle de Cassano en Italie, disgrâce qui entraîna la perte de Naples, de Turin et de Mantoue ; mais la plus funeste fut celle de Novi : Joubert et 25 mille Français y perdirent la vie.

Quelles furent nos victoires en Egypte ?

Celles de Mont-Thabor et d'Aboukir, qui ne furent pourtant pas suivies de la prise de Saint-Jean-d'Acre, assiégée inutilement par Bonaparte pendant deux mois. La bataille de Berghen dans la Nord-Hollande, gagnée par le général Brune. Les Austro-Russes sont défaits au combat de Zurich, et forcés d'évacuer la Suisse. La bataille de Castricum est gagnée par le général Brune sur les Anglo-Russes.

Quelle mort remarquable arriva en 1799 ?

Celle de Pie VI, âgé de 82 ans, après avoir porté la tiare pendant vingt-cinq ans. Il fut remplacé en 1800 par Barnabé-Chiaramonti, sous le nom de Pie VII.

RÉPUBLIQUE FRANÇAISE. 19ᵉ siècle.
CONSULAT.
Du 13 Décembre 1799 au 2 Décembre 1804.

Que se passa-t-il à Paris sur la fin de 1799 ?
Bonaparte, après avoir confié le soin de l'armée de l'Egypte aux généraux Kléber et Desaix, revint à Paris, où il fut nommé premier consul ; le rang de second consul fut donné à Cambacérès, et Lebrun obtint cet honneur comme troisième consul.

Racontez les événemens militaires de 1800 ?
La bataille de Marengo, gagnée le 14 juillet par le premier consul ; Desaix est tué à cette sanglante journée ; toute l'Italie est reconquise. Le grand-visir est défait par Kléber auprès d'El-Hanca en Egypte. Le nouveau passage du Rhin par Moreau. La reprise du Caire sur les Ottomans ; l'Egypte est reconquise ; Mourad-Bey, chef des Mamelucks, fait sa soumission à la France. Les batailles d'Engen, de Mæsrich et de Biberach gagnées par Moreau. Le fameux passage du Mont St-Bernard par l'armée de réserve. La victoire complète de Hohenlinden, gagnée sur les Autrichiens par le général Moreau.

Que se passa-t-il outre-mer ?
En Egypte, Kléber, après divers succès, fut assassiné le 14 juin 1800 et remplacé dans le commandement par Menou. Abercombie fut tué dans une bataille qu'il gagna contre les Français près d'Alexandrie. Menou fut obligé d'évacuer l'Egypte en 1801, il ramena en France les débris de l'armée. Ainsi finit cette triste et funeste expédition, dont on s'était promis un parti si avantageux.

Quel danger courut Bonaparte en 1800 ?
Comme il se rendait à l'Opéra, une machine infernale placée sur sa route, dans la rue St-Nicaise, fit une explosion terrible quelques minutes après son passage ; elle tua ou blessa plusieurs personnes, mais les jours du premier consul furent préservés.

Quel changement s'opéra dans l'intérieur ?
Un concordat fut signé au mois de juillet au nom

du Pape, par le cardinal Caprara, pour le rétablissement du culte catholique en France. Il y avait environ huit ans que la religion y souffrait la plus cruelle persécution. Ce concordat fut proclamé le 18 avril 1802, jour de Pâques, et de grandes réjouissances eurent lieu à cette occasion. Bonaparte, accompagné des autorités civiles et militaires, assista au *Te Deum* qu'il fit chanter à la Métropole.

Qu'arriva-t-il ensuite ?

Le 19 mai 1802 fut établie la Légion-d'Honneur, pour récompenser les services civils et militaires.

Toussaint-Louverture, chef des Nègres, et nègre lui-même, qui avait usurpé l'autorité à Saint-Domingue, fut enfin obligé de se soumettre.

La France fut augmentée de six départemens, formés du Piémont et du comté de Nice. Cette même année 1802, Bonaparte fut créé consul à vie.

La paix fut-elle de longue durée ?

Non. La guerre se ralluma entre la France et l'Angleterre en 1803. Le gouvernement français fit arrêter par suite de conspiration tous les Anglais qui étaient en France, et les retint prisonniers dans la ville de Verdun. On prépara une flotte contre l'Angleterre.

Que se passa-t-il à Saint-Domingue ?

Le 30 novembre 1803, les Français, sous les ordres de Rochambeau, évacuèrent l'île St-Domingue, malheureusement cette belle coutrée resta en proie aux fureurs des nègres, qui, sous le commandement de Dessalines, se rendirent maîtres de tout le pays, et massacrèrent un grand nombre de blancs.

Qu'arriva-t-il le 21 mars 1804 ?

Le duc d'Enghien, accusé d'avoir pris part à une conspiration contre le gouvernement français, fut arrêté dans le pays de Bade, conduit à Vincennes, près de Paris, où il fut condamné à mort par une commission militaire, et fut fusillé à l'âge de 32 ans.

Quels personnages furent arrêtés en 1804 comme conspirateurs?

Moreau, qui fut déporté en Amérique; Pichegru, trouvé étranglé dans sa prison; Georges Cadoudal, Lajolais, etc. condamnés à mort et exécutés comme coupables de conspiration contre Bonaparte.

FAITS CONTEMPORAINS.

Prise du cap de Bonne-Espérance par les Anglais (1796).
Mort de Catherine II, impératrice de Russie (1796).
On fait usage de parachutes pour la première fois (1797).
Première exposition des produits de l'industrie (1797).
Etablissement du Musée des antiques (1800).
Pacification de la Vendée (1800).
Etablissement de la banque de France (1800).
Paul Ier, empereur de Russie, meurt assassiné (1801).
Commencement du canal de l'Ourcq (1801).
Création de sénatoreries en France par Bonaparte (1803).
Commencement de l'entrepôt des vins et eaux-de-vie (1803).

316 NAPOLÉON Ier, Empereur. 19e. siècle.

FAMILLE IMPÉRIALE.

NAPOLÉON Ier, Empereur.

Fortuna bonorum, uti initium, sic finis est.

La gloire de mon règne étonna l'univers:
Après tant de combats, je péris dans les fers.

NAPOLÉON I*er*, EMPEREUR.

Monte sur le trône le 2 décembre 1804, âgé de 34 ans; règne 10 ans; déchu le 2 avril 1814; meurt en 1821, à 51 ans.

Q*uand et sous quel nom fut-il couronné ?*
Il reçut du pape Pie VII la couronne le 2 décembre 1804, à l'âge de 34 ans, dans l'église de Notre-Dame de Paris, et prit le nom de Napoléon I*er*; il établit l'hérédité impériale dans sa famille. Il fut couronné roi d'Italie à Milan le 20 mars 1805.

Quels changemens eurent lieu en 1805?
La réunion de la Ligurie à l'empire français, en trois départemens; de Gênes, des Apennins et de Montenotte. La mise en usage du calendrier grégorien, à compter du 11 nivôse (1*er* janvier 1806.)

Quels furent les premiers succès de la guerre contre l'Autriche, la Prusse et la Russie en 1805?
Murat, soutenu par Lannes et Oudinot, défait les Autrichiens à Wertingen sur le Danube; Soult et St-Hilaire prennent Augsbourg; Ney gagne sur l'Autriche le combat de Guntzbourg; Napoléon prend Ulm et fait évacuer la Bavière aux Autrichiens; 27000 hommes y mettent bas les armes.

De quels hauts faits ceux-ci furent-ils suivis ?
De l'entrée des Français dans Vienne, après le fameux combat de Diernstein, où 4000 Français, attaqués par 30000 Russes, gardèrent leurs positions; le combat de Bassano, où Saint-Cyr fit 6000 prisonniers; enfin la fameuse bataille d'Austerlitz (Autriche), livrée le 2 décembre entre les trois empereurs. L'armée austro-russe, commandée par les empereurs d'Autriche et de Russie, est presqu'entièrement détruite par les Français sous les ordres de Napoléon. L'empereur d'Autriche se rend au bivouac de ce dernier pour y demander la paix.

Où et quand fut-elle signée ?

A Presbourg, le 26 décembre. D'après ce traité, les électeurs de Bavière et de Wurtemberg prirent le titre de rois ; la Confédération germanique fut dissoute ; l'Autriche perdit les états de Venise, et céda le Tyrol à la Bavière.

Quel combat fut livré cette même année ?

Le 21 octobre, le sanglant combat naval de Trafalgar, près de Cadix : les flottes réunies de France et d'Espagne perdirent dix-neuf vaisseaux ; l'amiral français Villeneuve fut fait prisonnier, et l'amiral espagnol Gravina grièvement blessé ; les Anglais, qui eurent tout l'avantage, perdirent l'amiral Nelson.

(1806). *Quels événemens suivirent la paix de Presbourg ?*

Joseph Bonaparte, destiné au trône des Deux-Siciles, fit son entrée à Naples en avril 1806. (Ferdinand IV avait quitté sa capitale pour se retirer en Sicile). Le prince Eugène fut reconnu vice-roi d'Italie ; le prince Murat fut nommé grand-duc de Berg et de Clèves ; et Louis Bonaparte proclamé roi de Hollande. Napoléon établit la Confédération du Rhin ; et, comme protecteur, il devint le maître de la plus grande partie de l'Allemagne.

Que se passa-t-il à l'intérieur ?

Un décret rendit l'église St-Denis à la sépulture des rois.

Sur qui fut gagnée la bataille d'Iéna ?

Sur les Prussiens, commandés par le roi de Prusse ayant sous ses ordres le duc de Brunswick et le maréchal de Mollendorf. Napoléon défit entièrement leur armée le 14 octobre 1806.

Comment fut terminée l'année 1806 ?

Un décret déclara les îles Britanniques en état de blocus : Murat entra à Varsovie.

Quelles victoires furent remportées en 1807 ?

Jérôme Bonaparte s'empara de Breslau le 8 février. A la bataille d'Eylau, les armées russe et prussienne furent complètement défaits par Napoléon,

Soult, Augereau, Ney et Bessières. Cette victoire fut suivie de celles de Friedland, de Dantzick, et amenèrent une entrevue entre les empereurs des Français, de Russie, et le roi de Prusse, sur le Niémen, le 26 juin; et ensuite la paix de Tilsitt, où la Prusse perdit à peu près la moitié de ses états. De ces débris et de la Hesse fut formé le royaume de Westphalie, en faveur de Jérôme Bonaparte; et la plus grande partie de la Pologne prussienne fut donnée, sous le nom de grand-duché de Varsovie, à l'électeur de Saxe qui prit le titre de roi.

Sur la fin de 1807, Junot s'empara de tout le Portugal sans combat.

Quelle nouvelle invasion eut lieu en 1808?

L'entrée des Français dans Madrid, sous les ordres du grand-duc de Berg. C'est à cette époque que le roi d'Espagne, Charles IV, fut reçu à Bayonne par Napoléon, qui retenait prisonnier Ferdinand VII, monté sur le trône au préjudice de son père. Le trône d'Espagne fut donné à Joseph Bonaparte, qui occupait celui de Naples; mais il fut forcé de le quitter quelque temps après.

Quel combat fut livré en 1808?

Celui de Vincera, où les Anglais furent obligés de rétrograder jusqu'au bord de la mer. Les Français évacuèrent néanmoins le Portugal la même année.

L'année 1809 commença par la prise de Saragosse.

Quelle guerre se ralluma de nouveau?

Celle entre la France et l'Autriche. Elle fut suivie de la bataille de Tann, de celle d'Abensberg; de la prise de Landshut, de la bataille d'Eckmühl, où les Autrichiens furent complètement défaits par Napoléon; de la prise de Ratisbonne par Montebello, et de l'entrée des Français à Vienne.

Quels sont les autres faits d'armes?

La bataille d'Essling, où le duc de Montebello fut frappé mortellement; celle de Wagram, remportée les 5, 6 et 7 juillet par Napoléon sur la grande armée autrichienne sous les ordres de l'archiduc

Charles ; le duc d'Istrie fut blessé, et le général Lasalle tué dans cette bataille mémorable.

Les Autrichiens furent obligés de signer la paix le 11 octobre 1809.

Pourquoi l'empereur fut-il excommunié ?

Parce qu'il avait réuni à la France les Etats du Pape. Pie VII fut arrêté dans son palais à Rome, d'où il fut conduit à Savonne, et ensuite à Fontainebleau, où il fut entouré de soins et d'égards. Ce ne fut qu'en 1814 qu'il retourna dans ses Etats.

Quelle bataille eut lieu en Espagne le 21 juillet ?

Celle de Talavera de la Reyna, gagnée par quarante mille Français sur quatre-vingt mille Anglais aux ordres du général Wellesley, depuis Wellington, réunis aux insurgés de la Brenta.

Par quel événement fut terminé l'an 1809 ?

Par le divorce de Napoléon avec Joséphine. Il se remaria en 1810 avec Marie-Louise, fille de l'empereur d'Autriche.

Quels établissemens utiles furent créés en 1809 ?

Les maisons d'Ecouen et de Saint-Denis, destinées à l'éducation des demoiselles filles de membres de la Légion-d'Honneur.

La France accrut son territoire en 1809 du reste des pays situés sur la rive gauche du Rhin, qui fut réuni à l'Empire. Le Valais forma aussi le département du Simplon.

Quelle naissance eut lieu en mars 1811 ?

Celle du duc de Reischtadt, fils de Napoléon.

Que fit-on d'important cette même année ?

Un traité d'alliance entre la France et l'Autriche, par lequel ces deux puissances se garantirent des secours mutuels contre la Russie. Napoléon ayant fait des levées en Bavière, dans le Wurtemberg, en Westphalie, en Italie fit passer de nombreuses troupes en Prusse et en Pologne, et retira de l'Espagne et du Portugal ses vieux soldats, qu'il remplaça par de nouvelles levées de conscrits.

NAPOLÉON I ᵉʳ, Empereur. 19ᵉ. siècle. 321

(1812.) Les Russes taillèrent en pièces neuf régimens de cavalerie française au combat de Mohilow, le 22 juillet. Le général Nansouty défit à son tour les Russes à Ostrownow, le 25 du même mois.

Racontez la suite des événemens ?

La bataille de Smolensk, gagnée par Napoléon, laissa en son pouvoir une ville incendiée. La bataille de la Moskowa est encore gagnée le 7 septembre par le maréchal Ney ; quatre-vingt mille hommes, tant Russes que Français, furent tués dans cette terrible journée, où chaque armée s'attribua l'honneur de la victoire ; mais les Russes, quoique dispersés, et forcés de se retirer avec une grande perte, opèrent leur retraite et ne laissent derrière eux qu'un vaste désert. Les Français les poursuivent jusqu'à Moscou ; à leur approche, les Russes y mettent le feu, et notre armée entre le 14 septembre 1812 dans cette ville sans habitans et au milieu des ruines qu'éclairait encore l'incendie.

Comment notre armée fut-elle ensuite réduite ?

L'armée vit bientôt intercepter ses communications. La disette des vivres et des fourrages, et le froid déjà rigoureux, firent périr 30 mille Français dans une seule nuit. Cette armée de braves, si formidable au commencement de la campagne, fut malheureusement réduite, à Wilna, à environ 20 mille hommes, de 580 mille qui la composaient.

Poursuivez le récit des événemens ?

Dans une retraite aussi difficile, une division française s'égara au milieu de la nuit au combat de la Bérésina, et tomba toute entière entre les mains des Russes. Le 5 décembre, Napoléon, demeuré maître du champ de bataille, quitta l'armée, dont il laissa le soin au roi de Naples, et revint à Paris accompagné de Caulincourt. Il obtint du sénat une levée de 300 mille hommes, et plusieurs centaines de millions pour continuer cette guerre.

Qu'arriva-t-il en 1813?

François Ier, empereur d'Autriche, s'unit contre Napoléon avec toutes les puissances de l'Europe. L'armée française eut d'abord de grands avantages en Allemagne : elle gagna la bataille de Lutzen et celle de Dresde, où le général Moreau, qui combattait avec les Russes, fut blessé mortellement ; mais la sanglante journée de Leipsick fut fatale à Napoléon, qui conserva momentanément le champ de bataille en sacrifiant une partie de son armée. Le prince de Poniatowski périt au passage de la Pleiss, ainsi que 12,000 Français.

Quels sont les premiers événemens de 1814?

Napoléon avait à combattre une armée de près d'un million d'hommes, commandés non-seulement par des souverains que ses armes avaient naguères abaissés, mais encore par des parents qui lui devaient de brillantes couronnes. Pour résister à des forces aussi immenses, il appelle sous les drapeaux les conscrits de 1814 et de 1815, met la garde nationale de Paris en activité. Il s'en réserve le commandement ; le maréchal Moncey la commanda en second.

Racontez la suite des événemens jusqu'en 1814?

Les batailles de Champ-Aubert et de Montmirail, où le général russe Saacken est mis en fuite et poursuivi jusqu'à Château-Thierry ; la victoire de Nangis, où les Russes sont défaits et fuient jusqu'au-delà de la Seine ; l'attaque à Reims, où le général russe St-Priest, émigré français, est blessé mortellement ; enfin la bataille de Paris, livrée le 30 mars, où 5,000 Français et 12,000 alliés perdent la vie. La capitulation de cette ville, nouvelle foudroyante pour l'empereur, qui, au premier moment, voulut marcher au secours de sa capitale ; mais il prit le parti d'envoyer le duc de Vicence proposer aux souverains alliés son abdication en faveur de son fils, alors roi de Rome, âgé de trois ans, avec le titre de Napoléon II, sous la régence de sa mère, Marie-Louise, aidée d'un conseil. Ce prince se retira en Autriche après les événemens de 1814, avec le titre de duc de Reichstadt, et il est mort le 22 juillet 1832, dans ce pays qu'il n'avait jamais quitté. Aucune négociation ne fut acceptée ; Paris fut livré aux puissances étrangères. Napoléon avait encore sous ses ordres 50,000 combattans, et pour les commander les maréchaux Moncey, Lefebvre, Berthier, Ney, Macdonald, Oudinot et Mortier.

Que se passa-t-il après leur entrée ?
L'empereur Alexandre déclara, au nom de tous les souverains, qu'il ne traiterait plus avec Napoléon. Le comte d'Artois fit son entrée à Paris le 12 avril, et gouverna jusqu'au retour du roi en qualité de régent.

Où Napoléon fut-il envoyé ?
Dans l'île d'Elbe (île de la Méditerranée sur la côte d'Italie), après avoir été déchu de tout droit à la couronne le 2 avril 1814 par le sénat. Le 6, le même corps décréta une nouvelle constitution par laquelle Louis XVIII fut appelé au trône.

Quels monumens ont été élevés sous ce règne ?
La colonne de la place Vendôme, commencée en 1806 et achevée en 1810 ; cinq abattoirs commencés en 1809 et ouverts en 1818 ; huit marchés commencés en 1811 et ouverts en 1820 ; le canal de St-Denis commencé en 1814 et achevé en 1821 ; les ponts des Arts, d'Austerlitz, de la Cité, d'Iéna ; plusieurs quais, fontaines, et les deux arcs de triomphe du Carrousel et de l'Etoile.

FAITS CONTEMPORAINS.

Dessalines est couronné roi d'Haïti (1804).
Mise en usage du Code civil (1804).
Sténographie adaptée à la langue française (1804).
Mort de Pitt, ministre d'état anglais (1806).
Eugène Beauharnais est adopté pour fils par Napoléon (1806).
Entrevue sur le Niémen de Napoléon et Alexandre (1807).
Rétablissement de l'université de France (1807).
Mise en usage du Code de procédure criminelle (1808).
Charles XIII est proclamé roi de Suède en remplacement de Gustave IV, qui est déposé par la diète (1809).
Mise en usage du Code pénal (1811).

324 LOUIS XVIII, 69e. Roi. 19e. siècle.

3e. Dynastie.— CAPÉTIENS, Ve. BRANCHE,
dite DES BOURBONS.

LOUIS XVIII, DIT LE DÉSIRÉ.

Ubique pax.
Le monde avec la France est réconcilié.
Français, soyez unis : que tout soit oublié !

LOUIS XVIII, 69º. ROI.

Fils de Louis dauphin de France, et de Marie-Joséphine de Saxe.

Proclamé roi en 1795, monte sur le trône en 1814, âgé de 58 ans; règne 10 ans; meurt en 1824 à l'âge de 68 ans.

A quelle *époque monta-t-il sur le trône?*
Le 3 mai 1814, à l'âge de 58 ans. Il avait épousé Louise de Savoie, morte le 13 novembre 1810.
Que fit Louis XVIII le même jour?
Il signa la paix générale. Ce fut le 4 juin, à l'issue de la séance royale, que la chambre des Députés le proclama *Louis-le-Désiré.*
Quel événement étonna la France en 1815?
Napoléon quitte l'île d'Elbe le 1er mars, et débarque à trois heures après-midi dans la rade du golfe de Juan, près de Cannes, département du Var.
Que fait Louis XVIII dans cette circonstance?
Il convoque les deux chambres, enjoint à tous les Français de marcher contre Napoléon, et met sa tête à prix. Napoléon, malgré cette injonction, arrive à Paris le 20 mars, à la tête des troupes envoyées contre lui. C'est cette époque du 20 mars jusqu'au départ de Bonaparte pour Sainte-Hélène, qu'on nomme *Gouvernement des Cent jours.*
Que firent les puissances étrangères?
Elles prirent les armes pour l'exécution du traité de Paris, et confièrent le commandement en chef au général Wellington. Bonaparte se mit à la tête des troupes et les hostilités commencèrent le 15 juin.
Quelles batailles livra-t-il dans ces cent jours?
Celles de Fleurus et de Ligny, gagnées sur les alliés commandés par Wellington et Blücher.
Par quel coup décisif perdit-il le trône?
Par la sanglante bataille de Waterloo ou du

Mont-St-Jean, où les soldats français firent des prodiges de valeur ; mais les alliés restèrent maîtres du champ de bataille, ainsi que du matériel de l'armée. Soit par le défaut de concert des généraux français, ou par la trahison, la perte de cette bataille fit de nouveau perdre la couronne à Napoléon, obligé d'abdiquer une seconde fois, sans que cette abdication fut profitable à son fils.

Que devint Napoléon ?

Il fut conduit dans l'île Sainte-Hélène (dans la mer Atlantique), où il mourut le 5 mai 1821, dans sa 51e. année, après avoir gouverné les Français avec le titre d'empereur pendant dix ans.

Louis XVIII rentra à Paris le 8 juillet 1815.

Le duc de Berry épousa Caroline-Ferdinande-Louise des Deux-Siciles, le 17 juin 1816.

Qu'arriva-t-il de remarquable en 1818 ?

L'évacuation des troupes étrangères ; la mort du prince de Condé ; l'organisation de l'Université ; l'amélioration de l'administration des hospices et des subsistances des troupes.

Quels monumens a-t-il faits ou achevés ?

L'érection de la statue de Henri IV, sur le Pont-Neuf, et celle de Louis-le-Grand sur la place des Victoires ; la salle de l'Opéra ; la Bourse fut aussi achevée, ainsi que le vaste hôtel des Finances. On lui doit encore la continuation des quais.

Le 21 septembre 1819, naquit Louise-Marie-Thérèse d'Artois, fille du duc de Berry.

Quel événement eut lieu le 13 février 1820 ?

L'assassinat du duc de Berry au sortir de l'Opéra, par Louvel, condamné à mort et exécuté le 7 juin de la même année. Le prince, pardonnant au coupable qui lui avait arraché la vie, fit entendre ces mots sublimes : *Grâce, grâce pour l'homme qui m'a frappé.*

Quelle naissance eut lieu le 29 septembre 1820 ?

LOUIS XVIII, 69e. Roi. 19e. siècle.

Celle de Henri-Charles-Ferdinand-Dieudonné d'Artois, duc de Bordeaux.

Que se passa-t-il d'important en 1823?

La guerre d'Espagne, entreprise en faveur de Ferdinand VII, afin de soutenir ce monarque sur son trône; une armée de cent mille hommes, commandée par le duc d'Angoulême, traversa la Bidassoa le 7 avril : le 24 mai elle fit son entrée à Madrid et replaça Ferdinand VII sur son trône.

Quand mourut Louis XVIII?

Le 16 septembre 1824, à l'âge de 68 ans 10 mois, après un règne de 10 ans. Il fut enterré à St-Denis.

Faites le portrait de Louis XVIII?

Il a illustré sa vie et son règne par ses vertus et ses belles actions, et opposé sa sagesse et sa patience à tous les malheurs. Venu en France à une époque où les opinions étaient partagées, il sut se concilier l'affection des Français, et acquitter la dette énorme qui pesait sur la France.

FAITS CONTEMPORAINS.

Réunion de la Norwége et de la Suède (1814).
Guillaume d'Orange devient roi des Pays-Bas (1815).
Formation de la république de Colombie (1819).
Exposition des produits de l'industrie (1819).
Mort de Georges III. Georges IV lui succède (1820).
La Grèce se proclame indépendante (1821).
Mort de Pie VII. Léon XII lui succède (1821).
Boyer devient président d'Haïti (Amérique) (1821).
Don Pèdre Ier devient empereur du Brésil (1823).

328 CHARLES X, 70ᵉ. Roi. 19ᵉ. siècle.

3ᵉ. Dynastie.—CAPÉTIENS, Vᵉ. BRANCHE, dite DES BOURBONS.

CHARLES X.

Fortunæ cedere in exsilium proficisci.

En quittant mon pays pour la troisième fois,
Sur la terre d'exil, enfin! je me revois.

CHARLES X, 70ᵉ. ROI.

Fils de Louis Dauphin de France, et de Marie-Joséphine de Saxe.

Monte sur le trône le 16 septembre 1824, âgé de 67 ans; abdique en faveur de Henri V le 2 août 1830; meurt à Goritz en novembre 1836.

Qui succéda à Louis XVIII?
Son frère Charles X, né le 9 octobre 1757, marié le 16 novembre 1773 avec Marie-Thérèse de Savoie; il monta sur le trône à 67 ans; fut sacré à Reims le 29 mai 1825 par M. de Latil, pair de France, et fit son entrée à Paris le 6 juin suivant.

Qu'arriva-t-il en 1825?
Une indemnité de 150 millions ayant été proposée à la France pour les anciens propriétaires expulsés de St-Domingue, si elle voulait reconnaître le gouvernement républicain de Haïti, cette proposition fut acceptée.

Quelle expédition eut lieu en 1828?
Celle de Morée pour délivrer les Grecs du joug des Turcs : la Russie, l'Angleterre et la France armèrent une flotte contre les Turcs, qui perdirent la bataille de Navarin. L'amiral de Rigny eut la principale gloire de cette journée.

Quelle expédition eut lieu en 1830?
Celle d'Alger, pour venger l'insulte faite à l'ambassadeur français. L'expédition, confiée au maréchal de Bourmont et à l'amiral Duperré, débarqua sur les côtes d'Afrique, et s'empara, le 5 juillet, de cette place forte qui se rendit à discrétion. Nos soldats s'y couvrirent de gloire : l'on trouva à la Casauba des trésors immenses.

Quelle cause provoqua la révolution de 1830?
La publication, le 26 juillet, de trois ordon-

nances contenant la dissolution de la Chambre des Députés, la suspension de la liberté de la presse périodique, et un nouveau mode d'élections par lequel la Chambre des Députés n'aurait été composée que de députés des départemens.

Que s'ensuivit-il ?

Le mardi 27, la résistance commença. Le 28, l'Hôtel-de-Ville fut pris et repris trois fois sur les Suisses, la garde royale et la gendarmerie; le tocsin se fit entendre une partie de la nuit; l'Abbaye, la Poudrière d'Ivry et le Musée St-Thomas-d'Aquin furent enlevés à la force armée; les rues St-Denis et St-Antoine furent le théâtre de sanglans combats. C'est dans la nuit du 28 que furent élevées toutes les barricades, les rues dépavées, et les réverbères brisés. Le 29, sur la fin de la journée, le drapeau tricolore flotta sur le Louvre et les Tuileries, que le peuple venait d'enlever de vive force. La garde nationale fut rétablie; le général Lafayette en fut le commandant. C'est ce même jour que les députés présens à Paris se réunirent pour former une commission municipale provisoire composée de MM. Laffitte, Casimir-Périer, comte Lobau, Schonen, Audry de Puyraveau et Mauguin.

Où était Charles X pendant ces grands événemens ?

A Saint-Cloud, avec sa famille, mal averti sans doute de ce qui se passait.

Racontez la suite des événemens ?

Toutes les boutiques étaient fermées, les rues n'étaient éclairées que par les lampions placés audevant des maisons et sur les barricades formées de monceaux de pavés, de charpentes, tonneaux, et autres machines capables d'empêcher et d'arrêter la marche des troupes, principalement de la cavalerie; les places et toutes les voies publiques étaient encombrées par la population entière, avide de connaître les événemens que la canonnade entendue sur tous les points allait amener. Telle était la véritable situation de Paris, lorsqu'on apprit que les députés et la commission provisoire avaient invité le duc d'Orléans à accepter la lieutenance générale du royaume.

Que firent les Chambres le 30 juillet ?

Elles déclarèrent déchue du trône la branche aînée des Bourbons, après quinze ans de règne à compter de la rentrée de Louis XVIII.

Que fit le duc d'Orléans le 31 juillet ?

Il adressa une proclamation aux habitans de Paris, dans laquelle il leur annonça qu'il acceptait la lieutenance-générale du royaume.

Que se passa-t-il encore d'important le 31 ?

Le départ du roi, de St-Cloud pour Rambouillet. La soumission de Vincennes eut lieu le 5 août.

Qu'est-il arrivé le 3 août ?

L'ouverture de la session des Chambres, où le lieutenant-général du royaume donna connaissance de l'acte d'abdication de Charles X, après un règne de cinq ans. Par ce même acte Louis-Antoine de France renonce à ses droits en faveur de Henri V. Cet acte est daté de Rambouillet le 2 août 1830.

FAITS CONTEMPORAINS.

Indépendance de Saint-Domingue reconnue (1825).
Mort d'Alexandre 1er, empereur de Russie ; Nicolas, son frère, lui succède (1825).
Mort de lord Canning, ministre anglais ; Goderich hérite d'un pouvoir dont il est supplanté par Wellington (1827).
Chemin de fer de Saint-Étienne (1827).
Premier usage des voitures dites Omnibus (1829).
Mort du pape Léon XII, Pie VIII lui succède (1829).
Mort de Georges IV, Guillaume IV lui succède (1830).
Révolution de la Pologne (1830).

332 LOUIS-PHILIPPE Ier, 71e. ROI. 19e. SIÈCLE.

3e. Dynastie. — CAPÉTIENS, Ve. BRANCHE, dite la IIe. D'ORLÉANS. 2 ROIS.

LOUIS-PHILIPPE Ier.

Igitur pro metu repentè gaudium exortum.
Par le peuple français, roi je suis proclamé,
Et ramène la paix dans Paris alarmé.

LOUIS-PHILIPPE Ier, 71e. ROI.

Fils de Louis-Philippe-Joseph duc d'Orléans, et de Louise-Marie de Bourbon-Penthièvre.

Monte sur le trône le 9 août 1830, âgé de 57 ans.

Qui *succéda à Charles X ?*
Louis-Philippe Ier, duc d'Orléans, né le 6 octobre 1773; marié le 25 novembre 1809 à Marie-Amélie, fille de Ferdinand Ier, roi des Deux-Siciles, née le 26 avril 1782.

D'où descend la famille de Louis-Philippe ?
De Henri IV. Son fils Louis XIII ayant eu deux enfans, l'aîné régna sous le nom de Louis XIV; l'autre fut appelé Monsieur, duc d'Orléans, dont Louis-Philippe Ier est le sixième descendant.

De qui est-il fils ?
De Louis-Philippe-Joseph d'Orléans, et de Louise-Marie-Adélaïde de Bourbon-Penthièvre.

Combien le roi a-t-il eu d'enfans ?
Huit; savoir : le duc de Chartres, né le 3 septembre 1810; le duc de Nemours, né le 25 octobre 1814; le prince de Joinville, né le 14 avril 1818; le duc d'Aumale, né le 16 janvier 1822; le duc de Montpensier, né le 31 juillet 1824; *Mademoiselle*, née le 3 avril 1812; Mademoiselle de Valois, née le 12 avril 1813 ; et Mademoiselle de Beaujolais, née le 3 juin 1817. Madame Adélaïde d'Orléans, sœur du roi, est née le 23 août 1777. Tous les enfans du roi conservent les noms qu'ils portaient avant l'avénement de ce prince au trône, excepté le duc de Chartres, qui prit celui de prince royal, duc d'Orléans, et en conserva les armes.

Quand et par qui fut-il nommé roi ?

Le 8 août 1830, par les deux chambres, qui modifièrent la charte de Louis XVIII.

Que firent les Députés à l'issue de la séance?
Ils se rendirent, à pied, du palais du Corps-Législatif au Palais-Royal, escortés par la garde nationale, pour faire part au duc d'Orléans, lieutenant-général, de la délibération de la chambre qui le nommait roi des Français. M. Lafitte, président, après la lecture de cet acte, faite au roi entouré de sa famille, lui en adressa les félicitations au nom de ses collègues. Dans la même soirée, M. Pasquier, accompagné des membres de la chambre des Pairs, apporta son adhésion à la déclaration des Députés.

Quel jour le roi prêta-t-il serment?
Le 9 août, à la séance royale. C'est à la suite de ce serment qu'il fut proclamé, sous le nom de Louis-Philippe Ier, roi des Français.

Ne changea-t-on pas les armes de France?
Oui. Elles représentèrent les armes d'Orléans, surmontées de la couronne fermée avec le sceptre et la main de justice en sautoir, et de drapeaux tricolores derrière l'écusson.

Quel événement marqua l'année 1830?
Le 27 septembre, la Chambre des Députés décida la mise en accusation des derniers ministres de Charles X; et le 21 décembre ils furent condamnés à la détention; le lendemain est marqué par quelques troubles.

Qu'arriva-t-il en 1831?
Le 14 février, de nouveaux troubles eurent lieu à Paris: l'église de Saint-Germain-l'Auxerrois fut dévastée, et l'Archevêché mis au pillage. — A la suite d'une insurrection à Bruxelles contre la maison d'Orange, et qui avait été suivie de la retraite du roi de Hollande, le duc de Nemours fut élu roi des Belges; mais Louis-Philippe ayant déclaré qu'il ne pouvait accepter la couronne pour son fils, le prince de Saxe-Cobourg fut proclamé à sa place.

Quels furent les principaux événemens de l'année 1832?
L'Autriche étant intervenue dans les états du Pape,

LOUIS-PHILIPPE Ier, 71e. Roi. 19e. siècle. 335

Louis-Philippe fit de son côté occuper la ville d'Ancône, pour balancer l'influence Autrichienne. — Le 22 mars de la même année le *choléra-morbus* se déclara à Paris, et fit de grands ravages durant cinq à six mois. — Les 5 et 6 juin une insurrection républicaine vint troubler Paris, qui fut mis en état de siége; mais elle fut promptement comprimée. — Le 19 novembre fut marqué par l'attentat d'un nommé Bergeron, contre la vie du Roi.

N'y eut-il pas quelque fait militaire durant cette année?

Malgré le traité de séparation de la Belgique et de la Hollande, ratifié par la France et l'Angleterre le 31 janvier 1832, le roi de Hollande avait prétendu conserver Anvers. L'armée française, qui était entrée en Belgique dès l'année précédente, fit le siége d'Anvers, dont la citadelle capitula le 23 décembre.

Quelle alliance eut lieu vers cette époque?

Le mariage du nouveau roi des Belges avec la princesse Louise d'Orléans, fille de Louis-Philippe.

Quels autres événemens militaires eurent ensuite lieu en Algérie?

L'occupation de Mostaganem et d'Arzew, et la prise de Bougie en 1833.

N'y eut-il pas de nouveaux troubles en France en 1834?

Les 9 et 11 avril des insurrections républicaines eurent lieu à Lyon, Saint-Etienne, Marseille, Perpignan, Vienne, Auxerre, Poitiers, Châlons, Grenoble, Lunéville. Deux jours après l'insurrection éclatait à Paris, mais le Gouvernement parvint à la comprimer, ainsi que celles des départemens.

Quel événement déplorable répandit la consternation dans Paris le 28 juillet 1835?

Au moment où le roi, accompagné de ses fils et de son état-major, passait la revue de la garde nationale, une détonation épouvantable partit d'une des fenêtres de la maison n° 50, vis-à-vis le Jardin Turc, boulevard du Temple. Le maréchal Mortier, qui était près du roi, plusieurs officiers-généraux et des gardes nationaux furent tués, d'autres blessés, ainsi que quelques personnes que la curiosité y avait attirées; mais cette machine infernale n'atteignit pas le roi, contre qui elle était dirigée.

Parlez-nous des faits militaires qui eurent lieu en Algérie?

Abd-el-Kader, qui avait obtenu quelques succès contre le général Trézel, est défait près d'Oran. Le duc d'Orléans et le maréchal Clausel entrent à Mascara. L'année 1836 est signalée par la prise de Tlemcen et la première expédition contre Constantine.

Cette même année ne fut-elle pas marquée par de nouveaux attentats contre la vie du Roi?

Le 25 juin eut lieu celui d'Alibaud, et le 27 décembre la tentative d'un nommé Meunier.

Quelle tentative eut lieu au mois de juillet 1836?

Louis-Napoléon résolut à Bade l'audacieuse entreprise de Strasbourg, dans le but de s'emparer de cette ville et de marcher avec sa garnison sur Paris. Ses illusions furent détruites, son retour sur le sol natal fut impossible. Louis-Napoléon fut malheureusement arrêté et conduit en prison.

Quelle alliance eut lieu le 30 mai 1837?

Le mariage du prince royal, duc d'Orléans, avec Hélène-Louise-Elisabeth, princesse de Mecklembourg-Schwerin.

Cette même année ne fut-elle pas marquée par un éclatant succès en Algérie?

Constantine, l'une des principales villes de ce pays, et chef-lieu d'une grande province, fut prise d'assaut par les Français; le général Damrémont y trouva la mort.

Quel événement marqua le 24 avril 1838?

La naissance de Louis-Philippe-Albert, comte de Paris, fils du duc d'Orléans.

N'y eut-il point une expédition maritime vers cette époque?

Le gouvernement Mexicain s'étant conduit d'une manière hostile à notre égard, la France envoya au Mexique une escadre sous les ordres de l'amiral Baudin; le prince de Joinville était présent sur la flotte. Le résultat de cette expédition fut la prise du fort de Saint-Jean-d'Ulloa, et un traité de paix avec le Mexique.

Indiquez les événemens remarquables de l'année 1839?

Le 12 mai fut marqué par une émeute à Paris. En Algérie Abd-el-Kader proclame la guerre sainte, et ses troupes régulières sont écrasées dans le combat, entre Blidha et la Chiffa.

LOUIS-PHILIPPE Ier, 71e. Roi. 19e. siècle. 337.

Quel fait d'armes mémorable eut lieu en 1840?

Ce fut la défense de Mazagran, en Algérie. Cent cinquante hommes, commandés par le capitaine Lelièvre, qui étaient renfermés dans cette mauvaise place, résistèrent à près de douze mille Arabes, qui en faisaient le siége avec acharnement.

Quelle est la mission qui fut confiée au prince de Joinville le 12 mai 1840?

Celle d'aller chercher le corps de l'empereur à Sainte-Hélène; le 15 décembre de la même année il fut déposé aux Invalides.

N'y eut-il pas vers ce temps une alliance contractée par un des fils de Louis-Philippe?

Le duc de Nemours épousa Victoire de Saxe-Cobourg-Gotha en 1840.

Quels sont les autres faits d'armes en Algérie en 1840?

La prise de Cherchell, le combat de l'Afroun, le passage du col de Mouzaia, l'occupation de Médéah et de Milianah.

Quel évènement eut lieu le 6 août de la même année?

Louis-Napoléon ne pouvant abandonner ses plus belles espérances sur la France, résolut, aidé par les officiers de mérite qui l'entouraient sur la terre d'exil, de faire une nouvelle tentative pour rentrer dans sa patrie; mais des circonstances fatales firent encore échouer ses projets, il fut arrêté de nouveau, la plupart de ses amis périrent victimes de leur zèle, le Prince lui-même fut atteint de deux balles. Napoléon fut condamné à un emprisonnement perpétuel au château de Ham sur le territoire continental du royaume; lorsqu'on vint lui lire sa sentence, il s'écria : au moins, je mourrai sur la terre de France.

Le Prince Napoléon y passa sept années avec résignation et courage, mais le refus qu'on lui fit de se rendre auprès de son père dangereusement malade, malgré sa parole de revenir se constituer prisonnier, lui fit recourir à la ruse; en 1847, sous le costume d'un maçon, il parvint avec une poutre sur l'épaule à sortir heureusement de la citadelle.

Quel évènement répandit le deuil dans la famille royale et dans toute la France?

Le 13 juillet 1842 le duc d'Orléans, fils aîné du Roi, se rendait à Neuilly dans une calèche; les chevaux s'étant emportés, le prince voulut sauter à terre, et fit une chute si malheureuse qu'il mourut deux heures après.

338 LOUIS-PHILIPPE Ier, 71e Roi, 19e siècle.

Quelle perte éprouva encore la famille de Louis-Philippe?

Celle de Marie d'Orléans, qui avait épousé en 1843 le prince de Saxe-Cobourg Gotha.

N'y eut-il pas une alliance en 1843?

Celle du prince de Joinville avec Caroline de Bragance, sœur de l'empereur du Brésil.

Qu'arriva-t-il en 1844?

Mulei-Abderahman, empereur de Maroc, s'étant montré hostile à la France, et n'ayant point fait de réponse satisfaisante à ses justes réclamations, le prince de Joinville canonna les fortifications de Tanger et détruisit les batteries de la place; il attaqua ensuite Mogador; et après avoir écrasé de son feu la ville et les batteries, il prit possession de l'île et du port. De son côté, le maréchal Bugeaud, qui n'avait que 10,000 hommes dont 1,500 cavaliers, marcha le 14 août contre l'armée marocaine, forte de 25,000 chevaux et de 10,000 fantassins, et la culbuta entièrement à Isly. Le camp marocain, qui couvrait l'espace d'une lieue, tomba en notre pouvoir, ainsi que 11 pièces de canon, 16 drapeaux et 1,000 à 1,200 tentes. L'empereur de Maroc demanda la paix, qui fut signée le 10 septembre, et le maréchal Bugeaud fut créé duc d'Isly.

N'y eut-il pas cette même année une entrevue entre Louis-Philippe et la reine d'Angleterre?

Le 8 octobre le roi passa la mer et fut visiter la reine à Windsor; l'année suivante, à pareil jour, la reine Victoria lui rendit sa visite.

Quel autre événement signala l'année 1844?

Le duc d'Aumale, quatrième fils du Roi, épousa à Naples sa cousine, la princesse Caroline de Salerne, fille du prince de Salerne, frère de la reine des Français. Le mariage du duc de Montpensier, le plus jeune des fils du Roi, eut lieu trois ans après avec une infante d'Espagne, sœur de la reine Isabelle II.

Citez-nous les principaux événemens de l'année 1845?

Le 7 janvier, le protectorat français est établi à Taïti, après de sanglantes hostilités contre les naturels insurgés.
— Le 16 avril 1846 le nommé Lecomte, ancien garde-général, tire deux coups de fusil sur le Roi, au moment de son retour d'une promenade dans la forêt de Fontainebleau. Par un hasard providentiel, Louis-Philippe n'est pas atteint. L'assassin, qui n'a agi que sous une inspiration de vengeance particulière, est arrêté.

LOUIS-PHILIPPE Ier, 71e. Roi. 19e. siècle.

Quelle nouvelle perte éprouva la famille royale?

Celle de Mademoiselle Adélaïde, sœur du Roi, morte en 1847.

N'y eut-il pas un autre événement remarquable en 1847?

Le 24 décembre de cette même année Abd-el-Kader fait sa soumission; amené en France, il est confiné dans le château de Pau, et transféré au château d'Amboise en 1849.

Donnez-nous quelques détails sur les travaux entrepris sous le règne de Louis-Philippe?

De nombreux chemins de fer ont été établis, d'autres ne sont qu'en voie d'exécution. Parmi les premiers, nous citerons ceux de St-Germain, Versailles, Orléans et Tours; le chemin de fer du Nord, qui, par ses embranchemens, s'étend jusqu'à Dunkerque, Calais et Boulogne; celui de Strasbourg à Bâle; de Nîmes à Beaucaire; le chemin de fer du Centre, qui communique déjà avec Bourges et Châteauroux.

Parlez-nous des fortifications de Paris?

La Chambre des Députés vota, le 1er février 1841, la construction d'une enceinte bastionnée et continue autour de Paris, et celle de seize forts détachés placés au-delà de cette enceinte. Ces travaux gigantesques sont aujourd'hui achevés.

Quels sont les autres travaux entrepris pour l'assainissement et l'embellissement de Paris?

Des trottoirs ont été établis dans la plupart des rues, ainsi que des bornes-fontaines et de nombreux égouts. Des rues nouvelles, larges et régulières ont été ouvertes dans des quartiers insalubres et fangeux. La canalisation d'un des bras de la Seine, l'établissement d'un immense égout parallèle qui recevra toutes les eaux impures, et les conduira au-delà des prises d'eaux; enfin, celui d'une machine hydraulique nommée *turbine*, assureront à la ville l'usage d'eaux saines et pures. Nous citerons encore des ponts, plusieurs prisons-modèles, et un hôpital.

Citez-nous les principaux édifices élevés sous le règne de Louis-Philippe?

L'hôtel du ministère des affaires étrangères; l'église de St-Vincent-de-Paul; celle de Ste-Clotilde, en construction; les agrandissemens de l'Hôtel-de-Ville, qui en font un des plus beaux monuments de la France; et enfin la colonne de Juillet, destinée à perpétuer le souvenir de la révolution qui a renversé du trône la branche aînée des Bourbons.

340 LOUIS-PHILIPPE Ier, 71e. Roi, 19e. siècle.

Louis-Philippe n'a-t-il pas établi un musée ?

Il a formé le musée de Versailles, ouvert le 10 juin 1837. Cette magnifique et immense collection ne renferme que des tableaux et des statues relatives à l'histoire de France. De nombreuses galeries y sont consacrées à toutes nos gloires.

FAITS CONTEMPORAINS.

Avénement du prince Léopold de Cobourg au trône de Belgique (4 juin 1831).

Othon, prince de Bavière, est élu roi de la Grèce (1832).

Invasion du choléra à Paris (1832).

Dona Maria prend possession du royaume de Portugal (1833).

Isabelle II, Marie-Louise, reine d'Espagne, âgée de 3 ans, succède à son père Ferdinand VII, sous la régence de sa mère Marie-Christine (1833).

Mort de Don Pèdre, roi de Portugal (1834).

Exposition des produits de l'industrie (1834).

Mort de Lafayette (1834).

Mariage du prince Auguste-Napoléon de Beauharnais, duc de Leuchtemberg, avec Dona Maria, reine de Portugal (janvier 1835). Il meurt en mars 1835.

Mort de François Ier, empereur d'Autriche (1835); avénement de son fils sous le nom de Ferdinand IV.

Mort de Guillaume IV, roi d'Angleterre, en 1837 ; sa nièce Victoria lui succède.

Don Carlos, obligé de fuir l'Espagne en 1839, vient chercher un asile en France; on le confine à Bourges.

Mort de Charles-Jean XIV (Bernadotte), roi de Suède, en 1844; son fils Oscar Ier lui succède.

Mort du pape Grégoire XVI, en 1846. — Le cardinal Jean Mastaï Ferretti est élu pape le 16 juin, et prend le nom de Pie IX.

Mort du roi de Danemarck en 1847; le prince Frédéric-Charles-Christian lui succède sous le nom de Frédéric VII.

RÉPUBLIQUE FRANÇAISE.

Quels furent les événemens qui préparèrent la chute du trône de Louis-Philippe ?

Au commencement de l'année 1848 il existait une grande fermentation dans les esprits; on demandait le renvoi du ministère, et la réforme de la loi électorale. Un banquet, qui avait pour but de réunir les personnes opposées à la marche du gouvernement, devait avoir lieu à Chaillot, lorsqu'un ordre du jour du général Jacqueminot, commandant la garde nationale du département de la Seine, vint rappeler aux citoyens que, dans la manifestation du banquet, ils ne pourront s'y présenter comme gardes nationaux, et devront être sans armes. En présence de l'effervescence générale, les commissaires du banquet déclarèrent qu'il n'aurait pas lieu; mais dès ce moment tout faisait présager que de graves événemens allaient avoir lieu.

Racontez ce qui arriva ensuite ?

Le 23 février, l'insurrection se prépare. Le roi manifeste l'intention de changer ses ministres; néanmoins des rassemblemens nombreux se forment dans divers quartiers; des barricades s'élèvent, et la fusillade s'engage. Cependant, vers le soir, on avait lieu d'espérer une prompte pacification, en raison des concessions faites par Louis-Philippe, lorsqu'à dix heures du soir, par un déplorable malentendu, le poste du ministère des affaires étrangères fit feu sur le peuple, et tua ou blessa une soixantaine d'individus. Le 24, la lutte s'engage de nouveau sur tous les points de Paris. Le Roi prend la fuite avec la Reine, après avoir abdiqué en faveur du comte de Paris, son petit-fils; mais une masse de peuple qui s'était emparée des Tuileries, après une lutte acharnée au Château d'Eau, se porta à la Chambre des Députés, et refusa de sanctionner ce dernier acte de la monarchie.

Quelle fut la suite de ce refus ?

La nomination d'un gouvernement provisoire, composé de onze membres, qui s'installa à l'Hôtel-de-Ville, et dont voici les noms : MM. Dupont-de-l'Eure, Lamartine, Crémieux, Arago, Ledru-Rollin, Garnier-Pagès, Marie, Louis Blanc, Flocon, et Albert.

Quels sont les principaux actes du gouvernement provisoire?

La proclamation solennelle de la République Française, qui eut lieu le 27 février, à la Colonne de Juillet. — L'abolition de la peine de mort, en matière politique. — La suppression des titres de noblesse. — L'abolition de l'esclavage dans les colonies françaises. — La formation de la garde nationale mobile, en vingt-quatre bataillons. — La création des ateliers nationaux. — L'établissement du suffrage universel, et le décret d'après lequel une Assemblée Nationale, de neuf cents représentans, sera chargée de faire les lois d'urgence, et de décréter la Constitution du pays.

Qu'entendez-vous par suffrage universel?

Le suffrage universel confère à tout individu, âgé de vingt-un ans, au moins, et jouissant de ses droits civils, le droit de voter dans les assemblées électorales.

A quelle époque l'Assemblée Nationale a-t-elle été constituée?

Le 4 mai 1848. Le gouvernement provisoire cessa ses fonctions, et fut remplacé par une commission exécutive composée de cinq membres, savoir : MM. Arago, Garnier-Pagès, Marie, Lamartine, et Ledru-Rollin.

Qu'arriva-t-il le 2 avril?

Une manifestation imposante eut lieu : plus de cent mille hommes, tous ouvriers, rangés par corps d'état, et portant des drapeaux où étaient inscrites leurs professions, défilèrent devant l'Hôtel-de-Ville.

N'y eut-il pas une autre manifestation le 16 avril?

Une réunion considérable d'ouvriers, que l'on supposait hostile au gouvernement, eut lieu au Champ-de-Mars. La garde nationale, avertie par le rappel, se porta en masse à l'Hôtel-de-Ville, pour protéger le Gouvernement. Le défilé, qui avait commencé à trois heures devant les membres du Gouvernement provisoire, ne fut terminé qu'à onze heures du soir.

Quel événement eut lieu le 15 mai 1848?

Ce jour-là l'Assemblée Nationale fut envahie par une masse de peuple, sous le prétexte de présenter une pétition en faveur de la Pologne; mais le but des meneurs était la

RÉPUBLIQUE FRANÇAISE. 19⁰. siècle. 343

dissolution de cette Assemblée, et la formation d'un nouveau gouvernement provisoire. Ce complot échoua en présence de l'attitude de la garde nationale et de la Chambre.

Dites-nous ce qui amena les journées de juin?

Afin de donner des moyens d'existence aux ouvriers sans travail, le Gouvernement avait créé, le 6 mars, des ateliers nationaux qui comptèrent bientôt plus de cent mille individus. Les mesures qu'il dut prendre ensuite pour arriver par degrés à la dissolution de ces ateliers, trop onéreux pour le pays, donnèrent naissance à une insurrection terrible. Des hommes dangereux dont l'occupation de toute la vie a été de conspirer contre l'ordre établi, quel qu'il soit, travaillèrent l'esprit des ouvriers, exploitant habilement leur misère et leur mécontentement; ils leur firent, au nom d'un nouveau gouvernement qu'ils appelèrent république *démocratique et sociale*, des promesses qu'il leur était humainement impossible de réaliser, sans livrer la France à la guerre civile et aux échafauds.

Racontez ce qui se passa du 23 au 26 juin?

Dès le 23 juin des masses d'ouvriers égarés s'attroupèrent sur divers points; des barricades formidables s'élevèrent de toutes parts, sans obstacle. Bientôt des collisions eurent lieu entre la garde nationale et les insurgés, au nombre de quarante à quarante-cinq mille. Le samedi 24 juin l'insurrection avait pris un nouvel accroissement; mais les troupes arrivent de toutes parts. Paris est mis en état de siége. Le général Cavaignac est investi de tous les pouvoirs exécutifs par l'Assemblée Nationale; ses mesures stratégiques obtiennent le plus éclatant succès. Après des combats sanglans, où la garde nationale, la garde mobile et l'armée firent preuve du plus grand dévoûment et d'un courage admirable, l'émeute fut vaincue, et la lutte terminée le 26 juin.

Quelles furent les victimes de ces terribles journées?

Un grand nombre d'insurgés trouva la mort dans les barricades, et l'on eut à déplorer la perte de beaucoup de gardes nationaux, de soldats et de gardes mobiles. Des représentans et six généraux furent tués, entre autres les généraux Duvivier et Négrier, et le général Bréa lâchement assassiné à la barrière de Fontainebleau.

Ne cite-t-on pas encore une autre victime remarquable?

Monseigneur l'archevêque de Paris, qui était allé porter

des paroles de paix aux insurgés, reçut une blessure mortelle dans le faubourg Saint-Antoine, au moment où il venait de dire à ceux qui l'engageaient à ne pas s'exposer : *Le bon Pasteur donne son sang pour ses brebis.*

Quelles mesures prit-on ensuite ?

Les ateliers nationaux furent dissous. Un grand nombre d'arrestations eut lieu ; beaucoup d'insurgés condamnés à la transportation : la peine de l'emprisonnement et des travaux forcés fut prononcée contre les plus coupables.

Que fit-on ensuite en faveur des ouvriers sans ouvrage ?

L'Assemblée nationale vota une somme de cinquante millions pour la colonisation de l'Algérie. Le premier départ des colons a eu lieu le 8 octobre 1848. Ils y seront successivement transportés jusqu'au nombre de 12,000 : l'Etat pourvoit à leurs premiers besoins, et leur fournit gratuitement des instruments aratoires, des semences, des bestiaux, des terres et des habitations.

Quel événement remarquable eut ensuite lieu ?

La nomination de Louis-Napoléon Bonaparte à la présidence de la République par près de six millions de suffrages, et l'achèvement de la Constitution par l'Assemblée Nationale.

Par quoi sera remplacée l'Assemblée nationale ?

Lorsque l'Assemblée nationale aura terminé ses travaux, elle sera remplacée par l'Assemblée législative, composée de sept cents membres, et renouvelée tous les quatre ans. Quatre années forment aussi la durée des fonctions du Président de la République.

Quelles sont ses fonctions ?

Il est chargé du pouvoir exécutif. Il choisit les ministres et nomme à tous les emplois de l'administration.

Quelles sont les fonctions de l'Assemblée législative ?

Elle fait les lois, établit les impôts, contrôle et sanctionne le budget des recettes et des dépenses de chaque année, et décide de la paix, de la guerre, ainsi que des alliances.

Quel procès remarquable a eu lieu en 1849 ?

Celui des accusés de l'attentat du 15 mai. Une haute cour avait été convoquée à Bourges : le jury condamna Barbès et Albert à la déportation ; Blanqui à dix ans de détention,

Sobrier à sept, et Raspail à six ans de détention; Flotte et Quentin à cinq années de la même peine. Louis Blanc, ancien membre du Gouvernement provisoire, et Caussidière, qui avait été préfet de police, furent condamnés au bannissement par contumace.

Qu'arriva-t-il le 2 décembre 1851 ?

Depuis trois ans Louis-Napoléon gouvernait la France luttant contre le mauvais vouloir de l'assemblée, et sans cesse arrêté dans ses vastes projets d'amélioration par l'imparfaite constitution de 1848, lorsque les menaces ouvertes contre la liberté du Prince et les conspirations au grand jour des anciens partis, décidèrent le coup d'état du 2 décembre; au point du jour, les murs de Paris sont couverts d'un décret qui dissout l'assemblée nationale, rétablit le suffrage universel, abroge la loi du 51 mai, établit l'état de siége dans la 1re division militaire et dissout le Conseil d'État.

Racontez les événemens des 3, 4 et 5 décembre ?

Vers dix heures du matin des groupes commencèrent à se former en plusieurs endroits du faubourg Saint-Antoine, des appels aux armes signés par plusieurs membres de la montagne sont affichés sur les murs. L'ex-représentant Baudin est tué sur une barricade dont il était le chef. Les ex-représentans Madier-Montjau et Schœlcher sont blessés dans deux autres engagemens; mais tout était rentré dans l'ordre le soir, lorsque le lendemain 4 de nouvelles barricades s'élèvent sur plusieurs points de la capitale; quoique plus redoutables que la veille, elles ne peuvent résister au courage de nos soldats, elles sont enlevées en peu d'instans, et la troupe est maîtresse de tous les quartiers occupés par l'insurrection. Celles du 5 décembre n'eurent pas plus de succès.

Qu'arriva-t-il de mémorable les 20 et 21 décembre 1851 ?

Le vote du Peuple français qui élève pour la seconde fois Louis-Napoléon au gouvernement de la France, comme Président de la République, élu par sept millions cinq cent mille suffrages.

Que fit paraître Napoléon le 14 janvier 1852 ?

La Constitution faite en vertu des pouvoirs délégués par le Peuple français à Louis-Napoléon Bonaparte par le vote des 20 et 21 décembre 1851, dans laquelle se trouvent établies les formes du gouvernement confié pour dix ans au Prince Louis-Napoléon Bonaparte, Président de la République; gouvernant au moyen des Ministres, du Conseil d'État et du Corps législatif.

346 NAPOLÉON III, Empereur, 19e siècle.

FAMILLE IMPÉRIALE.

NAPOLÉON III, Empereur.

Suffragiis Francorum electus imperator.
Proclamé empereur par le vœu de la France,
Je ramène aussitôt le bonheur, l'espérance.

NAPOLÉON III, EMPEREUR,

*Fils de Louis-Napoléon, roi de Hollande,
et de Hortense-Eugénie,*

Proclamé empereur le 2 décembre 1852, âgé de 44 ans; déchu le 15 février 1871; meurt en 1873, à 65 ans.

Que fit le Sénat en novembre 1852 pour assurer l'avenir de la France?

Le Sénat délibéra et vota un sénatus-consulte pour le rétablissement de l'Empire: Napoléon fut élu les 21 et 22 novembre 1852 par le peuple français, et proclamé empereur le 2 décembre de la même année, sous le nom de Napoléon III.

Quel mariage remarquable a eu lieu le 29 janvier 1853?

Le 29 janvier 1853 a eu lieu le mariage civil de l'empereur Napoléon III avec mademoiselle Eugénie de Montijo, comtesse de Téba, fille des comtes de Montijo, grands d'Espagne de première classe, née à Grenade et âgée d'environ 25 ans. La cérémonie religieuse a eu lieu le lendemain 30, à Notre-Dame.

Quel événement marqua le 10 mars 1856?

La naissance de Napoléon-Eugène-Louis-Jean-Joseph, prince impérial.

Quelles causes vinrent troubler la paix qui régnait en Europe?

L'empereur de Russie, Nicolas, cachant sous un prétexte religieux, des projets d'envahissement sur la Turquie, voulut imposer aux Turcs des conditions que l'empereur de Turquie ne pouvait accepter; la guerre ayant été entreprise par l'empereur de Russie contre cette puissance, atteinte portée à la foi des traités passés entre les principaux souverains de l'Europe, la France et l'Angleterre intervinrent pour maintenir la paix. Aucun arrangement n'ayant été possible, et les Russes ayant franchi le Danube, une flotte anglo-française fut envoyée dans la mer Noire pour aider les Turcs à maintenir leurs droits. Cette guerre se termina par la prise de Sébastopol.

Quels faits militaires eurent lieu ensuite ?

La guerre d'Italie, en 1859, pendant laquelle la France réunie au Piémont eut tout l'avantage sur l'Autriche. La guerre, entreprise avec le concours de l'Angleterre, contre la Chine, nous donna de nouveaux succès. En 1863, l'armée française entre dans Mexico, la reine des cités du nouveau monde.

Que se passa-t-il en 1866 ?

L'Autriche, vaincue par la Prusse devenue l'alliée de l'Italie, réclame la médiation de Napoléon III ; elle cède la Vénétie à la France que celle-ci s'empresse d'offrir à l'Italie. Le 11 décembre, l'armée française évacue Rome.

Quels sont les faits les plus remarquables des dernières années du règne de Napoléon III ?

Une exposition universelle est ouverte à Paris, elle est honorée de la visite de tous les souverains. Une nouvelle loi militaire est votée par les chambres ; la garde nationale mobile est organisée. Un sénatus-consulte, réglant la constitution de l'empire, est accepté par un plébiscite qui réunit sept millions et demi de oui.

Quel événement troubla la paix ?

La guerre est déclarée à la Prusse, à l'occasion de la candidature du prince Hohenzollern au trône d'Espagne ; l'Allemagne tout entière se ligue contre la France ; nos armées sont défaites à Wissembourg, Reischoffen et Forbach. Le 1er septembre a lieu la bataille de Sedan qui amène une capitulation ; une grande partie de l'armée française et Napoléon III sont faits prisonniers.

Quels travaux publics ont été achevés ou commencés sous le règne de Napoléon III ?

L'achèvement du Louvre, la continuation de la rue de Rivoli. Des casernes, des églises sont construites ; les voies publiques sont élargies : les halles centrales, le nouvel Hôtel-Dieu, l'Opéra sont élevés ainsi que différens autres monumens. La ville de Paris voit sa superficie presque doublée par son extension jusqu'à l'enceinte fortifiée.

Quels sont les principaux ouvrages littéraires dus à la plume de Louis-Napoléon ?

Louis-Napoléon est auteur de plusieurs ouvrages qui révèlent un bon écrivain et un grand penseur : parmi ces différentes publications on cite : ses *Considérations politiques et militaires sur la Suisse*, son *Manuel d'Artillerie pour la Suisse*, ouvrage fort estimé des connaisseurs dans cet art, son livre intitulé *Idées napoléoniennes*, et sa brochure sur l'*Extinction du Paupérisme*.

FAITS CONTEMPORAINS.

Mort du roi Louis-Philippe à 77 ans, au château de Claremont, en Angleterre (1850).

Mort du roi de Hanovre, Ernest-Auguste, à 81 ans ; Georges, son fils, lui succède à 32 ; quoiqu'aveugle de naissance (1851).

Exposition universelle des produits de l'industrie, à Londres, dans le palais de Cristal ; les fabricans français obtiennent une large part de médailles (1851).

Pose de la première pierre pour l'achèvement du Louvre (1852).

Visite, à Paris, de la reine d'Angleterre (1855).

Naissance du prince impérial à Paris (1856).

Le grand port militaire de Cherbourg est achevé (1858).

Mariage du prince Napoléon (Jérôme), cousin germain de l'empereur, avec la princesse Clotilde, fille du roi de Sardaigne (1859).

Agrandissement de Paris (1859).

Annexion de la Savoie et de Nice à la France (1860).

Arrivée de l'archiduc Maximilen au Mexique pour y régner comme empereur (1864).

Maximilien, empereur du Mexique, est fusillé à Queretaro, après l'évacuation du pays par l'armée française (1867).

Ouverture, à Paris, de l'exposition universelle (1867).

Mort de Berryer, avocat célèbre (1868).

RÉPUBLIQUE FRANÇAISE

QUELS *furent les suites de la capitulation de Sedan?*
La chute du Gouvernement impérial et la proclamation de la République.

Quel nom prit le Gouvernement?
Celui de *Gouvernement de la défense nationale*, sous la présidence du général Trochu.

Citez-nous les faits d'armes remarquables à cette époque?
Les armées allemandes se dirigent sur Paris dont l'investissement est complet le 19 septembre. Strasbourg, qui était bombardé depuis un mois, capitule ainsi que Toul après une résistance énergique. Le maréchal Bazaine, à la tête de 150,000 hommes livre la ville de Metz à l'ennemi. Les Allemands sont défaits à Coulmiers par le général d'Aurelles de Paladine. Les combats se succèdent sous les murs de Paris, bataille de Champigny. Les Allemands reprennent Orléans. Le général Chanzy commande l'armée de la Loire. Le général Bourbaki, qui a sous ses ordres l'armée de l'Est marche sur Belfort. A Pont-Noyelles, les Allemands sont battus par le général Faidherbe.

Quels autres événemens eurent ensuite lieu?
L'armée du Nord, à Bapaume, et l'armée de l'Est, à Villersexel obtiennent quelques succès. L'armée de la Loire se retire sur la Mayenne après sa défection, et le général Bourbaki opère sa retraite après la bataille de Saint-Quentin. Un combat sanglant a lieu à Buzenval, sous les murs de Paris. L'armée de l'Est, cernée par des forces supérieures, se voit contrainte à se réfugier en Suisse.

Qu'arriva-t-il en janvier 1871?
La ville de Paris, après quatre mois et demi de blocus et un bombardement d'un mois, se voit forcée de capituler. Un armistice est conclu entre M. Bismarck, chancelier de la Confédération germanique, stipulant au nom du roi de Prusse, proclamé depuis peu empereur d'Allemagne, et

RÉPUBLIQUE FRANÇAISE. 19ᵉ siècle.

M. Jules Favre, ministre des affaires étrangères du Gouvernement de la défense nationale.

Quels sont les principaux faits qui s'accomplirent après l'armistice ?

L'élection d'une Assemblée nationale eut lieu ; la réunion des membres se fit à Bordeaux.

Quelles mesures prit cette Assemblée ?

M. Thiers est nommé chef du pouvoir exécutif ; les préliminaires de la paix avec les Allemands sont ratifiés ; la France cède l'Alsace et une partie de la Lorraine, et paye en outre, à la Prusse, une indemnité de guerre de cinq milliards. L'Assemblée vote, à une immense majorité, la déchéance de Napoléon III et de sa dynastie.

Quels troubles y eut-il dans l'intérieur ?

Une partie de la garde nationale parisienne se soulève contre le pouvoir de l'Assemblée qui venait de transporter le siége de ses séances de Bordeaux à Versailles. Il en résulte une guerre civile. La commune est proclamée ; Paris se voit de nouveau bloqué par l'armée régulière de Versailles. Ce siége dure deux mois et demi.

A quoi aboutit cette insurrection formidable ?

Le 21 mai, le maréchal Mac-Mahon enlève Paris de vive force aux partisans de la Commune ; la lutte dure sept jours ; un grand nombre d'émeutiers trouve la mort dans les barricades. Les Tuileries, le ministère des finances, l'Hôtel-de-Ville et quantité d'autres monumens ainsi qu'un grand nombre de propriétés particulières sont incendiés par les fuyards qui, quelques jours avant, avaient renversé la colonne Vendôme. L'archevêque de Paris, des prêtres, des magistrats, des personnes de tout âge, de toute condition, emprisonnés comme otages par ordre de la Commune, sont massacrés.

Que fit ensuite l'Assemblée nationale ?

L'Assemblée continue à siéger à Versailles ; elle vote un emprunt de 2,225 millions pour payer l'indemnité de guerre ; elle vote la suppression de la garde nationale ; elle confère, à titre provisoire, le titre de Président de la République, à M. Thiers.

Que se passe-t-il de remarquable en 1872

Une loi sur le recrutement établit en France le service militaire obligatoire. Un emprunt de 3,500 millions est contracté par le Gouvernement pour parfaire le payement de l'indemnité de guerre ; le résultat de cette opération fut très-favorable, les sommes offertes s'élevèrent à la somme de 43 milliards.

Que devint Napoléon III ?

Après la chute du Gouvernement impérial, Napoléon III se retira en Angleterre ; il mourut à Chislehurst le 9 janvier 1873, dans sa 65e année.

Quelle était la situation de la France ?

La présidence de la République est déférée au maréchal de Mac-Mahon, par l'Assemblée nationale, M. Thiers ayant donné sa démission après un vote de cette Assemblée.

A quelle époque eut lieu l'évacuation définitive du territoire par les Allemands ?

En septembre 1873, les Allemands évacuent, d'après le traité, les derniers départemens qu'ils occupaient.

Qu'arrive-t-il le 20 novembre ?

Le Maréchal de Mac-Mahon est nommé président de la République pour sept ans.

Que fit-on d'important en 1875 ?

L'Assemblée nationale vote des lois constitutionnelles. Le gouvernement définitif de la France est constitué ; il se compose d'un sénat, d'une chambre des députés, et d'un président, nommé pour sept ans, par le sénat et la chambre ; il est rééligible.

MAXIMES DE L'HONNÊTE HOMME OU DE LA SAGESSE.

Soyez homme d'honneur et ne trompez personne.
A tous ses ennemis un cœur noble pardonne.
Aimez à vous venger par beaucoup de bienfaits.
Parlez peu, pensez bien et gardez vos secrets.
Ne vous informez pas des affaires des autres;
Sans air mystérieux dissimulez les vôtres.
N'ayez point de fierté; ne vous louez jamais;
Soyez humble et modeste au milieu des succès.
Surmontez les chagrins où l'esprit s'abandonne;
Ne faites rejaillir vos peines sur personne.
Supportez les humeurs et les défauts d'autrui;
Soyez des malheureux le plus solide appui.
Reprenez sans aigreur; louez sans flatterie;
Ne méprisez personne; entendez raillerie.
Fuyez les libertins, les fats et les pédans;
Choisissez vos amis; voyez d'honnêtes gens.
Jamais ne parlez mal des personnes absentes;
Badinez prudemment les personnes présentes.
Consultez volontiers; évitez les procès;
Où la discorde règne, apportez-y la paix.
Avec les inconnus usez de défiance;
Avec vos amis même ayez de la prudence.
Point de folles amours, ni de vin, ni de jeux;
Ce sont là trois écueils en naufrages fameux.
Sobre pour le travail, le sommeil et la table,
Vous aurez l'esprit libre et la santé durable.
Jouez pour le plaisir, et perdez noblement;
Sans prodigalité, dépensez prudemment.
Ne perdez point le temps à des choses frivoles;
Le sage est ménager du temps et des paroles.
Ne demandez à Dieu ni grandeur ni richesse;
Mais pour vous gouverner demandez la sagesse.
Sachez à vos devoirs immoler vos plaisirs;
Et pour vous rendre heureux modérez vos désirs.

APPENDICE
DE L'HISTOIRE DE FRANCE,
DE PHARAMOND A NAPOLÉON III.

Où sont relatés les traits historiques dont la connaissance est indispensable aux commençans.

D. Comment se nommait la France avant Pharamond?
R. Elle portait le nom de Gaule.
D. De quels peuples descendent les Gaulois?
R. Des Celtes, qui habitaient le pays entre le Rhin, l'Océan, la Méditerranée, les Alpes et les Pyrénées.
D. Quand la Gaule prit-elle le nom de France?
R. En 420, à l'avènement de Pharamond, chef des Francs, peuples sortis de la Germanie.
D. En combien de Dynasties divise-t-on les Rois de France?
R. En trois, qui occupèrent successivement le trône : celle des MÉROVINGIENS, ainsi nommée de Mérovée son troisième roi; celle des CARLOVINGIENS, qui prit son nom de Charlemagne; et celle des CAPÉTIENS, du nom de Hugues-Capet, et une FAMILLE IMPÉRIALE dans la personne de Napoléon Ier, Napoléon II et Napoléon III.

PREMIÈRE DYNASTIE.

Mérovingiens. — 22 Rois. (420 à 751). — Durée : 331 ans.

D. Quel a été le premier roi Mérovingien?
R. Pharamond (1er roi), à qui l'on attribue la loi salique (voy. p. 6), dont un des articles exclut les femmes du trône.
D. Quel roi succéda à Pharamond?
R. Clodion (2e roi), surnommé le Chevelu.
D. Pourquoi Mérovée (3e roi) a-t-il donné son nom à la première dynastie?
R. En considération de ce qu'il défit Attila, dit le *Fléau de Dieu*, qui perdit 200 mille hommes dans les plaines de Châlons-sur-Marne.
D. Quel roi succéda à Mérovée?
R. Childéric Ier (4e roi), qui fut chassé de son trône à cause de ses excès, et rappelé ensuite par les soins de Guiemans son ami intime.

APPENDICE, etc.

D. Quel roi parvint au trône à la mort de Childéric Ier?

R. Clovis (5e roi), en 481, à l'âge de 15 ans; il en avait à peine vingt lorsqu'il fit la guerre à Syagrius, fils d'Egidius, gouverneur pour les Romains dans les Gaules; l'ayant vaincu, il le fit mourir et prit ensuite Reims et Soissons.

D. Quel mariage contracta Clovis en 493?

R. Il épousa Clotilde, princesse chrétienne, fille de Chilpéric, roi des Bourguignons.

D. Quel événement opéra la conversion de Clovis?

R. La bataille de Tolbiac. Les Allemands, peuple belliqueux, s'étaient jetés dans les Gaules pour s'y faire un établissement. Clovis, averti de cette irruption, vole à leur rencontre, les joint dans les plaines de Tolbiac où une bataille sanglante a lieu. Ce monarque, voyant que son armée commençait à plier, lève les yeux au ciel et s'écrie: *Dieu de Clotilde, si vous m'accordez la victoire, je fais vœu de recevoir le baptême et ne jamais adorer que vous!* Sa prière fut exaucée, ses troupes se raffermirent, enfoncèrent les bataillons ennemis et les mirent en fuite. Après cette campagne glorieuse, Clovis, fidèle à sa promesse, se fit instruire dans la foi chrétienne et se fit baptiser par Saint-Remi, archevêque de Reims. Depuis cette époque les rois de France ont porté le titre de *rois très-chrétiens*.

D. Quelle autre bataille fut encore gagnée par Clovis?

R. La bataille de Vouillé près Poitiers, gagnée sur Alaric roi des Visigoths, qui fut tué de la main de Clovis.

D. A quel âge mourut Clovis?

R. A l'âge de 45 ans, après un règne de 30 ans.

D. Comment fut partagée la France à sa mort?

R. Entre ses quatre fils; mais Childebert Ier (6e roi) fut roi de France comme roi de Paris.

D. Quelle action barbare commit Clotaire Ier (7e roi), fils de Clovis et successeur de Childebert Ier?

R. Il fit brûler son fils Chramne dans une chaumière où ce prince, révolté contre lui, s'était réfugié avec sa famille.

D. Qui succéda à Clotaire Ier?

R. Chérébert ou Caribert (8e roi) son fils, qui fut roi de France comme roi de Paris, dans le partage des états de son père avec ses trois frères.

D. Quel roi succéda à Chérébert?

R. Son frère Chilpéric Ier (9e roi), déjà roi de Soissons.

D. Comment mourut ce roi?

R. Il fut assassiné à Chelles (bourg à six lieues de Paris), par ordre de Frédégonde sa femme, déjà coupable de plusieurs autres crimes.

D. Quel fut le successeur de Chilpéric Ier?

R. Clotaire II (10e roi) son fils, qui régna sous la tutelle de Frédégonde sa mère.

D. Quels sont les événemens du règne de Clotaire II?

R. Childéric, roi d'Austrasie, animé du désir de venger la mort de Chilpéric son père, assassiné par Frédégonde, leva une puissante armée et en vint aux mains avec les troupes de cette princesse cruelle, près du village de Droissy (Aisne), où il fut défait en 593. Frédégonde mourut quatre ans après cette bataille en 597. C'est encore sous Clotaire II que la reine Bruneliaut, aïeule de Thierry et de Théodebert, fut attachée par les cheveux à la queue d'un cheval indompté qui la traîna ainsi sur des cailloux.

D. A quel âge mourut Clotaire II?

R. Dans sa quarante-cinquième année, après 44 ans de règne; il était monté sur le trône à 4 mois. Dagobert lui succéda.

D. De quel monument religieux est-on redevable à Dagobert Ier (11e roi), successeur de Clotaire II?

R. De l'abbaye de Saint-Denis, qui fut depuis la sépulture des rois de France.

D. Quels ministres illustrèrent son règne?

R. Saint-Eloi et Saint-Arnould.

D. Que fit encore ce roi?

R. Il établit l'oriflamme, espèce de bannière déposée dans l'église de Saint-Denis, et dont les rois se servaient quand ils entreprenaient quelque guerre.

D. A quel âge mourut Dagobert Ier?

R. A 36 ans, après avoir régné 20 ans.

D. Quel fut le successeur de Dagobert Ier?

R. Clovis II (12e roi) son fils, qui régna sous la tutelle de Nantilde sa mère.

D. Qui succéda à Clovis II?

R. Clotaire III (13e roi), monté sur le trône à l'âge de 5 ans.

D. Quels personnages célèbres vivaient sous son règne?

R. Baltide sa mère, qui fut reconnue Sainte par l'église et Ebroïn, grand guerrier, mais ministre perfide.

D. Combien de temps régna Clotaire III?

R. Quatorze ans; il mourut dans sa 19e année.

D. Quelle fut la fin de Childéric II (14e roi), successeur de Clotaire III?

R. Le seigneur Bodillon, qu'il avait fait fouetter de verges l'assassina près de Rouen, comme il revenait de la chasse.

D. Comment considère-t-on Thierry Ier (15e roi), successeur de Childéric II?

R. Comme le premier roi fainéant.

D. Quels sont les rois qui occupèrent le trône pendant la mairie de Pépin d'Héristel?

R. Clovis III (16e roi); Childebert II (17e roi); Dagobert II (18e roi).

D. A quelle époque mourut Pépin d'Héristel?

R. L'an 714, regretté pour ses talens politiques. Charles-Martel son fils hérita de son pouvoir et marcha sur ses traces.

D. Quels sont les rois qui occupèrent le trône pendant sa mairie ?

R. Clotaire IV (19ᵉ roi), Chilpéric II (20ᵉ roi), digne par son courage d'être effacé du tableau des rois fainéans ; d'abord vainqueur, il fut ensuite vaincu deux fois par Charles-Martel qui conserva toujours, sous le titre de maire, toute l'autorité royale ; enfin Thierry II (21ᵉ roi).

D. Quelle bataille gagna Charles-Martel en 732 ?

R. Celle de Tours, gagnée sur les Sarrasins, dans laquelle Abdérame, leur roi, périt avec presque toute son armée.

D. Quel honneur retira Charles-Martel de cette victoire ?

R. Il fut créé duc des Français pendant l'interrègne de cinq ans entre Thierry II et Childéric III.

D. Quand mourut Charles-Martel ?

R. En 741, âgé de 53 ans, après avoir gouverné la France pendant 25 ans ; il laissa deux fils : Pépin et Carloman. Le second ayant pris l'habit de moine en 747, Pépin eut toute l'autorité ; il fut surnommé le Bref à cause de sa petite taille.

D. En quelle qualité gouverna-t-il d'abord ?

R. Comme maire ; mais en 751 il fut proclamé roi par le vœu de toute la nation ; Childéric III (22ᵉ roi) fut mis dans un cloître. C'est le dernier roi des Mérovingiens.

D. Quels ont été les rois les plus illustres de la 1ʳᵉ dynastie ?

R. Mérovée, Clovis Iᵉʳ, Clotaire Iᵉʳ, Clotaire II et Dagobert Iᵉʳ.

IIᵉ. DYNASTIE.

Carlovingiens. — 13 Rois, dont 5 avec le titre d'Empereurs d'Occident. (751 à 987). — Durée ; 236 ans.

D. Quel fut le premier roi de la seconde dynastie ?

R. Pepin-le-Bref (23ᵉ roi), fils de Charles-Martel.

D. Quels furent ses exploits ?

R. Il battit les Saxons, chassa les Sarrasins de Narbonne, et vainquit Gaifre, duc d'Aquitaine, après avoir ravagé tout le pays qu'il occupait.

D. Quel trait de courage rapporte-t-on de ce roi ?

R. Assistant à un combat de bêtes féroces, sur le refus de quelques seigneurs de faire lâcher prise à un lion furieux qui tenait un taureau par le cou, il se jeta dans l'arène, et d'un coup de sabre il abattit la tête du lion.

D. Combien Pepin-le-Bref laissa-t-il d'enfans ?

R. Charlemagne (24ᵉ roi), et Carloman ; mais Carloman étant mort, Charlemagne resta seul possesseur du trône.

D. Racontez les exploits de Charlemagne ?

R. Il défit d'abord Witikind, chef des Saxons (à la bataille du Torrent), et porta ensuite ses armes en Italie contre Didier, roi des Lombards, qui fut vaincu, et le vainqueur proclamé roi d'Italie.

D. D'où vient la célébrité de la bataille de Ronceveaux?
R. Elle vient de la mort de Roland, neveu de Charlemagne.

D. A quelle époque remontent les commencemens de l'Université de Paris?
R. De 781, par Charlemagne, qui fonda aussi la ville d'Aix-la-Chapelle, dont il fit le siège de son empire en 796.

D. Quelle est l'époque la plus remarquable de ce règne?
R. C'est celle de son couronnement comme empereur d'Occident par le pape Léon III en 800 : ses états comprenaient la France, le Portugal, l'Espagne, la Suisse et l'Italie.

D. Combien de temps régna Charlemagne?
R. Quarante-six ans; il mourut à Aix-la-Chapelle à l'âge de 72 ans.

D. Quel fut le successeur de Charlemagne?
R. Louis Ier (25e roi), surnommé le Débonnaire.

D. Quel roi succéda à Louis Ier?
R. Charles II (26e roi), dit le Chauve, monté sur le trône à l'âge de 17 ans.

D. Quelle bataille remporta-t-il en 841?
R. Celle de Fontenay (Yonne), qu'il gagna sur son frère aîné Lothaire.

D. Les incursions des Normands ne commencèrent-elles pas sous ce règne?
R. Oui : les Normands (hommes du Nord), forcés par la nécessité à sortir de leur pays pour chercher ailleurs leur subsistance, et animés par le faux zèle de leur religion autant que par le désir du butin et de la gloire, commirent en France, sous Charles-le-Chauve, des meurtres dont on ne saurait sans frémir raconter toutes les horreurs.

D. De quelle manière mourut Charles II?
R. Etant passé en Italie pour secourir le pape contre les Sarrasins, il fut empoisonné par son médecin Sédécias dans la 37e année de son règne, âgé de 54 ans.

D. Quel roi succéda à Charles II?
R. Louis II dit le Bègue (27e roi), son fils, qui n'est point mis au nombre des empereurs d'Occident, quoiqu'il ait été couronné dans Troyes par le pape Jean VIII.

D. Quels sont les deux princes qui régnèrent ensemble?
R. Louis III (28e roi) et Carloman, qui succédèrent à Louis II; le premier mourut en 882, et Carloman en 884.

D. Pourquoi Charles-le-Gros (29e roi) ne fut-il pas appelé Charles III?
R. Parce que son règne ne fut regardé que comme une simple régence pendant la minorité de son neveu Charles-le-Simple. Sans cela il y aurait eu onze Charles au lieu de dix.

D. Pourquoi Charles-le-Gros fut-il déposé par les Allemands, et perdit-il la couronne de France?

R. Parce qu'il ne chassa pas les Normands, qui avaient mis le siège devant Paris, et qu'il eut la faiblesse de traiter avec eux au lieu de se joindre aux assiégés pour exterminer ses ennemis. Charles-le-Gros tomba dans une extrême faiblesse d'esprit, et fut réduit à la condition de simple particulier. Arnould, bâtard de l'empereur Carloman, lui succéda à l'empire.

D. Où fut relégué Charles-le-Gros?

R. Dans un village de Souabe, avec une modique pension; il y mourut de chagrin et dans le dénûment le plus absolu, n'ayant même plus un seul serviteur sous ses ordres; il avait régné quatre ans.

D. D'où vient que Eudes (30e roi) son successeur parvint au trône au préjudice de Charles-le-Simple?

R. A cause de l'extrême jeunesse de Charles, et parce qu'il s'était distingué au siège de Paris, aidé de Gosselin, évêque de cette ville. Eudes se montra digne de la couronne par les grands avantages qu'il remporta sur les Normands. Il battit plusieurs seigneurs qui avaient formé un parti puissant en faveur de Charles-le-Simple, et consentit pourtant à partager avec lui l'autorité royale.

D. Comment Charles III (31e roi), dit le Simple, gouverna-t-il la France après la mort d'Eudes?

R. Il s'attira la haine de ses sujets en traitant avec les Normands à Saint-Clair-sur-Epte (Eure), où il donna à Rollon sa fille Giselle en mariage, et à titre de duché, la Neustrie. Charles-le-Simple fut battu par les troupes de Hugues-le-Grand, et fait prisonnier au château de Péronne, où il mourut en 923.

D. Qui parvint au trône après Charles III?

R. Raoul (32e roi), au préjudice du fils de Charles-le-Simple Louis IV, dit d'Outremer.

D. Quel roi succéda à Raoul?

R. Louis IV (33e roi), qui ne succéda à Charles-le-Simple son père que 13 ans après pour régner sous la tutelle de Hugues.

D. Que remarque-t-on depuis l'avénement au trône de Lothaire (34e roi), successeur de Louis IV?

R. C'est que la couronne n'a plus été divisée entre les frères, et que l'aîné seul a eu le titre et l'autorité de roi.

D. Qu'arriva-t-il en 956?

R. La mort de Hugues, après 20 ans de règne sans avoir porté le sceptre. Hugues-Capet son fils, lui succéda comme maire du palais, et le surpassa en pouvoir.

D. A quel âge mourut Lothaire?

R. Il termina ses jours à 45 ans, dans la 32e de son règne, empoisonné, dit-on, par Emme sa femme.

Louis V (35e roi) son fils, dit le Fainéant, lui succéda, et fut le dernier roi de la 2e dynastie. Il ne régna que 14 mois,

APPENDICE

et mourut du poison que lui donna Blanche d'Aquitaine sa femme. Sa mort entraîna la chute des Carlovingiens, et amena l'avénement au trône de Hugues-Capet en 987.

D. Quels sont les rois de cette seconde dynastie qui eurent le titre d'empereurs?

R. Charlemagne, Louis-le-Débonnaire, Charles-le-Chauve et Charles-le-Gros.

TROISIEME DYNASTIE.

Capétiens. — 36 Rois jusqu'à Louis-Philippe Ier.
(987 à 1835).

D. Comment se divise cette dynastie?

R. Cette dynastie se divise en six branches, dont celle des *Capets*, qui est la tige commune, a eu 14 rois; le dernier fut Charles-le-Bel. La seconde, dite des *Valois*, en a eu 7, dont Charles VIII fut le dernier. La troisième, dite d'*Orléans*, n'a eu que Louis XII. La quatrième, dite la seconde des *Valois*, en a eu 5, dont Henri III fut le dernier. La cinquième, dite des *Bourbons*, a eu 8 rois; Charles X fut le dernier. La sixième, dite seconde d'*Orléans*, a eu un roi en la personne de Louis-Philippe Ier.

D. Quel est le premier roi de la dynastie des Capétiens?

R. Hugues-Capet, 36e roi de France.

D. Qui lui disputa la royauté?

R. Charles de Lorraine, fils de Louis d'Outremer; mais il fut défait et enfermé à Orléans, où il mourut sans postérité.

D. Combien de temps régna Hugues-Capet?

R. Neuf ans; il mourut âgé de 54 ans. La couronne revint à son fils Robert dit le Pieux.

D. Comment considère-t-on Robert-le-Pieux (37e roi)?

R. Ce prince fut regardé comme le plus vertueux après Saint-Louis. Il encourut cependant l'excommunication de Grégoire V pour avoir épousé Berthe sa parente.

D. Quelle bataille eut lieu en 1046 sous Henri Ier (38e roi), successeur de Rober?

R. La bataille du Val-des-Dunes, et la défaite du comte de Vernon, qui voulait s'emparer de la Normandie.

D. Que fit de remarquable Henri Ier?

R. Il établit la trève du seigneur, loi qui interdisait les combats particuliers depuis le mercredi soir jusqu'au lundi matin suivant; quatre jours par semaine.

D. A quel âge mourut ce roi?

R. A 55 ans, après un règne de 29 ans.

D. Quel fut le successeur de Henri Ier?

R. Philippe Ier son fils (39e roi); sous son règne eut lieu la première guerre avec les Anglais en 1075, contre Guillaume-

le-Conquérant, qui brûla la ville de Mantes (Seine-et-Oise). Ce fut aussi sous ce roi que la première croisade fut entreprise. Dans cette expédition Godefroi de Bouillon s'empara d'Antioche, de St-Jean-d'Acre et de Jérusalem, villes de l'Asie. Philippe mourut à 57 ans, après en avoir régné 48.

D. Qui succéda à Philippe 1er?

R. Louis VI, dit le Gros (40e roi), qui gagna sur les Anglais la bataille de Gisors, et faillit être fait prisonnier à celle de Brenneville (Eure).

D. Où mourut Louis VI?

R. Dans l'abbaye de Saint-Victor, qu'il avait fondée à Paris, à l'âge de 60 ans, après 29 ans de règne. Son fils Louis VII lui succéda.

D. A quelle occasion eut lieu la seconde croisade?

R. Elle fut entreprise par Louis VII dit le Jeune (41e roi), en expiation du massacre de Vitry (Marne), où 1300 personnes périrent dans une église incendiée par ses ordres, dans la guerre qu'il fit à Thibaut, comte de Champagne. Presque toute la noblesse française périt dans cette malheureuse croisade. Louis VII mourut à l'âge de 60 ans, après un règne de 43. Philippe II (42e roi) dit Auguste, lui succéda.

D. Quel ministre illustra le règne de Philippe?

R. L'abbé Suger, qui mourut à Saint-Denis en 1152.

D. Que remarque-t-on depuis 1179?

R. Que l'archevêque de Reims, depuis le sacre de Philippe II, a la prérogative de sacrer les rois dont le sacre se fait en France.

D. A quelle époque eut lieu la troisième croisade?

R. En 1188, sous Philippe II. La mésintelligence s'étant mise entre le roi de France et Richard-Cœur-de-Lion, roi d'Angleterre, cette expédition n'eut pas plus de succès que la précédente. Une quatrième, entreprise sous ce roi, en 1204 fut célèbre par la prise de Constantinople.

D. A quelle époque eut lieu la bataille de Bouvines?

R. En 1214; elle fut gagnée par Philippe-Auguste sur Othon IV, empereur d'Allemagne. Ce combat, qui enleva 30 mille hommes à l'ennemi, dura depuis midi jusqu'au soir, et illustra non-seulement le roi de France et les princes français, mais encore Guérin de Jérusalem, évêque de Senlis; Philippe, évêque de Beauvais, et Mathieu II de Montmorency.

D. Où mourut Philippe-Auguste?

R. A Mantes, âgé de 58 ans, dans la 43e année de son règne (1180 à 1223). Il eut pour successeur son fils Louis VIII.

D. Pourquoi Louis VIII (43e roi) fut-il surnommé le Lion?

R. A cause du grand courage qu'il avait montré dans plusieurs batailles remportées sur les Anglais.

D. Comment mourut ce roi?

R. Après avoir battu les Albigeois, il tomba malade à Montpensier en Auvergne, et mourut à l'âge de 39 ans, après en avoir régné trois. Son fils Louis IX lui succéda.

APPENDICE

D. Quel fut le règne le plus célèbre de la première branche dite des Capétiens?

R. Celui de Louis IX, dit Saint-Louis (44e roi), qui fut mis au nombre des Saints à cause de ses vertus. Parvenu au trône à l'âge de 11 ans, il régna d'abord sous la tutelle de Blanche de Castille sa mère; et lorsqu'il eut atteint l'âge de majorité il se distingua par le gain des batailles de Saintes et de Taillebourg, gagnées sur les Anglais, qui soutenaient le comte de la Marche révolté contre lui.

D. Ce roi n'entreprit-il pas la cinquième croisade?

R. Oui, étant tombé malade, il promit, à son rétablissement, d'aller combattre les infidèles; c'est à cet effet qu'il s'embarqua à Aigues-Mortes, laissant sa mère régente du royaume. Cette expédition n'eut pas de suites plus heureuses que les précédentes. Il fut fait prisonnier à la bataille de Massoure, et se vit obligé de rendre Damiette pour sa rançon, et de payer pour celle des prisonniers français. Louis IX mourut de la peste devant Tunis dans une seconde expédition contre les infidèles. Saint-Louis fonda à Paris l'église et l'hôpital des Quinze-Vingts pour trois cents gentilshommes à qui les infidèles avaient fait crever les yeux. On lui doit aussi beaucoup de lois et réglemens sages et utiles pour l'administration de la justice, encore en usage de nos jours.

D. Quelle fut la durée de son règne?

R. De 44 ans; il mourut dans sa 55e annee.

D. Qui lui succéda?

R. Son fils Philippe III (45e roi), dit le Hardi à cause de la grande valeur qu'il avait montrée en Afrique?

D. Quel événement arriva sous le règne de Philippe III?

R. Les Vêpres siciliennes, massacre attribué à Pierre d'Aragon qui voulait s'emparer de la Sicile au préjudice de Charles d'Anjou, frère de Saint-Louis. Le jour de Pâques, au premier son des cloches annonçant les Vêpres, 8000 Français furent égorgés sans distinction d'âge ni de sexe.

D. Où mourut Philippe III?

R. Philippe mourut à Perpignan, à l'âge de 41 ans : il en avait régné quinze.

D. Quel roi succéda à Philippe III?

R. Son fils Philippe IV (46e roi), dit le Bel à cause de sa physionomie. Il gagna la bataille de Furnes sur les Flamands, perdit celle de Courtrai qui coûta la vie à vingt mille Français, et fut ensuite victorieux à la bataille de Mons-en-Puelle, où les Flamands furent taillés en pièces. Ce roi, de concert avec Clément V, abolit l'ordre des Templiers dans ses états, et les chefs Molay et Guy furent brûlés vifs en 1314. Philippe IV mourut à Fontainebleau à 46 ans, après en avoir régné 29. Son fils Louis-le-Hutin lui succéda.

D. Que peut-on reprocher à Louis X dit le Hutin (47e roi)?

R. Le supplice d'Enguerrand de Marigny, son ministre, soupçonné innocemment d'avoir détourné les fonds du trésor

DE L'HISTOIRE DE FRANCE.   363

à son profit. Louis-le-Hutin mourut après 2 ans de règne, dans la 27ᵉ année de son âge.

D. Comment Philippe V (48ᵉ roi) succéda-t-il à Louis X ?

R. En vertu de la loi salique qui exclut les femmes du trône, son prédécesseur n'ayant laissé que des filles. (Voyez la note de la page 4, première Partie.)

D. Le règne de Philippe V fut-il de longue durée ?

R. Il fut de 6 ans ; sa mort, à l'âge de 29 ans, sans enfans mâles, fit passer la couronne à son frère Charles IV.

D. Quel fut le dernier roi de la 1ʳᵉ branche des Capétiens ?

R. Charles IV (49ᵉ roi) dit le Bel. Ce bon prince, affligé de voir le peuple accablé d'impôts, fit confisquer les biens des usuriers. Son ministre Gérard De Laguette mourut dans les tourmens de la question sans avouer ses déprédations. Son corps fut traîné dans les rues par la populace, et attaché au gibet de Montfaucon.

D. Que fit-il de remarquable peu avant sa mort ?

R. Il érigea la baronnie de Bourbon en duché-pairie en faveur de Louis Iᵉʳ, fils aîné de Robert de France, 6ᵉ fils de Saint-Louis. Il mourut à Vincennes, en 1328, dans sa 33ᵉ année, après avoir régné six ans. Il fut enterré à St-Denis. N'ayant laissé que des filles, la couronne passa à Philippe VI son cousin-germain.

Première branche des Valois, 2ᵉ des Capétiens. — 7 Rois. (1328 à 1498). — Durée : 170 ans.

D. Quel en a été le premier roi ?

R. Philippe VI (50ᵉ roi), fils de Charles dit de Valois, petit-fils de Philippe-le-Hardi.

D. Quel fut le sujet des guerres continuelles avec l'Angleterre sous le règne de Philippe de Valois ?

R. Parce qu'Edouard prétendait à la couronne de France par sa mère Isabelle, fille de Philippe-le-Bel. L'exclusion d'Edouard et son ambition furent l'origine des guerres sanglantes qui s'allumèrent entre la France et l'Angleterre pendant le long règne de ce prince.

D. Quel fut le premier fait d'armes de Philippe VI ?

R. Il gagna la fameuse bataille de Cassel (Flandre) sur les Flamands.

D. Quand commença la guerre avec l'Angleterre ?

R. L'an 1336. Philippe eut quelques avantages dans la Flandre ; mais sa flotte fut détruite au combat naval de l'Ecluse. Cette perte fut suivie de la bataille de Crécy gagnée en 1346 par les Anglais, qui s'emparèrent de Calais l'année suivante, après onze mois et quelques jours d'un siége à jamais mémorable par le généreux dévouement d'Eustache de Saint-Pierre et de cinq autres Calaisiens qui se livrèrent à la fureur d'Edouard, et ne durent leur salut qu'aux larmes de la reine et de son fils.

D. Le règne de Philippe VI fut-il long?
R. Il fut de 22 ans et demi et sa vie de 57 ans.
D. Qui lui succéda?
R. Jean dit le Bon (51e roi), son fils, lui succéda.
D. Quels sont les événemens remarquables de ce règne?
R. La trahison du comte d'Eu, connétable de France, qui eut la tête tranchée par ordre de Jean-le-Bon; la détention de Charles-le-Mauvais, coupable de l'assassinat de Charles d'Espagne de la Cerda; la bataille de Poitiers où Jean fut fait prisonnier par le prince de Galles, dit le prince Noir, et le traité de Brétigny par lequel il fut mis en liberté.
D. Où mourut Jean-le-Bon?
R. En Angleterre, où il était retourné pour maintenir la foi des traités méconnue par son fils, qui s'était échappé y étant en ôtage. Il était âgé de 44 ans, et en avait régné quatorze (1350 à 1364). Il fut enterré à Saint-Denis.
D. Quel roi succéda à Jean-le-Bon?
R. Charles V son fils (52e roi), dit le Sage, qui, aidé de Duguesclin, battit les Anglais à Cocherel (Eure) en 1364, il défit Pierre-le-Cruel, roi de Castille. Charles V, après avoir rétabli les finances de l'état, mourut après un règne glorieux de 16 ans, dans sa 43e année, d'un poison lent que Charles-le-Mauvais lui donna lorsqu'il n'était encore que dauphin. Le château de Saint-Germain fut construit sous ce règne, ainsi que la Bastille.
D. Quel roi succéda à Charles V?
R. Charles VI (53e roi), dit le Bien-Aimé.
D. Quelle bataille fut gagnée par Charles VI en 1582?
R. Celle de Rosbecq, où 40 mille Flamands restèrent sur le champ de bataille. Pendant l'expédition du roi en Flandre, les Parisiens se révoltèrent; mais tout rentra dans l'ordre à l'approche du roi.
D. Quel funeste accident survint à Charles VI?
R. Le roi, parti du Mans pour aller faire la guerre au duc de Bretagne qui avait donné asile au meurtrier du connétable de Clisson, fut frappé d'un coup de soleil sur la route de Nantes; sa démence causa la plus grande mésintelligence entre les princes du sang qui voulaient tous avoir la régence.
D. Quel événement arriva en 1407?
R. Le duc de Bourgogne, Jean-sans-Peur, jaloux de conserver la principale autorité, fit assassiner, dans la rue Barbette, le duc d'Orléans qu'il regardait comme un ennemi dangereux. Une nouvelle insurrection éclata à Paris, qui fut alors le théâtre de toutes sortes de violences.
D. Quelle bataille perdirent les Français en 1415?
R. La bataille d'Azincourt (village d'Artois), gagnée par Henri V, roi d'Angleterre.
D. Que se passa-t-il à Paris en 1418?
R. Le duc de Bourgogne en rentrant dans la capitale fut cause des nouveaux massacres qui y eurent lieu. Le dauphin

s'échappa et se retira à Montargis. En 1419, Jean-sans-Peur fut assassiné sur le pont de Montereau.

D. Que fit Henri V, roi d'Angleterre?

R. Il épousa Catherine, fille de Charles VI, et se fit proclamer roi de France à l'exclusion du dauphin; mais celui-ci ayant pris la qualité de régent, gagna, en 1419, sur Henri, la bataille de Baugé en Anjou, qui fit perdre 25,000 hommes à l'ennemi, et ranima ainsi le courage de ses sujets fidèles?

D. Où mourut Charles VI?

R. A Paris, dans sa 54ᵉ année, après un règne de 42 ans, laissant une grande partie du royaume au pouvoir des Anglais.

D. Quel roi succéda à Charles VI?

R. Charles VII son fils (54ᵉ roi), malgré les intrigues du cabinet anglais; il fut surnommé le Victorieux en considération des provinces qu'il reconquit sur l'Angleterre.

D. Quelle héroïne sauva la France?

R. Jeanne d'Arc, jeune fille de 18 ans, née de parens pauvres, à Dom-Remi, près de Vaucouleurs (Lorraine). Elle alla trouver le roi à Chinon, lui fit part de sa mission, ranima le courage abattu des soldats, fit lever le siège d'Orléans, qui était défendue par Dunois, Saintrailles, La Hire, et les plus vaillans capitaines de France, s'empara d'un grand nombre de villes, et conduisit le roi à Reims, où elle le fit sacrer le 17 juillet 1429, selon sa promesse.

D. Quel fut le sort malheureux de cette héroïne?

R. Dans une sortie, à la défense de Compiègne, elle fut prise par les Bourguignons, qui la livrèrent aux Anglais; et ces peuples, honteux d'avoir été vaincus par une femme, la firent brûler comme sorcière à Rouen, en 1431.

D. Que fit ensuite Charles VII?

R. Charles ayant gagné la bataille de Formigny et de Castillon, où le brave Talbot fut tué, se trouva délivré des Anglais, qui furent entièrement expulsés en 1450.

D. Quelle fut la fin de Charles VII?

R. Il se laissa mourir de faim, dans sa 59ᵉ année, après un règne de 39 ans, de peur d'être empoisonné par son fils.

D. Qui succéda à Charles VII?

R. Louis XI son fils (55ᵉ roi).

D. Que fit-il en montant sur le trône?

R. Il destitua les officiers de la cour, de la justice et des finances, pour y placer les hommes qui s'étaient rendus ses complices dans sa rébellion contre son père.

D. Quelle fut la cause de la détention de Louis à Péronne?

R. La trahison du cardinal de la Balue, qui informa le duc de Bourgogne des intelligences secrètes de son souverain avec les Liégeois. Louis XI punit ce traître en le faisant enfermer à Loches dans une cage de fer où il resta onze ans.

D. Qu'arriva-t-il au siège de Beauvais?

R. C'en était fait de cette ville, assiégée par le duc de Bourgogne, sans la vigoureuse défense des femmes sous la conduite de Jeanne Hachette, qu'on vit sur les remparts combattre si vaillamment Charles-le-Téméraire, qu'il fut obligé d'en lever le siége.

D. Où mourut Louis XI?

R. Au Plessis-les-Tours, âgé d'environ 61 ans, après en avoir régné trente-neuf.

D. Que fit-il en faveur des arts et du commerce?

R. L'imprimerie fut introduite en France sous Louis XI, qui établit aussi les postes.

D. De quelles provinces a-t-il doté la France?

R. Il réunit la Bourgogne à la France en 1477, et la Provence en 1487.

D. Qui succéda à Louis XI?

R. Charles VIII son fils, dit l'Affable (56e roi); ce roi gagna la bataille de St-Aubin, en 1488, contre le duc d'Orléans (depuis Louis XII), s'empara en peu de temps du royaume de Naples, et gagna la bataille de Fornoue, en 1495, sur les ennemis qui lui fermaient le passage de la France.

D. Charles VIII vécut-il long-temps?

R. Il mourut d'apoplexie, âgé de 27 ans et 9 mois, après avoir régné 14 ans et demi. Il fut le dernier de la première branche des Valois.

Première branche d'Orléans, 3e des Capétiens.
1 Roi. (1498 à 1515). — Durée : 17 ans.

D. Combien la 1re branche d'Orléans a-t-elle eu de rois?

R. Elle n'en a eu qu'un : Louis XII (57e roi), duc d'Orléans et arrière-petit-fils de Charles V. Ce prince, surnommé le Père du Peuple, après avoir perdu les batailles de Seminare en 1502 et de Cerignoles en 1503, se distingua à la bataille d'Agnadel sur les Vénitiens en 1509; gagna celle de Ravenne sur les Espagnols en 1512, dans laquelle Gaston-de-Foix fut tué à l'âge de 23 ans; mais la journée de Guinegate ou des Eperons fut fatale à nos armes; Bayard y fut fait prisonnier.

Ce bon prince mourut à Paris, regretté des Français, à l'âge de 53 ans, après en avoir régné dix-sept.

Seconde branche des Valois, 4e. des Capétiens.
5 Rois. (1515 à 1589). — Durée : 74 ans.

D. Quel en fut le premier roi?

R. François Ier (58e roi), surnommé le Père des Lettres, premier prince du sang, comte d'Angoulême, arrière-petit-fils du duc d'Orléans, assassiné en 1407.

D. Quels sont les événemens importans de ce règne?

R. La conquête du Milanais après la bataille de Marignan gagnée sur les Suisses en 1515; la retraite de Rebec en 1524, où le chevalier Bayard fut tué, et notre arrière-garde taillée en pièces par le connétable de Bourbon; la bataille de Pavie, où

François Ier fut fait prisonnier en 1525 ; sa mise en liberté (1526), suivie de la bataille de Cerisoles gagnée par les Français sur les Impériaux, et enfin la découverte du Canada par Jacques Cartier.

D. Combien de temps a régné François Ier ?

R. Environ 32 ans ; il mourut à Rambouillet, âgé de 52 ans et demi.

D. Quel roi succéda à François Ier ?

R. Henri II (59e roi), qui gagna sur les Impériaux la bataille de Renty (à 6 lieues de Saint-Omer) en 1554 ; mais il ne fut pas aussi heureux contre le successeur de Charles-Quint, Philippe II, qui le battit à son tour à Saint-Quentin en 1557, et ensuite à Gravelines en 1558. Henri mourut d'une blessure reçue dans un tournoi, à l'âge de 41 ans, dans la 12e de son règne. Il laissa quatre fils, dont trois lui succédèrent : François II, Charles IX et Henri III.

D. Combien régna François II (60e roi), fils de Henri II ?

R. Son règne, qui ne fut que d'un an, vit commencer les maux les plus affreux causés par les guerres de religion ainsi que par la jalousie des Guises et de Catherine de Médicis, mère du roi et régente du royaume, contre les ducs de Condé, de Bourbon et de Lorraine. L'événement le plus important sous François II, fut la conspiration d'Amboise par les ligueurs pour se saisir de sa personne.

D. Quels sont les événemens remarquables du règne de Charles IX (61e roi), frère et successeur de François II ?

R. Catherine de Médicis, sa mère, fut déclarée régente, et le roi de Navarre (Antoine de Bourbon, père de Henri IV), fut nommé lieutenant-général du royaume. De nouvelles divisions eurent lieu entre les catholiques et les protestans qui en vinrent aux mains. Les protestans, commandés par Coligny et Condé, furent battus à Dreux en 1562 ; le duc de Guise fut assassiné au siège d'Orléans par un calviniste nommé Poltrot. Le connétable de Montmorency reçut huit blessures à la bataille de Saint-Denis en 1567, et mourut après avoir servi sous cinq rois, Louis XII, François Ier, Henri II, François II et Charles IX. Le prince de Condé, chef des protestans, fut assassiné à la bataille de Jarnac remportée en 1569 par le duc Henri, depuis Henri III. Henri, prince de Béarn (depuis Henri IV), remplaça Condé dans le commandement des armées protestantes, et signala ses premières armes par le gain du combat de La Roche-Abeille. Les catholiques défirent complètement leurs ennemis à Montcontour.

D. Quel affreux massacre eut lieu le 24 août 1572 ?

R. Le massacre de la Saint-Barthélemy, dirigé par la reine mère ; plus de huit mille protestans furent égorgés dans Paris, et près de trente mille dans les provinces. L'amiral de Coligny fut une des premières victimes. Cet ordre cruel, arraché à la faiblesse de Charles IX, le conduisit deux ans après au tombeau, dévoré de remords. Ce roi fixa au 1er janvier le commencement de l'année, qui commençait auparavant le jour de Pâques ; il fit aussi bâtir le palais des Tuileries.

D. Qu'arriva-t-il au commencement du règne de Henri III (62e roi), successeur de Charles IX ?

R. Un édit de pacification permettant aux protestans le libre exercice de leur religion, fut cause d'une confédération appelée la Sainte Ligue. Le roi de Navarre se signala par la prise de Cahors. En 1586 eut lieu la guerre des Trois Henris, ainsi nommée du roi Henri III, de Henri roi de Navarre et de Henri duc de Guise. La bataille de Coutras fut gagnée l'année suivante par le roi de Navarre. Il s'éleva encore une nouvelle faction dite des Seize, qui prit son nom des seize chefs des seize quartiers de Paris. La journée de 1558, dite des Barricades, arriva par le projet formé d'enlever le roi quand il irait à Vincennes. L'assassinat du duc et du cardinal de Guise rendit encore l'année 1558 remarquable. Henri III fut assassiné en 1589 par Jacques Clément.

Première branche des Bourbons, 5e des Capétiens.

8 Rois. (1589 à 1830). — Durée : 241 ans.

D. Quel a été le premier roi de la branche des Bourbons ?

R. Henri IV (63e roi), né au château de Pau en Béarn, le 13 décembre 1553, fils d'Antoine de Bourbon et de Jeanne d'Albret.

D. Quels événemens eurent lieu sous ce règne ?

R. La bataille d'Arques remportée par Henri IV, en 1589, sur le duc de Mayenne, qui avait une armée trois fois plus forte que la sienne ; l'année suivante le roi fut encore victorieux à la célèbre bataille d'Ivry (Eure), également remportée sur le duc de Mayenne, qui fut encore battu à Fontaine-Française (Côte-d'Or) en 1595.

D. Quelle tentative eut lieu en 1591 ?

R. Celle de la porte Saint-Honoré pour s'emparer de Paris ; elle fut appelée la journée des Farines, parce que douze capitaines déguisés cherchèrent à y pénétrer, conduisant chacun un cheval chargé de farine. Henri IV ne fit son entrée dans Paris que le 22 mars 1594, après avoir fait son abjuration à Saint-Denis.

D. Comment mourut ce bon roi ?

R. Il fut assassiné par l'infâme Ravaillac, dans la rue de la Ferronnerie, à l'âge de 57 ans, après 21 années de règne. Henri IV fit construire la longue galerie du Louvre et la façade de l'Hôtel-de-Ville, la place et la rue Dauphine. Il fut aidé dans le gouvernement de l'état par le sage Sully.

D. Quel roi succéda à Henri IV ?

R. Louis XIII (64e roi), âgé de 13 ans ; il régna sous la tutelle de sa mère, Marie de Médicis.

D. Quels sont les événemens remarquables de ce règne ?

R. Le siége de La Rochelle et la prise de cette place, sou-

DE L'HISTOIRE DE FRANCE.

tenue par les Anglais ; le combat de Castelnaudary contre Gaston d'Orléans révolté contre son roi ; le siége de la ville de Turin ; la prise d'Arras ; la bataille de la Marsée où le comte de Soissons, sujet révolté, fut vainqueur et tué ; la conquête du Roussillon. La mort de Marie de Médicis à Cologne, et celle de Richelieu en 1642.

D. Que nous reste-t-il du règne de Louis XIII ?

R. Deux monumens remarquables : le Palais-Royal et celui du Luxembourg. Le premier méridien fut fixé à l'Ile-de-Fer, en 1634, et l'Académie française fut rétablie en 1635.

D. Quand mourut Louis XIII ?

R. En 1643, à l'âge de 42 ans, après en avoir régné 33 ; il fut surnommé le Juste.

D. Quel règne glorieux succéda à celui de Louis XIII ?

R. Celui de Louis XIV (65° roi), surnommé le Grand, fils de Louis XIII. Ce prince n'avait que cinq ans lorsqu'il monta sur le trône. Il était né à Saint-Germain-en-Laye en 1638.

D. Quelles victoires signalèrent son avénement au trône ?

R. La mémorable bataille de Rocroy (Ardennes), remportée sur les Espagnols par le duc d'Enghien (depuis le Grand Condé) ; la bataille de Fribourg recommencée trois fois et à trois jours différens ; celle de Nordlingen ; enfin la bataille de Lens (Pas-de-Calais), en 1648, qui mit le comble à la gloire de Condé.

D. Quelles guerres troublèrent ces heureux commencemens ?

R. Celles de la Fronde en 1648, excitées par les mécontens ligués contre le cardinal Mazarin ; Louis XIV fut forcé d'abandonner Paris ; mais Condé, chef des rebelles, ayant été battu à la porte Saint-Antoine par Turenne, le roi rentra dans la capitale, et Mazarin reprit toute son autorité.

D. Quels sont les événemens de l'année 1654 à 1677 ?

R. La première campagne du roi, à la prise de Stenay (Meuse) ; la victoire des Dunes (îles de l'Océan), la prise de Dunkerque, celle de Lille ; la conquête de la Franche-Comté, celle de la Hollande ; la sanglante bataille de Senef (Flandre) sur Montécuculli et le prince d'Orange, qui furent obligés ensuite de lever le siége d'Oudenarde ; enfin la bataille de Salsbach, en 1575, où Turenne fut emporté d'un coup de canon. En 1677, le roi prit Valenciennes (Nord), le duc d'Orléans gagna la bataille de Cassel et prit St-Omer (Pas-de-Calais), et le maréchal de Créqui s'empara de Fribourg (Souabe).

D. Quelle coalition se forma contre la France en 1687 ?

R. Celle de toutes les puissances de l'Europe contre Louis XIV. La bataille de Fleurus (Flandre) fut gagnée en 1690 par le maréchal de Luxembourg, et le vice-amiral de Tourville battit, près de Dieppe, les flottes anglaise et hollandaise. L'année 1691 fut signalée par la prise de Mons (Pays-Bas) et de Nice (Italie), par la bataille de Leuze (Flandre). L'année suivante est remarquable par la sanglante bataille de Steinkerque en Hainaut. Enfin les victoires de Nerwinde et de la Marsaille amenèrent, en 1697, le traité de paix de Riswick.

APPENDICE

D. Quel événement troubla la paix en 1700?
R. La mort de Charles II roi d'Espagne, qui avait institué pour héritier de ses états le petit-fils de Louis XIV sous le nom de Philippe V. Louis XIV, qui avait à lutter contre le prince Eugène et Marlboroug, perdit la bataille de Blenheim en 1704, celle de Ramillies en 1705, enfin celle de Turin, qui entraîna la perte de la Lombardie. La bataille de Malplaquet (Nord), mettant le comble à nos désastres, força le roi à demander à ses ennemis la paix qu'ils lui refusèrent avec hauteur; lorsqu'en 1712 de Villars gagna la célèbre victoire de Denain, qui sauva la monarchie, et qui fut suivie de la paix d'Utrecht et de Rastadt.

D. A quel âge mourut Louis XIV?
R. A l'âge de 77 ans, le 1er septembre 1715, après 72 années de règne.

D. Quels fameux guerriers illustrèrent son règne?
R. Le duc d'Orléans, frère du roi, le grand Condé, Turenne, Plessis-Praslin, le comte de Coligny, le marquis de Boufflers, Catinat, le duc de Vendôme et les maréchaux de Luxembourg, Créqui, d'Humières, de Noailles, d'Estrées, de Villars, de Villeroi et de Berwick. Dans la marine les amiraux de Brézé et de Tourville, Duquesne, Jean-Bart et Duguai-Trouin. Les ministres Mazarin, Colbert et Louvois.

D. Quels sont les monumens et les établissemens dus à Louis XIV, ou construits sous son règne?
R. L'hôtel des Invalides, le château et le parc de Versailles, les boulevards intérieurs, le Pont-Royal, la porte St-Martin, le Val-de-Grâce, la place Vendôme, la place des Victoires, le parc et le château de Saint-Cloud, l'arc de Triomphe de la porte Saint-Denis, l'Académie de Peinture et de Sculpture; le commencement du magnifique canal du Languedoc qui joint la Méditerranée à l'Océan, l'Observatoire; le commencement de la belle façade du Louvre, et la fondation des ports de Cette et de Rochefort.

D. Quel fut le successeur de Louis XIV?
R. Louis XV (66e roi), son petit-fils, surnommé le Bien-Aimé; comme il n'avait que cinq ans, il régna sous la régence du duc d'Orléans jusqu'en 1723 qu'il fut déclaré majeur; il avait épousé, en 1721, Marie, fille unique de Stanislas Leczinski, roi de Pologne.

D. Pourquoi la France fit-elle la guerre à l'Autriche?
R. Parce que Marie-Thérèse s'était opposée à la réélection de Stanislas roi de Pologne. Louis XV, aidé par les rois de Sardaigne et d'Espagne, s'empara du fort de Kell, et fit le siége de Philipsbourg (Allemagne) en 1734, où Berwick fut tué; cette même année de Villars mourut à Turin après avoir pris les villes de Pavie, de Milan et presque tout le Milanais. Le maréchal de Coigny, qui le remplaça, gagna la même année les batailles de Parme et de Guastalla, à la suite desquelles la paix fut signée, en 1738, par toutes les puissances de l'Europe.

D. Quel événement troubla la paix en 1740?

R. La mort de Charles VI, empereur d'Autriche, qui mourut sans enfant mâle. Marie-Thérèse d'Autriche sa fille, reine de Hongrie et femme du grand-duc de Toscane (Italie), lui succéda; mais elle ne parvint pas à se maintenir sur le trône dont s'empara Charles VII, électeur de Bavière.

D. Quelle fameuse bataille fut livrée en 1745?

R. La bataille de Fontenoi (près de Tournai), gagnée par Louis XV en personne, ayant sous ses ordres le maréchal de Saxe; les alliés y perdirent plus de 15,000 hommes. En 1746, Bruxelles, Anvers, Namur et Charleroi furent forcées d'ouvrir leurs portes au maréchal de Saxe, qui gagna la même année la bataille de Raucoux (Allemagne). De La Bourdonnaye prit la ville de Madras sur les Anglais. Louis XV gagna, en 1747, la bataille de Lawfeld, où les alliés perdirent 10,000 hommes. Lowendal prit Berg-op-Zoom. La paix glorieuse d'Aix-la-Chapelle fut signée en 1748.

D. Quels sont les évènemens de 1757 à 1763?

La bataille de Rosback (Saxe), gagnée par le roi de Prusse; la guerre rallumée par la mauvaise foi de l'Angleterre, à la suite de laquelle la France perdit presque toutes ses possessions en Afrique et en Amérique, ainsi que sa marine. Malgré les succès des armées françaises à Sandershausen, à Berghen, à Tolbach et à Closterkamp, obtenus par le duc de Broglie et les maréchaux de Saxe et de Belle-Isle, Louis XV, dont les finances étaient épuisées, et ses provinces méridionales ravagées par la peste, fut forcé, en 1763, de signer le traité de Paris, qui fut humiliant pour la France. Les Génois ne pouvant la morigéner, cédèrent l'île de Corse à la France en 1769.

D. Quel accident arriva à Paris en 1772?

R. L'incendie de l'Hôtel-Dieu, qui dura cinq à six jours.

D. Quel établissement fit Louis XV en 1751?

R. Celui de l'Ecole-Militaire; et la pose de la première pierre de Sainte-Geneviève en 1764. Louis XV mourut en 1774, à 64 ans, après un règne de 59 ans.

D. Quel roi succéda à Louis XV

R. Louis XVI (67e roi), son petit-fils, qui signala les premières années de son règne en reconnaissant l'indépendance de l'Amérique, ce qui lui attira la haine de l'Angleterre et les sanglantes catastrophes qui en furent les suites.

D. Quelles assemblées eurent lieu successivement?

R. L'assemblée des notables en 1787, pour la création des impôts du timbre et territorial; une seconde eut lieu en 1788; mais la plus remarquable fut l'assemblée des états-généraux en 1789, composée du clergé, de la noblesse et du tiers-état.

D. Quels sont les autres évènemens remarquables du règne de Louis XVI?

R. Le pillage de la manufacture de Réveillon au faubourg Saint-Antoine; la disgrâce de Necker; l'enlèvement des armes et des canons de l'Hôtel des Invalides; la prise de la Bastille; le massacre de Foulon et de Berthier son gendre, l'organisaion de la France en départemens; la création des assignats 1789. L'abolition de tous les titres d'honneur; la fédération du Champ-de-Mars, où 400,000 Français s'embrassèrent en frères (1790). La fuite de Louis XVI et de sa famille, leur arrestation et leur retour à Paris (1791). Le massacre des Suisses qui gardaient le roi aux Tuileries; les égorgemens dans les prisons et dans les rues pendant quatre jours; la captivité du monarque au Temple et sa fin tragique; le supplice affreux de la princesse de Lamballe (1792).

D. Quelles étaient les dispositions des puissances?

R. Elles avaient formé une coalition contre la France, et les hostilités commencèrent le 20 avril 1792 : les Prussiens s'étant emparés de Longwy, Verdun; et ayant pénétré dans la Champagne, l'alarme se répandit alors dans la capitale et donna lieu à la formation de nombreux bataillons qui forcèrent les ennemis d'évacuer le territoire français.

D. Quels sont les autres faits d'armes de 1792?

R. Les batailles de Valmy, de Jemmapes; la réunion de la Savoie à la France, et la prise des villes de Tournai, Gand, Charleroi, Bruxelles, Ostende, Ypres, Furnes, Bruges, Anvers, Tirlemont et Liége.

CONVENTION NATIONALE.

D. Qu'arriva-t-il de déplorable le 21 janvier 1793?

R. L'exécution de Louis XVI, condamné à mort par la Convention nationale, à la majorité de cinq voix; et malgré la courageuse défense de MM. Malesherbes, Desèze et Tronchet, ce malheureux prince périt sur l'échafaud à l'âge de 38 ans, après un règne de 19 ans (1774 à 1793).

D. Qui succéda à Louis XVI?

R. Louis XVII (68e roi). Ce roi enfant, reconnu par les Vendéens, ne régna pas, et mourut au Temple en 1795, après avoir été accablé des plus mauvais traitemens.

D. Que fit la Convention après la mort de Louis XVI?

R. Elle proscrivit plusieurs de ses membres; le culte fut interdit; les édifices furent convertis en prisons; il fut établi, sous le nom de comité de salut public, un comité ordonnateur d'assassinats. Un tribunal révolutionnaire fut aussi créé pour prononcer sans appel et même en masse l'arrêt de mort des victimes qui n'étaient accusées ennemies de la république que par l'importance de leur fortune ou par la délicatesse de leurs sentimens. Enfin la Convention ne voulant rien conserver des institutions anciennes, décréta une nouvelle ère dite ère républicaine, qui a été en usage du 20 septembre 1792 au 1er janvier 1806; les mois et les jours reçurent de nouveaux noms.

D. Quelle amélioration dut-on à la Convention?

R. L'uniformité des poids et mesures en France, calculée d'après le système décimal.

D. Quelles princesses périrent sur l'échafaud en 1793 et 1794?

R. La reine Marie-Antoinette et madame Elisabeth.

D. Quelles batailles furent gagnées en 1794?
R. La bataille de Savenai, où les Vendéens et les chouans furent battus; celle de Fleurus, gagnée par le général Jourdan. La mort des deux frères Robespierre rendit encore cette année remarquable, et mit fin au règne de la terreur.

D. Qu'arriva-t-il en 1795?
R. Le massacre de Quiberon, où 500 prisonniers français périrent par ordre de la Convention, et la réunion à la France de la Belgique, du pays de Liége et de Luxembourg.

DIRECTOIRE EXÉCUTIF (1795 à 1799).

D. Quel général parut en 1796 à la tête des armées?
R. Bonaparte; il fut chargé du commandement en chef de l'armée d'Italie où il gagna les batailles de Montenotte, de Millésimo, de Dego, de Mondovi, de Lodi, de Castiglione, de Roveredo, de Saint-Georges, de Bassano et d'Arcole.

D. Quelles furent les conquêtes de 1797 sous le Directoire?
R. La sanglante bataille de Rivoli, gagnée par Bonaparte; la bataille et le passage du Tagliamento; le fameux passage du Rhin par le général Moreau. Le traité de Campo-Formio mit fin à la guerre avec l'Autriche en 1797.

D. Où Bonaparte porta-t-il ses armes en 1798?
R. Il débarqua en Egypte, où il s'empara des villes d'Alexandrie, de Rosette et du Caire; et gagna la bataille des Pyramides. Mais la flotte française fut entièrement défaite par l'amiral Nelson au combat d'Aboukir.

D. Contre quelles puissances la France avait-elle à combattre en 1799?
R. Nos armées, qui avaient à lutter contre l'Autriche, la Russie, la Toscane, l'Angleterre, la Turquie, le Portugal et les états barbaresques, perdirent la bataille de Stockach, celle de Cassano et celle de Novi, si funeste à la France par la mort du général Joubert et de 25 mille Français.

D. Quelles furent nos victoires en Egypte?
R. Celles de Mont-Thabor et d'Aboukir.

CONSULAT (1796 à 1804).

D. Quel honneur obtint Bonaparte sur la fin de 1799?
R. Il fut nommé premier consul. C'est en 1800 que se donna la bataille de Marengo. Desaix fut tué sur le champ de bataille. L'année 1800 est encore remarquable par l'assassinat de Kléber en Egypte.

D. Quelle amélioration eut lieu dans le royaume en 1802?
R. Le rétablissement du culte catholique, après six ans de persécution; l'ordre de la Légion-d'Honneur fut institué cette même année, et Bonaparte fut créé consul à vie.

D. Qu'arriva-t-il le 21 mars 1804?

R. Le 5 mars, Louis-Antoine-Henri de Bourbon-Condé, duc d'Enghien, fut enlevé au milieu de la nuit à Ettenheim (Allemagne), et fut conduit à Vincennes, où il fut condamné à mort et fusillé, le 22 mars de la même année, à l'âge de 32 ans.

NAPOLÉON Ier, EMPEREUR (1804 à 1814).

D. Quand Bonaparte prit-il le titre d'empereur?
R. Bonaparte fut proclamé empereur des Français le 18 mai 1804, sous le nom de Napoléon 1er, et rendit le trône héréditaire dans sa famille. Il fut, l'année suivante, couronné roi d'Italie dans la ville de Milan.

D. Quels sont les faits remarquables de son règne?
R. (1805) La capitulation d'Ulm, l'entrée de Français dans Vienne; le gain de la bataille d'Austerlitz; le combat naval de Trafalgar près de Cadix (1806); la victoire d'Iéna sur les Prussiens, et l'envahissement d'une partie de la Prusse.

D. Racontez les faits d'armes de l'année 1807?
R. La bataille d'Eylau gagnée sur les Russes; la prise de Dantzick, et le gain de la bataille de Friedland.

D. Quelle guerre eut lieu en 1809?
R. Celle entre la France et l'Autriche, qui fut suivie du gain des batailles d'Ekmülh, d'Essling, de Wagram, et de la victoire de Talavera de la Reyna sur le général Wellington.

D. Quel événement termina l'année 1809?
R. La dissolution du mariage de Napoléon avec Joséphine. Il épousa en 1810 Marie-Louise, fille de l'empereur d'Autriche.

D. Quelle guerre entreprit Bonaparte en 1812?
R. La guerre de Russie; les batailles d'Ostrownow, de Smolensk et de la Moskowa furent d'abord gagnées par les Français; mais les Russes, en effectuant leur retraite jusqu'à Moskou, y mirent le feu, et nous laissèrent l'entrée d'une ville sans habitans et au milieu des ruines qu'éclairait encore l'incendie. Un froid rigoureux mit le comble aux misères de notre armée, qui, de 580 mille braves dont elle se composait au commencement de la campagne, fut réduite à Wilna à 20000.

D. Quelles victoires remporta Bonaparte la même année?
R. La bataille de Lutzen, celle de Dresde, et celle de Leipsick, si fatale à Napoléon. C'est en 1814 qu'il mit la garde nationale de Paris en activité sous les ordres de Moncey.

D. Quand eut lieu le siége de Paris?
R. Le 30 mars 1814 : 5 mille Français et 12 mille alliés restèrent sur le champ de bataille des buttes Saint-Chaumont. Cette journée livra la capitale aux puissances étrangères. Napoléon 1er ne put faire accepter par les puissances étrangères son abdication en faveur de son fils, sous le nom de Napoléon II; le comte d'Artois fit son entrée à Paris le 12 avril, et gouverna le royaume jusqu'au retour du roi. Bonaparte fut envoyé à l'île d'Elbe sur les côtes de la Méditerranée.

D. (1804 à 1814.) De quels monumens Paris est-il redevable au règne de Napoléon?

R. Paris lui doit ses marchés, sa halle aux vins, ses abattoirs, l'établissement des cimetières du Père La Chaise, de Montmartre, etc.; des fontaines Desaix, du Palmier, de Bondy; des arcs-de-triomphe du Carrousel et de l'Etoile; des ponts d'Iéna, d'Arcole, des Arts, d'Austerlitz; des canaux de l'Ourcq et de Saint-Denis; de la continuation des quais des deux rives de la Seine, depuis le quai d'Orsay jusqu'à la barrière de la Cunette, et d'une infinité de bornes fontaines et d'autres améliorations qui ont si puissamment contribué à l'assainissement de la capitale.

Ire branche des Bourbons, 5e des Capétiens.
(8 Rois, 1589 à 1830).

D. Quand Louis XVIII (68e roi) parvint-il au trône?
R. Le 31 mars 1814. Il ramena la paix dans le royaume; mais malheureusement elle ne fut pas de longue durée; Napoléon sortit de l'île d'Elbe, il revint en France; Louis XVIII fut obligé de se retirer à Gand.

D. Que firent alors les puissances étrangères?
R. Elles reprirent les armes; Napoléon, défait à Waterloo, fut obligé d'abdiquer une seconde fois, et conduit par les Anglais à l'île Sainte-Hélène où il mourut le 5 mai 1821.
Louis XVIII revint à Paris, où il perdit en 1820 son neveu le duc de Berri, assassiné par Louvel. Ce monarque rétablit le roi d'Espagne Ferdinand VII sur son trône (1814-1824.) Il mourut à Paris, le 16 septembre 1824, et fut enterré à St-Denis.

D. Quel roi succéda à Louis XVIII?
R. Charles X (70e roi), son frère, dont les armes se distinguèrent à la bataille de Navarin, puis en Afrique où elles détrônèrent le dey d'Alger qui avait insulté l'ambassadeur français. Charles X ne profita pas de la gloire de son règne; les ordonnances rendues pour suspendre la liberté de la presse indisposèrent le peuple; une violente insurrection éclata dans la capitale, et les journées des 27, 28 et 29 juillet 1830 lui firent perdre un trône jusqu'alors si bien affermi: Charles X signa son abdication à Rambouillet et fut ensuite conduit à Cherbourg; où il s'embarqua pour l'Angleterre (1824 à 1830.)

D. Quels événemens suivirent son abdication?
R. Un gouvernement provisoire fut créé; Louis-Philippe d'Orléans fut déclaré lieutenant-général du royaume, et reconnu roi des Français par les chambres, le 9 août 1830.

2e branche d'Orléans, 6e des Capétiens.

D. A quelle époque Louis-Philippe monta-t-il sur le trône et prêta-t-il serment?
R. C'est le 9 août, à la séance royale. C'est à la suite de ce

serment qu'il fût proclamé roi des Français ; et ce n'est que de ce jour que date son avénement au trône.

D. Les armes de France ne furent-elles pas changées ?

R. Elles ont été remplacées par les armes d'Orléans. Ces armes sont surmontées de la couronne fermée avec le sceptre et la main de justice en sautoir, et de drapeaux tricolores derrière l'écusson.

D. Qu'est-il arrivé de remarquable sous le règne de Louis-Philippe Ier, roi des Français ?

R. L'expédition de Belgique (1831), terminée par la prise d'Anvers, et le mariage de la fille aînée du roi avec le prince Léopold d'Angleterre, roi des Belges.

D. Quel événement répandit la consternation générale dans Paris, le 28 juillet 1835 ?

R. Une machine infernale fut dirigée contre le roi, ses fils et son état-major, sur le boulevard du Temple ; le maréchal Mortier, qui était près du roi, plusieurs officiers généraux, des gardes nationaux et des curieux furent tués ; le roi ne fut pas atteint.

D. Quel triste événement arriva le 13 juillet 1842 ?

R. Le duc d'Orléans, fils aîné du roi, fit une chute si malheureuse en se rendant à Neuilly, qu'il mourut deux heures après.

RÉPUBLIQUE FRANÇAISE (1848 à 1852).

D. Quel événement amena la chute du trône de Louis Philippe ?

R. Un banquet composé de personnes hostiles au gouvernement devait avoir lieu à Chaillot, un ordre du jour ayant rappelé aux citoyens qu'ils ne pouvaient s'y présenter comme gardes nationaux et avec armes, ils y renoncèrent, mais leur mécontentement prépara l'insurrection qui eut lieu le 23 février 1848. Le roi fut obligé de prendre la fuite avec la reine, après avoir abdiqué en faveur du comte de Paris ; mais le peuple refusa de sanctionner ce dernier acte de la monarchie.

D. Quelle fut la suite de ce refus ?

R. Un gouvernement provisoire composé de onze membres fut installé à l'Hôtel-de-Ville, et son premier acte fut la proclamation solennelle de la république française ainsi que l'établissement du suffrage universel.

D. Quelle cause amena les événemens de juin ?

R. La dissolution des ateliers nationaux qui avaient été créés le 6 mars pour donner des travaux à près de cent mille individus oisifs. Le général Cavaignac, alors chef du pouvoir exécutif, se rendit maître de l'émeute le 26 juin après beaucoup de sang versé de part et d'autre : les généraux Duvivier, Négrier, Bréa, et monseigneur l'archevêque de Paris, qui était allé porter des paroles de paix aux insurgés, furent tués.

D. Quel événement remarquable eut encore lieu cette année

DE L'HISTOIRE DE FRANCE.   577

R. La nomination de Louis-Napoléon Bonaparte à la présidence de la république par près de six millions de suffrages.

D. Qu'arriva-t-il le 2 décembre 1851 ?

R. Les menaces ouvertes contre la liberté du prince et les conspirations au grand jour des anciens partis décidèrent le coup d'état du 2 décembre : un décret est placardé sur les murs de Paris pour annoncer la dissolution de la chambre, le rétablissement du suffrage universel, l'abrogation de la loi du 31 mai, et l'établissement de l'état de siége dans la première division militaire.

D. Quels sont les événemens des 3, 4 et 5 décembre ?

R. Le 3, des groupes se forment sur divers points pour faire appel aux armes, l'ex-représentant Baudin est tué sur une barricade, deux autres, MM. Madier Montjau et Schœlcher sont blessés dans deux autres engagemens. La troupe a de nouvelles barricades à enlever dans les journées des 4 et 5; elles ne peuvent résister au courage des soldats, elles sont détruites sur tous les points.

D. Qu'arriva-t-il les 20 et 21 décembre 1851 ?

R. Le vote mémorable du peuple français qui élève pour la seconde fois Louis-Napoléon au gouvernement de la France, comme Président de la République élu par sept millions cinq cent mille voix.

D. Que fit paraître le prince président le 14 janvier 1852 ?

R. La Constitution.

NAPOLÉON III, EMPEREUR (1852).

Qu'est-il arrivé les 21 et 22 novembre 1852 ?

Napoléon fut élu empereur des Français par la volonté nationale, et proclamé le 2 décembre de la même année, sous le nom de Napoléon III.

Quelle princesse a-t-il épousée le 29 janvier 1853 ?

Il a épousé civilement S. Exc. Eugénie de Guzman de Montijo, comtesse de Téba, grande d'Espagne de première classe.

Quels sont les événemens de 1854 à 1864 ?

La guerre entreprise par la Russie malgré la foi des traités, contre la Turquie, et l'intention de la France et de l'Angleterre de les faire respecter en envoyant une flotte combinée au secours des Turcs contre les Russes. Le traité de paix fut signé après la prise de Sébastopol. En 1859, la bataille de Solférino, gagnée par Napoléon III en personne sur les Autrichiens, met fin à la guerre d'Italie. L'armée française obtient ensuite de nouveaux succès dans l'expédition de Chine. La guerre du Mexique met le comble à la gloire de nos armes.

Que se passa-t-il en 1866 ?

L'Autriche, vaincue par la Prusse, devenue l'alliée de l'Italie, réclame la médiation de Napoléon III ; elle cède la Vénétie à la France que celle-ci s'empresse d'offrir à l'Italie.

Qu'est-il arrivé de remarquable l'année suivante ?

Le Mexique est évacué par l'armée française. Une exposition universelle, ouverte à Paris, reçoit la visite de tous les souverains. Une nouvelle loi militaire est votée par les chambres. La garde nationale mobile est organisée. Maximilien, empereur du Mexique, fait prisonnier à Queratro est fusillé. La constitution de l'empire est réglée et acceptée par un plébiscite qui réunit sept millions de oui.

Quelle cause amena une rupture entre la France et la Prusse ?

La candidature du prince Hohenzollern au trône d'Espagne.

Racontez les principaux faits qui s'accomplirent pendant cette guerre ?

L'Allemagne tout entière se ligue contre la France. Wissembourg, Reischoffen, Forbach sont témoins de nos défaites. L'armée du Nord, sous le commandement du maréchal Bazaine, est investie sous les murs de Metz. Le 1er septembre a lieu la bataille de Sedan qui amène une capitulation ; une grande partie de l'armée française et Napoléon sont faits prisonniers de guerre.

RÉPUBLIQUE FRANÇAISE (1870).

Quelle fut la suite de la capitulation de Sedan ?

Le 4 septembre suivant, le Corps législatif est envahi, la République est proclamée. Un Gouvernement provisoire qui prend le titre de Gouvernement de la Défense nationale est constitué, et le général Trochu en est nommé le président.

Rapportez-nous quelques faits d'armes ?

Les Allemands, après avoir enveloppé Paris, l'investissent complètement. Le réseau télégraphique de l'Ouest, le dernier qui permît de transmettre des dépêches, est coupé. Ce n'est qu'après une résistance héroïque que Strasbourg capitule. Le maréchal Bazaine livre la ville de Metz à l'ennemi et devient prisonnier de guerre avec les 150,000 hommes qu'il a sous ses ordres. Le général d'Aurelles de Paladine, commandant de l'armée de la Loire défait une partie de l'armée allemande à Coulmiers. Divers combats ont lieu sous les murs de Paris, les Prussiens y font des pertes considérables. Les généraux Chanzy, Bourbaki et Faidherbe obtiennent quelques avantages sur l'ennemi.

Qu'arriva-t-il au commencement de l'année 1871 ?

Les Allemands commencent le bombardement de Paris ; les désastres sont peu considérables les premières journées.

L'armée française éprouve de nombreux échecs, soit au Mans, soit à Saint-Quentin.

Quand finit le siège de Paris ?

Le 28 janvier, la famine qui règne dans la capitale force le Gouvernement de la Défense nationale à capituler. Conclusion d'un armistice entre MM. J. Favre et de Bismarck, représentant le roi de Prusse, proclamé empereur d'Allemagne le 18 janvier.

Quels faits s'accomplirent ensuite ?

L'Assemblée nationale se réunit à Bordeaux ; M. Thiers est nommé chef du pouvoir exécutif. Par le traité de Francfort qui met fin à la guerre, la France cède à la Prusse une partie des départemens de la Moselle et de la Meurthe, les deux départemens du Bas-Rhin et du Haut-Rhin, de plus, elle s'engage à payer, comme indemnité de guerre, la somme de cinq milliards. La déchéance de Napoléon III et de sa dynastie est votée par l'Assemblée nationale.

Quel événement apporta le trouble dans Paris ?

Une partie de la garde nationale parisienne se soulève contre le pouvoir de l'Assemblée qui venait de transporter le siège de ses séances de Bordeaux à Versailles. La Commune est proclamée, et la ville de Paris se voit de nouveau bloquée par l'armée régulière de Versailles. Ce siège dure deux mois.

Quels événemens eurent lieu à la suite de ce siège ?

Le maréchal de Mac-Mahon enlève Paris de vive force aux partisans de la Commune ; la lutte dure sept jours ; un grand nombre d'émeutiers trouve la mort dans les barricades. Les Tuileries, le ministère des finances, l'Hôtel-de-Ville, quantité d'autres monumens ainsi qu'un grand nombre de propriétés particulières sont incendiés par les fuyards. L'archevêque de Paris, des prêtres, des magistrats, des personnes de toute condition, emprisonnés comme otages par ordre de la Commune sont massacrés.

Que fit l'Assemblée nationale en 1872 ?

Une loi sur le recrutement établit en France le service militaire obligatoire. Un emprunt de 3,500 millions pour achever le payement de l'indemnité de guerre, est voté.

Où et quand mourut Napoléon III ?

Après la chute de son gouvernement, l'empereur se retira en Angleterre ; il mourut à Chislehurst le 9 janvier 1873, dans sa 65e année.

Qu'arriva-t-il dans le courant de l'année ?

M. Thiers ayant donné sa démission, la présidence de la République est déférée au maréchal de Mac-Mahon. Les Allemands évacuent les derniers départemens qu'ils occupaient.

Qu'est-il arrivé de remarquable en février 1875 ?

L'Assemblée vote des lois constitutionnelles. Le Gouvernement définitif de la France est constitué.

FIN DE L'HISTOIRE DE FRANCE.

TABLE DES ARTICLES.

PREMIÈRE PARTIE.

Instruction sur l'Histoire de France.	Page 1
Origine des Gaulois et des Francs.	3
Peuples anciens dont il est fait mention dans l'Histoire de France.	8
Dictionnaire des Français qui ont illustré leur patrie depuis Pharamond (420) jusqu'à ce jour.	9 à 18
Chronologie poétique de l'Histoire de France.	19 à 29
Tableau synoptique des Rois de France.	30 à 31

Première Dynastie. — Mérovingiens.

Pharamond jusqu'à Childéric III.   32 à 83

Deuxième Dynastie. — Carlovingiens.

Pepin-le-Bref jusqu'à Louis V.   84 à 124

Troisième Dynastie. — Capétiens 1re branche.

Hugues-Capet jusqu'à Charles IV dit le Bel.	126 à 175
2e Branche. Philippe de Valois jusqu'à Charles VIII.	176 à 207
3e Branche. Louis XII (1re d'Orléans).	208 à 213
4e Branche. François Ier jusqu'à Henri III.	214 à 241
5e Branche. Henri IV jusqu'à Charles X.	242 à 353
Assemblée des Notables, 295. — États-Généraux, 295. — Assemblée Constituante, 296. — Assemblée Législative, 298. — Convention Nationale et République Française, 299. — Suite à la République Française, 306. — Directoire exécutif, 309. — Consulat, 313. —	295 à 315

Empire Français.

Napoléon Ier, Empereur.	316 à 323
6e Branche, dite d'Orléans. Louis-Philippe Ier.	332 à 340
République Française.	341 à 345
Napoléon III, Empereur.	346 à 349
République Française.	350 à 352
Maximes de l'honnête Homme ou de la Sagesse.	353
Appendice de l'Histoire de France pour les Commençans.	354 à 376

Imprimerie de J. MORONVAL, rue Galande, 65.

SECONDE PARTIE.

HISTOIRE ANCIENNE.

Qu'est-ce que l'histoire ancienne? — C'est le récit des événemens de l'antiquité. L'origine des nations se perd dans la nuit des temps. Les peuples les plus anciens sont les Egyptiens, les Babyloniens, les Assyriens, les Phéniciens, les Mèdes, les Perses, les Indiens et les Grecs.

DES ÉGYPTIENS.

Pourquoi placez-vous l'histoire des Egyptiens la première? — Parce qu'elle est, de toutes les histoires profanes, celle qui semble remonter plus haut.

Où est située l'Egypte? — En Afrique. L'isthme de Suez la sépare de l'Asie, la Mer-Rouge la borne à l'est, et la Méditerranée au nord. Elle doit en grande partie son extrême fertilité aux débordemens périodiques du Nil, qui, en se retirant, laisse un limon qui engraisse la terre; mais pour que la récolte soit abondante, il faut que la crue des eaux n'excède pas 24 pieds, ni qu'elle ne soit pas au-dessous d'environ 18.

Quel fut le premier roi d'Egypte? — Mesraïm, fils de Cham, un des petits-fils de Noé, appelé Ménès dans les auteurs profanes. Après sa mort, l'Egypte fut divisée en quatre états; savoir : celui de Thèbes ou de la Haute-Egypte, celui de la Basse-Egypte, celui de This et celui de Memphis. Depuis Ménès jusqu'à Mœris, l'histoire n'offre qu'incertitude.

Que dites-vous de Mœris? — Il régnait à Thèbes et à Memphis. Ce fut ce prince qui fit creuser ce fameux lac qui porta son nom, et qui était destiné à recevoir les eaux du Nil quand l'inondation était surabondante. Il y a plusieurs siècles que ce lac n'existe plus.

Qu'offre de remarquable le palais ou tombeau d'Osymandias? — Il s'y trouvait la plus ancienne bibliothèque du monde, avec cette inscription : *Remèdes de l'Ame*; inscription vraie et sublime, pourvu qu'on l'applique aux bons ouvrages, les autres étant un poison plutôt qu'un remède.

Que sait-on de certain sur Sésostris? — Que les Egyptiens ont eu un Sésostris qu'on croit fils d'Aménophis II; que ce prince fit des choses mémorables, qu'il embellit l'Egypte, qu'il fut conquérant et législateur; mais sur l'étendue de ses conquêtes et les circonstances de sa vie, il y a un voile impénétrable, et beaucoup de fables et de contradictions.

A quelle époque se débrouille le chaos de l'histoire d'Egypte? — Au règne de Psamméticus, 670 ans avant Jésus-Christ. Ce prince ouvrit ses ports aux étrangers, et la nation commença à avoir des relations de commerce avec les Grecs.

Quel fut son successeur? — Néchos, son fils. Il entreprit un canal du Nil à la Mer-Rouge, et n'eut pas le bonheur de réussir. Sous son règne et par ses ordres, des navigateurs Phéniciens firent le tour de l'Afrique. Ce prince, d'un génie supérieur, ne mit à exécution que des projets utiles.

Qu'arriva-t-il après sa mort? — Son fils Apriès, qui lui avait succédé, fut détrôné par Amasis, 570 ans avant J.-C. Ce prince dont le règne est célèbre, favorisa le commerce dans ses états. La sagesse de son gouvernement lui attira la vénération de son peuple. Sous son règne, Solon voyagea en Egypte.

Que devint l'Egypte sous Psamménite son fils? — Elle fut asservie par Cambyse roi de Perse, fils de Cyrus, l'an 524 avant Jésus-Christ. Le dieu Apis fut tué, les temples furent réduits en cendres, et les prêtres couverts d'opprobre. Cette belle contrée resta esclave ou tributaire des Perses jusqu'à la destruction de cet empire par Alexandre-le-Grand. Ptolémée, un de ses généraux, devint alors roi d'Egypte. Après la mort de Cléopâtre, arrivée 30 ans avant Jésus-Christ, elle fut réduite en province romaine.

Comment étaient partagées les terres? — Entre le roi, les prêtres et les gens de guerre; ainsi il ne restait d'autres ressources au peuple que de vivre de son industrie et de son travail. Les prêtres qui étaient les plus riches propriétaires et exempts de tout impôt, joignaient à l'immensité de leurs biens, l'influence de la religion, et avaient toute la prépondérance dans l'état: aussi on ne peut s'empêcher de regarder toutes les institutions politiques comme leur ouvrage.

Quelle était en Egypte la religion du peuple? — L'idolâtrie. C'est de ce pays que sont sorties les fables extravagantes du paganisme. Les Egyptiens portaient la superstition jusqu'à la stupidité et à la fureur. Le bœuf Apis, qui était un taureau noir, marqué de certaines taches, représentait Sésostris, et on lui rendait les plus grands honneurs. Le chat, le chien, l'ibis, le faucon, le loup, étaient placés au rang des dieux. Là on adorait le crocodile, ici l'ichneumon, ennemi du crocodile. Quel mélange bizarre de culte! Dans un endroit, la reconnaissance élevait des autels aux animaux utiles; et dans un autre, la peur aux animaux dangereux.

Les prêtres avaient-ils la même croyance que le vulgaire? — Les prêtres et quelques esprits éclairés conservaient l'idée d'un seul être suprême, et en représentaient les attributs sous différens symboles. L'unité de Dieu était un des mystères qu'on enseignait aux initiés, comme le prouve cette inscription qui subsiste encore : « A toi, qui, étant une, es toutes choses, la déesse Isis. » Mais les personnes attachées au sacerdoce avaient intérêt de laisser le peuple dans la superstition pour le gouverner.

Quelles étaient en Egypte les lois qui méritent une attention particulière? — Les rois étaient jugés après leur mort, comme les citoyens, et privés de la sépulture, s'il était prouvé qu'ils s'étaient mal conduits pendant leur vie. Pour connaître l'utilité qu'on retirait de cette loi, il faut savoir que es Egyptiens regardaient la sépulture comme essentielle au bonheur. L'homme qui avait commis un adultère était condamné à mille coups de verges, et la femme à avoir le nez coupé.

Le soldat qui était coupable de lâcheté était noté d'infamie; celui qui laissait commettre un meurtre qu'il pouvait empêcher, était regardé comme homicide et puni de mort. La ville la plus proche du lieu où était le cadavre était forcée de lui faire de superbes obsèques. Le créancier n'avait droit que sur les biens des débiteurs. Cette loi fut un des bienfaits de Bocchoris, qui régna dans le 8ᵉ siècle avant Jésus-Christ.

Une des meilleures était celle qui imposait aux Egyptiens l'obligation de déclarer tous les ans leur profession et leurs moyens d'existence. Quiconque faisait une fausse déclaration et ne pouvait justifier qu'il vivait d'une manière honnête, encourait la peine de mort. Cette punition n'était pas, il est vrai, proportionnée au crime, mais cette loi tendait à conserver les mœurs et le bonheur.

La loi qui obligeait les enfans d'exercer la même profession que leur père n'était pas aussi sage que le croient plusieurs historiens. En voici les raisons : les enfans ne naissent pas toujours avec les mêmes dispositions que leur père. Tel a été un mauvais médecin qui était né avec le génie de l'architecture. Condamner un homme à un état pour lequel il n'a aucune aptitude, c'est enchaîner l'émulation, c'est étouffer les progrès des arts et des sciences; aussi les Egyptiens n'ont-ils rien perfectionné.

Comment se rendait la justice? — Leur grand tribunal était composé de trente juges choisis dans les trois capitales, Thèbes, Memphis et Héliopolis. Les affaires se traitaient par écrit, pour mettre l'équité à l'abri des prestiges de l'éloquence. Le président touchait avec une figure de la vérité celui qui avait gagné sa cause, pour signifier que la vérité seule avait dicté le jugement.

D'où vient la plus grande célébrité des Egyptiens? — Des arts et des sciences. L'Egypte en fut le berceau, et l'Europe lui doit ses premières connaissances. On doit aux Egyptiens l'invention des charrues, les arts nécessaires et même ceux de luxe, d'agrément, les principes de géométrie et de mécanique; ils partagèrent les premiers l'année en douze mois. Ce fut l'année lunaire qu'ils reconnurent ensuite comme subversive de l'ordre des saisons, et à laquelle ils substituèrent l'année solaire composée de 365 jours et quelques heures. Ils firent depuis Sésostris des progrès dans la géographie, et connurent l'usage des cartes. Ils n'eurent que de bien faibles connaissances en marine et en médecine; ils se distinguèrent dans l'architecture par la solidité; mais les Grecs l'ont emporté sur eux pour le bon goût et la beauté des édifices.

Quels sont les principaux monuments d'Egypte? — Les pyramides, les obélisques, le labyrinthe, et le lac Mœris dont nous avons déjà parlé. Il existe encore trois de ces fameuses pyramides dont la construction se perd dans la nuit des temps. La plus grande a une hauteur perpendiculaire de 500 pieds sur 2,640 de circuit. Une plate-forme d'environ 16 pieds en

HISTOIRE

termine le sommet. Le labyrinthe, qui fut l'ouvrage de douze rois, renfermait, suivant le rapport des historiens, trois mille salles dont la communication était établie par une infinité de détours. Il ne reste aucun vestige de ce labyrinthe. Il y avait plusieurs obélisques, faits d'une seule pièce et élevés de 180 pieds. On en admire un que l'empereur Constance fit transporter à Rome, où il a été rétabli par les soins du pape Sixte-Quint.

Que dites-vous des momies? — Ce sont les corps que l'on a embaumés pour les conserver. Des grottes taillées dans le roc en étaient remplies. Aucune nation n'a égalé les Egyptiens dans l'art d'embaumer les morts. Ils attachaient une si grande vénération à leurs momies, que le débiteur engageait au créancier le corps embaumé de son père ou du paret le plus cher, et qu'il ne laissait jamais un gage si précieux.

Quelles étaient les mœurs des Egyptiens? — On ne saurait trop louer leur respect pour les auteurs de leurs jours, leur reconnaissance pour les bienfaits; mais que de défauts se joignaient à de si grandes qualités! Ils étaient superstitieux, lâches, paresseux, vains, et pleins de mépris pour les étrangers.

DES ASSYRIENS ET DES BABYLONIENS.

Pourquoi réunissez-vous ces deux peuples? — Parce qu'ils furent réunis sous un même empire dès leur origine. La Babylonie ou la Chaldée (aujourd'hui l'Yérac), était située entre le Tigre et l'Euphrate; et l'Assyrie, à présent le Diur-Bekir, était à l'est de la Médie.

Quels furent les fondateurs de ces deux empires? — L'empire de Babylone fut fondé, suivant l'Ecriture Sainte, par Nembrod, arrière-petit-fils de Noé, appelé Bélus par les auteurs profanes. Ninus, que les uns supposent fils de Nembrod, et d'autres fils de Bélus l'Assyrien, bâtit la ville de Ninive, et épousa Sémiramis, dont il eut pour fils Ninias. On croit qu'après la mort de son époux elle fit bâtir Babylone, où elle établit le siége de son empire; mais il est plus probable qu'elle dut aux superbes embellissemens de cette ville la gloire d'en avoir jeté les fondemens.

Quelle fut la fin de Sémiramis? — On croit qu'elle fut assassinée par Ninias son fils, après un règne de 42 ans. Il lui succéda et ne ressembla ni à son père ni à sa mère dont la célébrité doit être attribuée à quelques actions d'éclat, qu'il nous est impossible de préciser, puisqu'une longue suite de siècles les a plongées dans des ténèbres impénétrables.

Qu'arriva-t-il depuis Ninias? — Il n'y a pas un fait à citer jusqu'au règne du voluptueux Sardanapale. Il serait inutile de se charger de la nomenclature des rois qui ont occupé le trône pendant un si long espace de temps.

Quelle fut la conduite de Sardanapale? — Renfermé dans son palais, il se déshonora par la mollesse et ses débauches.

Comment finit le premier empire des Assyriens? — Par le démembrement de la monarchie, environ l'an 770 avant Jésus-Christ. Alors commencèrent les royaumes d'Assyrie, de

Babylone et des Mèdes. Arbace, gouverneur de la Médie, excita une révolte contre ce prince efféminé, et les Mèdes secouèrent le joug. Bélésis entra dans le complot et fut la tige des nouveaux rois de Babylone, et Phul, nommé aussi Ninus le jeune, devint roi d'Assyrie.

Combien a duré le second empire de Babylone?—Plus de deux siècles, jusqu'au règne de Cyrus, qui, devenu maître absolu de l'Asie, fonda le vaste empire des Perses.

Qu'y a-t-il de remarquable jusqu'à Cyrus? — L'ère de Nabonassar, fixée à l'an 747 avant Jésus-Christ. Les anciens astronomes se servaient de cette ère. C'est là que commencent les observations astronomiques des Chaldéens, que nous a transmises Ptolémée. L'an 718 avant l'ère chrétienne, Salmanasar, roi de Ninive, se rendit maître de Samarie, et emmena en captivité les Juifs, parmi lesquels se trouvait Tobie. Environ cent ans après, Nabuchodonosor II, dit le Grand, prit Jérusalem et emmena les habitans prisonniers à Babylone, où ils restèrent 70 ans. Ce prince, après plusieurs conquêtes, s'empara de la ville de Tyr, et laissa leur roi aux Tyriens, sous la condition de lui payer un tribut.

Quel fut le dernier roi de Babylone? — Balthazar, qui fut tué la nuit au milieu des plaisirs d'un festin, et dont la capitale, après un long siége, fut prise d'assaut par Cyrus. Le prophète Daniel, un des captifs juifs, jouit d'une grande considération sous ce prince et ses prédécesseurs. Ce fut lui qui interpréta les songes que les Mages n'avaient pu expliquer; et l'événement justifia sa prédiction.

Quelle science cultivaient préférablement les Babyloniens? —L'astronomie. Ils parvinrent à connaître le mouvement propre des planètes d'occident en orient, et à juger les comètes comme fort excentriques à la terre; on croit qu'ils inventèrent les cadrans solaires. Une haute tour, au centre du temple de Bélus, leur servait d'observatoire. Les Chaldéens, leurs prêtres, dont la Chaldée a tiré son nom, semblent mériter la gloire d'être les plus anciens astronomes, malgré les prétentions des Egyptiens, et le témoignage des Grecs qui avaient puisé leurs connaissances en Egypte.

Quelles furent les erreurs des Babyloniens? — Ils adorèrent les astres comme des dieux, et donnèrent au soleil le nom de Bélus : c'étaient leurs principales divinités. De ce culte émana l'opinion de l'influence des astres sur le sort et la conduite des hommes. Les prêtres prétendirent connaître l'avenir par leur inspection, et accréditèrent avec soin cette science absurde qu'on appelle l'*astrologie judiciaire*.

DES PHÉNICIENS.

Qu'étaient les Phéniciens? — Un peuple livré particulièrement au commerce et à la navigation, qui, n'ayant d'autre guide que les étoiles polaires, osa franchir l'immense barrière des mers, et qui parvint enfin à rendre les nations les plus éloignées tributaires de son industrie. Le voisinage des forêts du Mont-Liban, et la commodité de ses ports sur les côtes de la Méditerranée, facilitèrent ses entreprises maritimes.

Où s'établirent les Phéniciens? — Dans les îles de Chypre et de Rhodes, la Grèce, la Sicile et la Sardaigne qu'ils remplirent de leurs colonies. Après avoir visité les côtes méridionales de l'Espagne, ils passèrent le détroit de Gibraltar, ils pénétrèrent dans la Bétique (Andalousie), où ils choisirent Cadix pour leur entrepôt. Ils firent par mer le tour de l'Afrique vers l'an 610 avant Jésus-Christ (Voyez Egypte.)

Quelle découverte contribua à leurs richesses? — Celle de la teinture de pourpre; elle fut l'ouvrage du hasard. Un chien de berger, pressé par la faim, saisit un coquillage qu'il brisa, et l'on aperçut bientôt à sa gueule les marques de la plus vive couleur. Les Phéniciens réussirent à l'appliquer aux étoffes destinées pour les habillemens des rois.

Cette nation fut-elle étrangère aux sciences? — Il n'est guère possible de croire qu'un peuple navigateur et commerçant n'eût pas quelque connaissance d'arithmétique, de géométrie, de mécanique et de géographie.

Quelle invention leur attribue-t-on? — Celle des caractères de l'alphabet (Voy. Grèce).

C'est de là (Phénicie) que nous vient cet art ingénieux
De peindre la parole et de parler aux yeux ;
Qui, par les traits divers de figures tracées,
Donne de la couleur et du corps aux pensées.

Quelles furent les capitales de la Phénicie? — Sidon, qui eut la première cet avantage, jouit long-temps de l'empire de la mer. Dans la suite, la fameuse Tyr devint le siége du gouvernement et la résidence des rois ; l'étendue de son commerce maritime, ses teintures et ses étoffes précieuses la rendirent la ville la plus florissante. Vers l'an 888 avant l'ère chrétienne, une colonie de Tyriens fonda sur les côtes d'Afrique la ville de Carthage, qui dut sa prospérité à son commerce, et dans la suite des siècles, sa ruine à sa passion des conquêtes.

DES MÈDES ET DES PERSES.

Quel fut le fondateur de l'empire des Mèdes? — Déjocès (car en remontant jusqu'à Arbace qui secoua le joug des Assyriens, la Médie fut en proie à tous les désordres de l'anarchie.) Ce fut pour y remédier, qu'on fit choix de Déjocès pour juge. Il rétablit bientôt l'ordre par le moyen des lois ; sa justice prouva son équité et ses talens. Sa retraite subite fut un jeu de son ambition, il fut bientôt regretté. Les malheurs reparurent avec la licence ; les Mèdes ne virent que Déjocès qui fût capable d'y mettre un terme, et ils le choisirent pour leur roi.

Que fit ce monarque? — Il fit bâtir Ecbatane, qui devint la capitale de son empire. On rapporte que cette ville avait sept enceintes de murailles élevées les unes au-dessus des autres, de la hauteur des créneaux, et que le palais du prince était au milieu. Tout occupé de s'affermir sur le trône, il vécut en paix avec ses voisins, régna 53 ans, et laissa le trône à son fils Phraorte.

Qu'arriva-t-il sous ce roi? — Entraîné par son penchant pour la guerre, il n'imita point son père, et fit de grandes conquêtes; mais il fut vaincu et fait prisonnier par Soasduchin, roi de Ninive (Nabuchodonosor de Judith), qui le fit mourir.

Quel fut son successeur? — Cyaxare, son fils. Ayant joint ses troupes à celles de Nabuchodonosor-le-Grand, il marcha contre les Assyriens, prit et détruisit Ninive, ce qui avait été prédit par les prophètes. Cyaxare fit aussi la guerre aux Lydiens.

Qui lui succéda? — L'aîné de ses fils, Astiage, dont Mandane, sa fille, épousa Cambyse roi de Perse. De ce mariage naquit Cyrus, qui fut le fondateur du vaste empire des Perses, en réunissant au trône de ses pères la Médie, à la mort d'Astiage, la Lydie et le royaume de Babylone par droit de conquête.

Comment les historiens nous représentent-ils Cyrus? — Ils ne s'accordent point entr'eux. Suivant Xénophon, il fut le modèle des hommes et des princes, gagna tous les cœurs par sa modération, et fut le bienfaiteur des nations qu'il avait vaincues. Il y a loin de ce portrait à celui qu'en a fait Hérodote.

Quels sont les faits les plus avérés? — Cyrus marcha contre Crésus, roi de Lydie et le plus opulent des monarques, tailla en pièces son armée, et se rendit maître de la ville de Sardes, sa capitale. Après avoir soumis la Lydie, il défit les Babyloniens à la bataille de Tymbrée, renversa leur monarchie, et s'empara de Babylone après un long siège, et avoir détourné les eaux de l'Euphrate. L'an 536 avant Jésus-Christ, il rendit le fameux édit qui permit aux Juifs, après 70 ans de captivité, de retourner dans leur pays, et d'y rétablir le temple de Jérusalem. La délivrance du peuple de Dieu, arrivée suivant les prophéties, est l'une des six grandes époques de l'histoire ancienne.

Quelles étaient les bornes de l'empire de la Perse? — A l'orient le fleuve Indus; au nord la mer Caspienne et le Pont Euxin; à l'occident la mer Egée; au midi l'Ethiopie et le golfe Arabique ou mer Rouge.

Combien de temps régna Cyrus? — Sept ans comme roi des Perses et des Mèdes. Il y a tant de contradictions sur les circonstances de sa mort, que le parti le plus sage est de garder le silence, dans l'impossibilité de juger quelle est la véritable tradition.

Qui succéda à Cyrus? — Cambyse, son fils, prince cruel et sanguinaire, dont le règne, quoique d'environ sept ans, fut encore trop long pour l'humanité.

Quelles furent les actions de ce prince? — Il s'empara de l'Egypte où il exerça des cruautés inouïes (voyez Egypte), tenta sans succès la conquête de l'Ethiopie, fit assassiner son frère Smerdis, et épousa ensuite sa propre sœur. Cet indigne fils de Cyrus était un monstre sur le trône que son père avait occupé avec tant d'éclat. Une blessure mortelle qu'il se fit par accident, avec son épée, en délivra le monde.

Comment son successeur parvint-il au trône? — Cambyse

avait un frère nommé Tanyoxares qu'il avait fait périr. Comme ce meurtre avait été caché, un mage nommé Smerdis, qui lui ressemblait parfaitement, se fit passer pour lui, et à l'aide de ce stratagème, usurpa la couronne.

Par qui fut découverte cette fraude? — Par sept satrapes, qui, étant bien informés de la mort de Tanyoxares, pénétrèrent dans le palais de l'imposteur, et lui donnèrent la mort.

Qui régna après le faux Smerdis? — Darius fils d'Hystaspe, l'un des sept conjurés. Outre les droits de sa naissance comme issu du sang royal, il obtint la couronne en vertu d'une convention que ces seigneurs avaient faite entre eux. Comme les Perses adoraient le soleil, ils décidèrent que celui dont le cheval hennirait le premier au lever de cet astre, serait reconnu roi. Celui de Darius hennit le premier et assura le trône à son maître. Darius permit ensuite aux Juifs de reprendre la construction de leur temple, qui fut achevé la sixième année de son règne. Il soumit ensuite Babylone qui s'était révoltée, entreprit une expédition malheureuse contre les Scythes, fit la guerre aux Grecs, et mourut après un règne de 36 ans.

Quelle était la religion des Perses? — De toutes les religions imaginées par l'homme, aucune n'approche plus de la véritable que celle des Perses; ils n'adoraient qu'un seul dieu sous le nom d'*Oromaze*. Leur *Mithra* ou le soleil, et le feu sacré qu'ils conservaient soigneusement, n'étaient que les emblêmes de la puissance du Créateur. Ils n'élevaient point de temples à la divinité, parce qu'ils croyaient que c'était l'insulter que de la renfermer dans des murs, et ils regardaient les statues comme indignes de l'astre invisible. *Zoroastre* est leur célèbre législateur, et le *Saddor* est leur livre sacré, où l'on trouve des idées sublimes et d'excellentes règles de morale. Les prêtres portaient le nom de mages.

Quelles étaient les lois des Perses? — Elles punissaient le mensonge et l'oisiveté, et donnaient aux pères un pouvoir absolu sur leurs enfants. Elles ne portaient aucune peine contre le parricide, parce qu'il était regardé comme impossible. Lorsque l'ingratitude était prouvée, elle était condamnée à une peine. Celui qui vivait d'emprunt était noté d'infamie. L'agriculteur était encouragé et honoré, et un jour de l'année, le souverain mangeait avec les laboureurs. Dès que les Perses se livrèrent au luxe, ils dégénérèrent; et la corruption commença sous le règne même de Cyrus, qui prit les mœurs des Mèdes, imita leur magnificence, négligea l'éducation de ses fils.

Comment étaient élevés les enfants? — De la manière la plus propre à inspirer l'horreur du vice et l'amour de la vertu, et à en faire de bons citoyens. Jusqu'à l'âge de dix-sept ans ils étaient élevés hors de la maison paternelle, et confiés à des maîtres irréprochables qui s'occupaient de les rendre sages, justes et courageux. On ne pouvait être admis aux emplois que lorsqu'on avait été élevé à leur école.

Qu'étaient les satrapes? — Les gouverneurs de provinces. Le monarque se faisait appeler le *grand roi*, le *roi des rois*.

ANCIENNE.
DES INDIENS.

Que dites-vous de l'origine des Indiens? — Rien de précis. Cependant il n'y a pas de doute qu'elle ne soit très-ancienne, puisque ce fut dans les Indes que prit naissance le système de la métempsycose, ou de la transmigration des âmes. Quelques auteurs judicieux pensent aujourd'hui que les Egyptiens y ont puisé leur philosophie et leur religion. — Ils étaient divisés en plusieurs classes, qui ne se confondaient jamais par les mariages. Il y en avait une de *surveillans*, qui rendait compte au prince de la conduite des autres.

Comment était traitée la classe des laboureurs? — Avec toute la considération que mérite l'agriculture. Les cultivateurs n'étaient jamais retirés des campagnes pour être employés ailleurs, et en temps de guerre on se faisait un devoir de respecter leurs personnes et leurs biens.

Quelle était la classe prééminente? — Les Brames ou Bracmanes, qui tiraient leur nom de Brama, fameux philosophe indien, chef de leur secte. Ils étaient, comme en Egypte, seuls initiés dans les sciences, dominaient sur l'esprit du peuple, et étaient les conseils des rois et exempts des impôts.

Quelle était la doctrine des Brames (aujourd'hui Bramines)? — En voici les fondemens: ils admettaient la métempsycose; et dans la persuasion que les âmes humaines passaient dans le corps des animaux, ils s'abstenaient de toute espèce de chair; ils croyaient que le monde a commencé et qu'il finira; que l'Être-Suprême le remplit de sa présence; que Dieu priva les hommes du bonheur dont ils ont abusé, et les condamna à vivre de leur travail.

Quelles austérités pratiquaient les Brames? — Ils mettaient leurs corps à l'épreuve des plus rudes souffrances; et méprisant ceux qui ne meurent que d'infirmités et de vieillesse, ils se brûlaient vifs pour mettre un terme à leur vie, quand elle leur paraissait insupportable. Déplorons l'aveuglement des païens; et n'oublions jamais que la vie est un dépôt dont il n'est pas permis de disposer, et qu'il y a plus de courage à supporter les maux, quelque grands qu'ils soient, que de cesser de vivre pour ne plus souffrir.

De quelle coutume barbare les femmes étaient-elles victimes dans les Indes? — Après la mort de leurs maris les femmes étaient obligées de se brûler sur leur bûcher. Cette coutume fait frémir la nature; mais dans quels excès n'entraîne pas un délire superstitieux!

Quelles étaient les connaissances des Indiens? — Ils n'avaient aucune idée des sciences, et leur ignorance en fait d'astronomie était extrême. Ils supposaient la terre un planisphère et une montagne au milieu; c'était autour de cette montagne qu'ils faisaient tourner le soleil et les autres astres. On leur attribue cependant l'invention des échecs et des chiffres arabes. — Alexandre tenta la conquête des Indes.

FIN DE L'HISTOIRE ANCIENNE.

HISTOIRE GRECQUE

DEPUIS LA FONDATION DE LA GRÈCE
JUSQU'A LA MORT D'ALEXANDRE.

Comment considère-t-on l'ancienne Grèce ? — Comme le berceau des sciences et des arts ; elle nous offre une pépinière d'hommes illustres dans tous les genres, et le théâtre des plus grands événemens militaires.

Comment peut-on diviser la Grèce ? — En terre ferme et en îles. Cette contrée, jadis si célèbre, aujourd'hui si malheureuse, est d'une petite étendue. La terre ferme était bornée au nord par l'Epire, la Thessalie et la Macédoine ; à l'est par la mer Egée (aujourd'hui l'Archipel) ; au midi et à l'ouest par la mer Ionienne. Elle était divisée par l'isthme de Corinthe en deux parties, la méridionale, qui forme une presqu'île, et la septentrionale. La méridionale, appelée Péloponèse (aujourd'hui Morée), renfermait six pays : l'Argolide, la Laconie, la Messénie, l'Elide, l'Arcadie et la Sycionie. Dans la septentrionale étaient l'Attique, la Béotie, la Phocide, la Locride, la Doride, l'Etolie, l'Acarnanie, la Mégaride et l'Achaïe.

Quelles étaient les principales îles ? — Dans la mer Egée les îles de Crète (Candie), de Salamine, d'Eubée (Négrepont), d'Egine, de Rhodes, de Cos, de Scyros, de Chio, de Lesbos, de Lemnos et de Délos. Dans la mer Ionienne, Zante, Céphalonie, Corcyre (Corfou), et quelques autres. Les îles rangées en cercle prirent le nom de *Cyclades*, qu'elles ont conservé ; celles dispersées sans formes régulières, nommées *Sporades*, sont encore connues sous cette dénomination.

Quels furent les premiers royaumes de Grèce ? — Celui de Sycione, suivant quelques auteurs, et celui de l'île de Crète où régna Minos, et que les poètes de l'antiquité ont placé au rang des juges des enfers, à cause de la sagesse de ses lois. Ogygès commença à régner en Béotie. Son règne n'a rien de remarquable que le Déluge arrivé de son temps. Inachus, Phénicien d'origine, fonda, l'an du monde 2181 (1823 avant Jésus-Christ), le royaume d'Argos.

Rapportez les événemens les plus considérables ? — L'an 1582 avant J.-C., Cécrops, venu d'Egypte, s'établit dans l'Attique avec une colonie de sa nation, bâtit douze bourgs, civilisa par des lois ce pays encore barbare, et créa le fameux tribunal de l'Aréopage. Deucalion vint de la Haute-Asie en Grèce, où il s'empara de la Lycorie et étendit ensuite ses conquêtes. Comme cette contrée s'appelait autrefois Hellade, il donna à son fils le nom d'Hellen, d'où les Grecs ont tiré celui d'Hellènes. C'est sous le règne de ce prince qu'arriva le Déluge, appelé de son nom Deucalion. Le conseil des Amphyctions aux Thermopyles, fut établi 1522 ans avant Jésus-Christ. Il était l'arbitre des affaires générales de la Grèce. Cadmus originaire de Thèbes, vint de Tyr en Grèce, et s'arrêta en Béotie, où il bâtit la ville de Thèbes l'an 1549 avant Jésus-Christ. On croit qu'il y apporta les caractères de l'aphabet. Trois ans après, Lelex devint le fondateur du royaume de Lacédémone. Quelque temps après, Dardanus fut le premier roi de Troie.

Qu'arriva-t-il ensuite? — Sisyphe commença à régner à Corinthe en 1376. Vers ce temps, les peuples de la Dardanie prirent le nom de Troyens, de Tros leur roi; Persée, fils de Danaé, et petit-fils d'Acrisius, fonda la ville de Mycènes dont il fut le premier roi : l'on vit paraître Hercule, si fameux dans la fable par ses douze travaux.

Quelle est la véritable histoire de Jason? — Jason, jeune prince d'Iolchos en Thessalie, suivi des plus illustres guerriers de la Grèce, fit voile pour Colchos (Colchide, aujourd'hui Mingrélie), sur un vaisseau nommé Argo, du nom d'Argus qui l'avait construit. Le but de cette entreprise était d'enlever au roi Ætis ses immenses trésors ; elle fut couronnée du plus heureux succès. C'est ce qu'on appelle l'expédition des Argonautes, ou la conquête de la Toison-d'Or.

Que dites-vous de Thésée? — Après la mort d'Egée son père, il commença à régner à Athènes, réunit, pour n'en faire qu'une ville, les douze bourgs qu'avait établis Cécrops. Telle fut l'origine de la puissance des Athéniens.

Racontez la cause et l'issue de la guerre de Troie? — Pâris, fils de Priam roi de Troie, enleva Hélène femme de Ménélas, roi de Sparte, frère d'Agamemnon roi de Mycènes. Toute la Grèce s'arma contre les Troyens. Agamemnon fut déclaré le chef suprême de l'armée. Du côté des Grecs, se distinguèrent Achille, Ulysse, Diomède, les deux Ajax et Patrocle ; du côté des Troyens, Hector, époux d'Andromaque. Enfin, après un siège de dix ans, Ilion fut pris l'an 1209 avant J. C., et réduit en cendres. Priam en fut le dernier roi.

(1095 avant Jésus-Christ.) Que fit Codrus, roi d'Athènes, en faveur de son peuple? — Pour obéir à l'oracle, il se dévoua à la mort pour le salut de sa patrie, dans la guerre des Héraclides contre les Athéniens. Cet événement opéra un changement dans le gouvernement d'Athènes. La royauté fut abolie, et l'on créa une république sous l'autorité d'un magistrat appelé archonte, d'abord perpétuel, ensuite décennal, enfin annuel. Médon, fils aîné de Codrus, fut le premier archonte perpétuel.

Quels hommes célèbres brillèrent dans la Grèce au dixième siècle avant Jésus-Christ? — Homère, le père de la poésie épique, et Hésiode, qui écrivit sur l'agriculture.

Quel fut le premier législateur de Lacédémone? — Lycurgue, né l'an 926 avant Jésus-Christ. La veuve de Polydecte son frère, se trouvant enceinte, lui proposa de faire périr son enfant s'il voulait l'épouser, et que par cet infanticide elle lui assurerait la couronne. Lycurgue dissimula par prudence son horreur pour ce crime, et par une amitié apparente il lui laissa croire qu'il consentait à ses vœux; mais il lui recommanda de conserver son fruit, parce que si elle donnait le jour à une fille, cette naissance ne porterait aucun obstacle à leur dessein. Cependant, lorsque le terme de sa grossesse approcha, il donna des gardes à la reine, avec l'ordre exprès de bien examiner l'enfant qui naîtrait, de le lui laisser si c'était une fille; mais au contraire de le lui apporter sur-le-champ si c'était un garçon. Lycurgue était à table lorsqu'on lui apporta le fils posthume de son frère Polydecte. Aussitôt il le proclama roi sous le nom de Charilas, et prit les mesures convenables pour que la reine ne fît point périr son fils.

Comment se conduisit ensuite Lycurgue? — Accusé par ses ennemis d'attenter à la vie du jeune roi pour usurper le trône, et voulant mettre un terme aux calomnies répandues sur son compte, il prit le parti de voyager. Il parcourut l'île de Crète, l'Ionie et l'Egypte; et après une longue absence, il revint à Lacédémone, où il établit des lois très-sévères. Elles étaient le fruit de l'expérience qu'il avait acquise en étudiant les mœurs et les usages des différens peuples qu'il avait visités; il devint bientôt en horreur au peuple qui préfère souvent la licence aux lois les plus sages. Après avoir fait jurer aux rois et aux magistrats d'observer ses lois, il leur annonça qu'il allait consulter l'oracle pour savoir si elles ne seraient pas susceptibles d'être modifiées, et exigea qu'il n'y fût fait aucun changement jusqu'à son retour. Il s'exila dans l'île de Crète où il mourut. Persécuté pendant sa vie, on lui érigea des temples après sa mort.

Qu'arriva-t-il quelques années après? — L'an 776 avant Jésus-Christ, eut lieu la première olympiade, qui est le commencement des jeux olympiques vulgaires, qui revenaient au bout de quatre années révolues. C'est de cette époque que l'Histoire ancienne de la Grèce offre plus de certitude.

Environ cinq ans après, et la deuxième année de la seconde olympiade, Théopompe, petit-fils de Charilas, commença à régner à Lacédémone. Ce fut ce prince qui établit les éphores comme censeurs de la conduite des rois, et pour défendre la liberté et les droits du peuple. Ces magistrats étaient annuels; et par leur établissement, Sparte eut plutôt un gouvernement démocratique que monarchique.

Quel changement s'opéra à Corinthe l'an 746 avant Jésus-Christ? — Après la mort d'Automènes, le royaume de Corinthe fut converti en une république, sous l'autorité d'un chef appelé prytanes ou modérateur, qu'on renouvelait tous les ans. Ce gouvernement dura 90 ans, et finit à la tyrannie de Cypsèle, l'an 656. L'état politique de la Grèce fut alors entièrement changé, et une république fut partout établie à la place de la monarchie. Les villes devinrent si florissantes et si peuplées qu'elles envoyèrent des colonies dans différens pay-.

Quelle fut la cause de la première guerre des Lacédémoniens contre les Messéniens? — Ceux-ci avaient insulté des

Lacédémoniennes lorsque, suivant la coutume, elles se rendaient à un temple limitrophe. Les Lacédémoniens résolurent d'en tirer vengeance; ils leur déclarèrent la guerre; elle fut sanglante et dura près de vingt ans. La fortune se déclara contre les Messéniens, qui, forcés de subir la loi des vainqueurs, furent réduits à une humiliante dépendance. Les Messéniens voulurent secouer le joug de Lacédémone; ils firent les plus grands efforts pour recouvrer leur liberté; mais le succès ne répondit point à leur attente. Cette nouvelle guerre fut aussi longue et aussi terrible que la première, ruina le pays et causa la perte des Messéniens; les uns se réfugièrent en Sicile, où l'on croit qu'ils bâtirent la ville de Messine; les autres, faits prisonniers, furent réduits à la condition d'Ilotes.

Quel était le sort des Ilotes? — Les Ilotes habitaient la ville d'Elos en Laconie. Les Lacédémoniens, après le siège de cette ville dont ils se rendirent maîtres, emmenèrent les habitants et les réduisirent à l'esclavage. Les infortunés Ilotes étaient traités sans pitié, et employés aux travaux les plus durs et les plus vils.

Les arts et les sciences étaient-ils honorés et protégés à Sparte? — Les lois de Lycurgue ne tendaient qu'à former un peuple guerrier. Le législateur avait sans doute craint que les arts et les sciences qui contribuent à la civilisation, n'amollissent la dureté des Spartiates qu'il destinait à être toujours sous les armes. Le poëte Archiloque fut banni de Lacédémone, parce qu'on y regardait la poésie comme plus propre à corrompre les mœurs des jeunes gens qu'à former leur esprit.

Quel fut le premier archonte qui donna des lois à Athènes? — Dracon. Pour exprimer la sévérité de celles qu'il y avait établies, on a dit qu'elles avaient été écrites avec du sang. Quelques années après, un nommé Cylon, prenant pour exemple Cypsèle, essaya de renverser la république. Son projet échoua, et ses complices furent arrêtés et mis à mort, quoique réfugiés dans un temple, asile inviolable pour les coupables; Cylon avait échappé au massacre en prenant la fuite avec son frère.

Qui changea la législation d'Athènes? — Solon, l'an 594 avant Jésus-Christ, pendant qu'il était archonte. Ce fameux législateur, qui joignait à une naissance distinguée de grandes qualités et de vastes connaissances, donna à la république les lois les plus sages, qui servirent dans la suite aux Romains pour former le code que rédigèrent les décemvirs.

Quelles étaient les principales lois de Solon? — Il divisa le peuple d'Athènes en quatre classes, qui avaient également le droit d'élire des juges; mais c'était dans les trois premières, où étaient les citoyens aisés, qu'il était permis de prendre des magistrats. Il permit de disposer de son bien, pourvu qu'on n'eût pas d'enfants. Il fit un crime de l'oisiveté, et voulut que chaque citoyen rendît compte de la manière dont il gagnait sa vie. Pour prévenir les abus que le peuple pouvait faire de sa puissance, il attribua à l'aréopage la révision des affaires.

Athènes jouit-elle long-temps du bienfait de ses lois? —

Non : des ambitieux détruisirent tout le bien qu'avait fait ce sage législateur. Pisistrate, descendant du roi Codrus, usurpa le pouvoir souverain et finit par se maintenir paisiblement sur le trône ; mais Hipparque son fils, qui lui succéda, fut assassiné après avoir régné treize ans. Hippias, son frère, fut chassé, et la royauté abolie. Les Athéniens érigèrent ensuite des statues à Harmodius et Aristogiton qui avaient fait mourir le tyran.

Que dites-vous de l'Ostracisme? — Clysthènes étant archonte à Athènes, y établit l'*ostracisme* ou exil, par lequel le peuple bannissait pendant dix ans, mais sans aucune flétrissure, les citoyens qu'il croyait dangereux à cause de leur crédit et de leur puissance. L'*ostracisme*, bien loin d'être regardé comme une peine, couvrait de gloire celui qui était condamné, puisqu'il n'avait jamais lieu contre un homme sans mérite.

Combien compte-t-on de sages de la Grèce? — Sept, savoir : Thalès, natif de Milet ; Solon, législateur d'Athènes ; Chilon, de Lacédémone ; Pittacus, de Mytilène dans l'île de Lesbos ; Bias, de Prienne, ville maritime d'Ionie ; Cléobule, de la petite île de Lindos près celle de Rhodes ; et Périandre, tyran de Corinthe. Le mot de *tyran* ne doit pas être pris dans le sens que nous y attachons ; il désignait simplement, chez les Grecs, celui qui avait toute l'autorité. Pendant le siége de Prienne, sa patrie, Bias sortit sans rien emporter ; et quelqu'un lui en ayant demandé la raison, il lui répondit : Je porte tout avec moi (*omnia mecum porto*.) Thalès voyagea pour s'instruire, et devint grand astronome, bon géomètre et grand philosophe. Il répondit à quelqu'un qui lui demandait ce qu'était Dieu : C'est un être qui n'a ni commencement ni fin.

Quels hommes illustres vivaient alors? — Alcée, poète lyrique, né à Lesbos ; Sapho, illustre Lesbienne dont les poésies sont imprimées avec celles d'Anacréon ; Anacharsis, philosophe Scythe ; Ésope de Phrygie, regardé comme l'inventeur de la fable ; Stésicore, poète sicilien ; Anaximandre, de Milet, à qui l'on attribue l'invention de la sphère et des cartes de géographie ; Ctésiphon, architecte grec, qui donna le plan du fameux temple de Diane à Éphèse. Anaximène, de Milet, disciple d'Anaximandre ; Thespis, le père de la tragédie ; Pythagore, né à Samos ; Anacréon, poète lyrique, né à Théos en Ionie.

Comment doit-on considérer les divers états de la Grèce? — Comme une république fédérative. Les républiques les plus puissantes étaient Athènes et Sparte. Les Athéniens étaient tellement civilisés qu'on appelait *atticisme* ce que nous appelons aujourd'hui urbanité : ils aimaient les arts et les sciences, et se distinguaient par leur esprit et leur éloquence. Les Spartiates avaient des mœurs austères, manquaient d'affabilité, et n'avaient d'autre ambition que de vaincre leurs ennemis. Chez les Athéniens, la valeur n'excluait pas l'affabilité ; ils n'étaient étrangers ni à la gloire, ni aux richesses, ni aux plaisirs : on leur a reproché d'être un peuple volage.

Quelle fut l'époque la plus glorieuse de la Grèce? — Le

temps des guerres contre les rois de Perse. Les Ioniens, qui étaient au service de Darius, se révoltèrent, et soutenus par les Athéniens, ils brûlèrent la ville de Sardes. Ce prince, pour punir les Grecs des secours qu'ils avaient donnés aux rebelles, s'avança dans la Grèce à la tête d'une armée nombreuse, et vint camper dans la plaine de Marathon, petite ville maritime non loin d'Athènes. Aussitôt les Athéniens et les Platéens, sous le commandement de Miltiade, marchèrent contre l'ennemi, sans s'effrayer de la supériorité de ses forces. Leur général, qui joignait la prudence au courage, disposa sa petite armée de manière qu'elle ne pût être enveloppée. Aussitôt le signal donné, il se jeta brusquement sur les Perses, les tailla en pièces, et s'empara de leur camp et de leurs richesses. Ils n'eurent que le temps de se réfugier dans leurs vaisseaux pour échapper aux vainqueurs. Cet événement eut lieu l'an 490 avant Jésus-Christ. Miltiade eut ensuite le commandement des forces navales contre plusieurs îles de la Grèce qui avaient donné des secours aux Perses. Après plusieurs avantages sur les insulaires, il fut contraint de lever le siége de Paros, où il fut dangereusement blessé.

Que devint Miltiade? — Injustement accusé par ses ennemis d'être d'intelligence avec les Perses, il fut traité comme un traître, et condamné à une amende de cinquante talens. Comme il lui fut impossible de la payer, il mourut en prison : telle fut la fin de ce grand homme, victime de l'envie et de l'ingratitude. Mais Cimon, son fils, avec l'aide de ses amis, paya la somme à laquelle Miltiade avait été condamné, et se procura ainsi la satisfaction de rendre les derniers devoirs à son père et au libérateur de sa patrie.

Qu'arriva-t-il après la disgrace de Miltiade? — Deux hommes, également célèbres, eurent la plus grande part au gouvernement d'Athènes. Aristide fut surnommé le juste, à cause de sa conduite irréprochable et de sa probité intacte. Thémistocle, doué de grands talens, forma un parti puissant contre Aristide, et parvint à le faire bannir par la voie de l'ostracisme. Il eut alors toute l'autorité à Athènes qu'il gouverna avec prudence ; et, pour la prémunir des dangers dont elle était menacée, il persuada aux Athéniens de construire une flotte nombreuse. L'événement, comme nous allons le voir, justifia sa prévoyance. Dans ces entrefaites Xerxès succéda à Darius, roi de Perse, hérita de la haine et de la vengeance de son père contre les Grecs, et conclut un traité d'alliance avec les Carthaginois, qui se chargèrent d'attaquer les colonies grecques.

Quelles mesures prit Xerxès? — Il fit une levée considérable dans tous les pays soumis à sa domination ; et après la réunion de ses forces, il s'avança vers les frontières de la Grèce avec l'armée la plus nombreuse qu'on eût vue jusqu'alors ; il soumit sans obstacle la Thrace, la Macédoine et la Thessalie ; mais il fut arrêté dans sa marche au défilé des Thermopyles, entre la Thessalie et la Phocide, par Léonidas, roi de Sparte. A la tête de quatre mille Grecs, cet intrépide guerrier refusa de se rendre à sa sommation, et se prépara au combat, résolu de vaincre ou de mourir. Les Perses furent deux fois repoussés et perdirent environ vingt mille hommes; mais protégés par le nombre, ils s'emparèrent d'une hauteur, et les Grecs coururent les plus grands dangers. Léonidas, jugeant alors la résistance impossible, fit retirer les alliés; et resta seul aux Thermopyles, à la tête de trois cents Spartiates; il y périt avec cette poignée de braves, après un combat sanglant et opiniâtre.

Que firent les Grecs dans un si grand danger? — Ils osèrent en venir aux mains avec un ennemi si formidable. Thémistocle fut nommé général des Athéniens; oubliant sa rivalité avec Aristide, il fit rappeler de son exil un citoyen qui, par son mérite, pouvait être si utile à la république. Quoique l'armée de Lacédémone ne formât que le tiers des troupes combinées, elle nomma Eurybiade commandant de toute la flotte. Sans contredit cet honneur appartenait à Thémistocle; mais celui-ci abandonna ses justes prétentions, pour prévenir une rupture : ce n'était pas en effet le moment de se diviser, mais celui de se préparer au combat.

Quel parti avaient pris les Athéniens pour se soustraire à la vengeance de Xerxès? — Ils n'avaient trouvé d'autre ressource que d'abandonner leur ville, et d'embarquer les vieillards, les femmes et les enfans qu'ils mirent en sûreté à Trézène, dans le Péloponèse. Le roi de Perse se rendit maître d'Athènes, qu'il brûla, et massacra tous ceux qui s'étaient réfugiés dans la citadelle. La flotte des Grecs était à Salamine, petite île située près de l'Attique. Eurybiade et Thémistocle étaient d'un avis opposé; l'un voulait évacuer cette île, l'autre trouvait ce poste avantageux pour combattre l'ennemi : enfin on y resta suivant le conseil du général athénien. C'est là que se donna, l'an 480 avant J.-C., cette bataille à jamais mémorable qui décida du sort de la Grèce, et où fut anéantie l'armée navale de Xerxès. Cette victoire fut l'ouvrage de Thémistocle et d'Aristide. Le roi de Perse prit la fuite aussitôt après sa défaite, retourna couvert de honte dans ses états, et laissa en Grèce trois cent mille hommes sous les ordres de Mardonius.

Quels furent les autres avantages des Grecs? — Environ un an après la bataille de Salamine, l'armée de Mardonius fut taillée en pièces à Platée, petite ville de Béotie, par Pausanias et Aristide, à la tête de cent vingt mille combattans; le général des Perses fut tué dans le combat. Le même jour la flotte grecque, sous les ordres de Xantippe, Athénien, et de Léotychidas, roi de Lacédémone, remporta une victoire complète à Mycale, un des promontoires de l'Asie-Mineure. Ainsi un courage à toute épreuve triompha d'une multitude d'hommes appelés des pays les plus éloignés pour être les instrumens de l'orgueil et de la vengeance de Xerxès.

Que firent les Grecs après la destruction de l'armée des

Perses ? — Les Athéniens relevèrent les murs de leur ville, en agrandirent l'enceinte, et fortifièrent le Pirée, l'un des trois ports d'Athènes. Les Lacédémoniens, sous la conduite de Pausanias, portèrent la guerre dans l'Asie-Mineure, pour chasser les Perses des colonies grecques. Ils se rendirent maîtres de Bysance, aujourd'hui Constantinople, et l'île de Chypre leur fut redevable de sa liberté.

Que reproche-t-on à Pausanias ? — D'avoir souillé les lauriers de Platée, en tramant la perte des Grecs. Soupçonné d'entretenir des intelligences avec la Perse, il fut rappelé à Sparte; et convaincu de sa trahison, il se réfugia dans un temple dont les Ephores firent murer les portes, et où il mourut de faim. Thémistocle, accusé d'être son complice, se retira à la cour de Xerxès; il y fut bien accueilli et y termina ses jours.

Quelle fut la fin d'Aristide ? — Après avoir eu l'administration des finances, et occupé les premières places, il mourut si pauvre que l'état se chargea de ses funérailles et de l'entretien de sa famille.

Que fit de glorieux Cimon, fils de Miltiade ? — Il soumit plusieurs villes des Perses, dont il défit la flotte près de l'île de Chypre; il fut encore vainqueur sur terre, proche le fleuve Eurimédon, dans la Pamphilie, et chassa entièrement l'ennemi de l'Ionie. Ce fut lui qui transporta de Scyros à Athènes les os de Thésée. Périclès, homme d'un génie supérieur et distingué par sa naissance, commençait à jouir d'un grand crédit.

Qu'arriva-t-il ensuite de remarquable en Grèce ? — Lacédémone fut presque ruinée par un tremblement de terre. Une rupture éclata entre les Athéniens et les Lacédémoniens. Les ennemis de Cimon le firent exiler par l'ostracisme; mais bientôt la guerre contre Artaxerxès Longue-Main, successeur de Xerxès, le fit rappeler, et les Athéniens lui confièrent le commandement. Il fit voile pour l'île de Chypre et vainquit les Perses sur mer et sur terre. Il se rendit ensuite maître de cette île, et força Artaxerxès à faire une paix honteuse, qui fut conclue 449 ans avant J.-C. Ce fut pendant la conclusion du traité que ce grand homme mourut en Chypre, devant la ville de Citium dont il faisait le siége.

Que fit Périclès ? — Il soumit l'île d'Eubée qui s'était révoltée. L'irruption des Lacédémoniens dans l'Attique fut suivie d'une trêve de trente ans entre eux et les Athéniens. Périclès se rendit très-puissant à Athènes, où il fit élever des monumens qui firent l'admiration des étrangers et de la postérité; et par ses soins, cette république étendit son commerce dans les îles de l'Archipel et sur les côtes de l'Asie-Mineure. Le siècle de Périclès fut fécond en hommes illustres dans les sciences et dans les arts. On vit briller Pindare, fameux poète lyrique; Eschyle, Eurypide et Sophocle, célèbres poètes tragiques; Hérodote et Thucydide, historiens; le médecin Hippocrate, les philosophes Zénon, Empédocle, Démocrite et

Socrate. Six ans après la trève conclue avec Lacédémone, les Samiens se révoltèrent contre les Athéniens; mais ils furent soumis par Périclès, qui se rendit maître de la ville et de l'île de Samos.

Comment se conduisit Athènes au milieu de sa prospérité? — Elle se rendit odieuse à ses alliés et à ses voisins, par sa fierté et son esprit de domination. Les habitans de Potidée et les Corinthiens ayant député à Lacédémone pour les engager dans leur alliance, une ligue fut formée entre plusieurs états, pour ne pas tomber sous le joug de l'ennemi commun. Cette guerre fut appelée la guerre du Péloponèse.

Cette guerre dura-t-elle long-temps? — Elle fut aussi longue que sanglante, et ne fut terminée qu'au bout de vingt-sept ans. Périclès, regardé par les Athéniens comme l'auteur de leurs maux, fut privé du commandement et condamné à une amende.

Quels furent ensuite les principaux évènemens? — Périclès mourut environ deux ans et demi après le commencement des hostilités, et emporta les regrets de ses concitoyens. La ville de Platée fut obligée de se rendre aux Lacédémoniens, qui la détruisirent de fond en comble, massacrèrent les hommes, et réduisirent les femmes en esclavage. Les habitans de Corcyre, divisés entre eux par rapport à cette guerre, s'entr'égorgèrent impitoyablement jusques dans les maisons et dans les temples. Les Athéniens s'emparèrent, dans la Messénie, de la ville de Pyles qu'ils fortifièrent; les Spartiates tentèrent de la reprendre et échouèrent. Ayant été défaits dans un combat naval, ils firent des propositions de paix que les Athéniens rejetèrent, et qu'ils auraient dû accepter, pour mettre un terme à tant de maux. Nicias, général athénien, s'empara de l'île de Cythère, pendant que Brasidas, général lacédémonien, se rendit maître d'un grand nombre de villes alliées d'Athènes, entre autres d'Amphipolis, malgré les efforts de Thucydide, bon capitaine, mais plus connu comme historien. Il n'y avait encore eu aucune affaire décisive, lorsque Brasidas et Cléon, Athénien, en vinrent aux mains près d'Amphipolis; les Spartiates furent vainqueurs, leur général resta sur le champ de bataille. Cléon, qui avait pris honteusement la fuite, périt de la main d'un soldat ennemi.

Quelle fut l'issue de cette bataille? — Les Athéniens conclurent une trève de cinquante ans, qui fut bientôt rompue par les conseils d'Alcibiade, malgré les efforts de Nicias, aussi bon citoyen que général plein de prudence. Alcibiade réunissait tout en sa faveur, l'éclat de sa naissance, une taille avantageuse, un air noble, d'immenses richesses et le don d'éloquence. Avec de si grands avantages, il parvint à captiver la bienveillance du peuple, et à dominer les assemblées. Il obtint le commandement des troupes dans la guerre du Péloponèse, se rendit maître de Trézène, et persuada ensuite aux Athéniens de donner du secours aux Léontins et aux Ségestains qui étaient en guerre contre Syracuse. On fit choix pour cette expédition de trois généraux, savoir: Alcibiade, Nicias, et Lamachus.

Qu'arriva-t-il à Alcibiade? — Il était à peine arrivé en Sicile qu'il fut accusé d'avoir fait mutiler les statues de Mercure dans une fête publique, et reçut l'ordre de se présenter devant l'assemblée du peuple pour se justifier; mais bien loin d'obéir, il se retira à Lacédémone, où il fut accueilli favorablement : il jura une haine mortelle à sa patrie. Il fut ensuite condamné à mort et ses biens confisqués.

Que se passa-t-il au siège de Syracuse? — Jamais expédition ne devint si funeste aux Athéniens. Ils furent plusieurs fois taillés en pièces par Gylippe, général des Lacédémoniens, et furent contraints dans le dernier combat de se rendre, sous la seule condition de conserver la vie; mais les Spartiates, contre la foi des traités et le droit des gens, mirent impitoyablement à mort leurs prisonniers, après leur avoir fait souffrir en prison les plus cruels tourmens.

Quelle était la situation d'Athènes? — Les temps étaient bien changés. Ce n'était plus cette ville florissante qui, après avoir vaincu les Perses, exerçait sa prépondérance sur toute la Grèce : elle penchait alors vers sa ruine; les campagnes étaient ravagées, ses armées de terre et de mer anéanties, et ses alliés devenus ses ennemis par les intrigues d'Alcibiade.

Quels furent les divers événemens jusqu'à la nomination de dix généraux? — Le gouvernement prit une nouvelle face, et fut confié à quatre cents citoyens, qui devinrent bientôt des despotes. L'armée qui était à Samos se prononça hautement contre cette nouvelle organisation ; elle rappela Alcibiade. Avant d'exterminer les tyrans, il voulut en venir aux mains avec les Spartiates et gagna deux batailles. Sparte demanda la paix que les Athéniens refusèrent par les mauvais conseils d'un nommé Cléophon. Alcibiade, vainqueur, fit son entrée dans Athènes au milieu des acclamations publiques; on lui décerna des couronnes d'or, il fut réintégré dans ses biens, et nommé général en chef; mais il ne fut pas long-temps en faveur. Pendant qu'il était en Ionie pour se procurer de l'argent, la flotte athénienne fut battue par Lysandre, Spartiate, à qui les Perses avaient envoyé des secours. La perte de cette bataille fut injustement attribuée à Alcibiade ; il fut disgracié, et l'on nomma à sa place dix généraux dont le chef était Conon.

Que se passa-t-il ensuite entre les Athéniens et les Lacédémoniens? — Callicratidas succéda à Lysandre dans le commandement de la flotte, et poursuivit Conon jusques dans le port de Mitylène, où il le tint bloqué. Dans ces entrefaites il partit d'Athènes une nouvelle flotte pour lever le blocus; elle rencontra l'armée navale des Spartiates, et il s'engagea un combat où tout l'avantage fut pour les Athéniens, et où Callicratidas fut tué. Les Spartiates rendirent le commandement de leur flotte à Lysandre, qui assiégea la ville de Lampsaque et l'emporta d'assaut. A cette nouvelle les Athéniens firent voile pour Ægos-Potamos, vis-à-vis Lampsaque. Lysandre, capitaine expérimenté, refusa plusieurs fois le combat pour attirer et surprendre les Athéniens; comme il l'avait prévu, ils tombèrent dans le piége, quoiqu'Alcibiade, retiré en Thrace, les eût fait avertir du danger qu'ils couraient en se livrant à une imprudente sécurité. Le général spartiate, saisissant le moment favorable, les tailla en pièces, s'empara de leur flotte, et fit trois mille prisonniers. De ce nombre etaient tous les généraux, excepté Conon qui se sauva en Chypre.

Que fit le général lacédémonien après cette victoire? — Il eut la cruauté de faire égorger tous les prisonniers, s'empara de toutes les villes alliées des Athéniens, et fit ensuite le siège d'Athènes, qui, se trouvant sans vivres et sans moyens de défense, fut obligée de se rendre à discrétion, après un siège de six mois. Les murs de la ville et les fortifications du Pirée furent démolis au son des instrumens. Athènes reçut la loi du vainqueur, qui y établit trente tyrans pour l'administration des affaires.

Quelle fut la fin d'Alcibiade? — Il s'était retiré chez Pharnabaze, gouverneur d'une province de Perse, pour se rendre à la cour d'Artaxerxès II, et y obtenir des secours en faveur de sa patrie, dont les malheurs l'affligeaient vivement. Pharnabaze refusa de le livrer aux Spartiates, mais le général athénien, sur l'avis qu'on en voulait à ses jours, se mit en route pour aller trouver Artaxerxès. Les émissaires de Sparte le poursuivirent, et n'osant entrer dans la chaumière où il s'était réfugié, ils prirent le parti d'y mettre le feu. Il en sortit l'épée à la main, et repoussa ses assassins; mais en fuyant, il fut accablé d'une grêle de traits et périt dans le moment où les Athéniens, près de succomber, auraient pu être sauvés par les talens et le dévouement de ce grand homme.

Comment se comportèrent les trente tyrans établis par Lysandre? — D'une manière odieuse; et tous les jours ils abusaient de leur pouvoir pour ordonner des meurtres et des emprisonnemens. Thrasybule, qui s'était réfugié à Thèbes, se mit à la tête de cinq cents Athéniens, comme lui proscrits et fugitifs. Il pénétra dans l'Attique, chassa de sa patrie les Spartiates, et composa un conseil de dix magistrats, tirés de chaque tribu; ce ne fut qu'un changement de tyrannie. Thrasybule fut une seconde fois le libérateur de sa patrie; il en chassa les nouveaux oppresseurs, donna une amnistie, rendit au peuple ses droits, et rétablit l'ordre et la paix.

Quel événement couvrit de honte les Athéniens? — La mort de Socrate. Voué à l'instruction de la jeunesse, il ne donnait à ses disciples que des idées sublimes de la divinité. La postérité ne pardonnera jamais à Aristophane d'avoir décrié Socrate dans sa comédie des Nuées, pour se venger de ce philosophe, qui condamnait ouvertement la licence de ses pièces de théâtre. L'homme le plus vertueux de son siècle fut accusé de corrompre la jeunesse et de ne pas reconnaître les dieux; et malgré son innocence, il fut condamné à boire la ciguë, l'an 400 avant J.-C.

Quelles furent les principales circonstances de sa mort? — Il s'entretint paisiblement avec ses amis de l'immortalité de l'âme. Voici ses propres paroles : « Au sortir de cette vie, s'ouvrent deux routes ; l'une mène aux supplices éternels les âmes qui se sont souillées ici-bas par des plaisirs honteux et des actions criminelles ; l'autre conduit à l'heureux séjour des dieux celles qui se sont conservées pures sur la terre, et qui, dans des corps humains, ont mené une vie divine... Je vais mourir, ajouta-t-il sans s'émouvoir, la nature m'y avait condamné dès ma naissance. La vérité condamnera bientôt mes accusateurs à l'infamie. » Ce qui arriva en effet, et l'on rendit les plus grands honneurs à sa mémoire.

Qui régnait alors en Perse? — Artaxerxès II, surnommé Memnon, à cause de l'étendue de sa mémoire ; il avait succédé à Darius Ochus. Les commencemens de son règne furent troublés par la révolte du jeune Cyrus son frère, satrape de l'Asie-Mineure, qui mit les Grecs dans ses intérêts. Il marcha contre le roi de Perse, à la tête d'une armée considérable ; de ce nombre étaient treize mille hommes d'élite du Péloponèse, commandés par Cléarque, Lacédémonien. Le combat s'engagea près de Babylone ; Cyrus s'avança imprudemment au milieu des ennemis, et y fut tué ; son armée, jusqu'alors victorieuse, mais déconcertée par la perte de son chef, fut mise en déroute.

Que devinrent les troupes auxiliaires des Grecs? — Elles ne voulurent jamais se rendre, et se défendirent. Cléarque fut tué par la trahison des généraux d'Artaxerxès, et Xénophon prit le commandement de l'armée, réduite à dix mille hommes. Sans ressource, sans alliés, sans vivres, elle opéra sa retraite, malgré les efforts d'une armée victorieuse et formidable, depuis les bords de l'Euphrate jusque dans la Grèce, à travers cinq à six cents lieues de pays. Xénophon, aussi bon écrivain qu'excellent capitaine, a écrit l'histoire de la retraite des Dix Mille, qui fait encore l'admiration des gens de guerre.

Quel roi gouvernait alors Lacédémone? — Agésilas, habile guerrier, prince recommandable par ses vertus. Il fit trembler l'Asie-Mineure ; et Artaxerxès ne trouva d'autre moyen pour éloigner un ennemi si redoutable, que de soulever contre Sparte tous les autres états de la Grèce. Conon, à la tête des Athéniens et des Thébains, ravagea la Laconie ; et aidé des secours pécuniaires de la Perse, il fit rétablir les murs d'Athènes.

Que firent alors les Lacédémoniens? — Par la honteuse paix d'Antalcide, ainsi nommée du Spartiate qui en fut le médiateur, ils abandonnèrent toutes les villes de l'Asie-Mineure, et continuèrent la guerre contre les Athéniens ; mais elle fut bientôt terminée par un traité de paix.

Qu'arriva-t-il ensuite? — Les Spartiates surprirent la forteresse de Thèbes, appelée Cadmée, et y mirent garnison. Leur orgueil les rendit odieux à tous les Grecs. Epaminondas et Pélopidas, à la tête des Thébains bannis et réfugiés à Athènes, prirent les armes, battirent les Lacédémoniens, et les chassèrent de Thèbes. Epaminondas, poursuivant ses succès, gagna la fameuse bataille de Leuctres, l'an 371 avant J.-C., ravagea toute la Laconie, et s'avança jusqu'à Sparte.

Quel parti prirent les Spartiates? — Ils implorèrent le secours des Athéniens, qui, oubliant leur juste ressentiment, se liguèrent avec eux contre les Thébains. Cette ligue n'opéra cependant aucun avantage en faveur de Sparte. Epaminondas ravagea de nouveau le Péloponèse et menaça Lacédémone. Agésilas marcha contre lui; les deux armées se rencontrèrent à Mantinée, ville d'Arcadie. C'est là que se livra, 363 ans avant J.-C., cette bataille qui assura à Thèbes la prééminence sur la Grèce; mais pour le malheur de sa patrie, Epaminondas resta sur le champ de bataille. Près de rendre le dernier soupir, il prit, dit Justin, son bouclier qu'il embrassa comme le compagnon de sa gloire. « J'ai donc assez vécu, dit-il, puisque je meurs avec la gloire de n'avoir jamais été vaincu. » Cet homme, recommandable par ses talens, sa modération et son équité, s'était fait un devoir de ne jamais trahir la vérité, même en plaisantant.

Qu'arriva-t-il quelques années après la bataille de Mantinée? — Les Macédoniens, qui jusqu'alors n'avaient eu aucune influence, eurent pour roi Philippe, père d'Alexandre-le-Grand. Ce prince, aussi grand guerrier qu'habile politique, et dévoré d'une extrême ambition, sut profiter de la division des Grecs pour établir sa supériorité. La Grèce était alors déchirée par la guerre sacrée.

Pourquoi cette guerre fut-elle ainsi appelée? — Parce que les Phocéens ayant labouré quelques terres consacrées à Apollon, avaient refusé de payer au temple de Delphes l'amende à laquelle ils avaient été condamnés par le conseil des Amphyctions. Cette guerre, qui dura neuf ans, porta un coup fatal à la Grèce.

Qui dominait alors à Athènes? — Deux hommes célèbres y jouissaient d'un grand crédit, mais tous deux d'un sentiment différent. Démosthène, par son éloquence, animait les Athéniens contre Philippe; au contraire Phocion, prévoyant les malheurs qu'entraîne la guerre, faisait tous ses efforts pour le maintien de la paix. Les conseils du premier prévalurent, et les Athéniens se liguèrent avec les Thébains contre le roi de Macédoine.

Que fit le roi Philippe? — Après plusieurs négociations infructueuses, il en vint à une action décisive, et remporta la victoire près de Chéronée. Il était accompagné de son fils Alexandre, en l'an 356 avant J.-C., le même jour qu'Erostrate brûla le magnifique temple de Diane à Ephèse, dans l'intention de se rendre immortel. Le vainqueur résolut de conquérir la Perse, et se fit nommer généralissime des Grecs.

Exécuta-t-il ce projet? — Non; sur le point de partir, il fut assassiné dans un festin par un nommé Pausanias, après un règne de vingt-quatre ans.

Qui lui succéda? — Alexandre son fils. Dès qu'il vint au monde, Philippe écrivit au philosophe Aristote : « J'ai un fils ; je remercie les dieux, moins de me l'avoir donné, que de l'avoir fait naître du temps d'Aristote. Je me flatte que vous le rendrez digne de me succéder et de gouverner la Macédoine. »

Quelles furent ses premières actions? — Il vainquit les Thraces et d'autres peuples barbares. Pendant qu'il était occupé de cette expédition, les Thébains se révoltèrent. Il marcha contre eux, les tailla en pièces, et ruina leur ville de fond en comble; il n'épargna que la maison de Pindare et d'Epaminondas.

Quelle impression fit sur les Grecs la ruine de Thèbes? — Epouvantés, ils se courbèrent sous le joug du vainqueur; et dans une assemblée tenue à Corinthe, ils le nommèrent leur généralissime. Dès-lors il ne s'occupa plus que des préparatifs pour l'expédition contre la Perse. Après avoir pourvu aux soins de son royaume, il en laissa le gouvernement à Antipater, et partit pour l'Asie avec trente mille hommes de pied, et cinq mille chevaux.

Que se passa-t-il au commencement de la guerre? — Les Perses avaient opposé une armée de cent mille hommes au passage du Granique, fleuve de Bythinie. La valeur impétueuse d'Alexandre triompha du nombre, et cette victoire fut suivie de la conquête de l'Asie-Mineure. À son retour de Cappadoce en Cilicie, il tomba dangereusement malade à Tarse pour s'être baigné imprudemment, tout couvert de sueur et de poussière, dans le fleuve Cidnus.

Quel courage d'esprit montra-t-il dans cette circonstance? — Parménion, le plus ancien de ses généraux, trompé par des rapports infidèles, lui donna avis que Philippe, son médecin, gagné par Darius, devait l'empoisonner. Lorsqu'Alexandre vit entrer Philippe dans sa chambre, il lui présenta d'une main la lettre de Parménion pour la lire, et prenant de l'autre le breuvage qui lui était destiné, il l'avala sans témoigner la moindre crainte.

Que fit-il après sa guérison? — Il s'avança contre Darius Codoman, roi de Perse, qui avait fait une levée de 460 mille fantassins et de 100 mille cavaliers; mais le héros macédonien, malgré la disproportion de ses forces, gagna la bataille d'Issus, l'an 333 avant J.-C. La mère, la femme et les enfans de Darius furent faits prisonniers; le vainqueur les traita avec tous les égards dus à leur rang et à leur malheur.

Quels furent les événemens postérieurs? — Il passa en Syrie, s'empara de Damas où étaient renfermés les trésors de Darius, et prit d'assaut la ville de Tyr, jadis si florissante, après sept mois de résistance. Huit mille Syriens furent égorgés. Il se rendit ensuite maître de la ville de Gaza, vaillamment défendue par Bétis qui en était gouverneur. C'est dans cette ville qu'il exerça des cruautés inouies. Dix mille hommes furent passés au fil de l'épée ; tous les habitans qui échappèrent au fer du vainqueur, même les femmes et les enfans, furent vendus, et Bétis périt du supplice le plus affreux. Alexandre soumit l'Égypte ; et dans le délire de son orgueil, il se fit reconnaître dans le temple de Jupiter Ammon pour le fils de ce Dieu.

Comment s'était-il conduit à Jérusalem ? — Il était résolu de punir les habitans de lui avoir refusé des secours ; mais le grand-prêtre Jaddus lui ayant montré les prophéties de Daniel où est annoncée la destruction de l'empire des Perses par un prince grec, il renonça à ses projets de vengeance, et fit même offrir des sacrifices dans le temple.

Quelles propositions fit Darius à Alexandre ? — Il lui envoya des ambassadeurs qui lui proposèrent des conditions très-avantageuses de paix. Alexandre consulta Parménion. *Je les accepterais*, lui dit ce général, *si j'étais Alexandre ; et moi aussi*, lui répondit le prince, *si j'étais Parménion*. Après avoir congédié les ambassadeurs de Darius, Alexandre passa rapidement l'Euphrate et le Tigre, sans éprouver la moindre résistance, marcha à la rencontre de l'ennemi, l'attaqua près d'Arbelles dans l'Assyrie, et y remporta une victoire décisive, l'an 331 avant J.-C. Darius ne manqua pas de courage dans l'action, mais il fut entraîné par la fuite de son armée.

Que devint Darius ? — Sans cesse poursuivi par le vainqueur, il fut ensuite trahi et assassiné par Bessus, un de ses satrapes.

Que fit Alexandre ? — Il se rendit maître de Babylone, de Suse, de Persépolis et d'Ecbatane. La ville de Persépolis fut livrée au pillage, et le palais des rois aux flammes. La fortune changea les mœurs de ce grand capitaine ; il ne parut plus qu'avec le faste asiatique, et ternit toute sa gloire par ses débauches, ses cruautés et son ingratitude. Il condamna à mort Philotas pour n'avoir pas révélé une conspiration dont il l'accusait d'avoir eu connaissance ; et craignant peut-être la vengeance de son père, il fit assassiner le vieux Parménion qui lui avait rendu de si grands services.

Quel fut le sort de Bessus, meurtrier de Darius ? — Ce perfide satrape, qui avait fait soulever les Bactriens en sa faveur, fut abandonné et livré à Alexandre, qui, après lui avoir fait couper le nez et les oreilles, le fit mourir à Ecbatane.

A quels excès se livra Alexandre ? — Après s'être enivré dans un festin, il tourna en ridicule les plus belles actions de son père, en présence de tous les anciens capitaines qui avaient glorieusement combattu sous ses ordres ; mais il parla de lui avec tant d'orgueil, que Clitus, en rappelant les beaux traits de la vie de Philippe, le mit au-dessus de son fils. Alexandre, entrant aussitôt en fureur, perça de sa javeline ce vieux guerrier qui lui avait sauvé la vie au passage du Granique. De vils flatteurs prostituaient à ce prince les honneurs divins. Le philosophe Callisthène se refusa à cette bassesse ;

mais bientôt sous prétexte d'une conspiration, il fut enfermé dans une étroite et obscure prison, où il périt par les tourmens.

Alexandre fut-il satisfait de ses conquêtes ? — Non ; c'était trop peu pour son ambition. Il pénétra dans les Indes, à travers les plus grands obstacles. Porus, un des rois de cette contrée, digne de se mesurer avec lui, défendit courageusement ses états injustement attaqués ; le succès ne couronna point sa généreuse résistance ; il fut battu et fait prisonnier sur les bords de l'Hydaspe.

Qu'arriva-t-il à Porus ? — *Comment veux-tu que je te traite*, dit le vainqueur? *En roi*, répondit fièrement Porus. — *J'y consens pour l'amour de moi-même*, répliqua Alexandre. Porus, plus grand après sa défaite qu'avant le combat, n'excite pas moins notre admiration, qu'Alexandre pour avoir illustré sa victoire par sa modération. Le vaincu conserva son royaume et devint un fidèle allié. Le roi de Macédoine voulait pousser plus loin ses exploits : mais ses officiers s'y étant refusés, il fut obligé de rétrograder.

Que fit ce prince en revenant ? — Il changea de route, et subjugua plusieurs peuples que les Perses n'avaient pu soumettre. Il touchait au terme fatal ! Il arriva à Babylone, où il s'abandonna aux plus grandes débauches, et y mourut d'un excès de vin, âgé de trente-trois ans, l'an 324 avant Jésus-Christ, après avoir régné douze ans et quelques mois.

Que devint l'empire après sa mort ? — Ses généraux se partagèrent ses vastes états. La Macédoine échut à Antipater ; l'Egypte à Ptolémée, dit Soter, qui, pendant environ quarante ans, se distingua par la sagesse de son gouvernement ; Lysimaque devint roi de Thrace et d'Hellespont, et Séleucus roi de Syrie. Ce partage fut suivi des guerres les plus sanglantes ; et la mère, la sœur, la femme et les enfans d'Alexandre furent massacrés au milieu de ces funestes divisions.

Quel intérêt nous offre ensuite la Grèce ? — Il n'y a plus que la république des Achéens qui, par la valeur d'Aratus et de Philopémen, conserva long-temps la liberté ; mais elle fut anéantie avec Corinthe, et réduite avec toute la Grèce en province romaine, 178 ans après la mort d'Alexandre, et 146 ans avant Jésus-Christ.

A quel point furent portés en Grèce les sciences et les arts? — Au plus haut degré. La Grèce l'emporta sur les Romains par son goût et ses lumières pour la philosophie, les lettres et les arts. Elle fit des progrès étonnans dans l'agriculture, l'architecture, la sculpture, la peinture et l'art militaire ; la géométrie et l'astronomie ne lui étaient point étrangères. Quant à la géographie et à la médecine, les anciens n'avaient et ne pouvaient en avoir que des connaissances très-bornées.

Comment considère-t-on le siècle d'Alexandre ? — Comme un des âges les plus brillans de la littérature. On compte parmi les orateurs les plus célèbres Démosthène, Eschine,

Seconde Partie.

Hipérides; et parmi les plus fameux philosophes Platon, Diogène, Xénocrate et Aristote. On voit briller Ménandre, le meilleur poète comique grec.

Que dit-on de Platon ? — Après la mort de Socrate, dont il fut disciple, il fit plusieurs voyages, et se fixa ensuite dans un lieu d'Athènes nommé *Académie*, d'où les disciples furent appelés *académiciens*. Il admettait un seul Dieu auteur de l'univers, l'immortalité de l'âme, et après cette vie une récompense pour les bons, et une punition pour les méchans. On dit qu'il mourut à l'âge de 80 ans, et qu'il fut appelé le divin Platon à cause de l'excellence de sa doctrine.

Que raconte-t-on de Diogène ? — Il était né à Sinope, et il fut surnommé le cynique parce qu'il déclamait sans cesse contre l'espèce humaine. Il n'avait pour tout meuble qu'un bâton, une besace et une écuelle, et pour toute demeure qu'un tonneau. Il répondit à Alexandre, qui lui demandait s'il n'avait besoin de rien : *Oui, c'est que tu te détournes de mon soleil.* — *Si je n'étais Alexandre*, s'écria le prince, *je voudrais être Diogène.* Un jour, en plein midi, se promenant dans la place publique avec une lanterne allumée, quelqu'un lui demandant ce qu'il cherchait, il répondit : *Je cherche un homme.*

Que raconte-t-on d'Aristote ? — Il était né à Stagire en Macédoine; il fut élève de Platon, maître d'Alexandre et le philosophe qui réunit le plus de connaissances. Accusé injustement d'impiété, il se retira dans l'île d'Eubée où il mourut.

Quelle opinion avait-on de Xénocrate ? — La plus haute idée de sa probité. Entendant en société quelques traits de médisance, il se tut, et répondit à quelqu'un étonné de son silence : Je me repens d'avoir parlé, et jamais de m'être tu.

Quels furent les peintres et les sculpteurs les plus fameux ? — Dans la peinture, se sont immortalisés Apollodore, Zeuxis, Parhasius et Apelle; dans la sculpture, Phidias, Praxitèle, Lysippe, et Charès qui fit le colosse de Rhodes.

FIN DE L'HISTOIRE GRECQUE.

HISTOIRE ROMAINE.

D'où les Romains tirent-ils leur origine? — D'Enée, prince troyen, qui, après la ruine de Troie, vint chercher un asile en Italie. Il fut reçu par Latinus, roi des Latins, dont il épousa Lavinie, sa fille.

Quel enfant naquit de ce mariage? Un fils nommé Sylvius, qui, étant devenu grand, laissa le royaume des Latins à sa mère, après avoir bâti une ville sur le Mont-Albain, nommée Albe-la-Longue.

Que sait-on des successeurs d'Enée? — Il ne nous en reste que la nomenclature jusqu'au règne de Numitor.

Quel événement particulier lui arriva-t-il? — Amulius, son frère, le chassa du trône, fit mourir ses fils, et força Rhéa Sylvia, sa fille, à se faire vestale.

Qu'est-ce que c'était qu'une vestale? — Une fille consacrée au culte de la déesse Vesta, et qui ne pouvait pas se marier.

Que devint Rhéa Sylvia? — Elle se maria secrètement et eut deux enfans jumeaux, nommés Rémus et Romulus.

Que fit Amulius en apprenant leur naissance? — Il ordonna de les jeter dans le Tibre; mais ceux qui étaient chargés de cet ordre, se contentèrent de les exposer sur le bord de ce fleuve. Un berger nommé Faustulus les enleva, et les fit élever secrètement par sa femme.

A quoi s'occupaient-ils lorsqu'ils furent devenus grands? — Ils faisaient des courses sur les terres d'Amulius, et enlevaient aux brigands le butin qu'ils avaient fait; mais Rémus fut pris, et son frère, à qui on avait découvert le secret de sa naissance, vint le délivrer, tua Amulius, et rétablit Numitor sur le trône.

Restèrent-ils dans la ville d'Albe? — Non; deux ans après le rétablissement de leur aïeul, ils bâtirent une ville sur le Mont-Palatin, 753 ans avant Jésus-Christ, suivant Varron.

Quel nom donna-t-on à cette ville? — Celui de Rome.

Les deux frères vécurent-ils en bonne intelligence? — Non; les uns disent que Rémus fut tué en disputant à son frère le droit de donner le nom à la nouvelle ville; d'autres rapportent que Romulus le fit mourir, parce qu'il avait sauté, par dérision, le petit fossé qui marquait l'enceinte de Rome.

Quels furent les premiers habitans de Rome? — Des brigands et des esclaves fugitifs, à qui Romulus donnait retraite.

Avaient-ils des femmes avec eux? — Non, mais Romulus eut recours à un stratagème pour leur en procurer; il fit célébrer des jeux à Rome, et pendant le spectacle on enleva les filles des Sabins et des autres peuples voisins qui étaient venues pour y assister.

; mais la plus dangereuse pour les Romains, fut celle des Sabins, qui, après avoir déjà eu quelque avantage sur leurs ennemis, étaient près d'en venir à une seconde bataille, lorsque les Sabines vinrent se jeter entre les deux armées, et firent tant par leurs prières, que la paix fut conclue. Il vainquit ensuite les peuples voisins qui étaient venus l'attaquer, et établit un sénat pour lui servir de conseil.

Comment mourut ce prince? — Il fut assassiné par les sénateurs, après un règne de 37 ans, et les Romains en firent ensuite un dieu sous le nom de Quirinus. Les sénateurs, après un an d'interrègne, choisirent pour roi Numa Pompilius, Sabin, originaire de la ville de Cures.

Comment se comporta-t-il? — Ce prince, religieux et sage politique, fit la paix avec ses voisins; et pendant un règne de 43 ans, adoucit les mœurs des Romains et les occupa aux exercices de la religion, dont il leur prescrivit les cérémonies.

Qui monta sur le trône après Numa Pompilius? — Tullus Hostilius, prince guerrier et ambitieux, qui soumit les Albains, détruisit leur ville, et ainsi le peuple fut obligé de venir s'établir à Rome, ce qui en augmenta la population.

Quelle fut la fin de Tullus? — Après avoir régné 32 ans, et organisé la milice romaine, il fut tué d'un coup de foudre. Ancus Marcus, petit-fils de Numa Pompilius, lui succéda.

Son règne fut-il glorieux? — Oui; il subjugua les Latins, bâtit la ville d'Ostie, fit entourer Rome de fortes murailles, éleva un grand nombre d'édifices, et mourut après un règne de 24 ans, laissant deux fils en bas âge, sous la tutelle de Tarquin-l'Ancien, qui se fit déclarer roi.

Comment se comporta-t-il? — Il se fit aimer de ses sujets, subjugua une partie de la Toscane, fit construire le Cirque pour représenter les jeux publics, augmenta le nombre des chevaliers romains, et fut le premier qui porta une couronne d'or et un sceptre.

Que firent les enfans d'Ancus pour monter sur le trône? — Ils firent assassiner Tarquin, après un règne de 38 ans; mais le sénat les condamna à un exil perpétuel, et l'on nomma Servius Tullius pour lui succéder.

Que fit ce prince de remarquable pendant son règne? — Il termina quelques guerres avec avantage, fit le dénombrement de ses sujets, conçut le dessein d'abdiquer la couronne, et de former une république; mais il fut assassiné après un règne de 44 ans, par l'ordre de sa fille Tullie et de son gendre Tarquin, qui fut déclaré roi par les sénateurs qu'il avait gagnés.

Rapportez les différens événemens de son règne? — Il vainquit les Volsques, soumit les Gabiens et les Latins, fit construire le Capitole, qui était la forteresse de Rome, se rendit odieux à ses sujets par son orgueil et sa tyrannie, ce qui lui fit donner le surnom de Superbe, et fut enfin chassé du trône, après un règne de 25 ans, à cause de l'injure faite par Sextus Tarquinius, son fils aîné, à Lucrèce, qui se donna la mort de désespoir.

Tarquin eut-il un successeur au trône? — Non ; les Romains suivirent le projet de Servius Tullius, et formèrent un état républicain, l'an 244 après la fondation de Rome.

Par qui la république fut-elle gouvernée? — Par deux magistrats à qui on donna le nom de consuls; les deux premiers furent Junius Brutus, qui avaient soulevé le peuple contre Tarquin, et Tarquin Collatin, mari de Lucrèce.

Tarquin-le-Superbe fit-il quelques efforts pour remonter sur le trône? — Il engagea plusieurs jeunes seigneurs à former une conjuration en sa faveur; mais ayant été découverte, les complices furent punis de mort. Les fils du consul Brutus, qui étaient du nombre, ne furent pas épargnés; leur père fut leur propre juge, et le témoin de leur supplice.

Que fit ensuite Tarquin? — Il implora les secours de Porsenna, roi des Clusiens, peuple de Toscane. Ce prince vint, avec une puissante armée, mettre le siége devant Rome.

Quelles actions de valeur se fit-il en cette occasion? — Horatius Coclès empêcha lui seul l'armée ennemie de passer le pont qui était sur le Tibre. Mutius Scœvola se rendit au camp de Porsenna, pour délivrer sa patrie de cet ennemi; mais ayant tué son secrétaire au lieu du roi, il se brûla la main droite, sans donner aucune marque de douleur. Clélie, jeune Romaine, qui avait été donnée en otage, se sauva à la nage, et retourna à Rome.

Quelle impression firent ces actions sur Porsenna? — Il ne put s'empêcher d'admirer les Romains, fit la paix avec eux, et abandonna le parti de Tarquin, qui se retira à Cumes dans la Campanie, où il mourut dans un âge fort avancé.

Le sénat et le peuple vécurent-ils en bonne intelligence? — Non ; le peuple, jaloux de l'autorité du sénat, se retira sur le Mont-Aventin; et il fallut pour le ramener, lui accorder des tribuns, dont la puissance contrebalançait celle du sénat.

Rome fut-elle tranquille au dehors? — Non; les Volsques déclarèrent la guerre aux Romains. Mais Caïus Marcius, qu'on envoya contre eux, les vainquit et leur prit la ville de Coriole, ce qui lui fit donner le nom de Coriolan.

Ce romain fut-il toujours fidèle à sa patrie? — Non; ayant été exilé de Rome pour avoir conseillé de vendre fort cher au peuple du blé qu'on s'était procuré, dans un temps de disette, il se retira chez les Volsques, se mit à leur tête, et vint assiéger Rome, dont il se serait rendu maître sans les prières de sa mère et de sa femme.

Que firent les Romains pour avoir une nouvelle législation? — Ils envoyèrent en Grèce recueillir les lois de cette contrée, et particulièrement celles de Solon, qui furent rédigées par dix magistrats qu'on nomma décemvirs, et qui réunirent la puissance consulaire et tribunitienne.

Leur pouvoir subsista-t-il long-temps?—Ayant abusé de leur autorité, ils furent abolis au bout de cinq ans, et on créa de nouveau des consuls; mais le peuple s'en lassa bientôt: alors on créa des tribuns militaires qui avaient la même autorité, et qui gouvernèrent la république environ 80 ans.

Quelles conquêtes firent les Romains sous ce nouveau gouvernement? — La ville de Véïes, qui égalait presque la ville de Rome, fut prise par Camille, après un siège de dix ans. Ce général romain soumit ensuite les Falisques, et leur imposa un tribut. Mais les Romains ne le payèrent que d'ingratitude, et il fut exilé sous divers prétextes.

Rome eut-elle lieu de se repentir de son injustice? — Oui; car quelque temps après, les Gaulois, sous la conduite de Brennus, se rendirent maîtres de Rome, l'an 388 avant Jésus-Christ; y massacrèrent les sénateurs, et mirent la ville à feu et à sang.

Où s'était retirée la jeunesse de Rome? — Dans le Capitole.

Les Gaulois s'en rendirent-ils maîtres? — Non; ils furent obligés de se retirer après un siège de sept mois. On rapporte que Camille, ayant été rappelé d'exil et nommé dictateur, leva rapidement une armée chez les peuples voisins, pour venir au secours de ses concitoyens; et qu'arrivé au moment où l'on comptait à Brennus la somme qu'on était convenu de lui payer, il tailla en pièces les Gaulois.

Quelle guerre considérable soutinrent ensuite les Romains? — Celle des Samnites, qui commença 343 ans avant Jésus-Christ, et dans laquelle ils n'eurent pas toujours l'avantage, car ils furent surpris dans un défilé qu'on appelle les Fourches-Caudines, et toute l'armée fut obligée de mettre les armes bas, et de passer sous le joug; mais les Romains vengèrent bien l'année suivante l'affront qu'ils avaient reçu; Papirius défit les Samnites, et les fit à leur tour passer sous le joug. Cette guerre, suivant Eutrope, dura 49 ans; elle finit par la ruine entière de Samnium.

Cette guerre n'en occasiona-t-elle pas une autre? — Oui; Pyrrhus roi d'Épire, qui méditait la conquête de l'Italie, prit occasion des troubles qui agitaient cette contrée, et vint attaquer les Romains sous prétexte de secourir les Tarentins.

Quel fut l'évènement de cette guerre? — Les Romains furent battus à la première rencontre, ayant été épouvantés des éléphans qui étaient dans l'armée de Pyrrhus; mais dans la seconde et la troisième bataille, le roi d'Épire fut vaincu, fit la paix et se retira dans ses états.

Les Romains restèrent-ils tranquilles après tant de succès? — Non; appelés au secours de Messine assiégée par Hiéron roi de Syracuse, et les Carthaginois, ils forcèrent le premier de se retirer dans ses états, et déclarèrent la guerre à Carthage, dont la puissance dans la Sicile excitait leur jalousie.

Cette guerre fut-elle considérable? — Elle commença 264 ans avant Jésus-Christ, et dura 24 ans. Ce fut dans cette guerre que les Romains apprirent à combattre sur mer, où ils eurent plusieurs avantages sur les Carthaginois. Régulus, général romain, porta la guerre en Afrique, battit les Carthaginois, mais battu à son tour et fait prisonnier, il périt dans les plus cruels tourmens. Les Carthaginois ayant été défaits par le consul C. Lutatius, demandèrent la paix, qui leur fut accordée moyennant une somme considérable pour les frais de la guerre.

La paix ne fut-elle point troublée? — Oui; parce qu'Annibal, général des Carthaginois, avait assiégé et pris en Espagne la ville de Sagonte, qui s'était mise sous la protection des Romains.

De qui Annibal était-il fils? — D'Amilcar, grand capitaine, sous lequel il avait appris l'art militaire, et qui lui avait fait jurer sur les autels, à l'âge de 9 ans, une haine éternelle aux Romains. Annibal n'avait que 25 ans lorsque les Carthaginois lui donnèrent le commandement de leur armée.

Que firent les Romains à la nouvelle de la prise de Sagonte? — Ils envoyèrent des ambassadeurs à Carthage pour se plaindre de ces hostilités; mais les Carthaginois ayant répondu avec trop de hauteur, la guerre fut résolue entre ces deux républiques. C'est la seconde guerre punique.

Annibal poursuivit-il ses conquêtes en Espagne? — Non; il abandonna ce pays, où il laissa cependant un corps de troupes sous la conduite de Hannon, traversa les Gaules, franchit les Alpes malgré les neiges, les glaces, les précipices, les rochers, et tous les obstacles qu'il rencontra; personne avant lui n'avait tenté ce passage, il y perdit la moitié de son armée.

Les Romains ne voulurent-ils pas s'opposer à son entrée dans l'Italie? — Scipion, l'un des deux consuls, n'ayant pu arrêter Annibal dans les Gaules, retourna en Italie par mer, et ayant joint les Carthaginois près de la rivière du Tésin, il leur livra bataille. L'armée romaine fut battue, et le consul blessé.

Quel avantage retira Annibal de cette victoire? — Les Gaulois qui s'étaient établis dans l'Italie, abandonnèrent l'armée romaine, et se joignirent aux Carthaginois.

Les Romains ne cherchèrent-ils pas à venger cet affront? — Tibérius Sempronius, l'autre consul, vint au secours de Scipion; et contre l'avis de son collègue, il livra bataille près de la rivière de Trébie, et fut vaincu par le général carthaginois.

Qu'arriva-t-il ensuite? — Le consul Flaminius s'engagea témérairement, près du lac Thrasimène, où il fut tué, et perdit quinze mille hommes. Les Romains nommèrent dictateur Quintus Fabius Maximus, dont la temporisation sauva la république, en déjouant les projets d'Annibal.

La conduite du dictateur fut-elle approuvée? — Non; on se plaignit à Rome qu'il agissait avec trop de lenteur, et l'on créa à sa place deux consuls, Emilius Paulus et Terentius Varron, homme de grande présomption et sans expérience.

Comment se conduisirent les nouveaux consuls? — Emilius Paulus voulait profiter des sages avis de Fabius; mais Varron, qui espérait se signaler, présenta imprudemment la bataille à Annibal, près d'un village nommé Cannes, situé dans la Pouille. L'armée romaine y fut défaite, et il n'en échappa qu'un petit nombre avec Varron. L'autre consul fut tué.

Annibal profita-t-il de sa victoire? — Ce général aurait pu se rendre maître de Rome, où tout était dans la consternation; ce fut à cette occasion que Maharbal, un de ses lieutenans, lui dit : « Vous savez vaincre, Annibal, mais vous ne » savez pas jouir de la victoire. »

Que pensa-t-on à Carthage de cette victoire? — Les ennemis d'Annibal voulurent la révoquer en doute. Comme on fut trop long-temps à lui envoyer les secours qu'il demandait, les Romains reprirent courage pendant que les Carthaginois s'énervaient dans les délices de Capoue. Depuis ce moment Annibal n'eut plus aucun avantage sur les Romains.

Que se passait-il alors en Espagne? — Les Romains y prospéraient toujours; les Carthaginois y étaient continuellement battus par les deux Scipions. Ceux-ci ayant été tués, un autre Scipion, leur neveu, eut le commandement de l'armée romaine; et après avoir chassé les Carthaginois de l'Espagne, il porta la guerre jusqu'en Afrique.

L'entreprise de Scipion ne dérangea-t-elle point les desseins d'Annibal? — Oui, le sénat de Carthage l'obligea à quitter l'Italie pour venir au secours de sa patrie. Ce général ne put abandonner ce pays sans verser des larmes. A son arrivée en Afrique, il eut une entrevue avec Scipion; mais n'ayant pu convenir d'un accommodement, les Romains et les Carthaginois en vinrent aux mains, et ces derniers furent entièrement défaits à Zama, et obligés de faire la paix. Ainsi finit la seconde guerre punique, qui avait duré seize ans.

Que devint Annibal? — Il passa quelque temps à la cour d'Antiochus, roi de Syrie, qu'il avait engagé à faire la guerre contre Rome; il se retira ensuite chez Prusias, roi de Bithynie; mais informé qu'il devait être livré aux Romains, il s'empoisonna.

Quelles guerres considérables suivirent la seconde guerre punique? — Celle de Macédoine contre Philippe, et ensuite contre son fils Persée. Philippe, après plusieurs pertes, avait fait la paix avec les Romains; mais Persée, croyant recouvrer ce que son père avait perdu, entreprit une nouvelle guerre qui lui coûta la liberté et la vie. La Macédoine fut réduite en province romaine. Antiochus, roi de Syrie, qui s'était déclaré contre les Romains, fut aussi obligé de demander la paix.

Rome et Carthage n'eurent-elles plus de guerres entre elles? — Les Romains voyaient avec peine subsister Carthage, et ils cherchaient un prétexte de rupture lorsqu'il se présenta. Les Carthaginois étaient en guerre avec Massinissa, roi de Numidie. Les Romains prirent son parti; et quelque soumission que fît Carthage, on envoya une armée pour faire le siége de cette ville. Elle se défendit avec un courage égal à son désespoir; mais enfin Publius Cornélius Scipion s'en rendit maître, et elle fut détruite de fond en comble.

Les Romains, après tant de succès, restèrent-ils tranquilles? — Non; ils détruisirent la ligue des Achéens, défirent les Béotiens dans deux batailles, brûlèrent Corinthe et soumirent toute la Grèce. Les Espagnols, qui s étaient pareillement révoltés, furent vaincus, et la prise et la ruine de Numance réduisirent toute l'Espagne.

Que se passait-il alors à Rome ? — Tibérius Gracchus, et ensuite son frère Caïus Gracchus, soulevèrent le peuple contre la noblesse, en proposant le partage des terres; mais ils périrent misérablement, et la loi agraire fut rejetée.

Les Romains n'eurent-ils pas encore quelques guerres considérables ? — Il y en eut plusieurs. Jugurtha, roi de Numidie, n'étant pas content des états que Micipsa, son père adoptif, lui avait laissés avec ses deux autres frères, les fit mourir. Il trouva d'abord moyen, par ses présens, de se rendre Rome favorable; mais à la fin, les Romains le poursuivirent. Metellus lui prit plusieurs places ; et Marius, homme sans naissance et ambitieux, mais qui avait de grands talens militaires, ayant été nommé consul, termina cette guerre, et Jugurtha fut emmené prisonnier à Rome, où on le laissa mourir de faim. Marius battit ensuite les Teutons, les Cimbres et les autres peuples du Nord qui avaient pénétré dans les Gaules, en Espagne et en Italie. Cette guerre dura douze ans.

Quelles furent les autres guerres? — Celles des peuples d'Italie qui se soulevèrent contre Rome pour obtenir le droit de bourgeoisie ; elle dura trois ans, et fut terminée à l'avantage des Romains, qui cependant accordèrent aux villes d'Italie le droit de citoyen romain ; ce qui dans la suite causa de grands troubles dans la république. Rome eut en même temps d'autres guerres à soutenir; savoir, celle de Mithridate roi de Pont', la guerre civile de Marius et de Sylla ; celle des gladiateurs et celle des pirates.

Quelle fut la cause de la guerre de Mithridate ? — Ce puissant roi de Pont (d'Asie-Mineure) avait résolu d'abattre l'orgueil des Romains : ennemi aussi redoutable qu'Annibal, il leur fit tous les maux qu'il put. Le signal de la guerre fut la prise de plusieurs provinces de l'Asie, alliées ou tributaires de Rome, et la mort d'un général romain.

Quel consul fut envoyé contre Mithridate ? — Sylla ; mais Marius parvint par ses brigues à se faire nommer à sa place. Sylla retourna à Rome, et y fit proscrire son ennemi. Telle fut l'origine de cette guerre civile qui inonda de sang l'Italie, et étendit ses ravages en Espagne, où Pompée rétablit la paix après avoir vaincu Sertorius, partisan de Marius. Ce dernier, profitant de ce que Sylla était en Asie, rentra dans Rome, où il exerça les plus affreuses proscriptions ; il mourut quelque temps après. Sylla, vainqueur de Mithridate, revint à Rome, y sacrifia à sa vengeance la plupart de ses ennemis, se fit nommer dictateur perpétuel, abdiqua au bout de dix ans, et finit tranquillement ses jours trois ans après son abdication.

Quels furent les événemens de la guerre de Mithridate ? — Ce roi, battu sur terre et sur mer par Sylla, demanda et obtint la paix ; mais Muréna, lieutenant de Sylla, ayant en-

2.

freint le traité, la guerre recommença. Mithridate, qui avait mis dans son parti Tigrane, roi d'Arménie, battit les Romains, et s'empara de la Bithynie. Le consul Lucullus, qu'on envoya ensuite, fit changer les choses de face; il rompit toutes les mesures du roi de Pont, et remporta de si grands avantages sur lui, qu'il l'obligea de se retirer en Arménie.

Qu'arriva-t-il ensuite? — Deux victoires considérables remportées sur le roi d'Arménie, auraient facilité à Lucullus les moyens de terminer cette guerre, si Glabrion ne se fût fait nommer à sa place. Mithridate, sous ce nouveau consul, recouvra son royaume, et ravagea la Cappadoce; mais Pompée qui s'était déjà fait connaître par la guerre des pirates de Cilicie, qu'il avait terminée en 40 jours, fut envoyé contre Mithridate, le chassa de son royaume, le poursuivit jusqu'en Arménie; et l'ayant vaincu près de l'Euphrate, le réduisit à un si grand désespoir, qu'il fut obligé de se donner la mort. Ainsi fut terminée cette guerre après avoir duré vingt ans. Pompée se rendit ensuite maître de toute l'Asie sans être obligé de combattre.

Quelle fut la guerre des gladiateurs? — Les gladiateurs étaient des gens condamnés à se battre dans les spectacles: Spartacus, un d'entr'eux, s'étant échappé de l'école qui était à Capoue, assembla une armée considérable de vagabonds, dont la devise était *liberté*. Ils battirent plusieurs fois les armées romaines; mais ils furent taillés en pièces par Licinius Crassus. Spartacus voyant qu'il n'avait plus de ressources, se fit tuer pour éviter le supplice que méritait sa révolte.

N'y avait-il pas des troubles à Rome pendant la guerre d'Asie? — Lucius Sergius Catilina, homme de première naissance, mais perdu de débauches et de dettes, prit la résolution de se rendre maître de Rome. Cicéron étant consul, découvrit la conjuration: l'armée que Catilina avait ramassée fut taillée en pièces, et il fut lui-même tué en combattant. La plupart de ses complices eurent la tête tranchée.

Rome fut-elle tranquille après cet événement? — Sylla avait donné un mauvais exemple, et plusieurs, à son imitation, avaient ambitionné la souveraineté sans cependant oser le faire avec éclat; mais Pompée, Crassus et César, plus hardis que les autres, réunirent entr'eux trois la souveraine puissance; c'est ce qu'on appelle le premier triumvirat, parce qu'ils étaient trois qui gouvernaient ensemble.

Par quel moyen affermirent-ils leur puissance? — César obtint le consulat et le gouvernement des Gaules pour cinq ans. Pompée et Crassus restèrent à Rome, tandis que César cherchait à étendre les conquêtes des Romains, et à jeter les fondemens de la domination qu'il méditait. Il avait eu soin de s'attacher Pompée en lui faisant épouser sa fille.

Quels furent les exploits de César? — Il battit les Suisses qui voulaient s'établir dans la Franche-Comté; vainquit Arioviste, roi des Germains, qui s'était emparé d'une partie de ette province; défit les Belges ou Flamands, et soumit avec une rapidité incroyable toute la Gaule ; il passa même jusqu'en Angleterre, et imposa un tribut aux habitans de cette île. Toutes ces conquêtes se firent en huit années.

L'union subsista-t-elle long-temps entre les triumvirs? — Crassus ayant été tué en combattant contre les Parthes, et la fille de César étant morte, Pompée, jaloux des belles actions de César, chercha tous les moyens de nuire à son rival. Il voulut lui faire ôter son gouvernement ; mais César, assuré de la fidélité de ses troupes, marcha droit à Rome, que Pompée et ses partisans abandonnèrent.

Que fit César ? — Après avoir été nommé de nouveau consul, et s'être attiré la bienveillance du peuple, il poursuivit Pompée, qui s'était retiré dans la Grèce. Ces deux rivaux en vinrent ensuite aux mains dans la plaine de Pharsale, et la fortune se déclara pour César.

Que devint Pompée ? — Il se retira en Egypte, où Ptolémée, roi du pays, croyant faire sa cour à César, le fit assassiner : on porta sa tête au vainqueur de Pharsale, qui ne put s'empêcher de donner des larmes à la mémoire d'un si grand homme, dont il résolut de venger la mort ; mais Ptolémée se noya dans le Nil en cherchant à se sauver. Ce fut dans cette occasion que César connut la belle Cléopâtre, qu'il fit proclamer reine d'Egypte après la mort de son frère.

César n'eut-il plus de compétiteurs ? — Les deux fils de Pompée voulurent venger leur père, mais la fortune ne leur fut pas favorable ; après un combat des plus opiniâtres, leurs troupes furent taillées en pièces, Cneïus Pompée fut tué, et le plus jeune échappa au vainqueur.

Comment César se comporta-t-il ensuite? — Tant de succès l'avaient enivré ; il se comporta avec plus de faste et de hauteur qu'auparavant, et Rome commença à rougir du joug qu'il lui avait imposé. Il se forma contre lui une conjuration, et il fut assassiné dans le sénat.

Faites-moi le portrait de César ? — Le voici tel que Corneille l'a dépeint :

    Ce que la Grèce, Rome et l'univers ensemble
    Eurent de plus parfait, dans César se rassemble ;
    Prudent, ambitieux, l'homme de tous les temps,
    De toutes les vertus et de tous les talens ;
    Intrépide, éclairé, d'autant plus redoutable,
    Que de tous les mortels il est le plus aimable.

La mort de César n'occasiona-t-elle pas de nouveaux troubles dans Rome ? — Il se forma un nouveau triumvirat, composé d'Antoine, de Lépide et d'Octave, neveu et fils adoptif de César : le prétexte de cette union fut la vengeance de la mort de César ; mais le véritable motif était l'ambition.

Que firent les nouveaux triumvirs ? — Ils poursuivirent Brutus et Cassius, chefs des meurtriers de César, et les défirent dans les champs de Philippes, ville de Macédoine ; Cassius se tua sur le champ de bataille, et Brutus, qui n'avait plus d'espoir, se donna la mort le lendemain.

Les triumvirs restèrent-ils toujours unis? — Antoine et Octave partagèrent d'abord l'empire, et laissèrent peu de choses à Lépide. Octave resta à Rome, et Antoine se rendit en Asie. Cléopâtre étant venue le trouver pour se justifier de ce qu'elle avait favorisé Brutus et Cassius, fit tant par ses charmes, qu'Antoine la suivit en Egypte. Lépide, dans la suite, ayant été dépouillé du peu qu'il possédait, Antoine et Octave se brouillèrent.

Quelle fut la suite de cette scission? — Octave alla chercher son ennemi. Antoine, suivant l'avis de Cléopâtre, se détermina à combattre sur mer. La bataille se donna près d'Actium, en Epire, et la reine d'Egypte s'étant retirée avec ses vaisseaux, Antoine la suivit, et abandonna la victoire à Octave.

Quels furent les événemens postérieurs? — Antoine, réduit au désespoir, se donna la mort; et Cléopâtre pour ne pas tomber dans les mains du vainqueur, se fit piquer d'un aspic, et fut enterrée dans le même tombeau où l'on avait mis le corps d'Antoine. Octave, resté seul maître de Rome, prit le titre d'empereur, et le sénat lui donna le surnom d'Auguste, sous lequel il est le plus connu. Telle fut la fin de la république romaine. Ce fut sous le règne d'Auguste que naquit J.-C.

Que devinrent les Romains sous les empereurs? — Ils étendirent beaucoup leurs conquêtes, et formèrent le plus grand empire qui ait jamais existé, puisqu'ils possédaient l'Europe, une grande partie de l'Asie et de l'Afrique.

Qu'est devenu ce grand empire? — Valentinien, qui était d'une famille obscure, ayant été nommé empereur, partagea ses états avec son frère Valens. Il lui céda les provinces de l'Asie, de l'Egypte et de Thrace, et garda pour lui l'Illyrie, l'Italie, les Gaules, l'Angleterre et l'Espagne. Ce qui forma l'empire d'Orient où régnait Valens, et l'empire d'Occident qui était gouverné par Valentinien.

Comment ces deux empires ont-ils été détruits? — Mahomet II, empereur des Turcs, s'étant rendu maître de Constantinople en 1453, sous le règne de Constantin Paléologue, mit fin à l'empire d'Orient. Celui d'Occident avait été détruit, l'an 476, par Odoacre, roi des Hérules, qui, ayant soumis toute l'Italie, dépouilla l'empereur Augustule de toute sa puissance, et le relégua dans un château de la Campanie, où il passa le reste de ses jours. Il y avait déjà long-temps que l'empire romain chancelait; plusieurs peuples venus du Nord le ravageaient, et les peuples soumis se soulevaient à chaque occasion. Les Romains n'étaient plus les mêmes, et ils avaient pris les vices de toutes les nations qu'ils avaient subjuguées.

L'empire Romain ou d'Occident ne se rétablit-il pas? — Charlemagne, roi de France, ayant détruit le royaume des Lombards, qui étaient maîtres de la plus grande partie de l'Italie, fut reconnu empereur, l'an 800, par les Romains et le pape (voyez *Histoire de France*). Après la mort de Louis IV, l'empire sortit de la maison de France, et devint électif. Conrad Ier, gendre de Louis IV, étant élu par les seigneurs allemands pour succéder à son beau-père, l'empire est resté aux Allemands; et c'est ce qu'on nomma depuis l'empire d'Allemagne.

Quel fut le premier empereur chrétien? — Constantin-le-Grand. Ce prince, sur le point de livrer bataille contre Maxence, aperçut une croix au-dessus du soleil, avec ces mots : *C'est par ce signe que tu vaincras.* Frappé de ce miracle et de la victoire qu'il remporta, il embrassa la religion chrétienne, et permit aux chrétiens d'exercer leur religion.

Quels ont été les meilleurs empereurs païens? — Vespasien, Tite, Nerva, Trajan, Adrien, Antonin-le-Pieux et Marc-Aurèle. Mais le meilleur de tous est sans contredit l'empereur Tite. Ce prince ayant passé une journée sans trouver occasion de rendre service, dit à ses courtisans : *Mes amis, j'ai perdu un jour.* Il disait que personne ne devait se retirer triste après avoir vu l'empereur.

Quels ont été les plus méchans? — Caligula, Néron, Domitien, Commode, Caracalla, Héliogabale et Dioclétien.

Sous quels empereurs les chrétiens ont-ils été le plus persécutés? — La 1re. persécution fut sous Néron, la 2e. sous Domitien, la 3e. sous Trajan et Adrien, la 4e. sous Marc-Aurèle et Antonin, la 5e. sous Sévère, la 6e. sous Maximin, la 7e. sous Decius, Gallus et Volusien, la 8e. sous Valérien et Gallien, la 9e. sous Aurélien, et la 10e. sous Dioclétien.

Faites-moi la récapitulation de l'histoire de Rome? — Il faut la considérer sous sept états différens : le premier sous sept rois, l'espace de 244 ans; le second sous les consuls, pendant 478 ans, jusqu'au règne d'Auguste; le troisième sous 57 empereurs, pendant 507 ans, c'est-à-dire depuis Auguste jusqu'à Augustule, dépossédé par Odoacre, roi des Hérules; le quatrième sous un roi des Hérules, et huit des Ostrogoths, pendant 92 ans; le cinquième sous 22 rois des Lombards, pendant 206 ans; le sixième sous 9 empereurs français, l'espace de 112 ans, depuis Charlemagne jusqu'à la mort de Louis IV, arrivée l'an 912; le septième, sous les papes, qui sont encore souverains de Rome, où les empereurs romains n'ont aucune autorité, quoiqu'ils prennent le titre de *roi des Romains.* Les pays compris sous le nom de l'état ecclésiastique, sont un don de Pépin-le-Bref et de Charlemagne.

Combien cette ville a-t-elle été prise de fois? — Sept fois : par les Gaulois; par les Goths, sous leur roi Alaric; par les Vandales, sous leur roi Genseric; par les Hérules, sous Odoacre; par les Ostrogoths; par Totila, roi des Ostrogoths; et par les Espagnols, sous Charles-Quint.

Faites-moi la description de Rome telle qu'elle est aujourd'hui. — Rome est située sur sept collines le long du Tibre, au-delà duquel on a communication par quatre ponts. Cette ville a vingt portes, quatorze quartiers et un grand nombre d'églises, dont la principale est Saint-Jean-de-Latran; mais la plus magnifique et la plus grande est Saint-Pierre du Vatican. Le pape Jules II commença à la faire rebâtir, et Paul V. l'acheva. Le palais du Vatican, où le pape fait sa demeure, est joint à cette église; il ne lui cède en rien pour la magnificence. Cette ville est ornée de plusieurs palais et d'un grand nombre de places publiques qui attirent les étrangers de toutes les parties du monde.

HÉROS DE LA RÉPUBLIQUE ROMAINE.

Quel est le peuple de l'antiquité où l'on trouve de plus grands hommes? — La dispute ne peut être qu'entre les Grecs et les Romains : c'est dans l'histoire de ces deux peuples que se trouvent les plus beaux modèles de la vertu païenne.

Lequel des deux a l'avantage sur l'autre? — Il y a quelque différence à faire; premièrement, la Grèce a fourni tous les héros fabuleux de l'antiquité, comme les Hercule, les Achille et plusieurs autres, sans parler des dieux des païens, qui ont été des hommes de la Grèce qu'on a adorés après leur mort; en cela, les Grecs ont l'avantage sur les Romains.

A l'égard des grands hommes dont la vie appartient aux temps historiques, Plutarque a fait la comparaison des principaux Grecs et Romains, et il paraît, d'après sa biographie, qu'il se trouve à peu près d'aussi grands personnages d'un côté que d'autre, en vertu, en courage, en science militaire.

Mais on peut remarquer, à l'avantage des Romains, que s'il y a d'aussi grands hommes parmi les Grecs, il s'en faut bien qu'il y en ait un aussi grand nombre, ni qu'on y trouve tant d'exemples de vertu. Les Romains ont formé pendant trois ou quatre cents ans un peuple également aguerri, vertueux, discipliné et composé de gens irréprochables; ce qu'on ne peut pas dire des Grecs, parmi lesquels il y a toujours eu un grand mélange de vices et de vertus.

Quel jugement peut-on faire des grands hommes Grecs et Romains, que Plutarque a comparés ensemble? — Il me semble que les Grecs ont quelque chose de plus brillant, de plus héroïque, et qui approche plus du roman; mais leurs vertus sont plus inégales; celles des Romains sont plus exactes et plus régulières. Par exemple, dans le parallèle qu'il fait d'Alexandre et de César, on pourrait peut-être remarquer quelque chose de plus élevé dans Alexandre, mais il y a plus d'inégalité dans ses mœurs et dans sa conduite. On aperçoit les mêmes différences à l'égard de plusieurs autres; les vertus des Grecs offrent plus de grandeur d'âme naturelle; celles des Romains semblent plutôt l'effet de la discipline; les premières sont plus sociables, plus douces; les autres plus dures et plus austères.

Combien de sortes de grands hommes trouvez-vous dans la république romaine? — J'en remarque de trois caractères différens : les premiers étaient des gens d'une vertu solide, mais un peu farouche, d'une austérité excessive, l'esprit rude et étranger aux arts et aux sciences. Les seconds ont été les héros de Rome les plus accomplis, parce qu'avec autant de vertus, ils étaient encore plus grands capitaines et avaient l'avantage d'être beaucoup plus polis, plus savans et plus éclairés. Les troisièmes ont existé dans les derniers temps où les esprits étaient éclairés et les sciences dans leur perfection; aussi ont-ils surpassé les autres : ce fut le siècle des plus grands capitaines.

Quels ont été les plus grands hommes du premier caractère? — Voici les plus illustres : Camille, Coriolan, Manlius Torquatus, Quintus Cincinnatus, Fabricius et Curius.

Que remarquez-vous de Camille? — Il a été le plus grand capitaine et le plus grand homme de ce temps-là; il prit la ville de Veïes, la plus puissante ville d'Italie, et dont le siége avait duré dix ans; il défit les Gaulois qui avaient saccagé la ville de Rome. On l'appela le second Romulus.

Quel était Coriolan? — Il s'appelait Marcius, et reçut le nom de Coriolan pour avoir pris la ville de Coriole; il fut ensuite banni de Rome, et fit la guerre à son pays. Les Romains qui avaient toujours été victorieux sous sa conduite, ne purent résister à leurs ennemis quand il combattit à leur tête.

Que fit Manlius Torquatus? — Il prit le nom de Torquatus, à cause d'un collier qu'il arracha à un Gaulois qu'il vainquit dans un combat singulier à la tête des deux armées. Il gagna la bataille contre les Latins, qui fut une des plus dangereuses que les Romains aient jamais données.

Qu'a fait Quintus Cincinnatus? — Ce fut lui qu'on tira de la charrue pour en faire un dictateur. Le labourage était l'exercice ordinaire des principaux de Rome : Cincinnatus s'en occupait lorsqu'il fut appelé pour commander les armées romaines. Il acheva la guerre, et revint se livrer à l'agriculture.

Que fit Fabricius? — Ce capitaine, d'une vertu à toute épreuve, défit Pyrrhus à la dernière bataille que ce roi perdit contre les Romains. Ce roi faisant son possible pour l'attirer à son parti, et lui promettant la seconde place de son royaume, il lui répondit que si ses sujets connaissaient la différence qu'il y avait entr'eux, ils ne balanceraient pas à lui donner la première.

Qu'a fait Curius de remarquable? — Il commandait l'armée avec Fabricius, lorsque Pyrrhus fut défait. Après avoir gagné trois batailles, triomphé trois fois, il mourut si pauvre qu'il fallut marier ses filles aux dépens du public. Les ambassadeurs des Samnites lui ayant été envoyés, ils le trouvèrent qui faisait cuire des légumes; ils lui présentèrent de l'or; il leur répondit qu'il aimait mieux commander à ceux qui en avaient, que d'en posséder. Cet illustre Romain doit être regardé comme le plus grand modèle de frugalité romaine.

Quels exemples citez-vous d'une extrême sévérité? — L'action d'Horace, qui tua sa sœur, pour avoir pleuré un ennemi de Rome qu'il avait vaincu. Ce Brutus, qui chassa Tarquin le Superbe, condamna à mort ses deux fils pour avoir eu des intelligences avec Tarquin, et fut lui-même témoin de leur supplice. Manlius Torquatus montra encore une plus grande sévérité dans la guerre des Latins; il fit défense de combattre sans la permission des chefs; et en présence de toute l'armée, il fit couper la tête à son fils, qui avait tué un ennemi qui l'avait provoqué au combat.

Quels exemples rapportez-vous de justice et de générosité? —Deux bien remarquables; l'un de Camille, et l'autre de Fabricius. Camille assiégeant une ville de Toscane, un instituteur qui avait chez lui les enfans des principaux habitans de la ville, vint lui proposer de les lui livrer. Camille le renvoya aux ennemis pour en faire justice, et leur rendit leurs enfans. Cette action de générosité engagea les habitans à se soumettre volontairement à lui. Pendant la guerre que Pyrrhus fit aux Romains, son médecin promit à Fabricius d'empoisonner son maître; Fabricius en donna avis à ce prince, en lui mandant qu'il savait mieux choisir ses ennemis que ses amis.

Quels exemples de valeur militaire excitent notre admiration? — L'action d'Horace, et le duel de Manlius Torquatus contre un Gaulois. Un autre Romain nommé Valérius Corvinus, vainquit pareillement un ennemi de la même nation qui l'avait défié. Un autre Manlius défendit lui seul le Capitole contre les Gaulois qui étaient venus la nuit pour le surprendre et qui furent découverts par le cri des oies. Dans une guerre contre une ville de Toscane, la famille des Fabiens, composée de trois cents personnes, entreprit seule de combattre les ennemis; elle les défit en plusieurs rencontres, et fut enfin taillée en pièces dans des embûches qu'on lui dressa.

Quels sont les exemples de dévouement pour la patrie? — Curtius, chevalier romain, se jeta dans un abîme qu'un tremblement de terre avait fait dans la place publique de Rome, après que les devins eurent prononcé que l'empire serait éternel, si les Romains y jetaient ce qu'ils avaient de plus précieux. Les Décius, deux généraux romains, se dévouèrent à la mort pour obtenir la victoire à leurs troupes en deux batailles différentes. C'était la coutume dans les dangers imminens, que le général romain se dévouât pour le salut public. Après s'être fait consacrer avec certaines cérémonies, il se jetait au milieu des ennemis, et par sa mort, attirait la victoire de son côté.

Quels exemples citez-vous de vertu publique? — Deux : entr'autres, l'un de résolution à la mort, l'autre de fermeté dans le malheur.

Quel est le premier exemple ? — A la prise de Rome par les Gaulois, les Romains, voyant qu'ils ne pouvaient défendre leur ville, résolurent de garder le Capitole : comme la place ne pouvait tenir que peu de monde, la jeunesse qui était capable de la défendre s'y enferma, et les vieillards se déterminèrent à attendre la mort dans leurs maisons, et à ne pas survivre à leur patrie : ceux qui avaient été magistrats, se revêtirent des marques de leur dignité, et se tinrent à la porte de leurs maisons, où ils attendirent les Gaulois; qui les massacrèrent.

Quel est le second exemple de fermeté? — Pyrrhus, deux fois vainqueur des Romains, leur proposa des conditions de paix qu'ils refusèrent dans leur disgrâce, en persistant à le chasser de l'Italie. Les dames romaines ne montrèrent pas moins de désintéressement en refusant les présens que leur offrirent ses ambassadeurs. Ce fut alors que Cinéas, de retour de son ambassade, dit à Pyrrhus que le sénat de Rome lui avait paru un consistoire de rois.

Quels sont les plus grands hommes du second caractère que vous avez remarqués? — Les deux Scipions, Fabius Maximus, Marcellus, Paulus Æmilius, les deux Catons, Regulus et Brutus.

Quel a été le héros le plus accompli? — Scipion l'Africain, celui qui a le premier porté ce nom, et qui vainquit Annibal; il ne le cède à aucun capitaine romain, tant pour le nombre de ses victoires, que par la valeur du chef qu'il défit. Il commença à porter les armes à 17 ans, il sauva la vie à son père dans la première bataille qui fut donnée contre Annibal. A 24 ans, il le vainquit à la bataille de Zama en Afrique, et abattit pour jamais la puissance de Carthage. Sa vertu fut aussi parfaite, mais plus douce et plus sociable que celle d'aucun des Romains. Une noble fierté se peignait dans ses traits, et il avait assez de connaissance des belles-lettres pour avoir été regardé comme l'auteur d'une partie des comédies de Térence. Il fut l'ami particulier du sage Lælius.

Quelle a été la fin de Scipion l'Africain? — Après toutes ces grandes actions, l'envie lui suscita un accusateur. Il comparut en jugement; et au lieu de se défendre, il rappela au peuple qu'à pareil jour il avait gagné une victoire célèbre, et qu'il était juste d'en aller rendre grâces aux dieux. Ses juges et le peuple le suivirent comme en triomphe au Capitole, et abandonnèrent son accusateur. Tite-Live dit de lui qu'il avait le cœur trop haut pour pouvoir soutenir le personnage d'un accusé : il se bannit volontairement de Rome et mourut dans une maison de campagne.

Quel fut le second Scipion l'Africain? — Paulus Æmilius ne porta le nom de Scipion que par adoption. Son mérite approche beaucoup de celui du premier Scipion. Il détruisit deux villes, les plus dangereuses ennemies de Rome, Carthage en Afrique, ce qui lui donna le surnom de second Africain, et Numance en Espagne. On le loue particulièrement de son intégrité, et de ce qu'il était sévère observateur de la discipline militaire.

Quel autre Scipion mérite d'être remarqué? — Le frère du premier Africain. Il fut surnommé l'Asiatique, parce qu'il défit Antiochus, le plus puissant roi d'Asie : son frère, le grand Scipion, voulut bien être son lieutenant dans cette guerre.

Que fit Fabius Maximus? — On l'appela le bouclier des

Romains, parce qu'il fut le premier qui arrêta les victoires d'Annibal, et donna le moyen à Rome de réparer ses pertes. Son caractère était d'une gravité et d'une constance inébranlables. Il fit perdre plusieurs campagnes à Annibal, en évitant l'occasion de combattre ; c'est pourquoi il fut appelé le temporiseur.

Qu'était Marcellus ? — Un capitaine aussi brave qu'entreprenant : on dit de lui qu'il se trouva à trente-neuf batailles. On l'appela l'épée des Romains, parce qu'il ne demandait qu'à combattre, et qu'au contraire de Fabius, il était toujours aux mains avec l'ennemi qu'il harcelait sans cesse. Il périt malheureusement. Sa conduite fut enfin plus malheureuse que celle de Fabius, car il fut surpris et tué dans un piège que lui dressa Annibal.

Quel était Paulus Æmilius ? — Un capitaine très-sage et de grande vertu ; il détruisit le royaume des Macédoniens, après avoir vaincu et fait prisonnier Persée, le dernier de leurs rois. Cette guerre fut achevée en quinze jours. Deux enfans qui lui restaient étant morts le jour de son triomphe, il fit un discours au sénat, pour lui témoigner que la joie qu'il avait du bonheur public lui faisait oublier ses disgrâces particulières.

Quels sont les Catons les plus célèbres ? — Caton le Censeur et Caton d'Utique.

D'où vient au premier le surnom de Censeur ? — De ce qu'il montra une extrême austérité pendant l'exercice de sa censure ; on l'appela aussi le sage Caton. On le loue d'avoir été bon capitaine, grand orateur et excellent politique : il fut le personnage le plus grave et le plus sévère de Rome ; infatigable au travail, observateur de la discipline, et grand réformateur des abus.

Pourquoi l'autre Caton reçut-il le surnom d'Utique ? — Parce qu'il se tua à Utique, ville de Carthage, après que son parti eut été défait par Jules-César. C'est le Romain qui passe pour le plus vertueux et le plus grand défenseur de la liberté. Il était de la secte des Stoïciens, la plus sévère de toutes les sectes des philosophes ; il embrassa le parti de Pompée, ou plutôt celui du sénat contre César. Après la mort de Pompée, il se joignit à Scipion pour défendre la liberté romaine : voyant César victorieux, il se tua lui-même, de peur de tomber entre ses mains, ou d'être obligé de souffrir sa domination.

Quel était Brutus ? — Il était neveu de Caton, vertueux comme lui, et de la famille du premier Brutus qui chassa Tarquin-le-Superbe. Il embrassa le parti de Pompée contre César ; et après la bataille de Pharsale, César l'ayant reçu au nombre de ses amis, il ne laissa pas de conspirer contre lui, dans la seule intention de rendre la liberté à son pays. Il fut défait avec Cassius dans la bataille qu'ils donnèrent en Macédoine, contre Auguste et Antoine. Cassius se tua le premier, et Brutus ensuite, après avoir perdu une seconde bataille.

Quelle est la mort la plus louable, celle de Caton ou celle de Brutus ? — Toutes ces morts volontaires passaient pour des vertus parmi les païens. Dans celle de Caton, il paraît plus de constance et de philosophie. Avant de se donner la mort, il fit sauver tous ceux de son parti; et après avoir pourvu à leur sûreté, il mit sous le chevet de son lit un poignard, et le livre de Platon, sur l'immortalité de l'âme, qu'il lut avant de mourir. Après s'être percé de son poignard, il déchira les bandages qu'on avait mis sur sa plaie, et hâta ainsi la fin de ses jours. Il y eut plus de désespoir dans la mort de Brutus; on prétend même qu'en mourant, il se plaignit de la vertu, la regardant comme inutile et sans pouvoir contre les accidens de la fortune.

Quelle fut la mort la plus glorieuse des Romains? — Celle de Régulus: après plusieurs victoires, il fut pris dans une bataille qu'il perdit contre les Carthaginois, qui l'envoyèrent sur sa parole pour proposer l'échange des prisonniers romains avec ceux de Carthage. Au péril de sa vie, il détermina le sénat à rejeter ce traité, qui était désavantageux à Rome: il retourna ensuite à Carthage pour dégager sa parole, et y mourir dans les supplices inouis qu'on lui fit souffrir.

Pourquoi trouvez-vous sa mort la plus glorieuse? — Parce qu'elle eut pour cause l'intérêt de la patrie, et la fidélité à ses sermens, et qu'elle ne fut point un suicide. Le désespoir arma la main homicide des autres Romains; mais le bonheur de son pays et la vertu portèrent Régulus au sacrifice de sa vie. Sa fermeté inébranlable et l'excès de ses tourmens ajoutent encore à la gloire de sa mort.

Quels sont les principaux Romains du dernier caractère? — Marius, Sylla, Sertorius, Lucullus, Pompée et César.

Que remarquez-vous de Marius? — C'était un homme de basse naissance, qui s'éleva par sa valeur. Ses principaux exploits ont été contre les Cimbres, qui étaient alors les plus dangereux ennemis du peuple romain; il en tua plus de 300,000 en deux batailles. Il y eut une guerre civile très-cruelle entre lui et Sylla, pour la concurrence de l'expédition contre Mithridate, dont chacun d'eux voulait avoir le commandement. Sylla le chassa de Rome; mais il s'y rétablit ensuite, et se vengea cruellement de ses ennemis; il laissa cette guerre à son fils, et mourut lorsque Sylla se préparait à revenir en Italie: il a été un des meilleurs capitaines romains, mais il était extrêmement ambitieux et vindicatif.

Qu'y a-t-il à remarquer dans les révolutions de sa fortune? — Il fut sept fois consul, ce qui n'est arrivé à aucun Romain, et fut réduit cependant à une telle extrémité dans la guerre de Sylla, qu'il fut contraint de se cacher dans des roseaux en Afrique, dans les marais de Minturne; il tomba même entre les mains de ses ennemis, qui résolurent de le faire mourir: celui qui était chargé de ce meurtre fut épouvanté de la majesté de Marius, et se retira sans oser le frapper; ceux qui l'avaient pris, saisis de respect pour sa personne, lui donnèrent sa liberté.

Qu'a fait Sylla? — Il fut le premier Romain qui se rendit

maître du gouvernement de la république, et le seul qui s'en démit volontairement; il fit le premier la guerre à Mithridate, et le défit en deux batailles; il fut l'auteur de la plus sanglante proscription de Rome, puisqu'en une seule journée 4000 citoyens Romains périrent par ses ordres; il eut le surnom d'*heureux*, parce que toutes ses entreprises lui réussirent, et particulièrement la guerre qu'il fit au parti de Marius, qu'il anéantit avec une extrême facilité; il quitta ensuite la dictature, et eut assez de bonheur pour mourir paisiblement dans son lit après avoir exercé tant de cruautés.

Quelles ont été les principales actions de Sertorius? — Partisan de Marius, il se sauva en Espagne, où il fut poursuivi par les capitaines de Sylla. S'étant retiré en Portugal, il exerça si bien les habitans à la discipline romaine, qu'il soutint les efforts de toutes les armées qu'on envoya contre lui. Ce fut un des plus grands capitaines de Rome, habile principalement à conduire une guerre avec adresse, et à se retirer d'un mauvais pas. Il nourrissait une biche blanche, qu'il feignait lui avoir été donnée par Diane, pour lui servir de conseil dans ses entreprises. Après avoir combattu avec avantage contre Métellus et Pompée, il fut trahi et assassiné par un de ses amis nommé Perpenna.

Qu'a fait Lucullus? — Il eut la conduite de la seconde guerre de Mithridate, et le défit en deux batailles; ce roi perdit cent mille hommes dans la dernière, où il y eut peu de Romains de tués; c'est de tous les combats celui où il périt plus d'ennemis et moins de soldats de l'armée romaine. On remarque de Lucullus, que n'ayant point d'expérience dans la guerre, lorsqu'il partit pour l'armée, il devint un habile général pendant son voyage, à force de méditation et de lecture; de sorte qu'à son début dans la carrière militaire, il se plaça, par l'importance et le succès de ses entreprises, au rang des premiers capitaines. Il fut le personnage de Rome le plus magnifique en bâtimens, en meubles et en festins : l'histoire rapporte que les salles de son palais avaient une dépense marquée pour le repas qu'on y faisait, et que quand il mangeait dans celle d'Apollon, qui était la principale, le festin était de 10,000 écus.

Que remarquez-vous de Pompée? — C'est de tous les Romains celui dont la réputation fut d'abord la plus grande, et la fortune la plus florissante, mais qui finit ses jours le plus malheureusement. Il eut le nom de *Grand*, qui lui fut donné par Sylla, dont il soutenait le parti : c'est le seul Romain qui a triomphé trois jours consécutifs pour ses victoires en Europe, en Afrique et en Asie. Il acheva la guerre de Mithridate, et étendit l'empire romain par la conquête de la Syrie et de la Judée. Après ces grandes actions, il eut la première autorité à Rome jusqu'à la guerre civile qui s'alluma entre lui et César, et qui fut le terme de la liberté publique. Il fut défait à la bataille de Pharsale; et s'étant retiré en Egypte, il fut assassiné au port d'Alexandrie, par ordre du roi Ptolémée, qui présenta ensuite sa tête au vainqueur.

Quels furent les principaux exploits de César? — Il employa dix années à la conquête des Gaules dont il soumit les habitans jusqu'au Rhin, sur lequel il bâtit ce fameux pont qu'on appelle le Pont de César, et qu'il décrit dans ses Commentaires; il vainquit les Germains et les Suisses, passa le premier en Angleterre, où il fut victorieux ; mais il n'y laissa point d'établissement. C'est à la conquête des Gaules qu'il acquit le plus de gloire, à cause de la valeur et du nombre des ennemis qu'il vainquit, et dont le plus redoutable fut Vercingentorix, roi d'Auvergne, général des troupes gauloises. Toutes leurs forces se réunirent à Clermont en Auvergne, que César avait assiégé, et qui était défendu par 80,000 Gaulois. Vercingentorix y fut défait à la tête de 300,000 hommes, et la ville se rendit.

Que fit ensuite César? — Avec l'aide des Gaulois, et à la tête d'une armée aguerrie, il tourna ses armes contre sa patrie. Il gagna contre Pompée la bataille de Pharsale, où les Germains et les Gaulois lui rendirent un grand service. Après la mort de ce grand homme, il défit Ptolémée, roi d'Egypte, et courut un grand péril dans cette guerre, ayant été obligé de se jeter à la mer pour rejoindre sa flotte. Il vainquit Pharnace, roi de Pont, avec tant de promptitude que la guerre fut commencée et finie dans un jour ; c'est ce qu'il marque par ces paroles : *Je suis venu, j'ai vu, j'ai vaincu.* Il lui fallut encore achever deux guerres pour se rendre maître de la république; celle d'Afrique contre Scipion et Caton, et celle d'Espagne contre les fils de Pompée.

Quelles furent les qualités personnelles de César? — Il fut le plus grand guerrier et le premier capitaine de Rome, et peut-être de l'antiquité. Pline rapporte qu'il combattit cinquante fois enseignes déployées, tua plus de deux millions d'hommes, et fit plus de 800,000 prisonniers. Sa principale qualité était une vigilance et une activité extraordinaires, jointes à beaucoup d'habileté à savoir prendre son parti dans les occasions difficiles. Il était si savant et si éloquent, qu'on prétend qu'il l'eût emporté sur tous ceux de son siècle, s'il n'eût fait sa principale occupation de la guerre ; il avait tant de mémoire et de présence d'esprit, qu'il dictait en même temps des lettres différentes à cinq ou six secrétaires. Ses principales vertus morales étaient la libéralité et la clémence; il était en outre très-sobre ; et Caton dit de lui que c'était le seul homme de ce caractère qui eût entrepris de ruiner la république : son vice dominant était l'ambition, qui a rendu injustes la plupart de ses guerres, et lui a fait usurper la souveraineté de son pays.

De quelle réforme lui est-on redevable? — De la première réforme du calendrier romain; il fixa l'année à 365 jours 6 heures ; et, depuis, le pape Grégoire XII, sans rien changer au nombre des jours, en a retranché douze minutes. C'est ce qu'on appelle le calendrier Grégorien que l'on suit à présent.

Qui succéda à César après qu'il eut été assassiné ? — Auguste ; il était petit-neveu de César, parce qu'il était fils d'Accia, fille de Julie, sœur de César.

Auguste régna-t-il seul après la mort de César ? Non ; il s'associa avec Antoine et Lépide. On nomma cette confédération le second triumvirat.

Leur domination fut-elle douce et agréable aux Romains ? — Non ; ils firent périr jusqu'à 300 sénateurs et 2000 chevaliers romains. Après toutes ces proscriptions, Auguste et Antoine marchèrent contre Brutus et Cassius, et laissèrent Lépide dans Rome.

Que devint ce triumvirat ? — Il ne subsista que peu d'années ; Auguste resta seul maître du monde, et Rome jouit d'une paix générale. Jésus-Christ vint au monde environ 15 ans avant la mort d'Auguste.

A qui Auguste laissa-t-il l'empire en mourant ? — Comme il n'avait point d'enfans mâles, il adopta Tibère, fils de sa femme Livie, à condition qu'il adopterait Germanicus, fils de Drusus.

Combien de temps régna Auguste ? — 44 ans, depuis la bataille d'Actium ; il mourut à Nole, en Italie. Il aima beaucoup Agrippa, et Mécénas, le protecteur des hommes de lettres.

De qui Tibère était-il fils ? — De Livie et de Tibère Néron ; il parvint à l'empire à l'âge de 55 ans. C'était un prince dissimulé et haï par sa cruauté, son avarice, ses débauches et son orgueil ; mais il cachait ses vices avec beaucoup d'adresse et de politique. Il craignait Germanicus, fils de son frère Drusus.

Quel événement à jamais mémorable arriva sous le règne de Tibère ? — La mort de Jésus-Christ. Tibère, dit-on, proposa au sénat de le mettre au nombre des dieux ; mais le sénat n'y voulut pas consentir, à cause de la loi des Douze Tables, qui défendait de recevoir des dieux étrangers.

De qui était né Caligula, successeur de Tibère ? — De Germanicus et d'Agrippine ; il était petit-neveu de Tibère, et fut surnommé Caligula, à cause d'une espèce de bottines qu'il portait. Les commencemens de son règne furent heureux ; mais peu de temps après il s'abandonna à la cruauté et à la débauche. Il disait quelquefois qu'il eût souhaité que le peuple romain n'eût qu'une tête, pour avoir le plaisir de la trancher d'un seul coup.

Jusqu'à quelle époque l'empire romain fut-il gouverné par des empereurs païens ? — Jusqu'au règne de Constantin-le-Grand, qui embrassa la religion chrétienne, l'an 312 après J.-C. Quoiqu'il eût été élevé par sa mère dans la religion chrétienne, il ne se convertit qu'à l'occasion d'un miracle. Comme il marchait pour combattre Maxence, il aperçut au ciel une croix lumineuse autour de laquelle il lut ces mots : « En ce signe tu vaincras. » Il vainquit en effet ce tyran, qui périt dans le combat, et se vit paisible possesseur de l'empire.

Que fit-il de plus remarquable? — Il enrichit et embellit des dépouilles de ses ennemis la ville de Bysance, qui de son nom fut appelée Constantinople, et dont il fit le siège de l'empire d'Orient.

Quelle faute reproche-t-on à Constantin? — On lui reproche d'avoir laissé ses trois fils conjointement héritiers de l'empire, qu'ils partagèrent entre eux. Ce partage fut cause de plusieurs guerres.

Quels malheurs arrivèrent à l'empire? — L'hérésie Arienne, dont quelques empereurs firent profession, et la désertion de Julien l'Apostat, qui, après avoir été proclamé empereur à Paris, renonça au christianisme, pour favoriser le culte des idoles. En punition de son apostasie il fut défait par les Perses, et reçut un coup de flèche dans le combat, sans qu'on pût découvrir de quelle main elle était partie. On dit qu'il prit par désespoir une poignée du sang qui sortait de sa plaie, et le jeta contre le ciel, en prononçant ces horribles paroles : *Tu as vaincu, Galiléen, tu as vaincu.*

L'empire ne se remit-il pas de ses pertes? — Oui; le grand Théodose défit tous les tyrans qui en troublaient le repos; il remporta une célèbre victoire sur Eugène, dont les troupes s'étaient jointes à celles d'Arbogaste, qui avait fait étrangler Valentinien à Vienne. Eugène fut fait prisonnier; Arbogaste se donna la mort.

Que devint l'empire après le grand Théodose? — Il fut partagé entre ses deux enfans, Arcadius et Honorius : Arcadius eut l'Orient, et Honorius l'Occident.

Que reproche-t-on à Arcadius? — De s'être laissé gouverner par sa femme Eudoxie, qui pensa causer la ruine de la religion; mais Honorius était d'un naturel doux, agréable, ennemi du travail, fuyant les affaires, et zélé pour la religion. Sous son règne, les Goths se répandirent dans l'Italie, et leur roi Alaric prit et pilla Rome, l'an 1162 de sa fondation, et 409 depuis Jésus-Christ. Ce fut un des plus grands désastres qu'eût encore éprouvés l'empire romain. L'Espagne fut envahie par les Vandales, les Alains et les Suèves, et l'autorité souveraine usurpée par plusieurs tyrans.

Quelles furent les principales causes de la décadence de l'empire romain? — Les inondations des Barbares et les victoires qu'ils remportèrent. L'an 420, Pharamond fonda la monarchie française des débris de l'empire romain. Les Huns ravagèrent la Thrace, l'Illyrie et même l'Italie. Rome fut prise par Odoacre qui mit fin à l'empire d'Occident; et au milieu du sixième siècle, elle tomba au pouvoir de Totila, roi des Ostrogoths, qui fit périr plus de 80,000 personnes, brûla le Capitole, et fit abattre le tiers des murailles de la ville.

MOEURS ET COUTUMES DES ROMAINS.

Comment les Romains divisaient-ils les mois ? — En trois parties appelées calendes, nones et ides. Le mot de calendes est un terme grec qui signifie convocation, parce que ce jour-là le pontife appelait le peuple, et l'avertissait combien il y avait de jours jusqu'aux nones, qui étaient le neuvième avant les ides. Les ides signifient division, parce qu'elles partageaient le mois en deux parties presque égales.

Quand commençaient les calendes, les nones et les ides ? — Les calendes commençaient le premier jour du mois ; les nones commençaient le septième et les ides le quinze, aux mois de mars, de mai, de juillet et d'octobre. Dans les autres mois les nones venaient les cinq, et les ides les treize.

Comment les Romains comptaient-ils les jours des mois ? — Le premier était appelé le jour des calendes pour tous les mois. Si les nones étaient le sept du mois, on comptait ainsi :

Pour le 2ᵉ jour le 6 avant les nones ;
    le 3ᵉ ——— 5 *idem.*
    le 4ᵉ ——— 4 *idem.*
    le 5ᵉ ——— 3 *idem.*
    le 6ᵉ ——— la veille des nones.

Mais si les nones tombaient le 5 du mois,
    le 2 était le 4 avant les nones.
    le 3 ——— *idem.*
    le 4 la veille des nones.

Le jour d'après les nones, on disait toujours le huit avant les ides ; le 2ᵉ jour après était le 7 avant les ides. Ainsi de suite, jusqu'à la veille des ides. Depuis les ides jusqu'à la fin du mois, on comptait les jours avant les calendes du mois suivant, en descendant du jour le plus éloigné au jour le plus proche. Ainsi le premier jour après les ides de mars, correspondant au 16, était le dix-septième avant les calendes d'avril.

Combien y avait-il de sortes d'esclaves dans la république romaine ? — Il y en avait quatre sortes. Les premiers étaient les enfans des esclaves mêmes ; les seconds, des esclaves de droit civil, qui s'étaient vendus ; les troisièmes les esclaves de droit des gens, qu'on avait pris à l'armée, ou qu'on avait achetés à l'encan ; enfin, les quatrièmes, ceux qui, par leur insolvabilité, étaient devenus la propriété de leurs créanciers.

Combien y avait-il d'espèces de personnes libres parmi les Romains ? — Trois : celles qui étaient nées libres et de parens qui avaient toujours été libres ; les enfans des affranchis ; les affranchis mêmes, qui, d'esclaves, avaient été mis en liberté par leurs maîtres.

En combien d'ordres le peuple romain fut-il divisé au commencement de sa fondation ? — En deux ordres, savoir : les patriciens ou les nobles, les plébéiens ou le peuple. Les patriciens pouvaient seuls aspirer aux dignités : mais, dans la suite, les plébéiens eurent le même droit.

Comment étaient divisées les armées romaines ? — En trois parties : la première était les légions, dans lesquelles il n'y avait que des citoyens romains ; la seconde comprenait les alliés ; dans la troisième étaient les troupes auxiliaires qu'envoyaient les étrangers.

Les alliés servaient gratuitement : on ne leur donnait que le blé. On payait les troupes auxiliaires tous les jours.

Que comprenait une légion romaine ? — Un certain nombre de cavaliers et de fantassins. L'infanterie et la cavalerie étaient divisées en dix compagnies : dans chaque compagnie d'infanterie il y avait trois bandes de soldats, et dans chaque bande deux centuries.

Les compagnies de cavalerie étaient divisées en trois centuries ; et par conséquent il y avait dans chaque légion soixante centuries et trente décuries.

Par qui était commandée l'infanterie ? — Par six tribuns avec soixante centurions. Les décuries étaient commandées par trente décurions, et par un seul officier à qui on donnait le nom de préfet, qui était à la tête de l'aile toute entière.

Chaque compagnie d'infanterie était quelquefois de quatre cent vingt hommes. Les compagnies de cavalerie n'étaient que de trente hommes.

Le régiment prétorien était un corps très-considérable, et il devint si puissant dans la suite, qu'au lieu de garder les empereurs, il les détruisait et les détrônait suivant son caprice.

Le nombre des légions était-il considérable ? — Dans la seconde guerre punique, les Romains avaient dans l'Italie, dans la Sicile et dans l'Espagne jusqu'à vingt-cinq légions ; dans la guerre civile de César et de Pompée, elles montèrent jusqu'à quarante. Au siége de Modène l'armée d'Antoine et celle des consuls étaient composées de cinquante légions.

De combien de sortes de soldats l'infanterie romaine était-elle composée ? — De quatre sortes : les premiers étaient armés à la légère, et par conséquent plus propres à courir ; c'étaient ordinairement des jeunes gens ; les seconds étaient des piquiers, un peu plus âgés ; les troisièmes portaient un bouclier, et se servaient de sabres ; les quatrièmes étaient de vieux soldats, qui combattaient dans le troisième rang ; ils se servaient de boucliers, de piques et de sabres.

Quelles étaient les enseignes romaines ? — Avant Marius, un aigle, un loup, un minotaure, un cheval, un sanglier ; mais depuis il ne resta que l'aigle qui était d'or ; on le mettait sur une pique armée, c'était l'enseigne des seules légions romaines, de manière qu'on les comptait par aigles.

Quels honneurs rendait-on aux vainqueurs ? — Lorsqu'un général avait remporté quelqu'avantage considérable, il en instruisait le sénat, par des lettres couronnées de lauriers, pour demander qu'on lui accordât le nom d'empereur et quelques prières publiques. Alors les sénateurs allaient dans les tem-

Seconde Partie.   3

ples remercier les dieux, et leur offraient des sacrifices. On donnait des festins publics; les réjouissances duraient plus ou moins, selon l'importance de la victoire.

Le petit triomphe s'appelait ovation, parce qu'on n'y immolait que des brebis; l'ovation fut mise en usage l'an 250 de Rome.

A qui accordait-on ce triomphe?—C'était à celui qui n'était ni dictateur, ni consul, et qui n'avait pas vaincu quelqu'ennemi redoutable. On le couronnait de myrte, et il entrait dans la ville à pied ou à cheval, précédé de plusieurs joueurs de flûte, et tenant à la main une branche de laurier.

Quelle était la pompe du grand triomphe?—D'abord on faisait marcher les flûtes et les trompettes, ensuite les bœufs qu'on devait sacrifier, ornés de fleurs et de rubans; on voyait après les dépouilles des ennemis, les titres et les images des nations et des villes vaincues. Les chefs des ennemis suivaient la pompe, les princes et les rois liés et enchaînés; l'*Imperator* était monté sur un char, vêtu d'une robe propre au triomphe, et couronné de lauriers dont il tenait une branche à la main.

Par qui le char de triomphe était-il traîné?—Tantôt par des cerfs, tantôt par des lions ou par des éléphans; le plus souvent par quatre chevaux blancs.

De qui ce char était-il accompagné?—Des enfans, des parens, des amis du vainqueur; l'armée victorieuse marchait ensuite, la cavalerie et l'infanterie, chacun en son rang. Ils étaient tous couronnés de laurier, et tenaient chacun en leurs mains des marques de leur valeur, les uns des bracelets, les autres des piques, la plupart des couronnes, plusieurs des colliers ou des casques.

Où était le terme de cette marche?—Le vainqueur allait dans le Capitole, où il faisait un sacrifice de taureaux; le sénat donnait ensuite un grand festin aux dépens de la république. Le Capitole était un temple consacré à Jupiter, sur le Mont-Tarpéien; Domitien employa trois millions à le faire dorer. Il y avait trois autels dans ce temple; l'un dédié à Junon, un autre à Minerve; le troisième, qui était au milieu et le plus magnifique, à Jupiter.

Comment était divisé le peuple romain?—Par centuries, curies et tribus; et quand il donnait son suffrage, il était assemblé et formé de l'une de ces trois manières.

Par la première, les patriciens avaient presque toute l'autorité; par la seconde, ils avaient encore une grande prépondérance, puisqu'il fallait consulter les auspices dont ils étaient les maîtres, et qu'on n'y pouvait faire au peuple aucune proposition qu'elle n'eût été portée au sénat, et approuvée par un sénatus-consulte; mais dans la division par tribus, les patriciens n'étaient pas admis.

Quelles étaient les attributions des différentes autorités?—Le sénat disposait des deniers publics, était l'arbitre des affaires des alliés, décidait de la paix et de la guerre, fixait le nombre des troupes romaines et alliées, distribuait les provinces et les armées aux consuls ou aux préteurs, décernait les triomphes, recevait et envoyait les ambassadeurs.

Les consuls étaient nommés pour un an : ils faisaient la levée des troupes qu'ils devaient mener à la guerre, commandaient les armées, disposaient des alliés, et avaient, dans les provinces, toute la puissance de la république.

Dans un danger imminent, on nommait un dictateur qui était investi d'un pouvoir absolu, et cessait ses fonctions quand la république n'avait plus rien à craindre.

Les tribuns avaient le droit d'assembler le peuple : ils furent opposés au sénat pour en balancer la puissance.

Quelles étaient les fonctions des autres magistratures? — Les préteurs jugeaient les affaires privées, et les questeurs étaient chargés de la poursuite des crimes publics. Les censeurs veillaient au maintien des mœurs, et avaient la police momentanée des différens corps de l'état.

Dès que Rome eut étendu très-loin ses conquêtes, elle envoya dans les provinces des préteurs ou proconsuls, dont la puissance réunit celles de toutes les magistratures romaines. La liberté, dit Montesquieu, fut alors au centre de l'état, et la tyrannie aux extrémités.

Quel était l'emploi des augures parmi les Romains? — D'expliquer les songes, les choses extraordinaires et les oracles, par le chant, le vol des oiseaux, ou la manière dont les oiseaux mangeaient.

Qu'entendez-vous par aruspice ou devin? — Le sacrificateur romain qui cherchait des pronostics de l'avenir, en considérant les entrailles des bêtes immolées, et qui, par cette inspection, faisait connaître les volontés des dieux.

Comment les Romains s'habillaient-ils? — Ils mettaient sur leur tunique une longue robe de laine, faite ordinairement en demi-cercle, et quelquefois carrée. Les magistrats et les prêtres portaient une robe bordée d'une bande de pourpre, les enfans de qualité la portaient aussi; mais ils étaient encore distingués par un bijou d'or, en forme de cœur, qu'un collier suspendait à leur cou. A l'âge de dix-sept ans, ils prenaient la robe virile, qui était toute simple; les jeunes filles même se servaient, jusqu'à ce qu'elles se mariassent, de cette même robe, dont les bords étaient couverts de pourpre.

La tunique du peuple était sans clous; il y en avait de petits sur celle des chevaliers, et de fort grands sur celle des sénateurs; ces clous étaient des nœuds de pourpre, en forme de clous, cousus ou brodés sur l'étoffe.

Quels étaient les repas des Romains, et quelles cérémonies y observait-on? — Les Romains ne faisaient, à proprement parler, qu'un repas, qui était le souper. Ils prenaient cependant quelque nourriture dans la journée pour attendre plus facilement le repas du soir. C'était ordinairement deux ou trois heures avant le coucher du soleil que commençait le souper, parce qu'alors on était débarrassé de toutes les affaires. Le bain précédait toujours ce repas; et au sortir du bain, la maître de la maison présentait des robes à ses convives. Les tables ont été de différentes formes chez les Romains, selon la différence des temps, carrées, rondes et en demi-cercle ; mais les carrées ont été le plus en usage. Un des côtés restait vacant, afin que le service se fît plus librement. Dans les premiers temps, les Romains étaient assis sur des bancs. Dans la suite ils se servirent de lits, et l'on en plaçait un de chaque côté de la table. Ces lits furent d'abord très-simples ; mais quand les Romains eurent pris le luxe de l'Asie, on vit des lits d'ivoire, couverts des plus beaux tapis. Dans les parties de plaisir, ils usaient des essences, et des parfums les plus exquis, et portaient des couronnes de fleurs.

Quelles cérémonies observait-on dans les repas? — On les commençait et finissait par des libations, c'est-à-dire qu'on répandait du vin sur la table en l'honneur des dieux. Ensuite on tirait au sort un roi du festin, qui prescrivait les lois qu'on devait y garder, et le nombre des coups qu'il fallait boire.

Comment se faisaient les funérailles parmi les Romains ? —Ceux qui avaient soin des morts les embaumaient ; on exposait pendant huit jours, à leur porte, les personnes de considération, après quoi on les portait au bûcher ; on y portait aussi les marques de leur noblesse, les trophées d'armes, les étendards pris sur les ennemis; paraissaient ensuite les bustes et les statues de leurs ancêtres, soit en cire, soit en peinture.

Quant à ceux qui avaient rendu de grands services, on les portait dans la place publique, où l'on prononçait leur oraison funèbre ; on allait ensuite dans le lieu où l'on devait brûler le corps ; on élevait un grand bûcher de ces arbres d'où coule la poix ; on plantait quantité de cyprès tout autour ; on jetait sur le bûcher les armes et les habits, et enfin le corps du mort; les plus proches parens y mettaient le feu : on ramassait les cendres pour les renfermer dans une urne : le prêtre jetait un peu d'eau sur tout le monde qui s'en retournait, en disant adieu, adieu, nous vous suivrons quand il plaira à la nature.

FIN DE L'HISTOIRE ROMAINE.

GÉOGRAPHIE.

Qu'entendez-vous par géographie? — C'est la description de la terre.

Quelles sont les différentes parties de la surface du globe terrestre ? — La terre et les eaux; sous cette dernière dénomination on comprend les mers, les lacs et les fleuves.

Comment est divisée la terre? — En continens et en îles. Un continent, appelé aussi terre-ferme, est une grande partie de la terre, contenant plusieurs régions qui ne sont point séparées les unes des autres par la mer.

Combien distingue-t-on de continens? — Deux, l'ancien

DE GÉOGRAPHIE.

et le nouveau. Le premier comprend l'Europe, l'Asie et l'Afrique; il est nommé l'ancien parce qu'il a été connu de tout temps. On a donné à l'Amérique le nom de nouveau continent parce qu'elle n'est découverte que depuis 1492, par Christophe Colomb.

Qu'est-ce qu'une île? — Une portion de terre plus petite qu'un continent, et entourée d'eau de tous côtés, comme l'Irlande.

Qu'est-ce qu'une presqu'île ou péninsule? — Une étendue de terre environnée d'eau de tous les côtés, excepté d'un seul, par lequel elle est jointe à un continent, comme la Morée.

Qu'est-ce qu'un promontoire ou cap? — Un avancement de terre dans la mer, comme le cap de Bonne-Espérance.

Qu'est-ce qu'un isthme? — Une langue de terre entre deux mers qui joint deux continens ensemble ou une presqu'île à un continent, comme l'isthme de Corinthe.

Que sont les côtes? — Les extrémités de la terre que baigne la mer.

Qu'est-ce qu'une montagne? — Une éminence considérable sur la surface de la terre, comme les Alpes. Les petites élévations sont appelées collines.

Qu'est-ce qu'un volcan? — Une montagne qui vomit du feu, comme le Mont-Vésuve, le Mont-Etna.

Quels sont les termes employés par les géographes relativement aux eaux? — Mer, golfe, détroit, archipel, port, fleuve ou rivière, lac, étang.

Qu'est-ce que la mer? — Cet immense amas d'eau salée qui environne la terre, et que dans ce sens on appelle plutôt océan. On appelle mers intérieures les différentes parties de l'Océan qui entrent dans la terre, comme la Méditerranée, la mer Baltique.

Qu'est-ce qu'un golfe? — Un bras de mer qui s'avance dans la terre : comme le golfe de Finlande. Lorsque cet avancement est très-considérable, il prend le nom de mer. Une baie est un enfoncement de la mer dans a terre, beaucoup plus large en dedans qu'à l'entrée, comme la baie de Cadix.

Qu'est-ce qu'un détroit, pas ou phare? — Un resserremen de mer entre deux terres peu éloignées l'une de l'autre, et par lequel une mer communique avec une autre; comme le détroit de Gibraltar, le Pas-de-Calais, le phare de Messine.

Qu'est-ce qu'un archipel? — Un endroit de la mer parsemé d'îles.

Qu'est-ce qu'un port? — Un lieu propre à recevoir les vaisseaux et à les mettre à l'abri des tempêtes, comme le port de Cherbourg. Une rade est un enfoncement de la mer sur les côtes, où les vaisseaux peuvent jeter l'ancre et demeurer à couvert des vents, quand ils ne veulent pas entrer dans le port.

Quelle différence y a-t-il entre un fleuve, une rivière et un ruisseau? — On donne le nom de fleuves aux eaux de source considérables qui coulent jusqu'à la mer ; lorsque les eaux de source se perdent dans un fleuve ou une rivière, on les appelle rivières, quel que soit le volume d'eau ; on nomme ruisseaux les petites rivières.

Qu'entend-on par la source, l'embouchure, le haut et le bas, la droite et la gauche d'une rivière ? — La source est l'endroit où elle commence, l'embouchure le lieu où elle se perd dans la mer ou une autre rivière, le haut celui où elle approche de sa source, le bas est près de son embouchure. On appelle la droite ou la gauche d'une rivière, la droite ou la gauche d'une personne qui a le visage tourné vers son embouchure ; ainsi le Louvre est sur la rive droite de la Seine, et l'Hôtel des Monnaies sur la rive gauche.

Qu'est-ce qu'un lac ? — Une étendue d'eau stagnante et intarissable, sans aucune communication visible avec la mer comme le lac de Genève.

Qu'est-ce qu'un étang ? — Un grand amas d'eau qui est soutenu par une chaussée, et où l'on nourrit du poisson.

Qu'est-ce qu'un canal ? — Une rivière creusée par la main des hommes pour établir une communication d'une rivière à une autre, et même d'une mer à une autre mer par le moyen des rivières, comme le canal de Languedoc.

En combien de parties divise-t-on la terre ? — En cinq parties : l'Europe, l'Asie, l'Afrique, l'Amérique et l'Océanique.

EUROPE.

Comment divise-t-on l'Europe ? — En quatorze parties, savoir : au nord les îles Britanniques, qui contiennent l'Angleterre, l'Ecosse, l'Irlande, le royaume de Suède, celui de Danemarck, la Russie d'Europe ; six au centre, la France, le royaume des Pays-Bas, la Suisse, le royaume de Prusse, l'Allemagne et l'empire d'Autriche ; quatre au midi, l'Espagne, le Portugal, l'Italie et la Turquie d'Europe.

Quelles sont les limites de l'Europe ? — Au nord la mer Glaciale ; à l'ouest l'Océan Atlantique ; au sud la mer Méditerranée, la Mer-Noire et la mer d'Azow ; à l'est l'Asie, dont elle est séparée par les Monts-Ourals.

Quelles sont les principales montagnes ? — Les Pyrénées, les Alpes, les Apennins, et les Monts-Crapaces.

Quels sont les principaux caps ? — Le cap Nord en Laponie ; le Finistère au nord-ouest de l'Espagne ; le cap Saint-Vincent au midi du Portugal ; le cap Matapan à l'extrémité méridionale de la Morée.

Nommez les principaux détroits ? — Le Sund, à l'entrée de la mer Baltique ; le canal Saint-Georges, qui sépare l'Angleterre de l'Irlande ; le Pas-de-Calais, entre la France et l'Angleterre ; le détroit de Gibraltar, à l'entrée de la Méditerranée ; les Dardanelles, à l'entrée de la mer de Marmara ; le canal de Constantinople, et le détroit de Caffa.

Quels sont les golfes les plus remarquables ? — Les golfes de Bothnie et de Finlande, dans la mer Baltique ; le golfe de

Muray, en Angleterre; le golfe de Biscaye, entre la France et l'Espagne; le golfe de Lyon, au midi de la France; les golfes de Gênes et de Venise, en Italie; celui de Lépante.

Indiquez les principaux lacs? — Le lac de Genève, entre la Suisse et la France; celui de Constance, en Allemagne; le lac Majeur et de Côme en Italie; Meler et Wener, en Suède; Ladoga, Onéga et Ilmen en Russie.

FRANCE.

Quelles sont les limites de la France? — Au nord le royaume des Pays-Bas; à l'est le Rhin et les Alpes; au sud la Méditerranée et les Pyrénées; à l'ouest l'Océan.

Combien compte-t-on de fleuves considérables? — Quatre: la Seine, la Loire et la Garonne, qui se jettent dans l'Océan; et le Rhône, qui a son embouchure dans la Méditerranée. Le Rhin sépare la France de l'Allemagne. La Meuse a sa source en France, coule ensuite dans le royaume des Pays-Bas.

Quels sont les principaux affluens de ces fleuves? — 1°. La Seine, qui a sa source dans le département de la Côte-d'Or, reçoit, à droite, la Marne, l'Oise où s'est jetée l'Aisne; à gauche, l'Yonne et l'Eure; 2°. la Loire, qui sort du département de l'Ardèche, reçoit, à droite, la Mayenne grossie de la Sarthe; à gauche, l'Allier, le Cher, l'Indre et la Sèvre nantaise; 3°. la Garonne, qui a sa source au Val d'Aran (Pyrénées), reçoit, à gauche, le Gers; à droite, le Tarn accru de l'Aveyron, le Lot, la Dordogne au Bec d'Ambès où elle prend le nom de Gironde; 4°. le Rhône, qui sort du Mont des Fourches, en Suisse, reçoit, à droite, l'Ain, la Saône grossie du Doubs; à gauche, l'Isère, la Drôme et la Durance. La Moselle se perd dans le Rhin, et la Meurthe dans la Moselle.

Quelles sont les rivières qui, sans porter le nom de fleuves, se perdent dans la mer? — La Somme et l'Orne ont leur embouchure dans la Manche; la Vilaine, la Sèvre niortaise, la Charente et l'Adour dans l'Océan; l'Aude, l'Hérault et le Var dans la Méditerranée.

Indiquez les principales montagnes de l'intérieur? — Les Vosges dans la Lorraine; les Cévennes dans le Languedoc; le Cantal, le Puy-de-Dôme et le Mont-d'Or dans l'Auvergne.

Quelle est la religion des Français? — La religion catholique; mais on y permet l'exercice des autres cultes. On compte 17 archevêchés et 69 évêchés. Le chef de l'état porte le titre d'*Empereur des Français*; son fils aîné, celui de *Prince impérial*.

Comment divisait-on la France avant 1789? — En 32 gouvernemens, dont voici le tableau:

PROVINCES DU NORD.

1. Flandre Française......Lille, capitale, sur la Deule.
2. Artois................Arras, cap., sur la Scarpe.
3. Picardie..............Amiens, cap., sur la Somme.
4. Normandie............Rouen, cap., sur la Seine.
5. Ile-de-France.........Paris, cap., sur la Seine.

ABRÉGÉ

6. Champagne............Troyes, cap., sur la Seine.
7. Lorraine..............Nancy, cap., sur la Meurthe.
8. Alsace................Strasbourg, capitale.

PROVINCES DU CENTRE.

1. Bretagne.............Rennes, cap., sur la Vilaine.
2. Maine................Le Mans, cap., sur la Sarthe.
3. Anjou................Angers, cap., sur la Mayenne.
4. Touraine.............Tours, cap., sur la Loire.
5. Orléanais............Orléans, cap., sur la Loire.
6. Berry................Bourges, capitale.
7. Nivernais............Nevers, cap., sur la Loire.
8. Bourgogne............Dijon, capitale.
9. Franche-Comté........Besançon, cap., sur le Doubs.
10. Poitou..............Poitiers, cap., sur le Clain.
11. Aunis...............La Rochelle, cap., sur l'Océan.
12. Marche..............Guéret, capitale.
. Bourbonnais..........Moulins, cap., sur l'Allier.

PROVINCES DU MIDI.

1. Saintonge et Angoumois..Saintes, cap., sur la Charente.
2. Limosin..............Limoges, cap., sur la Vienne.
3. Auvergne.............Clermont, capitale.
4. Lyonnais, Forez, Beaujolais Lyon, cap., sur le Rhône.
5. Dauphiné.............Grenoble, cap., sur l'Isère.
6. Guyenne et Gascogne..Bordeaux, cap. s. la Garonne.
7. Béarn et Navarre.....Pau, capitale.
8. Comté de Foix........Foix, cap., sur l'Ariége.
9. Roussillon...........Perpignan, capitale.
10. Languedoc...........Toulouse, cap., s. la Garonne.
11. Provence............Aix, capitale.

Comment la France est-elle divisée actuellement? — En 89 départemens, dont voici le tableau :

Départemens.	Préfectures.	Sous-Préfectures.
1. Ain	Bourg	Belley, Gex, Nantua, Trévoux.
2. Aisne	Laon	Château-Thierry, St-Quentin, Soissons, Vervins.
3. Allier	Moulins	Gannat, la Palisse Montluçon.
4. Alpes (B.)	Digne	Barcelonnette, Castellane, Forcalquier et Sisteron.
5. Alpes (H.)	Gap	Briançon, Embrun.
6. Alpes (M.)	Nice	Grasse, Puget-Théniers.
7. Ardèche	Privas	L'Argentière et Tournon.

DE GÉOGRAPHIE.

Départemens.	Préfectures.	Sous-Préfectures.
8. Ardennes.	Mézières.	Rhétel, Rocroi, Sedan et Vouziers.
9. Ariége	Foix.	Pamiers, St-Girons.
10. Aube.	Troyes.	Arcis et Bar-sur-Aube, Bar et Nogent-sur-Seine.
11. Aude.	Carcassonne.	Castelnaudary, Limoux, Narbonne.
12. Aveyron.	Rhodez.	Espalion, Milhau, St-Affrique, Villefranche.
13. Bouches-du-Rhône.	Marseille.	Aix et Arles.
14. Calvados.	Caen.	Bayeux, Falaise, Lisieux, Pont-l'Evêque, Vire.
15. Cantal.	Aurillac.	Mauriac, Murat, St-Flour.
16. Charente.	Angoulême.	Barbezieux, Cognac, Confolens, Ruffec.
17. Charente-Infér.	La Rochelle.	Jonzac, Marennes, Rochefort, Saintes, St-Jean-d'Angely.
18. Cher.	Bourges.	Saint-Amand, Sancerre.
19. Corrèze.	Tulles.	Brives, Ussel.
20. Corse.	Ajaccio.	Bastia, Calvi, Corte, Sartène.
21. Côte-d'Or.	Dijon.	Beaune, Châtillon-sur-Seine, Sémur.
22. Côtes-du-Nord.	Saint-Brieuc.	Dinan, Guingamp, Lannion, Loudéac.
23. Creuse.	Guéret.	Aubusson, Bourganeuf, Boussac.
24. Dordogne.	Périgueux.	Bergerac, Nontron, Riberac, Sarlat.
25. Doubs.	Besançon.	Baume-les-Dames, Montbéliard, Pontarlier.
26. Drôme.	Valence.	Die, Montélimat, Nyons.
27. Eure.	Evreux.	Les Andelys, Bernay, Louviers, Pont-Audemer.

ABRÉGÉ

Départemens.	Préfectures	Sous-Préfectures.
28. Eure-et-Loire.	Chartres.	Châteaudun, Dreux, Nogent-le-Rotrou.
29. Finistère.	Quimper.	Brest, Châteaulin, Morlaix, Quimperlé.
30. Gard.	Nîmes.	Alais, Uzès, le Vigan.
31. Garonne (H.)	Toulouse.	Muret, Saint Gaudens, Villefranche.
32. Gers.	Auch.	Condom, Lectoure, Lombez, Mirande.
33. Gironde.	Bordeaux.	Bazas, Blaye, Lesparre, Libourne, la Réole.
34. Hérault.	Montpellier.	Béziers, Lodève, St-Pons.
35. Ille-et-Vilaine.	Rennes.	Fougères, Montfort, Redon, Saint-Malo, Vitré.
36. Indre.	Châteauroux.	Issoudun, La Châtre Le Blanc.
37. Indre-et-Loire.	Tours.	Chinon, Loches.
38. Isère.	Grenoble.	St-Marcellin, la Tour-du-Pin, Vienne.
39. Jura.	Lons-le-Saulnier.	Dôle, Poligny, Saint-Claude.
40. Landes.	Mont-de-Marsan.	Dax, Saint-Sever.
41. Loir-et-Cher.	Blois.	Romorantin, Vendôme.
42. Loire.	St-Étienne.	Montbrison, Roanne.
43. Loire (H.)	Le Puy.	Brioude, Yssengeaux.
44. Loire-Inf.	Nantes.	Ancenis, Châteaubriant, Paimbœuf, Savenay.
45. Loiret.	Orléans.	Gien, Montargis, Pithiviers.
46. Lot.	Cahors.	Figeac, Gourdon.
47. Lot-et-Garonne.	Agen.	Marmande, Nérac, Villeneuve-d'Agen.
48. Lozère.	Mende.	Florac, Marvejols.
49. Maine-et-Loire.	Angers.	Baugé, Chollet, Saumur, Segré.

DE GEOGRAPHIE.

Départemens.	Préfectures.	Sous-Préfectures.
50. Manche	Saint-Lô	Avranches, Cherbourg, Coutances, Mortain, Valognes.
51. Marne	Châlons-s.-Mar.	Epernay, Reims, Ste-Ménehould, Vitry.
52. Marne (H.)	Chaumont	Langres, Vassy.
53. Mayenne	Laval	Château-Gontier, Mayenne.
54. Meurthe	Nancy	Château-Salins, Lunéville, Sarrebourg, Toul.
55. Meuse	Bar-le-Duc	Commercy, Montmédy, Verdun.
56. Morbihan	Vannes	Lorient, Ploërmel Napoléonville.
57. Moselle	Metz	Briey, Sarreguemines, Thionville.
58. Nièvre	Nevers	Château-Chinon, Clamecy, Cosne.
59. Nord	Lille	Avesnes, Cambrai, Douai, Dunkerque, Hazebrouck, Valenciennes.
60. Oise	Beauvais	Clermont, Compiègne, Senlis.
61. Orne	Alençon	Argentan, Domfront, Mortagne.
62. Pas-de-Calais	Arras	Béthune, Boulogne, Montreuil, St-Omer, Saint-Pol.
63. Puy-de-Dôme	Clerm.-Ferrand.	Ambert, Issoire, Riom, Thiers.
64. Pyrénées (Hautes)	Tarbes	Argelès, Bagnères.
65. Pyrénées (Basses)	Pau	Bayonne, Mauléon, Oléron, Orthez.
66. Pyrénées-Oriental.	Perpignan.	Ceret, Prades.
67. Rhin (H.)	Colmar	Mulhouse, Belfort.
68. Rhin (Bas)	Strasbourg	Saverne, Schelestadt, Vissembourg.
69. Rhône	Lyon	Villefranche.
70. Saône (H.)	Vesoul	Gray, Lure.

ABRÉGÉ

Départemens.	Préfectures.	Sous-Préfectures.
71. Saône-et-Loire	Mâcon	Autun, Châlons-sur-Saône, Charolles, Louhans.
72. Sarthe	Le Mans	La Flèche, Mamers, Saint-Calais.
73. Savoie	Chambéry	Albertville, Moutiers, St-Jean-de-Maurienne.
74. Savoie (H.)	Annecy	Bonneville, St-Julién, Thonon.
75. Seine	Paris, capitale.	Saint-Denis, Sceaux.
76. Seine-et-Marne	Melun	Coulommiers, Fontainebleau, Meaux, Provins.
77. Seine-et-Oise	Versailles	Corbeil, Etampes, Mantes, Pontoise, Rambouillet.
78. Seine-Inférieure	Rouen	Dieppe, le Hâvre, Neufchâtel, Yvetot.
79. Sèvres (Deux)	Niort	Bressuire, Melle, Parthenay.
80. Somme	Amiens	Abbeville, Doulens, Montdidier, Péronne.
81. Tarn	Albi	Castres, Gaillac, Lavaur.
82. Tarn-et Garonne	Montauban	Castel-Sarrasin, Moissac.
83. Var	Draguignan	Brignolles, Toulon.
84. Vaucluse	Avignon	Apt, Carpentras, Orange.
85. Vendée	Napoléon-Vendée.	Fontenay, les Sables-d'Olonne.
86. Vienne	Poitiers	Châtellerault, Civray, Montmorillon, Loudun.
87. Vienne (H.)	Limoges	Bellac, Rochechouart, Saint-Yrieix.
88. Vosges	Epinal	Mirecourt, Neufchâteau, Remiremont, Saint-Dié.
89. Yonne	Auxerre	Avallon, Joigny, Sens, Tonnerre.

Quelles sont les villes les plus considérables de l'empire ?
— Paris, capit. Pop. environ 1,727,419 d'habitans. Lyon, 300,000 hab. Marseille, 215,196 hab. Bordeaux, 140,600 hab. Rouen, 103,203 hab. Nantes, 110,000 hab. Lille, 113,119 hab. Toulouse, 103,144 hab. Strasbourg, 77,000 hab.

Quels sont les ports pour la marine impériale ? — Cherbourg, Brest, Rochefort sur l'Océan ; Toulon sur la Méditerranée.

Quels sont les autres ports les plus considérables ? — 1°. Sur l'Océan, en se dirigeant du nord au sud-ouest, Dunkerque, Calais, Boulogne, Dieppe, le Hâvre, Saint-Malo, Morlaix, Lorient, La Rochelle, Bordeaux, Bayonne. 2°. Sur la Méditerranée, Cette, Marseille, Antibes.

Quelles sont les principales îles sur les côtes de France ? — Dans l'Océan, les îles de Rhé et d'Oléron (Charente-Inférieure), Belle-Isle (Morbihan); les îles d'Ouessant (Finistère); dans la Méditerranée, les îles Lérins et d'Hyères (Var).

Indiquez les noms des colonies françaises ? — Les colonies françaises, sont : en Asie, Pondichéry, Karical, Chandernagor et Mahé. — En Afrique : les îles Bourbon, Rodrigue, Madagascar, le Sénégal, Seychelles, Alger et Bone. — En Amérique : les îles St-Pierre, les Miquelons, Cayenne, la Guyane, Ste-Lucie, Tabago, la Guadeloupe, la Désirade, Marie-Galande, les Saintes et partie de St-Martin.

NOUVEAU ROYAUME DE HOLLANDE.

De combien de provinces se compose-t-il ? — Il se compose de onze, en y comprenant une partie du Limbourg et du Luxembourg ; — 1°. Hollande septentrionale, Amsterdam, ch.-lieu ; — *id.* méridionale, La Haye ; — 2°. Zélande, Middelbourg ; — 3°. Brabant septentrional, Bois-le-Duc ; — 4°. Utrecht, Utrecht ; — 5°. Frise, Leeuwarden ; — 6°. Over-Yssel, Zwolle ; — 7°. Groningue, Groningue ; — 8°. Drenthe, Assen ; — 9°. Gueldre, Arnheim ; 10°. Limbourg, Maëstricht ; — 11°. Grand-Duché de Luxembourg, Luxembourg.

Quelles sont les limites de ce royaume ? — Il est borné au nord et à l'ouest par la mer du Nord, au sud par les Pays-Bas, à l'est par le Grand-Duché du Bas-Rhin et le Hanovre. Sa population est de 2,400,000 hab.

NOUVEAU ROYAUME DE BELGIQUE.

De combien de provinces se compose-t-il ? — Il est divisé en sept, dont voici les noms : — 1°. Brabant méridional, Bruxelles, chef-lieu ; — 2°. Liége ; — 3°. Flandre orientale, Gand ; — 4°. Flandre occidentale, Bruges ; — 5°. Hainaut, Mons ; — 6°. Namur, Namur ; — 7°. Anvers, Anvers.

Quelles sont les limites de ce royaume ? — Il est borné au nord et à l'ouest par la mer du Nord, au sud par la France, à l'est par la Hollande. Sa population est de 4 millions d'hab.

SUISSE.

Où est située la Suisse ? — Entre la France, l'Italie et l'Allemagne. Le Rhin, le Rhône, la Reuss, l'Aar, l'Adda et le

Tésin ont leur source dans les montagnes de Suisse. Les principaux lacs sont ceux de Genève, de Neufchâtel, de Zurich et de Lucerne.

On divise la Suisse en vingt-deux cantons, savoir : — 1°. Appenzel; 2°. Bâle; 3°. Berne; 4°. Fribourg; 5°. Genève; 6°. Glaris; 7°. Lucerne; 8°. Neufchâtel; 9°. Saint-Gall; 10°. Schaffhouse; 11°. Schwitz; 12°. Soleure; 13°. Zug; 14°. Zurich, dont la capitale porte le même nom; 15°. Argovie, cap. Arau; 16°. Grisons, cap. Coire; 17°. Tésin, cap. Bellinzone; 18°. Turgovie, cap. Frawenfeld; 19°. Underwald, capitale Stantz; 20°. Uri, cap. Altorf; 21°. Valais, cap. Sion; 22°. Vaud, cap. Lausanne.

ALLEMAGNE.

Quels états comprend l'Allemagne? — Elle comprend une partie de l'empire d'Autriche et du royaume de Prusse, et plusieurs autres états moins considérables ci-après énoncés.

Les fleuves d'Allemagne sont le Rhin, le Weser, l'Elbe, l'Oder et le Danube.

I. L'empire d'Autriche, traversé de l'ouest à l'est par le Danube qui le sépare de la Turquie, se compose des provinces allemandes, de la Bohême, de la Hongrie et de ses annexes, de la Moravie, de la Gallicie ou Pologne autrichienne, et du royaume d'Illyrie.

Quelles sont les provinces en Allemagne? — Le Tyrol, capitale Inspruck; l'évêché de Saltzbourg, avec une capitale du même nom; la Styrie, cap. Gratz; l'archiduché d'Autriche où l'on trouve Vienne sur le Danube, cap. de l'empire.

Décrivez les autres parties de l'empire d'Autriche? — La Bohême, pays montagneux, capitale Prague, sur la Muldaw; la Moravie, cap. Olmutz; la Gallicie à laquelle est unie la Buchowine, cap. Lemberg.

La Hongrie comprend la Hongrie proprement dite, capitale Presbourg, sur le Danube; le grand-duché de Transylvanie, cap. Hermanstadt; le bannat de Témeswar avec une capitale du même nom; l'Esclavonie, cap. Posega.

Le royaume d'Illyrie se compose de la Carinthie, capitale Clagenfurth; de la Carniole, cap. Laybach; de l'Istrie, cap. Trieste, sur le golfe Adriatique; de la Croatie autrichienne, du pays de Raguse; et du territoire de Cattaro, sur le golfe Adriatique.

II. Quels pays comprend le royaume de Prusse? — En Allemagne, 1°. le Brandebourg, où est Berlin, capitale du royaume; 2°. le duché de Magdebourg, avec une cap. du même nom; 3°. une partie de la Saxe; 4°. les deux Lusaces, villes principales Gorlitz et Cotbus, 5°. la Poméranie, villes principales Stettin, Colbert et Stralsund; 6°. le grand-duché du Bas-Rhin, villes principales, Aix-la-Chapelle, Trèves, Cologne, Dusseldorf. Entre la Pologne et la Bohême, la Silésie, cap. Breslaw, sur l'Oder. Au nord de la Silésie, le duché de Posen, cap. Posen. Le long de la Baltique, et au nord de la Pologne, la Prusse occidentale, cap. Dantzick; Elbing et

Thorn; la Prusse orientale, cap. Kœnigsberg, sur le Prégel; Culm et Memel.

III. Comment est divisé le royaume de Bavière? — En plusieurs cercles. Munich, sur l'Iser, en est la capitale. Les autres villes considérables sont Augsbourg, Ratisbonne, Nuremberg, Furth, Wurtzbourg; Spire, sur le Rhin; Passaw, place forte sur les frontières d'Autriche.

IV. Quelle est la division du royaume de Wurtemberg? — En plusieurs cercles. Après Stuttgard, capitale, on remarque Ulm sur le Danube, Heilbronn, Tubingen.

V. Que dites-vous du royaume de Saxe? — Qu'il est le pays le plus commerçant de l'Allemagne. Il a pour capitale Dresde, sur l'Elbe; les autres villes remarquables sont Leipsick, Zittau, Freyberg, Bautzen, Plauen; à l'est de ce royaume sont les duchés de Weymar, Gotha, Meinungen, Cobourg, Hilbourghausen.

VI. A qui appartient l'ancien royaume de Hanovre? — Au roi de Prusse, depuis 1866. Hanovre est la capitale; les autres villes remarquables sont Embden, Lunebourg, Osnabruck, Gottingue. Dans cet état sont enclavées les villes libres de Brême et de Hambourg.

VII. Quelles sont les villes remarquables des autres états de la confédération Germanique? — 1°. Dans le grand-duché de Bade, Carlsrue, cap.; Bade, Constance, Heildelberg, Manheim, Fribourg, Rastadt; 2°. de Hesse-Darmstadt, cap. Darmstadt, Mayence; 3°. de Hesse-Electorale, Cassel, capitale; 4°. les duchés de Mecklenbourg-Strelitz, de Mecklenbourg-Schwerin, de Nassau, de Brunswick, d'Oldenbourg, ont une cap. de même nom.

Le duché de Luxembourg est gouverné par le roi des Pays-Bas, mais non réuni au royaume.

Lubeck, ville libre, est dans le Holstein; ce duché est annexé à la Prusse depuis 1866.

ESPAGNE.

Quelles sont les limites de l'Espagne? — Au nord, la France, dont elle est séparée par les Pyrénées; à l'ouest, l'Océan et le Portugal; au midi, le détroit de Gibraltar; à l'est, la Méditerranée.

Quels sont les principaux fleuves? — L'Ebre, qui a son embouchure dans la Méditerranée; le Tage, la Guadiana et le Guadalquivir qui se jettent dans l'Océan.

Comment divise-t-on l'Espagne? — En quatorze provinces, savoir: au nord, la Galice, cap. Saint-Jacques-de-Compostelle; les Asturies, capitales Oviedo et Santillane; le royaume de Léon, avec une capitale de même nom; la Vieille-Castille, cap. Burgos; la Navarre, cap. Pampelune; la Biscaye, cap. Bilbao; l'Aragon, cap. Saragosse; la Catalogne, cap. Barcelonne. Au milieu: l'Estramadure, cap. Badajoz; la Nouvelle-Castille, Madrid, capitale de cette province et de tout le royaume; les royaumes de Valence et de Murcie, chacun avec une capitale de même nom ; au sud l'Andalousie, cap. Séville ; le royaume de Grenade, avec une capitale de même nom. Les îles dépendantes, dans la Méditerranée, sont Majorque, Minorque et Iviça.

PORTUGAL.

Quelle est la situation de ce royaume ? — Il est borné au nord et à l'est par l'Espagne ; au sud et à l'ouest, par l'Océan. Les principales rivières sont le Tage, le Douro et la Guadiana. Il se divise en six provinces ; les villes les plus considérables sont Lisbonne, capitale à l'embouchure du Tage ; Porto, à l'embouchure du Douro ; Coimbre, célèbre par son université.

ITALIE.

Comment divise-t-on l'Italie ? — En plusieurs états, savoir :

I. Le royaume de Sardaigne, comprenant le Piémont, Turin, sur le Pô, capitale de cette principauté Le pays de Gênes, avec une capitale du même nom. L'île de Sardaigne, dans la Méditerranée, capitale Cagliari.

II. La Lombardie qui fait maintenant partie du Piémont, où l'on trouve Milan et Pavie.

III. La Vénétie qui fut retirée en partie à 'Autriche, en 1859. L'on y remarque Venise, capitale, sur le Golfe-Adriatique, Mantoue, Véronne, Padoue et Vicence.

IV. Le duché de Parme qui s'est annexé au Piémont, en 1860 ; villes principales, Parme et Plaisance.

V. Le duché de Modène qui s'est réuni, la même année, au Piémont ; capitale Modène.

VI. Le grand-duché de Toscane qui, comme les deux duchés précédens, appartenait à la maison d'Autriche, s'est annexé au Piémont en 1860. Les villes les plus considérables sont Florence, capitale de tout le royaume. Lucques, Sienne, Pise et Livourne.

VII. La Romagne séparée, en 1860, des Etats de l'Eglise pour se joindre au Piémont ; ses villes remarquables sont Ferrare, Bologne, et Ravenne.

VIII. Les états de l'Eglise, dont le souverain est le pape ; Rome, sur le Tibre en est la capitale.

IX. Le royaume de Naples qui s'est insurgé en 1860, contre son souverain légitime, et s'est incorporé au Piémont ; il a pour capitale Naples, près le Mont-Vésuve.

Les îles qui dépendent de l'Italie sont la Sicile qui, comme Naples, s'est annexée au Piémont, la capitale est Palerme ; la Corse ; l'île d'Elbe ; la Sardaigne ; l'île de Malte.

TURQUIE.

Comment se divise la Turquie ? — En deux parties : l'une septentrionale et l'autre méridionale. La première comprend : 1°. la Moldavie, capitale Yassi ou Jassi ; 2°. la Valachie, capitale Bucharest ; 3°. la Servie, capitale Belgrade ; 4°. la Bosnie, capitale Bosna-Seraï ; 5°. la Croatie Turque, capitale Mostar ; 6°. la Bulgarie, capitale Sophie ; 7°. et la Roumélie ou Romanie, où l'on trouve Constantinople, sur le détroit du même nom, capitale de l'empire Turc, et Andrinople sur le Marizza.

ÉTATS ET ISLES DE LA GRECE.

La Grèce septentrionale renferme Salonique, Athènes et Lépante; la Grèce méridionale ou la presqu'île de Morée, où l'on remarque Patras, Tripolitza, Misitra, Napoli de Romanie.

La république Ionienne, sous la protection des Anglais, est formée des îles de Cérigo, de Corfou, de Zante, de Céphalonie, de Théaki, de Sainte-Maure et de Sapienza.

ROYAUME D'ANGLETERRE.

De quels pays est formé ce royaume? — 1°. De deux grandes îles, dont l'une est la Grande-Bretagne, qui comprend l'Angleterre et l'Ecosse, et l'autre l'Irlande; 2°. de plusieurs petites îles adjacentes.

Que dites-vous de l'Angleterre? — Elle est séparée de la France par le Pas-de-Calais; c'est un des pays les plus commerçans de l'univers. Les principales rivières sont la Tamise, l'Humbert et la Saverne. Il est divisé en plusieurs comtés. Les villes les plus considérables sont Londres, capitale, sur la Tamise, la plus grande et la plus peuplée de l'Europe; Bristol, Liverpool, Manchester, Birmingham, Yorck, Douvres en face de Calais. Il y a deux célèbres universités, Cambridge et Oxford.

Comment divise-t-on l'Ecosse? — En plusieurs comtés. Elle est séparée de l'Angleterre par la Tweed et le golfe de Solway. Elle est arrosée par le Forth, le Tay et la Clyde. La capitale est Edimbourg, sur le golfe de Forth, et la seconde ville est Glasgow sur la Clyde.

Que dites-vous de l'Irlande? — Elle est séparée de l'Angleterre par le canal de Saint-Georges. Il y a beaucoup de lacs : les principales rivières sont le Shannon, le Ban, la Boyne et la Liffey. Elle se divise en quatre provinces; les villes les plus considérables sont Dublin, sur la Liffey, la seconde ville du royaume britannique; Cork, Limerick et Waterford.

DANEMARCK.

De quels pays se compose le Danemarck? — Du Danemarck propre, comprenant les îles de la Baltique; de l'Islande (île de Glace) traversée par le cercle polaire; des îles de Ferœer ou Feroe.

Quelles sont les principales villes du royaume? — Copenhague, capitale, dans l'île de Séeland; Odensée, capitale de l'île de Fionie.

SUÈDE.

Que comprend le royaume de Suède? — La Suède propre, la Norwége, et la plus grande partie de la Laponie.

Que dites-vous de la Suède propre? — C'est un pays extrêmement froid, dont les principales villes sont Stockholm, capitale de tout le royaume, sur le lac Meler; Gothembourg, port considérable; Upsal, célèbre par son université; Carlscrona, place forte, port sur la Baltique, Malmoë et Norrkœping.

Où est située la Norwége? — Cette contrée, où l'hiver dure neuf mois, est séparée de la Suède par la chaîne des Dofrines. On la divise en quatre diocèses. On y remarque Christiania, capitale, sur la baie d'Anslo, et Berghen, port.

Qu'est-ce que la Laponie? — Une contrée extrêmement froide à cause de sa situation sous la zone glaciale; on n'y trouve que des hameaux. Au nord de la Laponie est le Spitzberg.

RUSSIE D'EUROPE.

Quels sont les confins de cet immense pays? — Au nord, la Mer-Glaciale; à l'est, les Monts-Ourals qui la séparent de l'Asie: au sud, la mer d'Azow et la Mer-Noire; et à l'ouest, la Moldavie, l'empire d'Autriche, la Prusse, la mer Baltique et la Suède. Les principaux fleuves sont le Wolga, le Don, le Dniéper, la Dwina et la Duna.

Quelles sont les principales villes de la Russie? — Saint-Pétersbourg, capitale de l'empire russe, sur la Newa, près du golfe de Finlande; Archangel, à l'embouchure de la Dwina dans la Mer Blanche; Moscow sur la Moskowa; Riga, à l'embouchure de la Duna dans le golfe de Livonie; Odessa, port sur la Mer-Noire; Abo, capitale de la Finlande.

POLOGNE.

Qu'est-ce que la Pologne? — Elle a été partagée entre l'Autriche, la Russie et la Prusse. La portion qui appartient à la Russie est la plus considérable, et formait, avec le duché de Lithuanie, le nouveau royaume de Pologne, dont Varsovie sur la Vistule est la capitale. Wilna est la capitale de la Lithuanie. Cet état, à l'ouest de la Russie, est arrosé par la Vistule, le Niémen et le Dniester. Cracovie, ville libre, limite au nord les possessions autrichiennes. La Pologne est aujourd'hui partie intégrante de la Russie.

ASIE.

Qu'est-ce que l'Asie? — La plus grande des trois parties de l'ancien continent. Elle est bornée au nord par la Mer Glaciale jusqu'au détroit de Bhéring; à l'est, par l'Océan oriental, au sud, par l'Océan indien; et à l'ouest, par la Mer-Rouge, l'isthme de Suez, la Méditerranée, la Mer-Noire, la mer d'Azow et la Russie d'Europe.

Comment divise-t-on l'Asie? — En dix parties principales: 1°. la Turquie d'Asie; 2°. l'Arabie; 3°. la Perse; 4°. l'Afghanistan; 5°. l'Indostan; 6°. l'empire Birman; 7°. la Chine; 8°. le Japon; 9°. la Tartarie indépendante; et 10°. la Russie asiatique.

TURQUIE D'ASIE.

Quelles sont les limites de la Turquie d'Asie? Au nord la

Mer-Noire, à l'ouest la mer Marmara et l'Archipel; au sud l'Arabie et la Méditerranée; et à l'est la Perse. La Tuquie est arrosée par l'Euphrate et le Tigre. Ses plus hautes montagnes sont le Mont-Taurus, le Liban et l'Anti-Liban.

Quelles sont les principales divisions de la Turquie? — 1°. L'Anadolie ou Anatolie, autrefois Asie-Mineure; villes principales, Bourse, Sinope, Trébisonde, Angora, Smyrne; 2°. l'Arménie, où se trouve le Mont-Ararat, cap. Erzeroum; 3°. la Syrie; villes principales, Alep, Alexandrette, Damas, St-Jean-d'Acre et Jérusalem; 4°. le Diarbekir; villes principales, Diarbekir, Mosoul sur le Tigre; 5°. l'Yrak-Araby, villes principales, Bagdad sur le Tigre, Bassora au dessous du confluent du Tigre et de l'Euphrate.

Au nord de la Turquie, vers le Mont-Caucase, on trouve le Guriel, l'Immirette, la Géorgie ou Mingrélie, qui appartiennent aujourd'hui à la Russie.

Les principales îles sont Métélin, Stanco, Rhodes et Chypre.

ARABIE.

Qu'est-ce que l'Arabie? — Une grande péninsule qui confine au nord à la Syrie, et se divise communément en trois parties: l'Arabie Pétrée, l'Arabie Déserte, l'Arabie Heureuse. Les principales villes sont Médine, la Mecque, Moka, port d'où s'exporte le meilleur café, Mascate et Oman.

PERSE.

Où est située la Perse? — A l'est de la Turquie; il n'y a aucune rivière considérable. Elle est divisée en plusieurs provinces. On y remarque Téhéran, cap.; Ispahan sur le Zenderout; Amadan, ancienne Ecbatane; et Chiraz, au sud, dans une vallée délicieuse.

AFGHANISTAN.

De quels pays est formé l'Afghanistan? — D'un démembrement de la Perse, et du pays des Seiks, dans l'Indostan. Il est arrosé à l'est, du nord au sud, par le Sinde ou Indus, et l'Hydaspe. On y remarque Caboul, cap.; Herat, vers les frontières de Perse; Cachemire, vers le Thibet; Candahar; Lahore, Moultan.

Au midi est le Beloutchistan, dont la capitale est Kélat.

INDOSTAN.

Qu'est-ce que l'Indostan ou l'Inde en deçà du Gange? — La grande presqu'île comprise entre le Gange et l'Indus, et traversée du nord au sud par les montagnes des Gates. La côte orientale se nomme côte de Coromandel, et la côte occidentale côte de Malabar. La plus grande partie de l'Inde est aux Anglais, et le reste aux Mahrattes. Les villes les plus considérables sont Delhy, Agra, Pounah, capitale des Mahrattes occidentaux. Les principaux comptoirs anglais sont Calcutta sur le Gange; Madras, Musulipatam sur la côte de Coromandel; Seringapatam sur le Cavery; Calicut sur la côte de Malabar; Surate sur le Tapti; et Bombay.

La France possède Pondichéry, Chandernagor, Karikac, Mahé; et le Danemarck Tranquebar.

Au sud-est on trouve l'île Ceylan aux Anglais.

INDE AU-DELA DU GANGE.

Quels pays comprend cette presqu'île? — 1°. L'empire Birman formé des royaumes d'Ava, d'Aracan, de Pégu, et de la partie occidentale du royaume de Siam, cap. Ummé-Rapoura; 2°. du royaume de Siam, cap. Juthia; 3°. de royaumes de Camboje et d'Anam; 4°. de la Cochinchine, tributaire de la Chine; 5° de la presqu'île de Malaca.

CHINE.

Comment divise-t-on l'empire de la Chine? — En deux parties: la Chine et la Tartarie Chinoise. C'est l'état le plus vaste après la Russie. La Chine est très-peuplée; elle est arrosée par deux grands fleuves, l'Hoang-Ho ou Fleuve Jaune, et le Kiang-Ho ou Fleuve Bleu. Après Pékin, capitale, les villes les plus connues sont Nankin et Canton; les îles de Hainan et de Formose.

La Tartarie Chinoise est au nord de la grande muraille; elle est traversée par l'Amür ou Saghalien. Les villes principales sont Moukden, Titcicar, Ouanlin. Au sud est la presqu'île de Corée, tributaire de la Chine; capitale King-ki-Tao.

JAPON.

Comment est composé l'empire du Japon? — De plusieurs îles dans le grand Océan, à l'est de la Chine. Villes principales, Yédo dans l'île Niphon, capitale; Méaco dans la même île; Nangasaki, capitale de l'île de Kiusin, et le seul port où abordent les étrangers.

TARTARIE INDÉPENDANTE.

Que dites-vous de la Tartarie indépendante? — Que c'est un pays immense au sud de la Russie d'Asie. On y trouve le pays des Kirguises, des Usbecks, la Grande-Bukarie où est Samarcand; la petite Bukarie, ville principale Yarcand; le pays des Eleuths; la Kalmouckie. Au sud du grand désert de Cobi est le Thibet, ville principale Lassa; et le petit Thibet.

RUSSIE ASIATIQUE.

Qu'est-ce que la Russie d'Asie? — Un pays immense qui occupe tout le nord de l'Asie, et qui est aussi connu sous le nom de Sibérie; villes principales, Tobolsk, Kolivan, Irkoustk, et Kiakta sur les frontières de la Chine. Au nord-est de la Sibérie est la grande presqu'île de Kamschatka.

AFRIQUE.

Qu'est-ce que l'Afrique? — Une grande presqu'île qui ne tient à l'Asie que par l'isthme de Suez. On la divise en septentrionale et méridionale. La première comprend 1°. les côtes de Barbarie, où sont les régences de Tunis, de Tripoli, d'Alger*, chacune avec une capitale du même nom ; l'empire de Maroc, capitale Maroc ; le Bélédulgérid ou pays des Dattes ; le désert de Sahara ; 2°. le désert de la Lybie à l'ouest de l'Egypte ; 3°. l'Egypte, traversée par le Nil et fertilisée par ses inondations périodiques ; villes principales, le Caire, sur la rive droite du Nil, capitale ; Rosette et Damiette à l'embouchure du Nil ; Alexandrie sur la Méditerranée ; 4°. la Nubie au sud de l'Egypte ; villes principales, Sennaar et Dongola ; 5°. de l'Abyssinie ; villes principales, Gondar et Axum ; 6°. le désert de Barca, au nord, le long de la Méditerranée ; 7°. la Nigritie, la Sénégambie et la Guinée.

Quels pays comprend la partie méridionale ? — 1°. le Congo, où sont les royaumes de Congo, de Loango, d'Angola, de Benguela ; 2°. la Cafrerie ; 3°. le pays des Hottentots, où se trouve au sud la colonie anglaise du cap de Bonne-Espérance ; 4°. le pays de Sofala ; 5°. le Monomotapa, et le Monoëmugi dans l'intérieur ; 6°. les côtes de Mozambique, de Zanguébar et d'Ajan.

Quelles sont les principales îles ? — Dans l'Océan Indien, Madagascar, l'Ile de France qui appartient aux Anglais, et l'île Bourbon à la France. Dans l'Océan Atlantique, Sainte-Hélène aux Anglais ; les îles du Cap-Vert, Madère et les Açores aux Portugais ; les Canaries à l'Espagne.

AMÉRIQUE ou NOUVEAU CONTINENT.

Qu'est-ce que l'Amérique ? — La plus grande des cinq parties du monde. L'isthme de Panama la divise naturellement en deux parties, l'une septentrionale et l'autre méridionale.

Comment divise-t-on la partie septentrionale ? — En neuf principales : le Canada qu'arrose le fleuve St-Laurent, et qui appartient aux Anglais, capitale Québec ; la Nouvelle-Ecosse ou Acadie ; villes principales : Halifax, Annapolis ; le Labrador ou Nouvelle-Bretagne ; le Groënland, au N.-E. de la baie de Baffin ; les Etats-Unis augmentés de la Floride et de la Louisiane, villes principales : Washington, sur le Potowmack, capitale ; Philadelphie, New-York, Boston ; la Nouvelle-Orléans, capitale de la Louisiane, à l'embouchure du Mississipi ; Pensacola et St-Augustin, villes principales de la Floride ; le Mexique, capitale Mexico ; le Nouveau-Mexique, capitale Santa-Fé ; la Californie et la Nouvelle-Californie.

Quelles sont les principales îles de l'Amérique septentrionale ? — Dans l'Océan Atlantique les îles de Terre-Neuve, du cap Breton, et les Bermudes, qui appartiennent aux Anglais ; dans le golfe du Mexique les grandes Antilles, savoir : Cuba, capitale de la Havane, et Porto-Rico aux Espagnols ; la Jamaïque aux Anglais, St-Domingue au pouvoir des Nègres insurgés ; les petites Antilles, savoir : la Martinique et la Guadeloupe avec ses dépendances à la France ; St-Thomas aux Danois ; Curaçao

---

* Alger a été conquis en 1830, sous le règne de Charles X ; et Constantine en 1838, sous Louis-Philippe.

aux Hollandois; l'Anguille, la Barbade, Antigoa, la Dominique, Ste-Lucie, St-Vincent, la Grenade, Tabago, la Trinité, aux Anglais.

Quels pays comprend l'Amérique méridionale? — La Terre-Ferme ou le nouveau royaume de Grenade, capitale Carthagène, sur le golfe du Mexique; la Guyane Française, capitale Cayenne, dans une île; la Guyane Hollandaise arrosée par la rivière de Surinam; le Pérou, capitale Lima; le pays des Amazones traversé par le fleuve du même nom; le Brésil, capitale Rio-Janeiro; le Chili, capitale St-Yago; le Paraguay traversé par la rivière de la Plata, cap. Buenos-Ayres; la Patagonie séparée de la Terre de Feu par le détroit de Magellan.

Fleuves: au nord le fleuve St-Laurent et le Mississipi; au sud le fleuve des Amazones, l'Orénoque, et la rivière de la Plata. La plus haute montagne est le Chimboraço, dont le sommet est de 20,000 pieds au dessus du niveau de la mer.

OCÉANIQUE ou MONDE MARITIME.

Que comprend l'Océanique? — Les îles situées au sud de l'Asie, la Nouvelle-Hollande et toutes les îles dispersées dans le grand Océan. On la divise en trois parties : la Notasie ou Asie méridionale, l'Australie et la Polynésie.

Qu'entendez-vous par Notasie? — L'Archipel entre l'Asie et la Nouvelle-Hollande. Elle comprend les îles de la Sonde, au nombre de trois : Java, ville principale, Batavia, aux Hollandais; Sumatra et Bornéo, les Moluques ou îles aux Épices; les Philippines aux Espagnols.

Comment se compose l'Australie? — De la Nouvelle-Hollande, la plus grande île du monde, séparée de la terre de Van-Diémen par le détroit de Bass, où les Anglais ont formé l'établissement de Botany-Bay et de Port-Jackson; de la Nouvelle-Guinée ou terre des Papous; de la Nouvelle-Irlande, de la Nouvelle-Bretagne, et de l'archipel de la Louisiade; du grand archipel de Salomon; des Nouvelles-Hébrides, de la Nouvelle-Calédonie, et de la Nouvelle-Zélande, composée de deux grandes îles séparées par le détroit de Cook.

Que veut dire le mot Polynésie? — Multitude d'îles. La Polynésie comprend les îles dispersées dans le grand Océan, savoir : les îles Pelew, les Nouvelles-Philippines, l'archipel des Mulgraves, les îles Mariannes ou des Larrons; l'archipel de Sandwich, dont la principale est Owishée, où fut tué le capitaine Cook en 1779; les Marquises, les îles de la Société, l'archipel des Navigateurs, les îles des Amis et l'île de Pâques.

FIN DE LA GÉOGRAPHIE.

MYTHOLOGIE.

Qu'est-ce que la mythologie? — La mythologie, des mots grecs *mythos*, fable, *logos*, mots ou discours, est la connaissance de la fable, c'est-à-dire des récits inventés par les anciens en l'honneur de leurs dieux et de leurs demi-dieux.

Comment considérez-vous la fable? — Par rapport aux anciens, elle était l'explication de leur doctrine religieuse; pour nous, elle est restreinte à l'histoire des dieux et des héros de l'antiquité. Une partie des récits fabuleux n'est que la vérité de l'histoire, sous le voile dont l'a enveloppée l'amour du merveilleux. Une autre partie, allégorie des vérités morales ou des propriétés physiques, est le fruit de l'imagination des poètes qui cherchent sans cesse à plaire à l'esprit, en lui offrant des images gracieuses et riantes.

Quelle fut l'origine de la mythologie? — L'oubli du vrai Dieu et le besoin naturel à l'homme, au défaut de la vraie religion, d'offrir le tribut de son adoration à un objet quelconque.

Quels sont les avantages que l'on retire de l'étude de la mythologie? — Sans cette étude il nous serait impossible d'entendre les poètes tant anciens que modernes. Elle est indispensable aux peintres et aux sculpteurs, occupés d'embellir les édifices publics, les jardins, l'intérieur de nos appartemens, ainsi qu'aux amateurs de tableaux et de statues.

Comment divise-t-on les dieux? — En trois classes : les dieux supérieurs, les dieux inférieurs et les demi-dieux.

Combien compte-t-on de dieux supérieurs ou du premier ordre? — Douze, savoir : Jupiter, Junon, Vesta, Minerve, Mars, Vénus, Diane, Neptune, Apollon, Mercure, Vulcain et Cérès. On y ajoute quelquefois les divinités suivantes : le Chaos, Saturne, Pluton, Proserpine et Bacchus.

Comment nomme-t-on les principales divinités inférieures? — Pan, Janus, Eole, Plutus, Hymen, Momus, le Sommeil, Morphée, Harpocrate, l'Aurore, Vertumne, Flore, Pomone, la Fortune, Hygie, Hébé, le Destin, les Furies.

Qu'entend-on par demi-dieux? Les hommes célèbres à qui on avait décerné, après leur mort, les honneurs de l'apothéose.

PREMIERE PARTIE.
DES DIEUX SUPÉRIEURS ou GRANDS DIEUX.
DU CHAOS ET DE SES DESCENDANS.

Quels sont les plus anciens des dieux? — Le Chaos, Erèbe, la Nuit, Tellus ou la Terre, Uranus ou le Ciel.

Quel était le Chaos? — Le Chaos est regardé par quelques mythologistes comme le plus ancien des dieux.

Quel était l'Erèbe? — Il était fils du Chaos et de la Nuit. Il fut métamorphosé en fleur, et précipité dans les enfers pour avoir secouru les Titans.

Quelle était la Nuit? — La déesse des Ténèbres, représentée ordinairement avec des habits noirs parsemés d'étoiles.

Qu'entend-on par Tellus et Uranus? — Tellus ou la Terre est, suivant quelques auteurs, la même divinité que Cybèle. Elle fut femme d'Uranus ou le Ciel.

SATURNE ET CYBÈLE.

Quelle est l'histoire de Saturne? — Saturne, fils du Ciel et de la Terre, obtint la souveraineté de l'univers, du consentement de Titan, son frère aîné, sous la condition qu'il n'élèverait point d'enfans mâles, et qu'il les dévorerait aussitôt après leur naissance; mais Rhée ou Cybèle, sa femme, trouva les moyens de soustraire à sa cruauté Jupiter, Neptune et Pluton.

Titan en fut-il instruit? — Titan, ayant appris que Saturne avait des enfans mâles, arma contre lui, le fit prisonnier et le détrôna. (Voyez Jupiter.) Mais Jupiter étant devenu grand, vola au secours de son père et lui rendit la liberté. Saturne ayant appris du destin que Jupiter était né pour commander à tout l'univers, chercha tous les moyens de perdre son fils, qui, pour se venger, le chassa du Ciel.

Que fit ensuite Saturne? — Il se retira dans le Latium (aujourd'hui l'Italie), où il fut accueilli par Janus, roi de ce pays. Ce dieu, par reconnaissance, enseigna l'agriculture et les arts à ses sujets, et le séjour de Saturne dans le Latium fut appelé l'âge d'or. (Voyez Métamorphoses.)

Comment représente-t-on Saturne? — Sous la figure d'un vieillard, avec une longue barbe, des ailes, et une faux à la main, ce qui est l'emblême du Temps, qui est très-ancien, passe rapidement et détruit toutes choses. On le représente encore sous la figure d'un serpent qui se mord la queue comme s'il retournait d'où il vient, pour montrer le cercle perpétuel et la révolution des temps. Quelquefois on lui donne un sablier ou aviron pour exprimer la rapidité de cette révolution.

Que dit-on de Cybèle? — Cette déesse, connue sous plusieurs noms, était sœur et femme de Saturne : elle avait été exposée aux bêtes sauvages, qui la nourrirent. Ses fêtes furent célébrées avec beaucoup de pompe chez les Grecs et les Romains. Ses prêtres étaient appelés Corybantes, Galles, etc.

Comment représente-t-on Cybèle? — Sous la figure d'une belle femme couronnée de tours, assise sur un char traîné par des lions, et tenant une clef d'une main.

JUPITER.

Comment fut élevé Jupiter? — Sa mère, dans la crainte que les cris du jeune dieu ne fussent entendus de Saturne, confia son fils aux soins des Corybantes qui habitaient le Mont-Ida, et les engagea à faire beaucoup de bruit avec leurs cymbales. Il fut nourri du lait de la chèvre Amalthée, qu'il plaça ensuite au nombre des constellations. La corne de cette chèvre fut appelée la corne d'abondance, il en fit présent aux nymphes qui le soignèrent. Il partagea l'univers avec ses frères, se réserva le ciel et la terre, céda la mer à Neptune, et les enfers à Pluton.

Quelle était la puissance de Jupiter? — Considéré par les païens comme le premier des dieux, il gouvernait tout par sa volonté absolue.

Comment le représente-t-on? — La foudre à la main, l'aigle à ses côtés, sous la figure d'un vieillard majestueux.

Comment était-il honoré? — On lui sacrifiait principalement des taureaux; le chêne lui était consacré; on lui éleva dans tout l'univers des temples magnifiques.

JUNON.

Quel était le rang de Junon? Fille de Saturne et de Cybèle, sœur et femme de Jupiter, elle était reine du ciel et de la terre.

A qui donna-t-elle le jour? — A Hébé, déesse de la Jeunesse; à Vulcain, dieu du Feu; et à Mars, dieu de la Guerre.

N'invoquait-on pas Junon sous un autre nom? — Sous le nom de Lucine, elle présidait aux Mariages et Accouchemens. Elle était la divinité des femmes vertueuses, et aucune femme de mauvaise vie ne pouvait entrer dans son temple.

Comment la représente-t-on? — On la représente sur un trône ou sur un char traîné par des paons, avec un de ces oiseaux auprès d'elle, le front ceint d'un diadème et un sceptre d'or à la main. Iris, parée des riches couleurs de l'arc-en-ciel, est sa messagère ordinaire.

NEPTUNE.

Dans quel rang place-t-on Neptune? — Après Jupiter son frère. Il eut en partage l'empire de la mer et des eaux.

Quel différend s'éleva entre Neptune et Minerve? — Neptune disputant avec Minerve pour nommer la ville bâtie par Cécrops, ils s'en rapportèrent aux dieux, qui décidèrent qu'elle recevrait son nom de celui qui ferait aux mortels le don le plus précieux. Neptune, en frappant la terre de son trident, fit sortir un cheval (emblème de la guerre); mais Minerve fit sortir avec sa lance un olivier (emblème de la paix). Les dieux décidèrent en faveur de Minerve, et elle appela cette ville Athènes, d'un nom de cette déesse.

Comment se nommait l'épouse de Neptune? — Amphitrite, fille de l'Océan et de Thétis, dont il eut Triton.

Comment représente-t-on Neptune? — Ordinairement debout sur une conque (char en forme de coquille), traîné par des chevaux marins ou par des tritons, tenant en main un trident (fourche à trois pointes).

PLUTON et PROSERPINE.

Où régnait Pluton? — Dans les enfers, c'est-à-dire dans les abîmes de la terre, où les âmes des morts étaient conduites soit pour expier leurs forfaits dans le Tartare, soit pour goûter les charmes des Champs-Elysées.

Seconde Partie. 4

Comment s'y prit-il pour avoir une femme? — Rebuté de toutes les déesses à cause de son humeur sombre et de son triste séjour, il se vit forcé d'employer la force pour se procurer une compagne. Il enleva Proserpine, fille de Cérès, pendant qu'elle cueillait des fleurs dans les campagnes de Sicile. Il la conduisit dans sa ténébreuse demeure, l'épousa et la fit reine des enfers.

Comment le représente-t-on? — Avec un air farouche, une barbe épaisse; près de lui Cerbère, chien à trois têtes; sur un char traîné par des chevaux noirs, une couronne d'ébène sur la tête, et tenant en main des clefs ou un bident (fourche à deux pointes).

Comment représente-t-on Proserpine? — On la représente ordinairement à côté de Pluton sur un char traîné par des chevaux noirs.

Comment Pluton était-il honoré? — On lui immolait des victimes de couleur noire, dont on répandait toujours le sang sur la terre. Le cyprès lui était consacré.

APOLLON.

De qui Apollon était-il fils? — De Jupiter et de Latone. Il naquit dans l'île de Délos, où sa mère s'était soustraite aux persécutions de Junon.

Quelles étaient les attributions de ce dieu? — Il présidait à la Musique, à la Poésie et à l'Eloquence. Il avait reçu de Jupiter le don de prédire l'avenir, et ses oracles les plus renommés étaient ceux de Delphes, où il avait en son honneur un temple magnifique.

Quelles furent ses principales actions? — Il tua le serpent Python qui était né du limon de la terre, qui désolait les campagnes, et que l'implacable Junon avait envoyé pour persécuter sa mère Latone. La peau de cet animal lui servit à couvrir le trépied sur lequel la Pythonisse (prêtresse d'Apollon) rendait ses oracles. De concert avec Diane, il perça de ses flèches Niobé, parce que cette princesse avait osé se préférer à Latone leur mère; Niobé fut métamorphosée en rocher.

Quelle fut la cause du courroux de Jupiter contre Apollon? — Jupiter ayant foudroyé Esculape, qui avait ressuscité Hippolyte, Apollon tua les Cyclopes parce qu'ils avaient fourni les foudres au maître des dieux. Cette action le fit chasser du ciel; et pendant cet exil il se retira chez Admète, roi de Thessalie, dont il garda les troupeaux que Mercure vint lui voler. C'est en vain qu'il chercha ses flèches et son arc, le dieu des voleurs s'en était déjà emparé. Il se retira ensuite avec Neptune chez Laomédon.

Quelle fut l'invention d'Apollon? — Quelques-uns prétendent qu'il inventa la lyre; mais d'autres assurent que cet instrument lui fut donné par Mercure, en échange du fameux caducée.

Que fit ensuite Apollon pendant son séjour sur la terre? — Zéphire, en jouant au palet, tua le jeune Hyacinthe; Apollon qui l'aimait beaucoup le métamorphosa en une fleur qui porte son nom. Il changea en cyprès Cyparisse ; vainquit le téméraire Marsyas, fameux satyre, qui le défia à qui chanterait le mieux, et, pour le punir, il le fit écorcher tout vif. Il fit croître des oreilles d'âne à Midas, fils de Gordius et roi de Phrygie, pour avoir préféré aux siens les chants du dieu Pan et de Marsyas. Le barbier de Midas s'en étant aperçu, et ne pouvant s'empêcher de le dire, fit un trou dans la terre où il enfouit son secret. Peu de temps après, il crut au même endroit des roseaux qui, agités par le vent, annonçaient à tout le monde que Midas avait des oreilles d'âne. Après toutes ces aventures, Jupiter rappela Apollon au ciel.

Qu'arriva-t-il à Apollon après avoir été rappelé au ciel ? — Jupiter lui donna le nom de Phébus, et lui confia le soin d'éclairer le monde. C'est pourquoi on le regarde souvent comme le soleil ; et comme tel, on le représente sous les traits d'un jeune homme, le carquois sur les épaules, le front ceint d'un diadême, dans un char radieux traîné par quatre chevaux.

Comment représente-t-on Apollon comme dieu des beaux-arts ? Sous les traits d'un beau jeune homme, avec de longs cheveux blonds, une couronne de lauriers sur sa tête et une lyre à la main. Le coq, l'épervier et l'olivier lui étaient consacrés.

Où était ordinairement sa résidence ? — Sur le Mont-Parnasse, à la tête des Muses.

Quels furent les enfans d'Apollon ? — Ils furent si nombreux qu'on se borne à faire mention d'Esculape et de Phaéton. Esculape, qu'il avait eu de Coronis, fut élevé par le centaure Chiron, qui lui enseigna la médecine et lui donna une connaissance parfaite des simples. Il est le dieu de la Médecine ; il avait un temple à Epidaure, où il était adoré sous la forme d'un serpent. Phaéton était fils du Soleil et de Clymène.

Combien compte-t-on de Muses ? — Neuf : Calliope, Clio, Erato, Thalie, Melpomène, Terpsichore, Euterpe, Polymnie, Uranie. Elles passaient pour filles de Jupiter et de Mnémosyne, déesse de la Mémoire.

Calliope. Préside à l'Eloquence et à la Poésie héroïque : on la représente avec un air majestueux, couronnée de lauriers, ornée de guirlandes, tenant dans la main droite une trompette, dans la gauche un livre, et trois autres auprès d'elle.

Clio. Préside à l'Histoire : elle avait les mêmes attributs, excepté les trois livres.

Erato. Est la déesse de la Poésie lyrique : on la représente avec un air enjoué, couronnée de myrtes et de roses, tenant d'une main une lyre, et de l'autre un archet ; on place à côté d'elle un petit Cupidon ailé avec son arc et son carquois.

Thalie. Est la muse de la Comédie : on la représente couronnée de lierre, chaussée de brodequins, et tenant un masque à la main.

Melpomène. Préside la Tragédie : elle est représentée avec un air sérieux, superbement vêtue, chaussée d'un cothurne, tenant d'une main un sceptre et de l'autre un poignard.

Terpsichore. Est la déesse de la Danse : on la représente couronnée de fleurs, une harpe entre les mains et autour d'elle divers instrumens de musique.

Euterpe. Inventa la flûte ; elle préside à la Musique et à la Poésie pastorale : on la représente couronnée de fleurs et un livre de musique à la main, avec des flûtes et des hautbois auprès d'elle.

Polymnie. Préside à la Rhétorique ; elle est représentée vêtue de blanc et couronnée de perles, ayant toujours la main droite en action pour haranguer, et tenant un sceptre dans la gauche.

Uranie. Préside à l'Astronomie : elle est représentée avec une robe d'azur, couronnée d'étoiles, environnée d'instrumens de mathématiques, et tenant un globe dans ses mains.

Les neuf Muses étaient sous la conduite d'Apollon ; elles habitaient le Mont-Hélicon, le Mont-Parnasse et le Pinde. Le palmier, le laurier, et plusieurs fontaines, comme l'Hypocrène, Castalie et le fleuve du Permesse leur étaient consacrés. Le cheval Pégase paissait sur les bords de ce fleuve ou aux environs.

DIANE.

Quelles sont les attributions de Diane sous divers noms? — Diane, fille de Jupiter et de Latone, et sœur d'Apollon ou Phébus, a plusieurs noms. Sous celui de Diane, elle préside aux Forêts, et est la déesse de la Chasse ; sous celui de Phœbé, elle est prise pour la Lune et préside aux Enchantemens ; sous celui d'Hécate, elle est la déesse des Enfers, on la confond avec Proserpine femme de Pluton. On la regarde encore comme la déesse de la Chasteté.

Comment la représente-t-on ? — Sous la figure d'une jeune personne dans tout l'éclat de la beauté virginale, sur un char traîné par des biches, armée d'un arc et d'un carquois rempli de flèches, un croissant sur le front. Elle est toujours entourée de nymphes, et suivie d'une meute de chiens.

Où Diane fut-elle particulièrement adorée? — En Tauride, dont les habitans, par une vénération outrée pour cette déesse, offraient en sacrifice, sur ses autels, les étrangers que la tempête jetait sur leurs côtes. On érigea à Éphèse, en son honneur, un temple qui fut regardé avec raison comme une des t merveilles. On avait employé à sa construction 220 années. Il était soutenu par 227 colonnes de 60 pieds de haut. Ce superbe monument fut brûlé le jour de la naissance d'Alexandre-le-Grand, par un fou nommé Érostrate, qui commit un crime pour transmettre son nom à la postérité.

MINERVE ou PALLAS.

Que nous offre de singulier la naissance de Minerve? — Jupiter fut un jour attaqué d'un si violent mal de tête, qu'il força Vulcain à lui fendre le cerveau d'un coup de hache : il en sortit Minerve ou Pallas, armée de pied en cap, avec une lance à la main. Comme déesse de la Guerre, on la nomme

Pallas : comme déesse des Sciences et de la Sagesse, on l'appelle Minerve.

De quelles inventions lui est-on redevable ? — Elle apprit aux hommes la construction des vaisseaux, la navigation, l'art de filer; elle dispute à Euterpe l'invention de la flûte.

Comment représente-t-on Minerve?—Avec le casque sur la tête, l'égide au bras, tenant une lance comme déesse de la Guerre, et ayant auprès d'elle une chouette, et divers instrumens de mathématiques comme déesse des Sciences et des Arts.

Quels sont les principaux lieux où cette déesse était honorée? — Elle avait des temples magnifiques en Egypte, en Phénicie, en Grèce, en Italie, en Sicile, et même dans les Gaules. Le Parthenon, à Athènes, était un temple dédié à Minerve.

VÉNUS.

Quelle est l'histoire de Vénus ? — Vénus ou Cypris, déesse de la Beauté, est, suivant les uns, fille de Jupiter et de Diane ; suivant d'autres, elle naquit de l'écume de la mer, près de l'île de Cythère (aujourd'hui Cérigo), où elle fut transportée par Zéphir, et reçue par les Saisons, filles de Jupiter et de Thémis.

Qu'arriva-t-il après sa naissance?—Les Heures l'emportèrent avec pompe dans le ciel, où tous les dieux la trouvèrent si belle qu'ils voulurent l'épouser, et la nommèrent la déesse de la Beauté; Jupiter lui donna pour époux Vulcain, parce qu'il avait forgé les foudres contre les géans.

Comment représente-t-on Vénus? Assez souvent nue, une pomme à la main, placée avec Cupidon sur une conque traînée par des colombes ou des cygnes. Elle était suivie des Grâces, et entourée des Jeux et des Ris.

Comment représente-t-on Cupidon ou l'Amour? — Cupidon, fils de Mars et de Vénus, est représenté sous la figure d'un enfant toujours nu, un bandeau sur les yeux, un arc, et un carquois rempli de flèches ardentes. Il aima Psyché (mot grec qui signifie âme), et la fit transporter par Zéphir dans un lieu de délices où il garda long-temps l'incognito; mais cédant enfin aux vives instances de l'objet de sa passion, il se fit connaître et disparut. Psyché est représentée avec des ailes de papillon aux épaules.

Quelles sont les trois Grâces ? — Euphrosine, Thalie et Aglaïa. Elles sont ordinairement représentées avec un air riant, leurs mains entrelacées les unes dans les autres.

VULCAIN.

De qui Vulcain était-il fils? — Il était fils de Jupiter et de Junon, le dieu du Feu et l'époux de Vénus.

Que lui arriva-t-il à sa naissance ? — Il était si laid, si mal fait, que Jupiter lui donna un coup de pied, et le précipita des cieux sur la terre. Il se cassa la jambe en tombant, et resta boiteux.

Quelles étaient les fonctions de ce dieu? — Il forgeait les foudres de Jupiter. Ses forges étaient établies dans les îles Lipari, de Lemnos, et au fond du Mont-Etna. Les Cyclopes, ses forgerons, qui n'avaient qu'un œil au milieu du front, travaillaient continuellement sous ses ordres.

Quelle est la statue la plus remarquable que fit Vulcain? — Pandore qu'il anima. Elle fut douée, par les dieux, des plus belles qualités. Ils s'assemblèrent pour la rendre parfaite, en lui donnant chacun une perfection. Vénus lui donna la beauté; Pallas, la sagesse; Mercure, l'éloquence; et Jupiter irrité contre Prométhée, qui avait dérobé le feu du ciel pour animer les premiers hommes, envoya Pandore sur la terre avec une boîte où tous les maux étaient renfermés. On dit que Prométhée, à qui elle présenta cette boîte, l'ayant refusée, elle la donna à Epiméthée, son frère, qui eut l'indiscrétion de l'ouvrir, et que de cette boîte sortirent tous les maux qui inondèrent la terre. Il ne resta au fond que la seule espérance.

Comment le représente-t-on? — La tête couverte d'un bonnet, un marteau à la main, et s'appuyant sur une enclume.

CÉRÈS.

De qui Cérès était-elle fille? — Cérès, déesse de l'Agriculture, était fille de Saturne et de Cybèle, et sœur de Jupiter, de Neptune, de Pluton et de Junon.

Que fit Cérès après avoir perdu Proserpine sa fille? — Elle alluma deux flambeaux sur le Mont-Etna, pour la chercher nuit et jour. Triptolème, roi d'Eleusis, l'accueillit dans ses états, et, pour prix de ses bons offices, elle lui enseigna l'art de cultiver la terre. Elle continua ses recherches et rencontra Aréthuse (nymphe de Diane), qui lui déclara l'enlèvement de Proserpine par Pluton. Elle obtint de Jupiter que sa fille passerait six mois de l'année avec elle, et les autres six mois avec son époux.

Comment la représente-t-on? Couronnée d'épis, tenant d'une main une faucille, de l'autre une poignée d'épis et de pavots. Tous les poètes lui attribuent l'invention du labourage. Elle présidait aux moissons et à tout ce qui concerne l'agriculture. On lui immolait un porc. On lui donnait différens surnoms tirés des lieux où elle avait des temples. Les mythologistes et les poètes ne s'accordent point sur le compte de cette déesse, que plusieurs confondent avec Cybèle.

MARS.

De qui Mars était-il fils? — Mars, dieu de la Guerre, était fils de Junon. Cette déesse, piquée de ce que Jupiter avait donné le jour à Pallas sans sa participation, voulut être seule auteur de la naissance du dieu des Combats.

Chez quel peuple fut-il le plus en vénération? — Chez les Romains, qui lui érigèrent plusieurs temples. On nommait ses prêtres Saliens, en latin (*salii de salire*), qui signifie sauter; ils étaient douze, et célébraient leurs fêtes en dansant et en sautant. Ils étaient les dépositaires des boucliers sacrés.

Comment représente-t-on Mars? — Sous les traits d'un guerrier armé de pied en cap, avec un coq auprès de lui. On sacrifiait sur ses autels le cheval, à cause de son ardeur guerrière; le loup, la pie et le vautour lui étaient consacrés par rapport à leur naturel carnivore; et le coq à cause de son courage.

MERCURE.

Quel est le domaine de Mercure? — Mercure, fils de Jupiter et de Maia fille d'Atlas, était le dieu de l'Eloquence, du Commerce, des Voleurs, et le messager des dieux. Il conduisait les âmes aux enfers, et les ramenait au jour quand elles venaient habiter d'autres corps. Les Grecs lui donnaient le nom d'Hermès.

Comment représente-t-on Mercure? — Sous la figure d'un homme, tenant un caducée à la main, avec des ailes à la tête et aux talons.

Qu'est-ce que le caducée? — C'était une verge que Mercure reçut d'Apollon, lorsqu'il lui fit présent de sa lyre. Un jour Mercure rencontra sur le Mont-Cythéron deux serpens qui se battaient, et jeta entr'eux cette verge pour les séparer. Les deux serpens s'entortillèrent à l'entour de manière que la partie la plus élevée de leur corps formait un arc. Mercure voulut depuis le porter de même comme un symbole de paix, et y ajouta des ailes comme un emblême de la rapidité du pouvoir de l'éloquence.

BACCHUS.

De qui Bacchus était-il fils? — Bacchus, dieu du Vin, était fils de Jupiter et de Sémélé fille de Cadmus, roi de Thèbes. Le vieux Sylène (satyre) fut chargé de son éducation. Il fut très-aimé de Bacchus; monté sur un âne, il l'accompagna dans la conquête des Indes. A son retour il s'établit dans les campagnes d'Arcadie, où il se fit chérir des jeunes bergers et des jeunes bergères. Il ne passait pas un jour sans s'enivrer; mais il avait le vin agréable. Eglé, fille du Soleil, se plaisait à faire des tours de malice aux bergers. Ayant un jour trouvé le vieux Sylène ivre, elle se joignit aux deux satyres Chromis et Mnasile pour lui lier les mains avec des fleurs, pendant qu'elle lui barbouillait le visage avec des mûres.

Par quels exploits se signala-t-il dans sa jeunesse? — Lorsque les géans escaladèrent le ciel, il se transforma en lion pour les dévorer, pendant que les autres divinités s'enfuyaient de peur, et se cachaient en Egypte sous diverses formes; il resta et rendit un service signalé à Jupiter. On le regardait aussi, après lui, comme le plus puissant des dieux.

Que fit-il ensuite? — Il fit la conquête des Indes, puis alla n Egypte, où il enseigna l'agriculture aux hommes, planta la vigne, et fut adoré comme le dieu du Vin.

Quelles étaient les principales fêtes en l'honneur de Bacchus? — Les Bacchanales et les Orgies.

Comment étaient célébrées ces fêtes ? — Elles étaient célébrées par des jeunes filles, des femmes et des hommes. Les filles étaient armées de thyrses (espèce de demi-piques ornées de lierre et de pampre). Les femmes, couronnées de lierre, couraient, les cheveux épars, au bruit du tambour et des cymbales, en faisant les plus horribles contorsions. Au milieu de ces bandes de forcenées, on voyait des gens ivres, vêtus en Faunes, en Satyres et en Sylènes, et couronnés de lierre, comme les femmes. Cet indécent cortége était terminé par une troupe d'hommes montés sur des ânes, et suivis des Bacchantes, qui poussaient des hurlemens affreux. On se livrait dans ces fêtes aux plus grandes débauches ; et ce fut pour les prévenir que le sénat romain abolit les fêtes de Bacchus.

Comment représente-t-on ce dieu ? — Sous la figure d'un bel enfant ou d'un beau jeune homme, couronné de pampre ou de lierre, une peau de tigre sur l'épaule, le thyrse à la main et des léopards à ses pieds ou traînant son char. On le représente aussi couvert de la peau d'un bouc, et assis sur un tonneau.

VESTA-MINOR.

Combien distingue-t-on de Vesta ? Deux : Vesta l'ancienne ou Cybèle, dont on a déjà fait mention, et Vesta-Minor ou la jeune, déesse du Feu.

Quelle est l'opinion de quelques auteurs sur cette déesse ? — Ils pensent que c'est la même que Ops, Rhéa ou Cybèle, femme de Saturne et mère des dieux ; mais sous le nom de Vesta, elle n'est que la déesse du Feu.

Comment la représente-t-on ? — Un flambeau à la main, et une patère pour répandre le parfum sur le feu sacré qu'on entretenait continuellement dans son temple.

A qui était confié le soin de l'entretenir ? — A de jeunes vierges appelées Vestales. Quand elles violaient leurs vœux de chasteté, ou qu'elles laissaient éteindre le feu sacré, elles étaient enterrées vives.

SECONDE PARTIE.

DES DIEUX INFÉRIEURS.

PAN.

Quel était le domaine de Pan ? — Pan était le dieu des Campagnes, des Troupeaux, et des Bergers.

D'où vient le mot Pan ? — D'un mot grec qui signifie *tout* ; de sorte que sous ce nom c'était toute la nature qu'on adorait.

Quelle était son occupation ? — Il était jour et nuit dans les campagnes, jouant continuellement de la flûte en gardant ses troupeaux. Il se plaisait, par de subites apparitions, à frapper de terreur les animaux qui habitaient le Mont-Lycée et le Mont-Ménale. De là cette terreur panique qui saisit subitement, sans qu'on en sache la cause. Ce fut, suivant les Grecs, le dieu Pan qui répandit une pareille terreur dans l'armée des

Gaulois qui, sous la conduite de Brennus, avançaient pour piller le temple de Delphes.

Dans quelles contrées était-il particulièrement en vénération? — En Egypte, en Arcadie et à Rome. Il y avait aux environs de cette ville un endroit nommé Lupercal, qui était consacré au dieu des Bergers. Les fêtes instituées en son honneur furent appelées Lupercales, mot dérivé de *lupus* (loup), parce que, suivant les Romains, Pan préservait les troupeaux de l'attaque des loups.

Sous quelle forme est-il représenté? — Avec un visage enflammé, des cornes sur la tête, l'estomac couvert d'étoiles, et la partie inférieure du corps semblable à celle d'un bouc.

Quelles sont les divinités rurales (des champs) qui ressemblent à ce dieu? — Les Faunes et les Satyres.

Où habitaient ces divinités champêtres? — Elles habitaient les forêts et les montagnes. C'étaient des monstres moitié hommes et moitié chèvres, avec des cornes. Les Silvains paraissaient être les mêmes divinités que les Faunes. Ils sont appelés ainsi de Silvain, dieu des Forêts, qu'on représente tenant un cyprès à la main.

VERTUMNE et POMONE.

Que dit-on de Vertumne? — Vertumne était le dieu des Vergers, et il présidait à l'Automne. Comme il avait le pouvoir de changer de forme à volonté, il passe aussi pour le dieu des Pensées et des Changemens.

Comment le représente-t-on ordinairement? — Sous la figure d'un jeune homme, tenant des fruits à la main.

Quelle fut sa femme? — Pomone, déesse des Fruits. Comme elle avait refusé l'hommage de plusieurs dieux, il eut recours à la ruse pour réussir auprès d'elle. Il prit la figure d'une vieille pour lui conseiller d'aimer; et l'ayant persuadée, il se fit connaître et devint son époux. Lorsqu'ils furent dans un âge avancé, il rajeunit avec elle, et ne viola jamais la foi conjugale.

Comment représente-t-on Pomone? — Sous les traits d'une belle femme, tenant d'une main une serpe et de l'autre des fruits.

Quelle est la divinité qui avait aussi le pouvoir de changer de forme? — Prothée, fils de l'Océan et de Thétis; mais il avait aussi reçu en naissant la connaissance de l'avenir.

ZÉPHIRE, FLORE, PRIAPE, TERME.

Que dit-on de Zéphire? — Zéphire, ou le vent d'Occident, était fils d'Eole et de l'Aurore, et le dieu des Fleurs.

Comment le représente-t-on? — Sous les traits d'un jeune homme, avec un air serein, des ailes aux épaules, et une couronne de fleurs sur la tête. Il avait le pouvoir de rendre la vie aux arbres et aux fleurs.

Quelle fut son épouse? — Chlori ou Fore, déesse des Jardins et des Fleurs.

Comment est-elle représentée? — Sous la figure d'une

4.

belle nymphe, couronnée de guirlandes, avec des corbeilles de fleurs auprès d'elle.

Comment célébrait-on les florales ou les jeux floraux ? — Lorsque les femmes célébraient les jeux floraux, c'est-à-dire les fêtes de cette déesse, elles couraient nuit et jour, dansant au son des trompettes; et celles qui remportaient le prix à la course, étaient couronnées de fleurs.

Que dit-on de Priape ? — Priape, fils de Vénus et de Bacchus, le dieu des Jardins, était une divinité obscène; il était d'une difformité étrange.

Comment le représente-t-on ? — Avec une barbe et une chevelure fort négligées, tenant une faucille à la main.

Qu'est-ce que le dieu Terme ? — C'était la divinité qui présidait aux limites des champs. Lorsque les dieux voulurent céder la place du Capitole à Jupiter, ils se retirèrent dans les environs par respect; mais le dieu Terme demeura à sa place. On le représentait sous la forme d'une tuile, ou d'une pierre carrée, ou d'un pieu fiché en terre.

JANUS.

Quelle est l'histoire de Janus ? — Janus, roi d'Italie, était fils d'Apollon. Il accueillit dans ses états Saturne (voyez Saturne), qui donna à cette contrée le nom de Latium, du latin *latere*, parce qu'il s'y était caché. Janus, pour avoir reçu favorablement ce dieu chassé du ciel par Jupiter, fut gratifié d'une rare prudence, avec la connaissance du passé et de l'avenir; c'est pourquoi on lui donna deux visages, l'un de vieillard tourné vers l'année qui vient de s'écouler, et l'autre de jeune homme vers celle qui commence.

Comment représente-t-on Janus ? — Avec une baguette dans la main, parce qu'il présidait aux chemins, et une clef dans l'autre, parce qu'on le regardait comme l'inventeur des portes et des serrures. Il a donné son nom au mois de Janvier. Numa-Pompilius lui fit bâtir un temple dont les portes étaient fermées pendant la paix et ouvertes pendant la guerre.

ÉOLE.

Que raconte-t-on d'Éole ? — Qu'il avait un grand empire sur les vents, que sa seule volonté les retenait. Il tenait sa cour dans l'Éolie (aujourd'hui les îles de Lipari).

Quels étaient les principaux vents ? — Eurus, vent de l'est; Borée, vent du septentrion; Zéphire, vent d'occident; Auster, vent du sud. Il faut ajouter à ces quatre vents, l'Aquilon, vent furieux et extrêmement froid.

Comment représente-t-on Éole ? — Sous les traits d'un vieillard vénérable, un sceptre à la main, et assis, ou sur des groupes de nuages, ou à l'ouverture d'un antre d'où s'échappent les vents sous la figure de têtes bouffies.

PLUTUS, L'HYMEN ET MOMUS.

Comment représente-t-on Plutus, dieu des Richesses ? — Aveugle, parce qu'il les prodigue rarement à ceux qui en sont dignes ; boiteux, parce qu'elles n'arrivent que lentement ; avec des ailes, pour marquer la fugacité des biens et de la fortune.

Que dit-on de l'Hymen ? — L'Hymen ou l'Hyménée, présidait aux Mariages ; il était fils de Bacchus et de Vénus.

On le représente sous la figure d'un jeune homme blond, tenant un flambeau à la main, et couronné de roses.

Que raconte-t-on de Momus ? — Momus, fils du Sommeil et de la Nuit, était le dieu de la Raillerie.

Quelle était son occupation ordinaire ? — Il s'occupait à examiner les actions des dieux et des hommes, et à les reprendre avec liberté.

Dans quelles circonstances donna-t-il des preuves de son penchant à la raillerie ? — Neptune ayant fait un taureau, Vulcain un homme et Minerve une maison, Momus trouva que les cornes du taureau étaient mal plantées, et qu'il aurait fallu qu'elles fussent plus près des yeux ou des épaules, afin de mieux diriger ses coups. Quant à l'homme, il aurait voulu qu'on lui eût fait une petite fenêtre au cœur, pour voir ses pensées les plus secrètes. Enfin la maison lui parut trop massive pour être transportée, lorsqu'on aurait un mauvais voisin.

Comment Momus est-il représenté ? — Tenant d'une main une petite figure de la Folie, et de l'autre soulevant un masque de dessus son visage, qui porte l'empreinte de la Raillerie.

LE SOMMEIL ET MORPHÉE.

De qui le Sommeil était-il fils ? — De l'Érèbe et de la Nuit. On dit qu'il a son palais dans un antre écarté, où les rayons du soleil ne pénètrent jamais. Il y a, dit-on, à l'entrée une infinité de pavots et d'herbes assoupissantes. Le fleuve d'Oubli coule devant ce palais, et on n'y entend plus d'autre bruit que le doux murmure des eaux de ce fleuve. Le Sommeil repose dans une salle sur un lit de plumes, entouré de rideaux noirs. Les Songes sont tous couchés autour de lui, et Morphée, son principal ministre, veille pour prendre garde qu'on ne fasse du bruit. On le représente couché sur un lit, tenant une corne d'une main et une dent d'éléphant de l'autre.

HARPOCRATE ET MUTA.

Comment représente-t-on Harpocrate, dieu du Silence ? — Ordinairement sous la figure d'un jeune homme, ayant un doigt sur la bouche, et tenant d'une main une corne d'abondance.

Que dit-on de Muta, déesse du Silence ? — Elle était fille du fleuve Almon. Jupiter lui fit couper la langue et la fit conduire aux enfers, parce qu'elle avait découvert à Junon une de ses liaisons. Mercure l'épousa à cause de son extrême beauté, et en eut deux enfans nommés Lares.

Comment considérait-on les Lares ou Pénates ? — Comme des dieux Domestiques, c'est-à-dire particuliers à chaque famille. On plaçait ordinairement leurs statues auprès des foyers, où on leur rendait un culte fort religieux.

HÉBÉ ET L'AURORE.

Quelles étaient les fonctions d'Hébé? — Hébé, fille de Junon, et déesse de la Jeunesse, qu'on appelait aussi Juventa, était chargée de verser le nectar aux dieux. Ayant eu le malheur de déplaire à Jupiter, Ganimède, beau jeune homme, qu'il avait enlevé, fut chargé de son emploi. Hercule l'épousa quelque temps après, et en sa considération elle rajeunit Iolas.

Comment représente-on Hébé? — Sous la figure d'une jeune et belle vierge couronnée de roses, tenant d'une main un vase, et de l'autre une coupe dans laquelle elle verse le nectar.

De qui l'Aurore était-elle fille? — L'Aurore qui présidait à la naissance du jour, était fille de Titan et de la Terre.

Quelles sont les aventures de cette déesse? — Elle aima tendrement le jeune Tithon, fils de Laomédon, l'enleva et l'épousa, et en eut un fils nommé Memnon. Pour gage de sa tendresse, elle accorda à son époux une extrême longévité ; mais parvenu à une vieillesse excessive, il fut changé en cigale. L'Aurore s'éprit ensuite de Céphale, qui aimait tendrement Procris son épouse ; elle les brouilla, mais ils se raccommodèrent. Céphale ayant tué Procris à la chasse, se perça de désespoir avec le même dard. Jupiter les changea en astres.

Comment représente-t-on l'Aurore? — Couverte d'un voile, sur un char couvert de rubis et de roses. Avant-courrière du Soleil, elle ouvre les portes de l'Orient ; elle est accompagnée des Heures et voit fuir à son approche la Nuit et le Sommeil.

LA FORTUNE, LE DESTIN ET HYGIE.

Comment représente-t-on la Fortune? — Sous différentes formes ; mais le plus souvent un bandeau sur les yeux, une corne d'abondance à la main, avec des ailes aux pieds, dont l'un est sur une roue qui tourne sans cesse, symbole de son inconstance.

Que dit-on du Destin? — On le fait naître du Chaos ; on croyait ses arrêts irrévocables, et tous les dieux étaient subordonnés à son pouvoir.

Comment le représente-t-on? — Tenant sous ses pieds le globe terrestre, et dans ses mains l'urne qui renferme le sort des mortels.

Que dit-on d'Hygie? — Hygie était la déesse de la santé, et était en grande vénération. D'Hygie on a formé *Hygiène*, partie de la médecine qui embrasse la conservation de la santé.

A quels signes distingue-t-on les statues qui lui sont érigées? — A l'aspect d'une belle femme dont un bras est entortillé d'un serpent, qui s'abreuve dans une coupe qu'elle tient à la main.

Quel emblème nous offre le serpent? — L'emblème de la santé et de l'immortalité, parce qu'en changeant de peau toutes les années, il semble ainsi reprendre une nouvelle jeunesse.

THÉMIS, BELLONE, LA PAIX.

De qui Thémis était-elle fille? — Du Ciel et de la Terre. On la représente ordinairement un bandeau sur les yeux, avec une balance à la main; elle est quelquefois armée d'un glaive.

Que dit-on de Bellone? — Bellone était la déesse de la Guerre : ses prêtres célébraient sa fête en courant les uns sur les autres, armés de sabres, et jusqu'à effusion du sang.

Quels sont ses attributs? — Bellone est représentée armée de pied en cap, tenant à la main le flambeau de la guerre.

De qui la Paix était-elle fille? — De Jupiter et de Thémis. On la représente tenant d'une main une petite statue du dieu Plutus, et de l'autre une poignée d'épis, de roses et de branches d'olivier, avec une demi-couronne de lauriers sur la tête.

ECHO, DRYADES, NAPÉES, NAYADES, HAMADRYADES, NÉRÉIDES et HESPÉRIDES.

De qui la nymphe Echo était-elle fille? — De l'Air et de la Terre. Elle habitait les bords du fleuve Céphise.

Quels furent ses malheurs? — Junon la condamna à ne répéter que la dernière parole de ceux qui l'interrogeaient, parce qu'elle en avait parlé imprudemment, et qu'elle l'avait amusée par des discours agréables pendant que Jupiter faisait la cour à ses nymphes. Ayant voulu se faire aimer de Narcisse, et s'en voyant méprisée, elle se retira dans les grottes, dans les montagnes et dans les forêts, où elle sécha de douleur, et fut métamorphosée en rocher.

Quels étaient les attributs des Dryades, des Hamadryades, des Nayades et des Néréides? — Les Dryades présidaient aux bois et aux forêts, où elles demeuraient nuit et jour; les Nayades, aux fleuves et aux fontaines; les Napées aux prairies et aux bocages. La destinée des Hamadryades dépendait des arbres, et surtout des chênes avec lesquels elles naissaient et mouraient. Les Néréides, filles de Nérée, dieu marin, et de Doris sa sœur et sa femme, étaient les nymphes de la Mer.

Que raconte-t-on des Hespérides? — Elles étaient trois nymphes célèbres : Eglé, Aréthuse et Hespéréthuse, filles d'Hesper, roi d'Italie. Elles avaient la garde des pommes d'or que Junon avait apportées en mariage à Jupiter. Elles habitaient près des colonnes d'Hercule, aujourd'hui les côtes du détroit de Gibraltar.

SIRÈNES.

Que dit-on des Sirènes? — Les Sirènes étaient des êtres fabuleux, qui avaient la tête et le corps d'une femme, jusqu'à la ceinture; et la forme d'un poisson suivant les uns, et d'un oiseau, suivant les autres, depuis la ceinture. Elles étaient filles du fleuve Achéloüs et de la muse Calliope.

Comment les appelait-on? — Ligie, Thelxiope, Parthénope.

Où était leur résidence ? — Dans le détroit de Messine.

Quels abus faisaient les Sirènes de la douceur de leurs chants ? — Elles attiraient les marins et les dévoraient ensuite.

Comment peut-on expliquer cette fable ? — Il est à croire que sous le nom de Sirènes on a voulu peindre de jeunes princesses sans mœurs, dont les artifices enchanteurs attiraient auprès d'elles les étrangers, avec qui elles se livraient sans frein à la débauche.

Quelle remarque fait-on sur Parthénope ? — Elle donna son nom à une ville célèbre d'Italie, qui fut bâtie dans l'endroit où fut trouvé son tombeau. Sur les ruines de Parthénope, fut élevée Néapolis, ville neuve que nous appelons Naples.

TROISIÈME PARTIE.
DEMI-DIEUX ou HÉROS (*).
HERCULE.

De qui Hercule ou Alcide était-il fils ? — De Jupiter et d'Alcmène, épouse d'Amphitryon, roi de Thèbes.

Comment s'y prit Jupiter pour tromper Alcmène ? — Il s'offrit à Alcmène sous les traits de son époux, pendant qu'il faisait la guerre aux Thélébéens.

Que fit Junon pour se venger de son infidélité ? — Pour apporter un obstacle aux hautes destinées que Jupiter avait promises à Hercule, elle retarda sa naissance, et fit naître Euristhée auparavant, afin qu'en sa qualité d'aîné il eût toute l'autorité sur son frère.

Quel fut le premier trait de force d'Hercule ? — Étant encore au berceau, il étouffa deux serpens que Junon avait envoyés pour le faire périr.

Quels furent les douze travaux d'Hercule ? — 1°. Il étrangla, dans la forêt de Némée, un lion furieux, dont la peau devint la plus belle parure d'Hercule jusqu'à la fin de ses jours.

2°. Il tua l'hydre de Lerne, serpent monstrueux, qui avait sept têtes qui renaissaient à mesure qu'on les coupait.

3°. Il fit mourir l'effroyable sanglier de la forêt d'Eryманthe, qui désolait toute la contrée.

4°. Il attrapa et tua à la course la biche aux pieds d'airain et aux cornes d'or, consacrée à Diane.

5°. Il tua à coups de flèches tous les horribles oiseaux du lac Stymphale.

6°. Il vainquit les Amazones, femmes guerrières, et donna leur reine Hippolyte à Thésée.

7°. Il nettoya les étables d'Augias, roi d'Elide, en y faisant passer les eaux du fleuve Alphée, dont il avait détourné le

---

(*) On entend par demi-dieux des héros qui, nés d'un dieu ou d'une déesse, ont mérité, par leurs belles actions, d'être admis dans l'Olympe après leur mort.

DE MYTHOLOGIE.

cours. Il dompta ensuite les centaures (monstres moitié hommes, moitié chevaux).

8°. Il dompta un taureau furieux qui désolait la Crète.

9°. Il fit dévorer Diomède par ses propres chevaux, qu'il nourrissait de chair humaine.

10°. Geryon, roi d'Espagne, avait trois corps et fut tué par Hercule, parce qu'il nourrissait des bœufs de la chair humaine. Il emmena les bœufs et tua un chien à deux têtes et un dragon à sept qui gardaient les troupeaux de ce roi.

11°. Il enleva les pommes d'or du jardin des Hespérides, et tua le dragon à qui la garde en était confiée.

12°. Il descendit deux fois aux enfers : la première, il en tira Cerbère ; et la deuxième, la reine Alceste, qu'il rendit à son mari Admète.

Quels sont les autres exploits d'Hercule ? — 1°. Il vainquit le fleuve Achéloüs. 2°. Il étouffa dans ses bras le géant Anthée, qui habitait les déserts de Lybie, où il massacrait les passans. 3°. Il sacrifia Busiris, roi d'Egypte, sur l'autel de Neptune, où ce tyran immolait les étrangers. 4°. Il arracha de sa caverne Cacus, fils de Vulcain, qui lui avait volé ses bœufs, et lui donna la mort.

Qu'entend-on par les Colonnes d'Hercule ? — Il sépara les deux montagnes, Calpée et Abyla, et fit ainsi communiquer l'Océan à la Méditerranée, croyant que c'étaient là les bornes du monde ; il y éleva deux colonnes, qu'on appela depuis Colonnes d'Hercule, et sur lesquelles on suppose qu'était l'inscription : *nec plus ultrà*.

Quelles furent les faiblesses d'Hercule ? — Il aima Iole, fille d'Euryte, et surtout Omphale, reine de Lydie, qui lui inspira une telle passion, que pour lui plaire, il prit une quenouille et des fuseaux, et fila parmi ses femmes. Il épousa Déjanire, fille d'Œnée.

Quelles furent les suites fatales de cet hymen ? — Ce héros emmena sa nouvelle épouse ; et lorsqu'il fallut passer le fleuve Evène, le centaure Nessus s'offrit de la porter sur son dos de l'autre côté. Hercule y consentit, et le centaure allait s'enfuir avec Déjanire, lorsque Hercule s'en aperçut, et lui décocha une flèche qui l'arrêta sur-le-champ. Nessus se sentant mourir, donna sa chemise teinte de son sang à Déjanire, l'assurant qu'elle rappellerait son mari dès qu'il voudrait s'éloigner d'elle pour s'attacher à d'autres. Cette femme crédule ayant appris qu'Hercule recherchait Iole, lui envoya la chemise du centaure ; mais il ne l'eut pas plus tôt mise, qu'il se sentit entouré d'un feu dévorant, au milieu des plus horribles tourmens ; il dressa sur le Mont-Oëta un bûcher avec les arbres qu'il avait arrachés dans sa fureur. Il s'y précipita et fut consumé par les flammes. Après sa mort, il fut transporté dans l'Olympe, où il épousa Hébé, déesse de la Jeunesse, qu'on représente couronnée de fleurs, légèrement vêtue, tenant une aiguière pour verser le nectar aux dieux. Déjanire se tua ensuite de désespoir.

Comment représente-t-on Hercule ? — Sous la figure d'un jeune homme robuste, armé d'une massue, couvert de la peau du lion de Némée, et tenant dans ses mains des pommes d'or du jardin des Hespérides.

PERSÉE.

Que dit-on de Persée ? — Il était fils de Jupiter et de Danaé, que son père Acrise tenait enfermée dans une tour : Jupiter y pénétra sous la forme d'une pluie d'or. Acrise, informé que Danaé était enceinte, la fit exposer sur la mer ; mais elle se retira chez Polydecte, qui en prit soin, ainsi que de son enfant, qui fut nommé Persée.

A quel danger fut ensuite exposé Persée ? — Polydecte, voulant se défaire de lui, le chargea d'aller couper la tête de Méduse, l'une des Gorgones qui dévastaient le pays et qui n'avaient qu'un œil à elles trois ; mais elles changeaient en rocher tous ceux qu'elles regardaient. Persée profita de l'instant où l'œil passait d'une main à l'autre, et coupa la tête de Méduse, dont il orna le bouclier qu'il avait reçu de Pallas.

Que fit-il ensuite ? — Monté sur le cheval Pégase, né du sang de Méduse, il délivra Andromède (fille de Céphée, roi d'Ethiopie) d'un monstre auquel elle était exposée ; il pétrifia ce monstre avec la tête de Méduse. Céphée en reconnaissance lui donna sa fille en mariage.

Comment se conduisit-il contre Atlas ? — Il le changea en une haute montagne pour lui avoir refusé l'hospitalité.

Que devint Persée après sa mort ? — Il fut mis au nombre des constellations.

ATLAS.

Que dit-on d'Atlas ? — Atlas, fils de Jupiter et de Climène, roi de Mauritanie, aujourd'hui Maroc en Afrique, se rendit célèbre par ses connaissances en astronomie. Il est, dit-on, le premier qui représenta le monde sous la forme d'une sphère. C'est sans doute pour cette raison qu'on le représente soutenant le ciel sur ses épaules.

Atlas eut-il des enfans ? — Il eut de sa femme Pléïone, sept filles, savoir : Electre, Alcyone, Céléno, Maïa, Astérope, Faygette et Mérope, qu'on appelle ordinairement les Pléïades.

Quel fut le sort des Pléïades ? — Elles furent changées en étoiles, et placées sur la poitrine du taureau, l'un des douze signes du Zodiaque, parce que leur père avait voulu lire dans le ciel, pour découvrir les secrets des dieux.

N'eut-il pas d'autres enfans d'une autre femme ? — Il eut d'Ethra, sept autres filles, savoir : Ambrosie, Eudoxe, Pasithoé, Coronis, Polixo, ou Plexaure, Philéto ou Pytho et Tyché, connues sous le nom d'Hyades.

Que raconte-t-on des Hyades ? — Elles furent ainsi appelées du nom d'Hyas, leur frère, qu'elles aimaient si tendrement, qu'elles furent inconsolables de sa mort. Elles le pleurèrent tant, que les dieux, touchés de leur douleur, les changèrent en astres. D'autres racontent que les Hyades étaient des nymphes que Jupiter transporta au ciel, où il les changea en astres, pour les soustraire à la colère de Junon, qui voulait les punir du soin qu'elles avaient pris d'élever Bacchus. Les Hyades sont appelées par les poètes *pluviæ tristes*, parce que la constellation qu'elles forment annonce la pluie et le mauvais temps. Cette constellation est aussi désignée quelquefois par Hyas, singulier de Hyades.

THÉSÉE.

De qui Thésée était-il fils ? — D'Égée, roi d'Athènes, et d'Hétra, fille de Pithée qui régna à Trézènes.

Comment parvint-il à l'immortalité ? — Parce qu'il donna pendant sa vie des marques d'une valeur extraordinaire, et qu'il marcha sur les traces d'Hercule.

Quels sont les exploits de Thésée ? — 1°. Il mit à mort Phalaris, tyran de Sicile, qui brûlait des hommes dans un taureau d'airain embrasé.

2°. Il tua Sciron, fameux brigand qui désolait l'Attique. Procuste, fameux voleur, tomba aussi sous les coups de ce héros.

3°. Il vainquit et tua le Minotaure.

Que fit-il de glorieux ? — Il descendit aux enfers avec Pirithoüs, pour enlever Proserpine ; mais Pirithoüs fut dévoré par le chien Cerbère, et Thésée, par ordre de Pluton, resta enchaîné à un énorme rocher, jusqu'à ce que Hercule vint l'en délivrer.

N'eut-il pas plusieurs femmes ? — Oui ; il eut Antiope, reine des Amazones, Ariane et Phèdre filles de Minos. (Pour les demi-dieux, voyez les Métamorphoses.)

Comment nomme-t-on le fils d'Antiope ? — Hippolyte.

Qui excita contre lui le courroux de son père ? — Phèdre, sa belle-mère, furieuse de ce qu'il avait refusé de répondre à sa passion criminelle, l'accusa, auprès de son époux, d'avoir voulu attenter à son honneur, et Thésée, trop crédule, abandonna sans pitié son malheureux fils à la fureur de Neptune.

Où trouve-t-on un magnifique récit de la mort d'Hippolyte ? — Dans ces beaux vers de Racine :

A peine nous sortions des portes de Trézènes,
Il était sur son char. Ses gardes affligés
Imitaient son silence autour de lui rangés.
Il suivait tout pensif le chemin de Mycènes.
Sa main sur ses chevaux laissait flotter les rênes.
Ses superbes coursiers qu'on voyait autrefois
Pleins d'une ardeur si noble obéir à sa voix,
L'œil morne maintenant et la tête baissée,
Semblaient se conformer à sa triste pensée.
Un effroyable cri, sorti du fond des flots,
Des airs, en ce moment, a troublé le repos ;
Et du sein de la terre une voix formidable
Répond, en gémissant, à ce cri redoutable.
Jusqu'au fond de nos cœurs notre sang s'est glacé.
Des coursiers attentifs le crin s'est hérissé.

Cependant, sur le dos de la plaine liquide,
S'élève à gros bouillons une montagne humide.
L'onde approche, se brise, et vomit à nos yeux,
Parmi des flots d'écume, un monstre furieux.
Son front large est armé de cornes menaçantes;
Tout son corps est couvert d'écailles jaunissantes.
Indomptable taureau, dragon impétueux,
Sa croupe se recourbe en replis tortueux;
Ses longs mugissemens font trembler le rivage.
Le ciel avec horreur voit ce monstre sauvage.
La terre s'en émeut, l'air en est infecté;
Le flot qui l'apporta recule épouvanté.
Tout fuit; et sans s'armer d'un courage inutile,
Dans le temple voisin chacun cherche un asile.
Hippolyte lui seul, digne fils d'un héros,
Arrête ses coursiers, saisit ses javelots,
Pousse au monstre; et, d'un dard lancé d'une main sûre,
Il lui fait dans le flanc une large blessure.
De rage et de douleur le monstre bondissant
Vient aux pieds des chevaux tomber en mugissant,
Se roule, et leur présente une gueule enflammée
Qui les couvre de feu, de sang et de fumée.
La frayeur les emporte; et, sourds à cette fois,
Ils ne connaissent plus ni le frein ni la voix.
En efforts impuissans leur maître se consume.
Ils rougissent le mors d'une sanglante écume.
On dit qu'on a vu même, en ce désordre affreux,
Un dieu qui d'aiguillons pressait leur flanc poudreux.
A travers les rochers la peur les précipite.
L'essieu crie et se rompt. L'intrépide Hippolyte
Voit voler en éclats tout son char fracassé.
Dans les rênes lui-même il tombe embarrassé.
Excusez ma douleur. Cette image cruelle
Sera pour moi de pleurs une source éternelle.
J'ai vu, seigneur, j'ai vu votre malheureux fils
Traîné par les chevaux que sa main a nourris.
Il veut les rappeler, et sa voix les effraie.
Ils courent. Tout son corps n'est bientôt qu'une plaie.
De nos cris douloureux la plaine retentit.
Leur fougue impétueuse enfin se ralentit.
Ils s'arrêtent non loin de ces tombeaux antiques,
Où des rois ses aïeux sont les froides reliques.
Je cours en soupirant, et sa garde me suit.
De son généreux sang la trace nous conduit.
Les rochers en sont teints. Les ronces dégouttantes
Portent de ses cheveux les dépouilles sanglantes.
J'arrive, je l'appelle; et, me tendant la main,
Il ouvre un œil mourant qu'il referme soudain.

CADMUS.

Quelle est l'origine de Cadmus? — Il était fils d'Agénor et

frère d'Europe. Après l'enlèvement de cette princesse par Jupiter, il fut chargé par son père d'aller à sa recherche. Il consulta l'oracle de Delphes, qui au lieu de le satisfaire sur sa demande, lui ordonna de bâtir une ville à l'endroit où un bœuf le conduirait. Il partit dans la résolution de parcourir le monde; et lorsqu'il arriva en Béotie, il fit un sacrifice aux dieux, et envoya ses compagnons à la fontaine de Circé pour y puiser de l'eau; mais ils furent dévorés par un dragon. Minerve, pour le consoler, lui ordonna d'aller attaquer ce monstre et de le tuer; ce qu'ayant fait, il sema les dents de ce dragon. Il en sortit des hommes tout armés, qui s'entretuèrent sur-le-champ, à la réserve de cinq qui l'aidèrent à bâtir la ville de Thèbes dans l'endroit où le conduisit le bœuf dont l'oracle lui avait parlé.

Eut-il des enfans? — Il eut quatre filles, Sémélé, Ino, Antonoé et Agavé; et il finit ses jours, changé en serpent, avec sa femme Hermione.

Quelle invention lui attribuent les Grecs? — L'invention de l'Alphabet.

CASTOR ET POLLUX.

Quelle est l'origine de Castor et Pollux? — Ils étaient fils de Léda, femme de Tyndare, et de Jupiter, qui s'était changé en cygne pour la séduire. Ils étaient frères d'Hélène femme de Ménélas, et de Clytemnestre femme d'Agamemnon.

Que raconte-t-on de Castor et Pollux? — Ils suivirent Jason dans la Colchide, pour la conquête de la Toison-d'Or, et s'aimaient si tendrement qu'ils ne se quittaient jamais. Jupiter donna l'immortalité à Pollux qui la partagea avec Castor; en sorte qu'ils vivaient et mouraient alternativement. On leur dédia plusieurs temples. Ils furent métamorphosés en astres, et placés dans le zodiaque sous le nom de Gémeaux, l'un des douze signes. On les représente ayant chacun une étoile sur la tête.

ORPHÉE.

De qui Orphée était-il fils? — D'Apollon et de la muse Calliope, d'autres disent de Clio.

Quels effets extraordinaires produisaient les accords enchanteurs de sa lyre? — Ils avaient tant de douceur, qu'ils arrêtaient le cours des fleuves les plus rapides, attiraient les animaux les plus sauvages, et donnaient la vie et le mouvement aux arbres et aux rochers.

Quelle fut l'épouse d'Orphée? — Euridice; mais le jour même de ses noces elle mourut de la piqûre d'un serpent.

Que fit Orphée dans sa douleur extrême? — Il descendit aux enfers pour la demander à Pluton et à Proserpine, et toucha tellement les divinités infernales par les accords de sa lyre, qu'elles lui rendirent son épouse, à condition qu'il ne regarderait pas derrière lui jusqu'à ce qu'il fût sorti du séjour des ténèbres.

Observa-t-il cette condition ? — Impatient de revoir Euridice, il oublia la défense, et elle disparut aussitôt.

Que fit ensuite ce tendre et malheureux époux ? — C'est en vain qu'il voulut pénétrer dans le sombre empire. Les grottes et les montagnes retentirent des accens de sa douleur et de son désespoir. La société des femmes lui devint insupportable ; il n'y trouvait plus Euridice, et elles déchiraient son âme en lui en offrant l'image. Les femmes de Thrace, jalouses et irritées de lui voir préférer la compagnie des hommes, se jetèrent sur lui et le mirent en pièces. Ainsi la mort d'une seule femme lui ravit le bonheur, et la vengeance de plusieurs lui arracha la vie.

AMPHION.

De qui Amphion était-il fils ? — De Jupiter et d'Antiope, fille de Nyctée.

Que raconte-t-on d'Amphion ? — Qu'il excellait à un tel point dans la musique, que les pierres, sensibles aux accords de sa lyre, se rangeaient d'elles-mêmes pour former les murs de Thèbes.

Quelle vérité est cachée sous le voile des deux allégories d'Orphée et d'Amphion ? — La voici : Orphée et Amphion étaient des hommes célèbres qui, par leur éloquence pathétique, persuadèrent à leurs semblables de renoncer à une vie errante et sauvage, et de bâtir des villes pour y vivre heureux en société sous la protection des lois.

DEUCALION.

De qui était fils Deucalion, roi de Thessalie ? — De Prométhée, dont il a déjà été fait mention, et de Pyrrha, fille de son oncle Épiméthée.

Qu'arriva-t-il sous le règne de ce roi ? — Les dieux, pour punir les hommes de leurs crimes, les engloutirent dans un déluge universel. Deucalion et Pyrrha en furent préservés à cause de leur équité.

Que firent-ils après le déluge ? — Ils consultèrent l'oracle de Thèbes pour repeupler la terre ; il leur conseilla de jeter les os de leur mère ; ils comprirent que la terre était leur mère, et que par les os il entendait les pierres.

Suivirent-ils ponctuellement les paroles de l'oracle ? — Oui, et ces pierres qu'ils lançaient sur la terre se changeaient, celles de Deucalion en hommes, et celles de Pyrrha en femmes.

JASON.

Quelle était l'origine de Jason ? — Il était fils d'Eson, roi d'Iolchos, et d'Alcimède.

Qu'arriva-t-il à la mort d'Eson ? — Comme Jason était extrêmement jeune, Pélias, son oncle, usurpa la couronne.

Que fit-il pour la conserver, lorsque son neveu fut en âge de régner ? — Jason ayant acquis l'âge de régner, voulut occuper le trône de son père, l'usurpateur lui persuada d'aller dans la Colchide, pour la conquête de la Toison-d'Or, dans l'espérance qu'il périrait dans l'entreprise.

Quelle est l'histoire de la Toison-d'Or ? — Les dieux avaient donné à Athamas, fils d'Eole, un bélier, dont la toison était d'or. Phryxus, fils d'Athamas, fuyant les mauvais traitemens de sa belle-mère, traversa la mer avec Hellé sa sœur sur le dos de ce bélier. Hellé, effrayée du bruit des flots, tomba dans cet endroit de la mer, qui, de son nom, fut appelé Hellespont (aujourd'hui détroit ou canal des Dardanelles).

Phryxus, arrivé seul en Colchide, sacrifia le bélier à Jupiter, et fit l'offrande de la Toison-d'Or au roi Atès, qui la consacra au dieu Mars, sous la garde d'un dragon qui dévorait tous ceux qui se présentaient pour l'enlever.

Quel fut le succès de l'expédition de Jason ? — Le bruit de cette expédition se répandit dans toute la Grèce, et tous les princes grecs voulurent partager sous ses drapeaux les périls et la gloire de cette entreprise. On les appela Argonautes, du nom de leur vaisseau nommé Argo. Avec le secours de Médée fille du roi, Jason triompha du dragon, le tua, s'empara de la Toison-d'Or, et s'enfuit avec cette princesse qu'il épousa, mais qu'il abandonna ensuite pour Créuse, fille du roi de Corinthe.

Comment la cruelle Médée se vengea-t-elle de cet affront ? — Elle lui fit présent d'une boîte d'or, d'où il sortit un feu si violent, qu'il incendia le palais, et fit périr Créuse avec Créon son père.

BELLÉROPHON.

De qui Bellérophon était-il fils ?—De Glaucus, roi d'Epire.

Qu'arriva-t-il à Bellérophon ? — Ayant tué par accident son frère à la chasse, il se réfugia chez Prœtus, roi d'Argos, dont la femme, appelée Sthénobée ou Antée, lui fit des propositions auxquelles il fut insensible. Sthénobée, piquée de cette indifférence, accusa Bellérophon auprès de son mari d'avoir voulu attenter à son honneur. Prœtus ne voulut pas violer le droit des gens, il l'envoya en Lycie avec des lettres adressées à Iobatès, père de Sthénobée, pour le faire mourir. Ce prince, dont le zèle à commettre un crime provoque l'indignation, commanda à Bellérophon de combattre, au péril de sa vie, la Chimère qui désolait la contrée.

Comment représente-t-on cet horrible monstre ? — Avec la tête d'un lion, le corps d'une chèvre, la queue d'un serpent, et vomissant des flammes.

Comment se tira-t-il de cette expédition périlleuse ? — Monté sur le cheval Pégase, il extermina ce monstre. Il triompha des Amazones.

Quelle vérité est cachée sous la fable de la Chimère ? — Ce prétendu monstre était une montagne dans la Lycie, qu'Ovide nomme *Chimerifera*. Au sommet de cette montagne était un volcan, autour duquel on voyait des lions. Il y avait au milieu des pâturages où paissaient des chèvres, et au pied beaucoup de serpens.

DÉDALE et ICARE.

Quelle est l'histoire de Dédale et d'Icare? — Dédale, Athénien, était un ouvrier si ingénieux et si adroit, qu'il faisait des statues mouvantes. Il fit mourir un de ses neveux qu'il craignait de voir un jour plus habile que lui-même, et il se réfugia en Crète, où il bâtit un fameux labyrinthe, qui, de son nom, fut appelé Dédale; Minos l'y renferma avec son fils Icare, parce qu'il favorisait Pasiphaé dans ses débauches. Ils s'attachèrent des ailes avec de la cire, pour se sauver de ce labyrinthe. Dédale recommanda bien à son fils de ne voler ni trop haut ni trop bas; mais dès qu'ils furent élevés dans les airs, ce jeune homme ne se souvint plus des leçons de son père, et s'éleva si haut, que le soleil fondit la cire de ses ailes. Il tomba dans cet endroit de la mer qu'on appela depuis mer Icarienne.

ATALANTE et HIPPOMÈNE.

Que raconte-t-on d'Atalante et d'Hippomène? — Atalante fut recherchée en mariage par plusieurs personnes; son père promit de la donner à celui qui la surpasserait à la course; elle courait d'une vitesse extraordinaire. Hippomène se présenta, et reçut de Vénus trois pommes d'or par le moyen desquelles il devait la vaincre. Il les laissa tomber à dessein, l'une après l'autre, dans la course, afin d'arrêter par l'appât de l'or la célérité d'Atalante; elle voulut les ramasser, Hippomène la devança, fut son vainqueur et son époux.

CÉYX et ALCIONE.

Céyx fit un voyage pour consulter l'oracle, mais en revenant il fit naufrage : Alcione, son épouse, n'avait cessé pendant son absence d'adresser des prières à Junon pour obtenir l'heureux retour de ce qu'elle avait de plus cher au monde.

La reine des dieux lui envoya Morphée pour lui annoncer que l'infortuné Céyx avait été la proie des flots. A cette nouvelle, elle court vers le bord de la mer au même endroit où elle avait reçu ses tendres adieux. A peine eut-elle aperçu son corps flotter sur les ondes, qu'elle se précipita dans la mer. Les dieux ne voulurent pas laisser sans récompense le comble de l'amour conjugal, et, pour inspirer une amitié inaltérable aux personnes engagées sous les lois de l'hymen, ils les changèrent en Alcyons, oiseaux dont le couple fidèle ne se sépare jamais.

GUERRE DE TROIE.

Quelles furent les causes de la Guerre de Troie? — Le jugement de Pâris et l'enlèvement d'Hélène.

Que fit la Grèce après l'enlèvement d'Hélène, la plus belle femme de son temps? — Elle prit les armes pour venger l'insulte que Pâris avait faite à Ménélas, qui lui avait donné l'hospitalité. Vénus, Mars et Apollon se déclarèrent en faveur des Troyens; Junon, Minerve, Neptune et Vulcain protégèrent les Grecs.

Quels étaient les principaux chefs de la Grèce ? — Agamemnon, roi de Mycènes, frère de Ménélas, et généralissime de l'armée grecque ; Achille, les deux Ajax, Nestor, Idoménée, Ulysse, Diomède, Philoctète, Patrocle, Pyrrhus fils d'Achille.

Quels étaient les principaux chefs des Troyens ? — Hector, Pâris, Enée, Memnon, Sarpédon, Rhésus et Penthésilée, reine des Amazones.

Quels furent les plus vaillans guerriers de part et d'autre ? — Achille et les deux Ajax du côté des Grecs, et Hector chez les Troyens.

Quel stratagême employèrent les Grecs pour surprendre les Troyens et s'emparer de leur ville ? — Ils feignirent d'être fatigués d'une si longue expédition, et, après avoir obtenu la permission de se retirer tranquillement, ils laissèrent sur le champ de bataille un immense cheval de bois qui avait été construit par le conseil de Pallas, et firent circuler et accréditer le bruit que c'était une offrande aux dieux du pays. Les Troyens, trompés par le transfuge Simon, firent une brèche au mur pour introduire ce cheval dans la ville ; et ils s'abandonnèrent aux transports d'une folle joie. Pendant que toute la ville était plongée dans le sommeil, les flancs du cheval s'ouvrirent au signal donné par le perfide Simon, et il en sortit cinquante guerriers sous la conduite d'Ulysse, qui fit avancer les Grecs placés en embuscade hors de la ville. Ils entrèrent par la brèche qu'on avait faite aux murs, et mirent tout à feu et à sang.

HÉROS DE LA GUERRE DE TROIE.

Quel fut le sort d'Agamemnon ? — Agamemnon ne fut pas plus tôt arrivé dans ses états qu'il fut assassiné par Égiste que Clytemnestre avait épousé pendant son absence. Oreste, devenu grand, poignarda Clytemnestre, sa mère, et fut le meurtrier de son père, à la sollicitation d'Electre sa sœur.

Quelle était l'origine d'Achille ? — Il était fils de Pélée, roi de Thessalie, et de Thétis, déesse de l'Océan. Calchas, fameux devin, prédit qu'Achille périrait au siège de Troie, et que sans lui l'on ne prendrait jamais cette ville. Sa mère l'envoya à la cour de Lycomède, dans l'île de Scyros, où elle le tint caché, habillé en fille, sous le nom de Pyrrha. Il se fit connaître à Déïdamie, fille de ce prince, l'épousa et en eut un fils nommé Pyrrhus. Le lieu de sa retraite fut découvert par Calchas. Les Grecs envoyèrent à la cour de Lycomède Ulysse qui découvrit Achille, et l'emmena au siège de Troie.

Comment périt Achille ? — Au moment où il allait épouser une fille de Priam, Polixène, dont il était épris, Pâris lui décocha une flèche au talon, et le premier héros de la Grèce mourut de cette blessure.

Quelle était l'origine d'Idoménée ? — Il était roi de Crète et petit-fils de Minos. En revenant dans ses états il essuya une tempête affreuse et fit vœu, s'il échappait au péril, d'immoler le premier objet qui s'offrirait à ses yeux. En abordant sur les côtes de Crète, ce fut son propre fils ; il se repentit de son vœu que cependant il accomplit. Ce sacrifice fut suivi d'une peste si cruelle que ses sujets indignés le chassèrent. Il alla ensuite fonder un nouvel empire, et rendit son peuple plus heureux.

De qui Ulysse était-il fils? — Ulysse, roi d'Ithaque, si renommé par sa sagesse, était fils de Laërte. Il épousa Pénélope.

Quelles furent ses principales aventures? — Après la prise de Troie, il mit à la voile pour retourner dans ses états; mais sans expérience dans l'art de la navigation, il fit naufrage et erra pendant dix ans sur la mer, avant de revoir Ithaque.

Qu'arriva-t-il dans ses états pendant sa présence au siége de Troie? — Pénélope, regardée comme la femme la plus vertueuse de l'antiquité fabuleuse, ne put se résoudre à former de nouveaux nœuds, quoiqu'on ne crût plus à l'existence d'Ulysse, et qu'elle fût sans cesse assiégée par les importunités de plusieurs princes qui voulaient l'épouser. La plus grande confusion régnait à Ithaque, et Télémaque, fils d'Ulysse et de Pénélope, était trop jeune pour pouvoir gouverner. Ulysse à son retour rétablit la tranquillité, et tua ceux qui s'étaient livrés dans son palais à toutes sortes d'excès. Après plusieurs années d'un règne paisible, il abdiqua en faveur de Télémaque. L'oracle avait prédit qu'il mourrait de la main de son fils; en effet il fut tué par un fils qu'il avait eu de Circé.

Que raconte-t-on de Diomède? — Diomède, roi d'Etolie, fils de Tydée, était le plus vaillant des Grecs après Achille et Ajax. Il blessa Mars et Vénus au siège de Troie. Les excès d'Egialé sa femme lui firent abandonner l'Etolie; il se retira en Italie où il fut tué, dit-on, par Enée.

Quelles sont les aventures de Philoctète? — Hercule en mourant lui ordonna, sous la condition du secret, d'enfermer ses flèches dans sa tombe; il lui fit présent de ses armes teintes du sang de l'Hydre. Les Grecs, qui ne pouvaient prendre Troie sans les flèches d'Hercule, s'adressèrent à Philoctète. Croyant ne pas être parjure en gardant le silence, il frappa du pied sur le tombeau où elles étaient enfermées, et fut puni d'avoir violé son serment. Lorsqu'il se fut embarqué, il fut blessé par une flèche qu'il laissa tomber sur le pied même dont il avait frappé la terre. Les Grecs, ne pouvant soutenir l'infection de sa plaie, l'abandonnèrent dans l'île de Lemnos. Ils eurent ensuite besoin de Philoctète, qui, indigné de leur ingratitude et plein de ressentiment, eut bien de la peine à céder à leurs sollicitations pour se rendre au siège de Troie.

Que dit-on de Patrocle? — Il était lié d'une étroite amitié avec Achille. Pendant la mésintelligence entre Agamemnon et le fils de Thétis, Patrocle se couvrit des armes et des habits d'Achille qui s'était retiré dans sa tente pour ne plus combattre, jeta la terreur dans le camp des Troyens, et fut tué par Hector. Achille reprit aussitôt les armes pour venger son ami.

De qui Hector était-il fils? — Il était fils de Priam et d'Hécube, et mari d'Andromaque dont il eut Astyanax.

Quels furent les exploits et la fin malheureuse de ce prince?

— Il commandait l'armée des Troyens ; il fit des prodiges de valeur, et plus d'une fois il fit trembler le plus intrépide des Grecs. Après la mort de Patrocle, Achille, furieux, vola aux combats, battit les Troyens, tua Hector, l'attacha par les pieds à son char, et traîna trois fois son corps autour des murailles de Troie. Achille, pour obéir à a mère, rendit le corps d'Hector au malheureux Priam, qui lui en fit la demande fondant en larmes à ses genoux.

Quelle est l'histoire d'Énée ? — Enée, fils d'Anchise et de énus, se signala par sa valeur au siége de Troie, combattit Diomède et Achille, et échappa au sac de cette malheureuse ville.

Quelle preuve donna-t-il de sa piété filiale ? — Lorsque les Grecs eurent mis le feu à la ville de Troie, il chargea sur ses épaules le vieux Anchise son père, prit son fils Ascagne par la main, et, à travers les plus grands dangers, les arracha à la fureur des flammes. Mais il eut à déplorer la perte de Créuse son épouse.

Que devint ensuite Enée ? — Après avoir erré long-temp sur la mer et essuyé plusieurs tempêtes, il aborda à Carthage, et de là en Sicile, où il perdit Anchise à qui il érigea un tombeau magnifique. Après avoir été long-temps le jouet des vents, il débarqua en Italie et y fonda un petit état que les Romains ont regardé comme le berceau de leur empire. On dit qu'il fut tué dans une bataille contre les Etrusques, et que Vénus enleva son corps au ciel malgré Junon, qui avait été cause de tous les malheurs de ce prince troyen

FIN DE LA MYTHOLOGIE.

MÉTAMORPHOSES D'OVIDE.

LIVRE Ier. — FABLE Ire. *Du Chaos*.

Le Chaos est un personnage allégorique représentant cette masse informe ou grossière, ou plutôt les élémens confondus les uns dans les autres tels qu'ils étaient avant la création.

EXPLICATION. — Cette fable est tirée mot à mot de l'Écriture-Sainte, chapitre Ier. de la Genèse.

FABLE II. *De la formation de l'Homme*.

Après la séparation des élémens, Prométhée, fils de Japhet, forma un homme à la ressemblance des dieux, et lui donna la vie avec un flambeau qu'il avait allumé aux rayons du soleil par le conseil de Minerve : Jupiter, irrité de ce larcin, commanda à Mercure de l'attacher sur le Mont-Caucase, où un aigle lui rongea le foie sans le faire mourir.

EXPLICATION. — Prométhée est un mot grec qui signifie *très-prudent*. Ovide a peut-être tiré cette fable de l'Ecriture, où il est dit que Dieu fit l'homme à son image. (Genèse, ch. Ier.)

Seconde Partie. 5

FABLE III. *Des quatre Siècles.*

La différence dans les mœurs de l'homme a été cause de la distinction des quatre siècles. Le premier s'appelle l'âge d'or, parce que l'innocence régnait alors et que la terre produisait des fruits sans culture. Le second, l'âge d'argent, parce que l'homme, déchu de sa pureté, fut réduit à se vêtir, à bâtir des maisons et à cultiver la terre. Le troisième, l'âge d'airain où le libertinage et la trahison commencèrent à paraître. Le quatrième est appelé l'âge de fer, parce qu'on commit alors tous les crimes. — EXPLICATION. Cette fable montre l'innocence de l'homme à sa création, et combien il a dégénéré; elle a du rapport avec la statue que Nabuchodonosor vit en songe, dont la tête était d'or, la poitrine d'argent, les cuisses d'airain, et les jambes de fer. (Daniel, chapitre II.)

FABLE IV. *Des quatre Saisons.*

Le siècle d'or commença lorsque Saturne eut été chassé du ciel par Jupiter, qui divisa l'année en quatre saisons, le printemps, l'été, l'automne et l'hiver.

EXPLICATION. — On croit que Jupiter était un roi d'Egypte, qui remarqua le premier la diversité, la durée des saisons, et leur donna le nom qu'elles portent.

FABLE V. *Des Géans.*

Les Géans, enfans de Titan, entassèrent plusieurs montagnes les unes sur les autres pour escalader le ciel; ils furent foudroyés par Jupiter, et il naquit de leur sang des hommes aussi méchans que leurs pères.

EXPLICATION. — La guerre des Titans contre Jupiter a beaucoup d'analogie avec la révolte des anges contre l'Etre-Suprême. L'entassement des montagnes nous peint l'orgueil, l'audace et l'ambition de ces esprits malfaisans.

FABLE VI. *De Lycaon changé en Loup.*

Lycaon, prince d'Arcadie, né du sang des Géans, était si cruel qu'il faisait mourir tous ceux qui allaient loger dans son palais. Jupiter y alla lui-même sous la figure d'un homme, et voyant qu'on lui servait de la chair humaine, il foudroya la maison de ce tyran, et le changea en loup. — EXPL. La fable de Lycaon apprend aux princes qu'ils ne doivent point violer l'hospitalité ni la justice: elle a beaucoup de rapport avec l'histoire de Nabuchodonosor qui fut changé en bête.

FABLE VII. *Du Déluge universel.*

Jupiter, voyant la corruption générale des hommes, les extermina tous par un déluge universel; excepté Deucalion et Pyrrha, parce qu'ils avaient gardé la justice et leur innocence.

EXPLICATION. — C'est ici une imitation du déluge universel. (Genèse, chapitre VII.) Ovide s'en sert pour prouver qu'il est avantageux d'observer les lois, et que par ce moyen on se préserve du péché et des châtimens qu'il attire.

FABLE VIII. *Manière dont le monde fut peuplé après le Déluge.*

Deucalion, fils de Prométhée, et Pyrrha sa femme, échappés au déluge, allèrent dans le temple de Thémis la prier de leur donner quelque moyen pour repeupler le monde : cette déesse leur ordonna de jeter derrière eux les os de leur mère; ceux que Deucalion jeta furent changés en hommes, et ceux de Pyrrha, en femmes. — EXPL. Les os de la mère de Deucalion sont les pierres, qui sont comme les os de la terre notre commune mère; Thémis, en grec, veut dire licite. Cette fable est tirée des Livres de Moïse, où il est dit qu'après le déluge Noé fit des sacrifices, et repeupla la terre.

FABLE IX. *Du Serpent Python.*

Quand les eaux du déluge se furent écoulées, il naquit du limon de la terre un serpent nommé Python, qu'Apollon tua à coups de flèches, et qui fut pour cette raison surnommé Pythien. On institua aussi des jeux et des combats Pythiens pour honorer la mémoire d'une action si héroïque.

EXPL. — L'humidité qui resta après le déluge causait beaucoup d'exhalaisons nuisibles à la santé; le soleil, qui est Apollon, selon la fable, les dissipa avec ses rayons; et c'est pour cela qu'on dit qu'il tua Python, qui, en grec, signifie pourriture.

FABLE X. *Amour d'Apollon pour Daphné.*

Apollon, fils de Jupiter et de Latone, tout glorieux de la défaite du serpent, osa se moquer des traits de Cupidon : ce dieu, pour se venger, lui tira une flèche et le rendit amoureux de Daphné, fille de Pénée, fleuve de Thessalie : en même temps il en décocha une autre à Daphné, qui lui inspira de l'aversion pour Apollon. ce dieu, ne pouvant se faire aimer de cette nymphe par la douceur, voulut employer la violence; mais comme il la poursuivait, elle implora le secours de son père qui la changea en laurier. C'est un arbre dédié à Apollon, dont on fait des couronnes pour les vainqueurs.

EXPLICATION. — Daphné, quoiqu'aimée par le plus beau des dieux, ne laissa pas de lui résister; et l'on feint qu'elle fut changée en laurier pour apprendre à son sexe que la chasteté est récompensée d'une gloire immortelle.

FABLE XI. *Amours de Jupiter et d'Io.*

Jupiter devenu amoureux de la belle Io, fille du fleuve Inachus, la changea en vache pour cacher à Junon l'amour qu'il avait pour elle : mais la déesse découvrit sa passion, et lui demanda cette vache : l'ayant obtenue, elle la fit garder par Argus, qui avait cent yeux : Mercure l'endormit avec sa flûte, et lui coupa la tête. Junon mit ensuite les yeux d'Argus sur la queue de son paon, et rendit furieuse cette vache, qui après avoir couru toute la terre, s'arrêta enfin en Egypte où Jupiter lui redonna sa première forme, et la fit adorer sous le nom d'Isis. — EXPL. Ovide, après nous avoir donné un exemple de chasteté, nous en offre un autre tout différent. Io n'a pas plus tôt consenti aux désirs honteux de Jupiter, qu'elle est changée en vache, pour nous apprendre que l'impureté rend les hommes semblables aux bêtes.

FABLE XII. *Du dieu Pan et de Syrinx.*

Syrinx était la plus belle des naïades de son temps ; elle fut aimée des satyres, et résista toujours à leurs désirs ; le dieu Pan en devint amoureux, et la poursuivit jusqu'au fleuve Ladon où elle fut changée en un roseau, dont ce dieu des bergers se servit pour inventer la flûte.

EXPLICATION. — Cette fable est purement historique ; car ce Pan est l'inventeur de la flûte, qu'on appelle syrinx en grec : on feint que le roseau dont Pan se servait, était la fille de Ladon, parce qu'il la prit au bord d'un fleuve qui porte ce nom.

LIVRE II. — FABLE Ire. *Chute de Phaéton.*

Phaéton, fils de Clymène et du Soleil, obtint du dieu son père la permission de conduire son char. Phébus lui prescrivit la route qu'il devait tenir ; mais les coursiers impétueux ne connaissant plus la main qui les guidait, s'élancèrent hors des bornes de leur course ordinaire, de sorte que, suivant qu'ils s'approchaient ou s'éloignaient, ils incendiaient le ciel ou la terre. Jupiter, pour mettre un terme à tant de maux, foudroya le présomptueux Phaéton, qui tomba dans la mer à l'embouchure de l'Éridan (aujourd'hui le Pô). — EXPL. Sous le règne d'un roi d'Italie, nommé Phaéton, il arriva près du Pô un incendie qui a donné lieu à cette fable dont on se sert pour avertir les jeunes gens de ne rien entreprendre au-dessus de leurs forces, et qu'il y a plus de gloire à exécuter un projet ordinaire, en suivant les avis d'un homme expérimenté, qu'à former de vastes desseins dont on ne peut venir à bout.

FABLE II. *Des Sœurs de Phaéton.*

Phaétuse, Lampétie et Phébès, sœurs de Phaéton, affligées de la mort de leur frère, allèrent le chercher au bord du Pô, où les nymphes de ce fleuve l'avaient enseveli ; elles pleurèrent pendant quatre mois sur son tombeau, et les dieux, touchés de leur douleur, les changèrent en peupliers et leurs larmes en ambre. — EXPL. Il faut, à l'exemple des Héliades, sœurs de Phaéton, s'affliger de quelque accident fâcheux pour nos parens ; mais avec cette différence que la vertu doit nous servir à modérer notre douleur.

FABLE III. *Le Cygne, ami de Phaéton.*

Cygne, roi de Ligurie, allié et ami de Phaéton, fut si fort affligé de la mort de ce jeune prince, et déplora son sort avec une voix si mélodieuse, qu'il fut changé en l'oiseau qui porte son nom. — EXPL. Cygne était en effet roi de Ligurie (pays de Gênes), et aimait si fort la musique, qu'on a feint qu'il avait été métamorphosé en cygne, oiseau consacré à la musique, quoique personne ne l'ait entendu chanter.

FABLE IV. *De Calisto changée en Ourse.*

Lorsque Jupiter descendit sur la terre pour éteindre le feu que le char du Soleil y avait allumé, il fut épris de la nymphe Calisto. Junon, ayant découvert cette intrigue, changea en ourse cette fille de Lycaon : long-temps après son fils Arcas la rencontra à la chasse ; et comme il était sur le point de la tuer,

Jupiter le métamorphosa en ours, et les mit tous deux dans le ciel, sous la figure de la grande et de la petite Ourse.

EXPLICATION. — Calisto, qui signifie en grec *très-belle*, fut changée en ourse pour nous apprendre sans doute qu'une fille perd sa véritable beauté quand elle perd sa chasteté.

FABLE V. *Du Corbeau.*

Le corbeau était autrefois l'oiseau d'Apollon, et avait le plumage blanc; mais ayant découvert à ce dieu l'infidélité de la belle Coronis, il fut si irrité de cette nouvelle, qu'il tua sur-le-champ cette nymphe; elle était alors enceinte d'Esculape, dieu de la Médecine. Apollon eut ensuite tant de regret d'avoir tué cette nymphe, qu'il noircit entièrement le corbeau pour le punir de son rapport indiscret. — EXPL. Le corbeau perdit sa blancheur, et devint un oiseau de mauvais augure pour avoir averti Apollon de l'infidélité de Coronis; ce qui nous montre évidemment que nous devons éviter l'occasion d'annoncer de fâcheuses nouvelles, si nous ne voulons encourir la disgrâce de ceux à qui nous les portons.

FABLE VI. *De Coronis changée en Corneille.*

Coronis, fille de Coronée, roi de la Phocide, fut aimée de Neptune, et ne voulut point l'écouter; ce dieu la poursuivit; mais comme il était sur le point de l'attraper, elle implora le secours de Minerve, qui la changea en corneille, et la prit en sa protection. Cette déesse avait mis Ericthon, fils de Vulcain, dans une corbeille qu'elle donna en garde aux trois filles de Cécrops, et leur défendit de regarder ce qui était dedans: leur curiosité les porta à le voir, et elles trouvèrent un petit enfant, dont la partie inférieure était de dragon. La corneille, qui avait vu ce qui s'était passé du haut d'un chêne, en avertit Minerve, qui lui retira ses bonnes grâces et mit à sa place le hibou. — EXPL. Cette fable a été inventée pour nous apprendre à garder le secret, et à ne rien dire aux grands seigneurs qu'ils ne soient bien aises de savoir.

FABLE VII. *Ocyroé changée en Jument.*

Ocyroé, fille du centaure Chiron, ne se contentant pas de savoir la médecine que son père lui avait enseignée, voulut encore se mêler de prédire l'avenir; Jupiter, pour la punir de son orgueilleuse curiosité, la changea en jument. On dit que Chiron, excellent écuyer, ayant laissé tomber sur son pied une flèche d'Hercule, elle lui fit une blessure incurable: les dieux l'enlevèrent au ciel, où il est le signe du Sagittaire.

EXPLICATION. — Ocyroé est changée en jument pour avoir voulu s'élever au-dessus de son état: les centaures sont les premiers qui ont dompté les chevaux, et c'est pour cette raison qu'on les représente moitié hommes et moitié chevaux.

FABLE VIII. *De Battus changé en Pierre de touche.*

Apollon, gardant les troupeaux du roi Admète, prit tant de plaisir à jouer de sa flûte, qu'il les laissa égarer. Mercure les cacha dans un bois où personne ne les vit entrer, excepté Battus, qui promit de garder le secret moyennant la plus belle vache du troupeau; mais Mercure s'étant présenté à lui sous une autre forme, il lui révéla tout ce qui s'était passé, et ce dieu irrité le changea en pierre de touche, pour le punir de son indiscrétion. — EXPL. La pierre de touche a la propriété de faire connaître les métaux; et Mercure changea ainsi Battus pour nous faire entendre que ceux qui ne savent pas garder le secret, sont comme la pierre de touche, et que nous ne devons jamais leur découvrir nos pensées, si nous ne voulons pas qu'elles soient connues de tout le monde.

FABLE IX. *D'Aglaure changée en Statue de pierre.*

Mercure étant devenu amoureux d'Hersé, fille de Cécrops, et sœur d'Aglaure, gagna cette dernière pour s'insinuer dans les bonnes grâces d'Hersé; cette fille intéressée lui promit de le servir moyennant une somme d'argent: Pallas fut tellement irritée d'une avarice si sordide, et de ce qu'elle avait auparavant ouvert la corbeille d'Ericthon, qu'elle commanda à l'Envie de la rendre jalouse de sa sœur Hersé, qu'elle changea en statue de pierre pour s'opposer aux désirs de Mercure. — EXPL. Le dessein du poète est de nous faire voir dans cette fable que l'avarice peut inspirer les choses du monde les plus honteuses, comme la promesse qu'Aglaure fit à Mercure; pour punir Aglaure, Pallas commanda à l'Envie de la rendre jalouse, parce que cette passion cause les plus cruels tourmens.

FABLE X. *De Jupiter amoureux d'Europe.*

Jupiter étant amoureux de la belle Europe, se changea en taureau, l'emporta à la nage sur son dos jusques dans l'île de Crète, où il reprit sa première forme et contenta sa passion; il en eut deux enfans, qui sont Minos et Rhadamanthe; ils furent faits juges des enfers, parce qu'ils avaient donné sur la terre des marques d'une grande équité. — EXPLICATION. Quelques habitans de Candie enlevèrent Europe, fille d'Agénor, roi de Phénicie, dans un vaisseau sur la proue duquel on avait représenté un taureau, et la donnèrent à leur roi, qui était un homme lascif. Ovide a fait une fable de cette histoire, pour reprocher aux princes les bassesses où l'amour les porte très-souvent, quand ils s'abandonnent à cette passion.

LIVRE III. — FABLE Ire. *De Cadmus.*

Agénor envoya ses enfans chercher Europe, et leur recommanda de ne point revenir sans la ramener. L'un des deux, nommé Cadmus, ne pouvant la trouver, consulta l'oracle d'Apollon pour savoir quel parti il devait prendre: les dieux lui ordonnèrent de suivre la première vache qu'il trouverait au sortir du temple, et de demeurer au lieu où elle le conduirait; ses compagnons y furent dévorés par un dragon; mais Cadmus tua le dragon, et sema ses dents par le conseil de Minerve; il en naquit des hommes armés, qui s'entretuèrent les uns les autres; il n'en resta que cinq qui lui aidèrent à bâtir la ville de Thèbes.

EXPLICATION. — On voit dans cette fable le portrait de plusieurs pères qui favorisent les enfans qui leur plaisent le plus, au préjudice des autres. Agénor regrette trop sa fille Europe, et se prive trop facilement de ses autres enfans pour la trouver.

Fable II. *D'Actéon changé en Cerf.*

Actéon, fils d'Aristée et d'Autonoë, petit-fils de Cadmus, était un chasseur qui fut métamorphosé en cerf pour avoir regardé Diane dans le bain. Ses chiens qui ne le connaissaient plus, le déchirèrent; le premier qui le mordit s'appelait Mélampe. — Explication. Cette fable nous apprend aussi que nous ne devons point paraître devant les personnes chastes, lorsqu'elles ne sont point en état d'être vues.

Fable III. *De Semelé.*

Semelé, fille de Cadmus et d'Hermione, à la persuasion de Junon, demanda à Jupiter qu'il vînt la voir avec tout l'appareil de sa gloire : elle l'obtint ; mais dès qu'il parut, la foudre embrasa le palais de Semelé, qui, étant enceinte de Bacchus, périt dans les flammes. Jupiter, pour sauver l'enfant, l'enferma dans sa cuisse, où il le garda jusqu'au terme révolu de sa naissance. Ino, sa tante, eut soin de lui pendant qu'il était au berceau. — Explication. Nous voyons, à l'exemple de Junon, que les femmes jalouses mettent tout en usage pour se venger de leurs rivales.

Fable IV. *De la nymphe Echo.*

La nymphe Echo amusait autrefois Junon par ses discours agréables, et l'empêchait ainsi de surprendre Jupiter. Cette déesse s'étant aperçue de son artifice, lui ôta l'usage de la parole ; depuis elle ne parle qu'après les autres, et ne prononce que les dernières syllabes des mots. Elle aima Narcisse sans pouvoir s'en faire aimer, ce qui l'obligea de se retirer dans les forêts où elle sécha de douleur, et ses os furent changés en pierres. — Explication. Cette fable nous enseigne à ne jamais favoriser de mauvaises actions. La nymphe Echo, en perdant la parole, fut punie par l'endroit le plus sensible aux femmes. On a feint qu'elle s'était retirée dans les bois, parce qu'ordinairement il y a des cavités où se forment les échos.

Fable V. *De Narcisse changé en Fleur.*

Narcisse, fils de Lyriope et du fleuve Céphise, était parfaitement beau et fort aimé de plusieurs nymphes. Tirésias prédit à la mère de ce jeune homme qu'il serait malheureux s'il venait à se connaître. Narcisse étant allé à la chasse, se vit dans une fontaine ; et charmé de sa beauté, il devint tellement amoureux de lui-même, qu'après s'être long-temps admiré il en mourut, et fut changé en une fleur qui porte son nom.

Explication. — On voit beaucoup de Narcisses qui ont si bonne opinion d'eux-mêmes, qu'ils ne croient pas que personne puisse les surpasser en bonnes qualités, ce qui est souvent la cause de leur perte. Narcisse est changé en fleur pour apprendre aux jeunes gens que la beauté, comme la fleur, ne dure qu'un moment.

Fable VI. *De Bacchus et de Penthée.*

Quoique Tirésias se fût acquis beaucoup de réputation pour

avoir prédit l'aventure de Narcisse, Penthée, fils d'Echion, ne laissa pas de se moquer de ses prédictions, et d'empêcher ses gens d'aller au-devant de Bacchus et d'honorer les fêtes de ce dieu; il commanda au contraire qu'on l'amenât lié devant lui : Bacchus y consentit sous la forme d'Acète, qui était un de ses compagnons.

EXPLICATION. — Penthée, roi de Thèbes, voulut empêcher l'ivrognerie dans son royaume : quoiqu'on lui eût prédit que cette défense lui attirerait la haine de ses sujets, il ne laissa pas de faire tous ses efforts pour détruire un vice si détestable.

FABLE VII. *Des Mariniers en Dauphins.*

Le dieu du vin, sous la forme d'Acète, est mené devant Penthée à qui il raconte comment ses mariniers trouvèrent endormi, près d'une fontaine dans l'île de Chio, Bacchus, jeune enfant d'une beauté particulière, et le mirent dans leur vaisseau, lui promettant avec serment de le mener à Naxos comme il le souhaitait; mais les mariniers ayant voulu faire voile d'un autre côté, il les changea en dauphins.

EXPLICATION. — Le dauphin est un poisson de mer, ami de l'homme, qui aborde et suit les vaisseaux qu'il aperçoit : c'est ce qui a donné lieu à Ovide de dire que les mariniers d'Acète furent changés en dauphins pour avoir voulu trahir Bacchus.

FABLE VIII. *De Penthée déchiré.*

Lorsque Bacchus, sous la forme d'Acète, racontait les prodiges du dieu du Vin, Penthée le fit mettre en prison; mais il en sortit sans que personne le vît. Pour se venger de Penthée, il inspira à sa mère et à ses tantes une si grande fureur, qu'elles déchirèrent cruellement ce prince. — EXPL. On représente Bacchus avec des tigres, parce que c'est l'effet du vin de le rendre furieux quand on en boit avec excès. Penthée est déchiré impitoyablement par sa mère et ses tantes, pour nous faire connaître qu'un homme ivre est capable des dernières cruautés, et qu'il devient féroce en perdant la raison.

LIVRE IV. — FABLE Ire. *Des Minéides.*

Alcithoé et ses sœurs, filles de Minée, ne furent point touchées de la punition de Penthée; elles se moquèrent de Bacchus au lieu d'en célébrer la fête; elles travaillèrent, à leur ordinaire, à filer et faire de la toile : elles racontèrent, pour se désennuyer, la fable de Dercette changée en poisson, celle de Sémiramis en colombe, et celle de Naïs aussi en poisson; elles n'eurent pas plus tôt achevé qu'elles furent elles-mêmes changées en chauve-souris, et leurs toiles en lierre.

EXPLICATION. — L'instruction que nous devons tirer de cette fable, est qu'il n'est pas permis de se moquer des fêtes qu'on doit célébrer en l'honneur de la divinité.

FABLE II. *De Pyrame et Thisbé.*

Pyrame et Thisbé étaient voisins et s'aimaient tendrement, malgré les défenses de leurs parens : s'étant donné rendez-vous hors de la ville de Babylone, près d'un mûrier au pied duquel était le tombeau de Ninus, Thisbé y arriva la première, et ayant aperçu une lionne, elle se sauva tout effrayée, et laissa par mégarde tomber son voile que la lionne mordit et ensanglanta. Bientôt après Pyrame arriva au même lieu et trouva ce voile; ne doutant pas que Thisbé n'eût été dévorée, il se perça le sein de son épée : Thisbé survint comme il expirait, et saisissant son épée, elle se donna la mort. Depuis ce temps-là les mûres, qui étaient blanches, sont devenues rouges.

EXPLICATION. — Cette fable apprend aux jeunes gens à ne rien entreprendre contre le gré de leurs parens; elle fait voir aussi que les pères sont souvent cause de la perte de leurs enfans, lorsqu'ils s'opposent mal à propos à leurs inclinations.

FABLE III. *Leucothoé et Clytie.*

Le Soleil devint amoureux de Leucothoé, fille d'Orchame roi de Babylone, et de la belle Eurymone. Clytie, sœur de Leucothoé, qui aimait le Soleil, en conçut de la jalousie, et découvrit à son père le commerce de Leucothoé, dont Orchame fut si irrité qu'il l'a fit enterrer toute vive, sans que le Soleil pût la secourir : le Soleil la changea en l'arbre qui porte l'encens, et Clytie fut métamorphosée en une fleur qui se tourne toujours du côté du Soleil; c'est pour cela qu'on l'appelle tournesol, ou héliotrope. — EXPLICATION. Parce que l'arbre de l'encens ne vient que dans les pays chauds, on a feint que le Soleil avait aimé Leucothoé, et qu'il la changea en cet arbre; on a dit de même que l'Héliotrope avait été une nymphe qui aimait Apollon, parce qu'on voit que cette fleur se tourne souvent du côté du Soleil, qu'on appelle Apollon dans la fable.

FABLE IV. *D'Ino et de Mélicerte.*

Junon avait une si grande haine contre Ino, fille de Cadmus, à cause d'Europe, qu'elle descendit aux enfers pour y trouver quelqu'un qui la vengeât; Tysiphone, une des furies, pour satisfaire cette déesse, inspira tant de fureur à Athamas, mari d'Ino, qu'il arracha des mains de sa femme son fils Léarque, et l'écrasa contre une muraille. Ino en fut si outrée, qu'elle se précipita dans la mer avec Mélicerte, son autre fils; ils furent changés en dieux marins à la prière de Vénus; Mélicerte fut nommé Palémont, et Ino Leucothoé.

EXPLICATION. — Junon était si vindicative, qu'elle tourmentait tous les parens d'Europe; il y a beaucoup de gens qui en font de même, et qui exercent leur vengeance contre les amis de ceux qu'ils haïssent, sans qu'ils en aient été offensés.

FABLE V. *Description des Enfers.*

On représente les enfers dans un lieu sombre et plein de feu. Pluton en est le roi : il y a trois juges, qui sont Minos, Éaque et Rhadamanthe, et trois Furies, Mégère, Tisiphone et Alecton, qui ont des serpens pour cheveux, et une torche à la main. Caron, dans sa barque, passe les âmes des morts sur l'Achéron, le Styx et le Cocyte : le chien Cerbère est le portier de l'enfer. Les trois Parques Clothon, Lachésis à Atropos y filent la vie des hommes. Clothon tient la quenouille, Lachésis le fuseau, Atropos coupe le fil de leurs jours. On y voit Tytie, à qui

5.

un vautour déchire et ronge les entrailles; Tantale est au milieu des eaux, sans qu'il en puisse boire, et ne peut manger les fruits qui pendent sur sa tête, en punition de ce qu'il servit aux dieux le corps de son fils Pélops. Sysiphe, pour avoir trahi les amours de Jupiter, y roule une grosse pierre qui tombe au pied de la montagne autant de fois qu'il la porte au sommet. Ixion, pour avoir attenté à l'honneur de Junon, y est attaché à une roue qui tourne sans cesse. On y voit encore les cinquante Danaïdes, filles du roi Danaüs, qui s'efforcent inutilement de remplir d'eau une cuve percée. On y ajoute aussi les Champs-Elysées, où sont les âmes des héros et de ceux qui ont observé la justice. — EXPLICATION. Les poètes ont fait une description des enfers pour nous faire voir qu'après cette vie les méchans seront punis de leurs crimes, et pour nous obliger à vivre selon l'équité, par la crainte des châtimens.

FABLE VI. *Cadmus et Hermione changés en Dragons.*
Cadmus, persécuté par Junon, sortit de la ville de Thèbes qu'il avait fondée, et s'en alla dans l'Illyrie avec Hermione sa femme : il attribuait la cause de ses malheurs au serpent qu'il avait tué; ce qui l'obligea à prier les dieux de le convertir en dragon; sa femme souhaita le même changement, et ils obtinrent tous deux leur demande. — EXPLICATION. Lorsque la fable a changé Cadmus en serpent, le symbole de la Prudence, elle a voulu nous apprendre que ce prince était devenu sage pour avoir essuyé beaucoup de traverses.

FABLE VII. *De Jupiter et Danaé.*
Acrysius, roi d'Argos, ayant appris qu'il devait mourir de la main d'un enfant qui naîtrait de sa fille Danaé, la fit enfermer dans une tour d'airain, afin d'éviter, par ce moyen, le malheur dont l'oracle le menaçait; mais sa précaution fut inutile; car Jupiter se changea en pluie d'or pour entrer dans cette tour, et il eut de Danaé un fils nommé Persée.

EXPLICATION. — Jupiter aimait Danaé qui était enfermée dans une tour; il donna de l'argent aux gardes pour le laisser entrer. Ovide a fait une fable de cette histoire, pour nous montrer qu'une clef d'or ouvre toutes les portes.

FABLE VIII. *De Persée et de Méduse.*
Méduse, fille de Phorcus et de Céro, était l'aînée des trois Gorgones, elle changeait en pierres tous ceux qui la voyaient. Neptune en devint épris et la poursuivit dans le temple de Minerve : cette déesse en fut si irritée, qu'elle changea les cheveux de Méduse en serpens. Persée lui coupa la tête avec l'épée que Mercure lui avait donnée. Il naquit de son sang un cheval ailé qui s'appela Pégase.

EXPLICATION. — Méduse était d'une beauté si surprenante, que tous ceux qui la voyaient paraissaient immobiles : c'est ce qui a fait dire qu'elle changeait les hommes en pierres.

FABLE IX. *D'Atlas.*
Atlas était un géant d'une grandeur et d'une force extraordinaire, il y avait dans ses jardins des arbres qui produisaient

des pommes d'or : l'oracle lui ayant prédit que ses fruits seraient enlevés par un fils de Jupiter, il fit fermer ses jardins de fortes murailles. Quelque temps après, Persée l'ayant prié de le loger, il le refusa, et voulut même le repousser avec violence ; mais Persée lui présentant la tête de Méduse, le changea en montagne. — EXPLICATION. Atlas était un roi de Mauritanie, qui faisait sa demeure sur la plus haute montagne d'Afrique ; on a feint qu'il portait le ciel sur ses épaules, parce qu'il inventa la sphère : on dit de même que Persée le changea en cette montagne qu'on appelle, par son immense hauteur, Colonne du Ciel, ou Mont-Atlas, à cause qu'il s'y tenait pour observer le cours des astres.

FABLE X. *De Persée et d'Andromède.*

Persée ayant coupé la tête à Méduse, et changé Atlas en rocher, prit son chemin vers l'Ethiopie, où il vit Andromède, fille de Céphée, attachée à un rocher, et exposée à un monstre marin, pour punir l'orgueil de Cassiope sa mère, qui s'était vantée d'être plus belle que les Néréides. Persée tua courageusement le monstre, et ayant délivré Andromède il l'épousa. De petites branches d'arbrisseaux furent changées en corail, parce qu'il y était tombé quelques gouttes du sang de la tête de Méduse. — EXPLICATION. Dans cette fable Ovide reprend les femmes qui sont trop fières de leur beauté ; il fait voir aussi par l'exemple d'Andromède, que les enfans sont souvent punis pour les crimes de leurs parens.

LIVRE V. — FABLE Ire. *De Phinée.*

Phinée étant sensiblement affligé de ce que Persée épousait Andromède qui lui avait été promise avant qu'on l'exposât au monstre marin, vint avec un grand nombre de gens armés au palais de cette princesse, pour empêcher le mariage par la mort de son rival. Persée résista long-temps à leurs efforts avec le secours de Pallas qui le couvrit de son égide ; mais voyant qu'il était obligé de céder au grand nombre, il se servit de la tête de Méduse, et changea en marbre Phinée et tous ses compagnons. — EXP. Phinée nous représente un perturbateur du repos d'une famille, et sa métamorphose en statue de marbre signifie qu'on le mit dans un état à ne pouvoir nuire à personne.

FABLE II. *Polydecte changé en pierre.*

Polydecte était roi de l'île de Sériphe, où Persée et Danaé furent poussés par les vents lorsque Acrisius les eut fait mettre dans un coffre qu'on jeta dans la mer. Ce roi, afin de jouir plus librement de Danaé, envoya Persée pour couper la tête à Méduse ; ce qu'ayant exécuté avec beaucoup de courage, il l'apporta à Polydecte, qui, ne voulant pas croire que ce fût a tête de Méduse, la regarda et fut aussitôt changé en rocher. — EXPL. Puisque cette métamorphose de Polydecte en rocher a du rapport avec les précédentes, on ne peut pas lui donner une explication particulière : il suffit de dire que la tête de Méduse était un objet si surprenant, que tous ceux qui la regardaient en demeuraient étonnés et immobiles comme des statues.

FABLE III. *De Pyrénée et des Muses*

Un jour que les Muses allaient sur le Mont-Parnasse, il survint une grosse pluie qui les obligea de s'arrêter chez Pyrénée, roi de Thrace : lorsque la pluie eut cessé, elles voulurent continuer leur chemin ; mais cet imprudent fit fermer les portes de son palais à dessein de leur faire violence ; elles prirent alors des ailes et s'envolèrent, et Pyrénée voulant les suivre, monta sur une haute tour d'où il se jeta en l'air; mais n'ayant pu se soutenir, il tomba et se cassa la tête.

EXPLICATION. — Par les Muses, les poètes nous représentent les Sciences; on les met sur le Mont-Parnasse, pour nous marquer que les gens de lettres doivent chercher les lieux solitaires ; elles résistèrent à Pyrénée parce qu'elles étaient vertueuses ; enfin, ce roi périt misérablement lorsqu'il veut contenter sa passion; ce qui nous fait voir que les méchans se perdent souvent quand ils croient satisfaire leurs passions.

FABLE IV. *Des Piérides.*

Piérus, roi de Macédoine, avait neuf filles qui croyaient être plus savantes que les Muses; elles osèrent même les défier; mais pour punition de leur témérité, elles furent changées en pies. — EXPLICATION. Les Piérides nous représentent les méchans poètes, les censeurs et les ignorans, qui présument beaucoup de leurs faibles talens. On changea ces neuf filles en pies, parce qu'elles en avaient déjà le babil.

FABLE V. *De Thyphoé.*

C'était un des géans qui voulurent s'emparer du ciel ; il fut foudroyé par Jupiter et enseveli sous la Sicile. Sa tête est ous le Mont-Etna, et les autres parties de son corps sous 'autres montagnes de cette île : il a fait quelquefois de i grands efforts pour sortir de cet état, que la Sicile en a remblé. — EXPLICATION. Quand on dit que Typhoé était la ause des tremblemens de terre, on a voulu nous faire comrendre que la malice des hommes nous attirait cette punion, et que Dieu était prêt à nous précipiter dans les enfers, si nous ne cessions de l'offenser.

FABLE VI. *Pluton et Proserpine.*

Pluton craignant que les tremblemens de terre de la Sicile ne causassent quelque désordre dans son empire, alla visiter ette île dans un chariot tiré par des chevaux noirs : comme il la parcourait, il rencontra Proserpine, fille de Jupiter et de Cérès, qui cueillait des fleurs avec d'autres nymphes. Aussitôt qu'il l'eut aperçue, il en devint amoureux, et l'enleva. La nymphe Cyane voulut empêcher cet enlèvement, mais elle n'eut pas assez de force, et fut changée en fontaine.

EXPL. — Cérès vient de Gires ; elle est la déesse des Blés et de l'Agriculture. La Sicile est l'endroit du monde le plus fertile en blés : or, comme il arriva une stérilité, on feignit que Pluton, qui est sous la terre, avait enlevé Proserpine, qui est le grain qu'on avait semé et qui ne germa point cette année-là.

Fable VII. *De Stelle changé en Lézard.*

Cérès cherchant sa fille Proserpine, et se trouvant fort altérée, frappa à la porte d'une cabane pour y demander de l'eau : une bonne vieille lui en donna avec plaisir, et lui offrit même de la bouillie ; comme cette déesse buvait et mangeait avec avidité, un petit enfant se moqua d'elle ; mais Cérès ayant jeté sur lui le reste de la bouillie, il fut changé en lézard.

EXPLICATION. — Par cette fable on veut nous apprendre qu'il ne faut jamais se moquer de personne, qu'on ne doit pas souffrir ce défaut dans les enfans ; et qu'il faut, au contraire, les élever à compatir aux infirmités d'autrui.

Fable VIII. *D'Ascalaphe changé en Hibou.*

Cérès se plaignit à Jupiter de l'enlèvement de sa fille : ce dieu lui promit de la faire revenir sur la terre, pourvu qu'elle n'eût point mangé dans les enfers. Proserpine avait par malheur cueilli une grenade, et, sans y penser, en avait mangé sept grains : il n'y avait qu'Ascalaphe qui l'eût aperçue ; il en rendit témoignage et empêcha qu'elle ne sortît des enfers. Cérès fut si irritée de son indiscrétion, qu'elle le changea en hibou, oiseau qui n'annonce jamais que des malheurs.

EXPL. — Cette fable nous apprend, par le sort d'Ascalaphe, le préjudice qu'une indiscrétion porte aux autres, et combien les suites peuvent en être funestes pour son auteur.

Fable IX. *Les Sirènes changées en Poissons.*

Les Sirènes, filles du fleuve Achéloüs et de la muse Calliope, étaient amies de Proserpine ; elles prièrent les dieux de les métamorphoser en poissons, afin de pouvoir chercher leur compagne par mer et par terre ; on leur accorda ce qu'elles souhaitaient, sans pourtant rien changer à leur visage ni à leur voix, parce qu'elles étaient jolies, et chantaient agréablement.

EXPLICATION. — On donne à cette fable plusieurs sens que je n'adopte pas : je n'en rapporte aucun, et je me contenterai d'admettre l'amitié, qui obligea les Sirènes à se changer en poissons pour aller chercher leur compagne. On n'aime pas à présent avec tant d'ardeur ; et c'est à mon avis, ce qu'on a voulu nous faire remarquer.

Fable X. *Aréthuse changée en Fontaine.*

Le différend de Cérès avec Pluton fut terminé par Jupiter, qui ordonna que Proserpine demeurerait six mois dans les enfers avec son mari. Cérès fut contente de ce jugement ; et étant un peu revenue de son agitation, elle voulut savoir l'aventure d'Aréthuse. Cette nymphe lui raconta comment le fleuve Alphée devint amoureux d'elle lorsqu'elle se baignait, et la poursuivit fort long-temps ; il était sur le point de l'attraper, si Diane qui la couvrit d'une nue, ne l'eût changée en fontaine. — EXPLICATION. On entend par fille de Cérès, le blé qui demeure six mois sous la terre, et presqu'autant dessus. A l'égard d'Aréthuse et d'Alphée, c'est une fiction inventée pour nous apprendre que toutes les eaux des fontaines vennent de la mer par des canaux souterraines, et qu'elles y retournent par les rivières.

Fable XI. *Lyncus changé en Lynx.*

Cérès enseigna l'agriculture à Triptolème, et le chargea du soin de l'établir par toute la terre. Lyncus, roi de Scythie, voulut le faire mourir, afin de s'attribuer la gloire d'avoir donné à son pays de belles moissons, mais Cérès empêcha son dessein en changeant ce tyran en lynx.

Explication. — Triptolème était fils d'un roi de Grèce; il fut le premier de son pays qui laboura la terre et qui écrivit sur l'agriculture. On a feint delà que Cérès l'avait instruit, parce qu'elle est la déesse des Blés.

LIVRE VI. — Fable Ire. *D'Arachné.*

Arachné, fille d'Idmon, s'était rendue célèbre dans toute la Lydie par ses beaux ouvrages de tapisserie. Son orgueil l'excita à faire un défi à Pallas, qui l'accepta, mais la déesse voyant que l'ouvrage de sa rivale était aussi beau que le sien, en eut tant de dépit, qu'elle le déchira, et lui donna sur le visage trois ou quatre coups de sa navette. Arachné allait se pendre de désespoir, lorsque Pallas la soutint en l'air et la changea en araignée. — Explication. Cette fable apprend aux jeunes gens, que lors même qu'ils deviendraient plus habiles que leurs maîtres, ils ne doivent pas s'en glorifier.

Fable II. *De Niobé.*

Niobé, fille de Tantale, reine de Thèbes, était si fière, parce qu'elle avait quatorze enfans, qu'elle voulut empêcher qu'on fît des sacrifices à Latone. Apollon et Diane, qui étaient les enfans de Latone, tuèrent ceux de Niobé à coups de flèches; Apollon tua les sept garçons, et Diane les sept filles. Niobé ayant perdu ses enfans, perdit encore la vie et fut changée en rocher. — Explication. L'orgueil est le plus insupportable des défauts de l'homme, et celui que Dieu a puni avec plus de sévérité. Les femmes ne doivent pas se glorifier de leur fécondité; et chacun doit reconnaître que les avantages qu'il possède lui viennent du ciel.

Fable III. *Des Paysans changés en Grenouilles.*

Latone, ayant parcouru tout le monde pour éviter la colère de Junon, arriva enfin dans la Lycie avec une lassitude extrême; elle aperçut un étang dont l'eau était fort basse, et où des paysans coupaient des joncs; elle voulut en approcher, mais ces paysans ne le voulurent jamais permettre, quelque prière qu'elle leur en fît; au contraire, ils troublèrent l'eau avec les pieds, et irritèrent si fort la déesse par cette méchanceté, qu'elle les changea en grenouilles.

Explication. — Cette fable nous apprend que celui qui traite avec dureté les malheureux, mérite d'être puni.

Fable IV. *Du satyre Marsyas.*

Il fut écorché par Apollon, pour avoir défié ce dieu à qui jouerait le mieux de la flûte : les nymphes, les satyres, les faunes, et toutes les divinités de la campagne, pleurèrent sa mort et versèrent tant de larmes, qu'il s'en forma un grand fleuve qui arrosa la Phrygie, et qui porta le nom de Marsyas.

Explication. — Les joueurs de flûte représentent les poètes; et comme Marsyas était sans talent pour la poésie, on feint qu'Apollon, le dieu des Sciences, l'écorcha en faisant paraître son ignorance : on dit aussi qu'il se forma un fleuve des larmes de ceux qui pleuraient son infortune, pour faire voir qu'il y a beaucoup d'ignorans.

Fable V. *Pélops.*

Tantale, fils de Jupiter, roi de Phrygie, ayant reçu les dieux chez lui, voulut les éprouver, et leur donna, pour ce sujet, son fils Pélops à manger; il l'avait fait couper en morceaux et apprêter en ragoût. Jupiter ayant reconnu cette cruauté, ressuscita Pélops, et lui mit une épaule d'ivoire à la place de celle que Cérès avait mangée, afin qu'il ne parût point défectueux. — Expl. Quelques historiens disent que Tantale était un homme de piété, qui consacra son fils au service des dieux pour témoigner son amour; ce qui a quelque rapport avec l'histoire d'Isaac. D'autres croient, au contraire, que Tantale représente un avare qui laisse périr son fils misérablement, faute de donner ce qui serait nécessaire pour le bien élever.

Fable VI. *Borée et Orythie.*

Le vent Borée ou l'Aquilon, devint amoureux d'Orythie, fille d'Erictée, roi d'Athènes. Il la demanda en mariage à son père; mais n'ayant pu l'obtenir, il l'enleva et la mena dans la Thrace, où il eut deux enfans jumeaux, qui furent appelés Calaïs et Zethes : ils ressemblaient à leur père par les ailes, et à leur mère par la beauté; ils firent le voyage des Argonautes avec le fameux Jason. — Explication. Un homme du nom de Borée enleva Orythie avec tant d'agilité et d'adresse, qu'on crut que c'était le vent même qui l'avait enlevée.

Fable VII. *Des Harpies.*

Les Harpies sont des monstres que l'on représente avec un visage de femme, un corps de vautour, des ailes et des mains crochues : on en nomme trois, qui sont : Aëllo, Ocypète et Célæno; elles sont filles de la Terre et de l'Océan : les dieux les envoyèrent pour tourmenter Phinée, roi d'Arcadie; elles gâtaient tout ce qu'on lui servait à manger.

Explication. — Phinée nous représente un homme riche et caduc; les Harpies sont ses propres filles, à qui il fut obligé de laisser la conduite de ses biens : comme chacune le volait de son côté, on les appela Harpies, qui veut dire ravissantes.

LIVRE VII. — Fable Ire. *De la Toison-d'Or.*

Phryxus et Hellé, sa sœur, ne pouvant souffrir les mauvais traitemens d'Ino, leur belle-mère, femme d'Athamas, roi de Thèbes, se résolurent à quitter leur pays; ils montèrent sur un bélier dont la Toison était d'or, afin de passer la mer. Hellé se noya dans le détroit qui fut depuis nommé l'Hellespont; et Phryxus, étant arrivé heureusement à Colchos, consacra au dieu Mars la Toison-d'Or, et la mit dans un temple.

EXPLICATION. — Phryxus, long-temps maltraité par sa belle-mère, résolut de s'enfuir et d'emporter les richesses de son père Athamas. Il le fit en effet sur un vaisseau qu'on appelait Bélier; lorsqu'il fut arrivé à Colchos, il y fit des sacrifices. C'est de cette histoire qu'on a tiré la fable de la Toison-d'Or.

FABLE II. *De Jason et de Médée.*

Cinquante-quatre Argonautes passèrent de la Thessalie à Colchos, sous la conduite de Jason, pour conquérir la Toison-d'Or. Médée, fille d'Aètes, qui savait la magie, lui promit des secrets pour venir à bout de son entreprise, à condition qu'il l'épouserait. Elle lui donna en effet des herbes enchantées, et par leur moyen, Jason tua le dragon qui gardait la Toison, s'en empara, et emmena ensuite Médée et l'épousa.

EXPLICATION. — On croit que cette fable a été faite contre les alchimistes et les philosophes présomptueux, qui, après de longs travaux et de longues recherches, ne trouvent qu'une chimère au lieu de la pierre philosophale.

FABLE III. *D'Eson rajeuni.*

Lorsque Jason revint dans la Grèce avec Médée, tout le monde y fit des réjouissances publiques à cause de son retour et de sa victoire; il n'y eut que son père Eson qui ne put témoigner sa joie, parce qu'il était accablé de vieillesse et d'incommodités : Médée le rajeunit, à la prière de Jason, sans qu'il perdît la mémoire des choses passées.

EXPLICATION. — Médée était savante en médecine : cet art peut prolonger nos jours et guérir nos incommodités; c'est ce qu'Ovide a voulu nous faire entendre par cette fable.

FABLE IV. *Des Nymphes de Bacchus rajeunies.*

Bacchus ayant vu Eson rajeuni, demanda à Médée la même grâce pour les nymphes qui l'avaient nourri : elle lui accorda sans peine ce qu'il souhaitait; et s'étant retirée chez Pélias, oncle et ennemi de Jason, elle y rajeunit, avec le suc de quelques herbes, un vieux bélier, après lui avoir coupé la gorge; ensuite elle persuada aux filles de Pélias de faire la même chose à leur père; mais elles le tuèrent en croyant le rajeunir.—EXPL. Cette fable est une suite de la précédente, qui continue à nous montrer que la médecine et les herbes ont des propriétés qui peuvent conserver ou rétablir notre santé; elle nous fait voir en même temps que les remèdes opèrent différemment, selon qu'ils sont appliqués bien ou mal à propos.

FABLE V. *De la Nymphe Hyrie et de son fils.*

Le fils de la nymphe Hyrie vit un taureau qui appartenait à Philie, un de ses amis; il désira l'avoir, et le lui demanda : n'ayant pu l'obtenir, il se précipita du haut d'un rocher, et fut changé en cygne. Sa mère, croyant qu'il était mort, pleura tant qu'elle se fondit en larmes, et fut changée en un lac qui porte son nom. — EXPLICATION. Ovide reprend ici les jeunes gens qui ont envie de tout ce qu'ils voient, et qui sont au désespoir quand on le leur refuse.

FABLE VI. *Des Fourmis changées en Hommes.*

L'île d'Egine ayant été dépeuplée par la peste, des fourmis furent transformées en petits hommes qu'on appela Mirmidons. Jupiter fit ce prodige en faveur d'Æaque, son fils, qui était roi de ce pays-là. — EXPLICATION. On dit que ces Mirmidons étaient des petits hommes fort laborieux, qui se tenaient dans des cavernes, où ils amassaient pendant l'été, comme des fourmis, de quoi subsister en hiver.

FABLE VII. *Céphale et Procris.*

Céphale fut enlevé par l'Aurore à cause de sa beauté : n'ayant pu demeurer avec elle, il revint trouver Procris, sa femme, et éprouva sa fidélité sous un autre visage que le sien. Elle consentit à ses prières avec beaucoup de résistance, ne croyant pas que ce fût son mari : elle eut ensuite tant de regret de sa faute, qu'elle se retira dans les bois. Après qu'elle y eut demeuré quelque temps, Céphale la fit venir ; elle lui donna un chien et un dard ; le chien fut converti en pierre à la chasse d'un renard que Thémis avait envoyé pour faire du dégât autour de la ville de Thèbes.

EXPLICATION. — Cette fable apprend aux gens mariés qu'ils ne doivent pas éprouver la fidélité de leurs femmes ; il vaut mieux qu'ils aient bonne opinion de leur vertu, que de s'exposer à connaître qu'il y en a beaucoup d'infidèles.

FABLE VIII. *De la mort de Procris.*

Procris ayant vécu fort long-temps en bonne intelligence avec son mari, en devint ensuite jalouse, et se cacha dans un bois pour l'épier. Céphale y étant venu chasser, vit remuer les feuilles dont elle s'était couverte, et croyant que c'était une bête sauvage, il la tua avec le même dard dont elle lui avait fait présent ; ce dard avait la vertu de blesser infailliblement, de quelque manière qu'il fût lancé.

EXPL. — Cette fable regarde les jaloux, et doit les engager à se corriger, puisque la jalousie trouble la paix et l'amitié conjugales, et qu'elle cause ordinairement de grands malheurs.

LIVRE VIII. — FABLE 1re. *Nisus et Scylla.*

Scylla, fille de Nisus, roi de Mégare, trahit son père et sa patrie, pour se faire aimer de Minos qui les tenait assiégés : elle le vit du haut d'une tour, et en étant devenue amoureuse, elle coupa à la tête de Nisus un poil rouge, auquel était attachée la durée du royaume et de sa vie : elle porta ensuite ce cheveu à son amant, qui, ayant horreur d'une trahison si noire, ne voulut pas la voir ; elle se précipita de dépit et fut changée en alouette ; son père, pour la punir lui-même de son crime, fut métamorphosé en épervier. — EXPL. On peut considérer deux choses dans cette fable : la première, qu'une amante est capable de tout ; et la seconde, que la trahison est en horreur à ceux même qui en tirent quelqu'avantage. Par le cheveu, je crois que le poëte a voulu dire que la découverte d'un secret rend la victoire facile à l'ennemi.

METAMORPHOSES

Fable II. *De Thésée.*

Minos, roi de Crète, pour se venger des Athéniens qui avaient tué son fils Androgée, les avait obligés de lui envoyer de neuf ans en neuf ans, sept jeunes garçons et autant de jeunes filles pour être la proie du Minotaure, qui se nourrissait de chair humaine. Ce monstre, moitié homme et moitié taureau, était renfermé dans un vaste labyrinthe. Thésée fut désigné par le sort pour ce tribut odieux. Il tua le Minotaure et s'échappa du labyrinthe avec le secours d'un peloton de fil que lui avait donné Ariane fille de Minos. Il s'enfuit avec cette princesse, et eut l'ingratitude et la cruauté de l'abandonner dans l'île de Naxos, où elle épousa Bacchus qui lui fit présent d'une couronne de sept étoiles, qu'après sa mort il plaça au nombre des constellations.

Expl. — Ce labyrinthe nous figure les désordres de cette vie, dont on ne peut se garantir que par le moyen d'un fil, qui est la sagesse et la raison, qui doivent nous conduire partout.

Fable III. *De Dédale, d'Icare et de Talé.*

Dédale, ouvrier très-ingénieux, retenu prisonnier par Minos, se sauva de Crète, et s'en alla en Sicile avec des ailes de cire qu'il avait faites; Icare, son fils, ayant volé trop près du soleil, la cire de ses ailes se fondit et il tomba dans la mer, qui de son nom fut appelée Icarienne. Dédale avait précipité Talé dans la mer, dans la crainte qu'il ne devînt plus habile que lui. Minerve le changea en perdrix: cet oiseau, se souvenant de sa chute, n'ose pas s'élever. — Expl. Dédale, envieux contre son neveu, le jette dans la mer; il se sauve en Crète pour éviter d'être puni; il servit Pasiphaé dans les intrigues qu'elle avait avec Taurus; c'est pourquoi Minos le fit mettre en prison, d'où il se sauva dans une barque; et afin qu'elle allât plus vite, et y mit des voiles, dont on n'avait pas encore l'usage. Icare périt dans une felouque, parce qu'il ne sut pas a conduire. Voilà le dénoûment de cette fable.

Fable IV. *De Méléagre et Atalante.*

Ænée ayant à dessein oublié Diane dans un sacrifice, cette déesse, pour se venger, envoya un sanglier qui ravageait tout le pays. Méléagre fit assembler tous les seigneurs de la Grèce pour le chasser; Atalante, fille de Jasius, roi d'Arcadie, s'y trouva avec eux, et blessa la première ce sanglier; quand il fut mort, Méléagre lui donna sa dépouille en récompense de son adresse; les oncles de ce prince en furent si jaloux, qu'ils la lui arrachèrent: mais il leur en coûta la vie. Althée, leur sœur, pour les venger, brûla le tison fatal dont la fin devait être celle de la vie du fils de Méléagre; les sœurs de Méléagre furent si touchées de la mort de leur frère, qu'elles moururent de regret, et furent changées en oiseaux qu'on appelle méléagrides.

Explication. — Les oncles de Méléagre sont jaloux de la récompense qu'Atalante avait obtenue par son adresse, et la lui arrachèrent par violence; c'est ce que font souvent les envieux; c'est aussi contr'eux que le poète a fait cette fable.

Fable V. D'*Achéloüs et Périmèle.*

Le fleuve Achéloüs devint amoureux de la nymphe Périmèle. Après l'avoir long-temps sollicitée, elle contenta sa passion. Son père, Hippodamus, ayant découvert leur intrigue, fut si irrité contre sa fille, qu'il la précipita du haut d'un rocher dans la mer. Neptune, à la prière d'Achéloüs, la changea en île. Cinq naïades avaient été de même changées en îles pour avoir méprisé le fleuve Achéloüs.

EXPLICATION. — Ovide, dans cette fable, déguise agréablement l'ouvrage de la nature; car il est certain que le fleuve Achéloüs, par ses inondations, a fait les îles de la mer qui sont vis-à-vis de son embouchure, et qu'on appelle Echinades.

Fable VI. *De Philémon et Baucis.*

Jupiter et Mercure allèrent dans la Phrygie sous une forme humaine. Tout le monde leur refusa l'hospitalité; il n'y eut que Philémon et Baucis sa femme, tous deux pauvres, qui leur firent un bon accueil. En reconnaissance, les dieux changèrent leur cabane en un temple, et les métamorphosèrent en arbres, après une longue et heureuse vie. — EXPLICATION. On voit par ce récit combien l'hospitalité est agréable à Dieu; ceux qui ont le plus de bien sont ordinairement les plus durs envers les pauvres; mais leur inhumanité ne demeure pas impunie, ils sont souvent punis ici-bas par la perte de leurs biens qu'ils aiment avec trop d'attachement, au lieu que l'hospitalité est suivie quelquefois de récompenses temporelles.

Fable VII. *De Protée.*

Protée, fils de l'Océan et berger des troupeaux de Neptune, savait le passé et prédisait l'avenir : il prenait toutes sortes de formes et principalement celles de lion, de sanglier et de taureau. Aristée, fils de Cyrène, le lia pour savoir le moyen de trouver les abeilles qu'il avait perdues et qu'il aimait uniquement. — EXPL. Protée était un roi Egyptien qui avait ses états le long de la mer; il changeait souvent d'habits pour se faire craindre; tantôt il prenait la peau d'un lion, tantôt celle d'un taureau ou d'un sanglier; c'est ce qui a donné lieu à cette fable.

Fable VIII. *D'Erysicthon et Métra.*

Erysicthon ayant coupé une forêt consacrée aux dieux, fut puni d'une faim horrible qu'il ne pouvait assouvir. Métra, sa fille, pour le secourir, pria Neptune de lui donner la vertu de se transformer comme Protée; ce dieu, qui l'avait aimée autrefois, lui accorda sa demande. Son père la vendait ensuite pour de l'argent, elle prenait une nouvelle forme et il la revendait ainsi plusieurs fois. Les dieux ayant découvert cette ruse, et Erysicthon n'ayant plus de quoi se rassasier, se mangea lui-même. — EXPL. Erysicthon était un prodigue qui, ayant mangé tout son bien, vivait ensuite aux dépens de sa réputation, et commettait mille crimes : lorsque toutes ses ruses furent découvertes, il se tua n'ayant plus de quoi subsister.

LIVRE IX. Fable Ire. *Hercule et Achéloüs.*

Déjanire, fille d'Énée, étant recherchée en mariage par plusieurs personnes, son père la promit à celui qui vaincrait tous les autres dans un combat particulier. Achéloüs se changea en taureau pour se battre contre Hercule, qui lui arracha une de ses cornes en le terrassant. Cette corne fut ramassée par les naïades, et remplie de fruits : on l'appela la corne d'abondance. — Explication. On dit que le fleuve Achéloüs est fils de l'Océan, parce que toutes les rivières en sortent. Hercule, qui nous représente la Force, le vainquit, parce qu'il trouva le moyen d'empêcher ses inondations et de rendre fertile un pays qu'il ravageait auparavant.

Fable II. *Le Centaure Nessus.*

Lorsqu'Hercule eut vaincu Achéloüs, on lui donna Déjanire, et il l'emmena. Le centaure Nessus l'ayant vue passer le fleuve Évène, la voulut enlever ; mais Hercule, apercevant son dessein, le perça d'une flèche. Comme il était sur le point de mourir, il donna à Déjanire une tunique teinte de son sang, et lui dit qu'elle aurait la vertu d'empêcher que son mari n'eût d'autre femme qu'elle : cependant cette tunique était empoisonnée, et il la donnait pour se venger d'Hercule.

Explication. — Nous apprenons par cette fable à ne point ajouter foi trop facilement aux promesses d'autrui.

Fable III. *Lycus changé en Rocher.*

Déjanire croyant que son mari était amoureux d'Iole, lui envoya par Lycus la tunique que le centaure Nessus lui avait donnée. Hercule ne l'eut pas plus tôt mise sur son corps, qu'il se sentit embrasé d'un feu si violent, qu'il jeta Lycus dans la mer. Thétis, qui savait que ce messager était innocent, le changea en rocher. — Explication. L'aventure de Lycus nous montre qu'il est dangereux de servir les grands, et qu'ils punissent les moindres fautes avec la dernière rigueur.

Fable IV. *Hercule immortalisé.*

Hercule ne voulant pas mourir par le poison, fit un bûcher sur le Mont-Œta, et y ayant étendu la peau du lion de Némée, il se coucha dessus, et mit sa massue sous sa tête ; il ordonna ensuite à Philoctète d'y mettre le feu, et s'y brûla. Les dieux l'immortalisèrent à cause de ses exploits, et le reçurent dans le ciel, où il épousa Hébé, déesse de la Jeunesse.

Expl. — Hercule est immortalisé à cause de ses travaux, pour nous faire connaître que c'est par le travail qu'on gagne le ciel, et que la vertu n'est jamais sans récompense.

Fable V. *Lucine et Galantis.*

Lucine est une déesse qui préside aux Enfantemens. Junon la pria d'empêcher qu'Alcmène n'accouchât heureusement d'Hercule. Galantis, sa servante, voyant que Lucine, sous la forme d'une vieille, nuisait à sa maîtresse par la posture qu'elle tenait, se mit à crier avec joie que sa maîtresse était accouchée; et, par cette feinte, elle fit accoucher Alcmène. Junon, pour la punir, la métamorphosa en belette.

EXPLICATION. — Galantis mentit pour faire accoucher sa maîtresse : et comme il n'est pas permis de faire un mal pour qu'il en résulte un bien, elle fut punie de son mensonge par la perte de sa figure naturelle.

FABLE VI. *De Driope et de Priape.*

Une nymphe fuyant Priape, fut convertie en un arbre qu'on appelle lotos. Driope se promenant près d'un étang au bord duquel était cet arbre, en rompit une petite branche pour en faire jouer son fils ; en même temps elle fut aussi métamorphosée en cet arbre dont le fruit fait perdre le souvenir du passé.

EXPLICATION. — Driope est changée en arbre, pour nous apprendre qu'il ne faut jamais toucher aux choses que nous ne connaissons pas; car souvent une petite imprudence nous attire de grands malheurs.

FABLE VII. *D'Iphis et Iante.*

Lide avait commandé à sa femme Téléthuse que si elle accouchait d'une fille elle lui donnât la mort; elle n'en eut pas le courage, la fit élever comme un garçon, sous le nom d'Iphis ; et quand elle fut grande on dit qu'elle avait changé de sexe par le secours d'Isis : elle épousa Iante, après qu'ils eurent fait un sacrifice à Vénus. — EXPLICATION. Il ne faut jamais obéir à des commandemens injustes. Téléthuse fut récompensée pour avoir caché le sexe de sa fille, et nous devons comme elle faire notre possible pour empêcher le mal.

LIVRE X. — FABLE Ire. *Orphée et Eurydice.*

Eurydice fut piquée au talon par un serpent, et mourut le premier jour de ses noces. Orphée son époux, alla la chercher dans les enfers dont il charma les divinités par son éloquence et sa voix. Il y trouva Eurydice qu'il aimait passionnément. Elle lui fut accordée à condition qu'il ne la regarderait point qu'il ne fût sorti de l'empire de Pluton; mais n'ayant pu s'en abstenir, elle lui fut ravie une seconde fois ; alors, tout désespéré de son infortune, il se retira sur le mont Emus.

EXPLICATION. — On voit ici un bel exemple de l'amitié conjugale, et l'on remarque en même temps que bien des gens perdent les fruits de leurs travaux, pour vouloir les cueillir trop tôt. Si Orphée n'eût pas eu tant d'impatience de voir Eurydice, il en aurait joui plus long-temps.

FABLE II. *Atys changée en Pin.*

Lorsque Orphée se fut retiré dans les déserts, il touchait sa lyre avec tant de délicatesse qu'il charmait les rochers, les bêtes et les arbres, entr'autres le pin.

EXPLICATION. — Le poète a voulu, par cette fable, nous montrer le pouvoir de la musique et de la poésie, et nous donner, par ce moyen, de l'émulation pour ces deux arts.

FABLE III. *Cyparisse.*

Cyparisse avait un cerf apprivoisé qu'il aimait extrêmement.

Un jour étant allé à la chasse, il le tua sans y penser. Il en eut tant de regret, qu'il se voulait tuer lui-même ; mais Apollon qui l'aimait l'en empêcha, et le changea en cyprès, arbre qui est le signe du deuil.

EXPLICATION. — Il ne faut pas s'attacher aux choses passagères, parce que nous en sommes privés quand nous y pensons le moins, et que les regrets sont inutiles.

FABLE IV. *Ganymède.*

Jupiter, charmé de la beauté du jeune Ganymède, se changea en aigle, et l'enleva dans les cieux où il en fit son échanson. Hébé, déesse de la Jeunesse, fille de Junon, servait auparavant à Jupiter le nectar et l'ambroisie.

EXPLICATION. — On feint que Ganymède, jeune prince très-vertueux, avait été enlevé par un aigle à cause de sa sagesse, pour exciter ainsi les jeunes gens à acquérir la vertu qui nous fait chérir des dieux.

FABLE V. *Hyacinthe.*

Hyacinthe était un jeune homme bien fait, Apollon l'aimait extrêmement. Un jour, en jouant au palet avec lui, il le tua par mégarde, et en fut très-fâché. Son sang fut changé en une fleur qui porte son nom. — EXPLICATION. Apollon, ou le Soleil, fait naître les fleurs dans le printemps, et il les fait mourir en été par sa chaleur excessive ; c'est de là qu'on a pris occasion de dire qu'il avait tué Hyacinthe qu'il aimait.

FABLE VI. *Des Cérastes changés en Taureaux.*

Les Cérastes, habitans d'Amathonte, ville de Chypre, immolaient tous les étrangers qui passaient dans leur pays. Vénus, à qui cette île était consacrée, ne put souffrir cette inhumanité, et les métamorphosa en taureaux. — EXPL. Le poète feint que les habitans de Chypre ont été changés en taureaux, pour leur reprocher qu'ils sont aussi féroces que ces animaux.

FABLE VII. *Pygmalion.*

Pygmalion était un sculpteur qui, ayant vu l'impudicité des Propédites, conçut une si grande horreur pour le sexe, qu'il résolut de ne se point marier ; il fit une statue d'ivoire dont il devint amoureux, elle représentait la déesse Vénus : il en était si fou qu'il la couchait avec lui, et qu'il craignait même qu'elle ne se blessât dans un lit de plumes. Il pria la déesse de l'Amour d'animer cette statue, ce qui lui fut accordé ; et après cela, il en eut un fils nommé Paphus, qui bâtit la ville de Paphos. — EXPLICATION. On veut faire entendre par cette fable, qu'on peut fléchir, par ses soins et ses soumissions, le cœur du monde le plus insensible.

FABLE VIII. *Adonis.*

Adonis, fils de Myrrha, fut aimé tendrement de Vénus à cause de sa beauté. Un jour ses chiens ayant relancé un sanglier, il le perça d'une flèche ; mais cet animal tout furieux se jeta sur lui et le tua : la déesse de l'Amour le changea en anémone. EXPLICATION. — Les hommes les plus beaux ne sont pas ordinairement les plus forts ni les plus courageux. Le bel

Adonis fut métamorphosé en fleur, pour nous apprendre que la beauté n'est pas de longue durée.

FABLE IX. *Atalante et Hippomène.*

Atalante fut recherchée en mariage par plusieurs personnes : son père promit de la donner à celui qui la surpasserait à la course, elle était d'une vitesse extraordinaire. Hippomène se présenta et reçut de Vénus trois pommes d'or, par le moyen desquelles il devait la vaincre : en effet, les ayant laissé à dessein tomber l'une après l'autre dans la course, Atalante voulut les ramasser, et fut devancée pendant cet intervalle. Hippomène ayant réussi par cette finesse, l'épousa.

EXPLICATION. — Tel résiste à toute autre tentation, qui se laisse éblouir par l'éclat de l'or. On triomphera facilement de la vertu d'une personne qui aime l'argent avec excès. La tour de Danaé, gardée par de très-vaillans hommes, ne put se défendre contre une pluie d'or ; la vitesse d'Atalante fut arrêtée par l'éclat de ce même métal.

LIVRE XI. — FABLE Ire. *D'Orphée et des Bacchantes.*

Orphée ayant perdu Eurydice, et s'étant retiré dans les forêts, haïssait extrêmement les femmes. Celles de Thrace, irritées de son mépris, le tuèrent pendant qu'on célébrait la fête de Bacchus, et ce dieu les changea en arbres.

EXPLICATION. — Il ne faut avoir ni témoigner de haine contre personne ; car il n'est point de si petit ennemi qui, dans l'occasion, ne puisse nous faire du mal.

FABLE II. *De Midas.*

C'était un roi de Phrygie qui n'avait point d'esprit et qui était fort avare. Des paysans lui ayant amené Silène, il le rendit à Bacchus, qui, voulant reconnaître ce bienfait, lui promit de lui accorder tout ce qu'il souhaiterait. Midas lui demanda le pouvoir de convertir en or tout ce qu'il toucherait ; mais voyant ensuite qu'il ne pouvait rien manger, il le pria de lui ôter cette vertu ; il la perdit en se lavant dans le fleuve Pactole. Ayant jugé que la flûte de Pan était plus agréable que la lyre d'Apollon, il en fut puni par ce dieu qui lui fit venir des oreilles d'âne.

EXPLICATION. — Midas, pour contenter son avarice, faisait argent de tout ; c'est pour cela qu'on lui attribue le pouvoir de changer tout en or. Parce qu'il n'avait point d'esprit, on lui donnait des oreilles d'âne, ce qui marquait sa stupidité.

FABLE III. *Les Roseaux parlans.*

Le barbier de Midas ayant aperçu, en lui coupant les cheveux, qu'il avait des oreilles d'âne, n'osait le dire à personne, de peur d'être maltraité ; mais cédant à l'envie de le faire savoir, il s'en alla dans un lieu écarté, et fit un trou dans la terre, où il raconta l'aventure de ce roi. Ayant ensuite couvert ce trou avec de la terre, il se retira ; il crut en ce même lieu des roseaux qui, étant agités par le vent, apprirent à tout le monde que Midas avait des oreilles d'âne. — EXPL. Cette fable est un avertissement pour les grands. Ils doivent bien prendre garde de ne rien faire qui soit indigne de leur rang; car si on ne leur reproche pas à eux-mêmes leurs défauts, on ne laisse pas de les publier ailleurs. Les roseaux de la fable sont les plumes des historiens, qui ne cèlent rien.

Fable IV. *De Laomédon et d'Hésione.*

Apollon et Neptune chassés du ciel par Jupiter, s'engagèrent au roi Laomédon de bâtir les murs de Troie moyennant une récompense; mais l'ayant refusée quand l'ouvrage fut achevé, Neptune envoya un monstre marin qui ravageait tout le pays. Hésione fut exposée à sa cruauté par l'ordre de l'oracle, Hercule la délivra, et voyant que Laomédon ne lui en témoignait aucune reconnaissance, il ruina la ville de Troie, enleva Hésione, et la donna pour femme à Télamon. — Expl. Par le déguisement de Neptune et d'Apollon, on veut nous faire entendre qu'il ne se fait rien ici-bas qui ne soit l'ouvrage de Dieu; et par la destruction de Troie, que les maux qu'il nous envoie sont bien souvent la punition de notre ingratitude.

Fable V. *Thétis et Pelée.*

Thétis, déesse de la Mer, fut aimée de Jupiter; mais ce dieu ne voulut pas l'épouser, parce que l'oracle avait prédit qu'elle aurait un fils plus grand que son père; il la fit donc prendre à Pelée, qui la surprit lorsqu'elle dormait et l'obligea à le recevoir pour son mari, quoiqu'elle prît plusieurs formes pour s'en garantir. Elle eut de lui le vaillant Achille.

Expl. — On a feint que Thétis prenait différentes formes pour éviter d'épouser Pelée, afin de nous apprendre que les femmes ont quelquefois recours à l'artifice pour arriver à leur but.

Fable VI. *Dédalion et Chioné.*

Chioné était une nymphe qui fut aimée d'Apollon et de Mercure; elle en eut deux enfans, dont l'un, nommé Philamon, passa pour fils d'Apollon, parce qu'il chantait parfaitement; et l'autre, qui s'appelait Antolique, fut attribué à Mercure, à cause de sa subtilité. Chioné fut si fière d'avoir donné la naissance à ces deux enfans, qu'elle osa se préférer à Diane. Cette déesse la tua d'un coup de flèche qui lui perça la langue. Dédalion, son père, se précipita de désespoir du haut du Mont-Parnasse, et fut changé en épervier.

Explication. — Ovide, par ces deux enfans d'un naturel différent, veut nous faire entendre qu'on tient ordinairement de ses parens, au moral comme au physique. Dédalion était un tyran qui a conservé sa cruauté sous sa nouvelle forme.

Fable VII. *Céyx et Alcione.*

Céyx fit un voyage pour aller consulter l'oracle; à son retour il périt sur la mer. Alcione, sa femme, faisait tous les jours des prières à Junon pour obtenir qu'il revînt heureusement. Cette déesse lui envoya Morphée pendant la nuit pour l'avertir qu'il avait fait naufrage. D'abord qu'elle eut appris cette nouvelle, elle alla au bord de la mer, au lieu où elle lui avait dit adieu. Ayant vu de loin flotter son corps sur les eaux, elle se jeta dans la mer, et ils furent tous deux changés en alcions ; ce sont des oiseaux qui font leurs petits sur la mer : on remarque qu'elle est toujours tranquille pendant qu'ils couvent leurs œufs. — EXPLICATION. Parce que Céyx et Alcione s'aimaient extrèmement, on a feint qu'ils avaient été métamorphosés en alcions, qui sont des oiseaux dont le mâle et la femelle ne se quittent jamais. Par cette fable Ovide a voulu inspirer aux gens mariés une amitié réciproque.

FABLE VIII. *Æsaque et Hespérie.*

La nymphe Hespérie fuyant Æsaque, fils de Priam, fut mordue par un serpent, et mourut sur-le-champ. Æsaque fut si affligé de sa mort dont il était cause, qu'il se précipita dans la mer et fut changé en plongeon.

EXPLICATION. — Le serpent nous figure la médisance, qui ne manque jamais de mordre la réputation des jeunes personnes qui écoutent trop facilement les propos flatteurs.

LIVRE XII. — FABLE Ire *Serpent changé en pierre.*

Agamemnon, chef de l'armée des Grecs, qui devait assiéger la ville de Troie, vit dans un sacrifice à Jupiter un serpent qui mangea huit petits oiseaux dans un nid, et qui dévora encore la mère qui voltigeait tout auprès : ce serpent fut ensuite changé en pierre. Calchas expliqua ce prodige, et assura que le siège de Troie durerait autant d'années que le serpent avait dévoré d'oiseaux, mais que l'on prendrait cette ville la dixième année. — EXPLICATION. Tous ces oracles de l'antiquité sont des superstitions par lesquelles on a tâché d'imiter les prophéties véritables de l'Ancien Testament.

FABLE II. *Iphigénie.*

La flotte des Grecs étant dans un port de la Béotie, Agamemnon tua un cerf consacré à Diane. Cette déesse en fut si irritée, qu'elle excita des tempêtes qui empêchaient les vaisseaux de partir. Agamemnon consulta l'oracle ; il lui répondit qu'il fallait sacrifier Iphigénie sa fille : comme on était près de le faire, Diane par pitié, l'enleva et mit une biche à sa place. — EXPLICATION. Cette fable a beaucoup de rapport avec le sacrifice d'Abraham, et nous fait voir que Dieu se contente souvent de notre résignation, et qu'il veut seulement que nous soyons toujours prêts à lui sacrifier ce que nous avons de plus cher quand il nous le demande.

FABLE III. *De Cygne.*

Cygne était un fils de Neptune qui avait reçu le pouvoir de rendre inutiles les coups qu'on lui portait : il combattait pour les Troyens quand les Grecs vinrent les attaquer ; il résista long-temps aux efforts du vaillant Achille ; mais comme ce prince vit qu'il ne pouvait pas le blesser, il se jeta sur lui et l'étouffa : son père le changea en oiseau qui porte son nom.

EXPLICATION. — Cygne, fils de Neptune, n'avait jamais été vaincu ni blessé ; mais enfin il succomba sous les coups d'Achille, tant il est vrai qu'il n'y a pas de puissance dans le monde qui ne puisse être abattue par une puissance plus forte. Cet exemple apprend aux héros à ne se point glorifier de leur cou-

Seconde Partie.

…age et de leur valeur; car le sort des armes est fort incertain.

FABLE IV. *Combat des Centaures avec les Lapythes.*

Les Centaures étaient des peuples de Thessalie qui allèrent aux noces de Pyrithoüs; ils voulurent enlever sa femme; les Lapythes avec Thésée les en empêchèrent, et les vainquirent après un long combat. — EXPLICATION. Les Centaures s'enivrèrent aux noces de Pyrithoüs, et tinrent quelques discours malhonnêtes à sa femme. Les Lapythes, qui étaient de Thessalie comme eux, les obligèrent à se retirer.

FABLE V. *De Cénis.*

C'était une fille qui fut aimée de Neptune. Elle pria ce dieu de la changer en homme, et de la rendre invulnérable; ce qui lui fut accordé. Elle fit plusieurs belles actions, et fut enfin vaincue par les Centaures qui l'accablèrent avec des arbres qu'ils jetèrent sur elle. Neptune ayant pitié de son sort, la changea en oiseau. — EXPL. Cénis était un garçon bien fait, qui passait dans sa jeunesse pour une fille, à cause de sa beauté. Quand il fut grand, il prit le parti des armes, et se distingua par ses belles actions : il fut enfin vaincu par le nombre des ennemis qu'on figure par les arbres; et quand la fable dit qu'il fut changé en oiseau, elle veut faire entendre que sa réputation s'étendit en peu de temps par tout le monde.

FABLE VI. *De Périclimène.*

Périclimène, frère de Nestor, avait reçu de Neptune le pouvoir de prendre toutes sortes de figures. Il se battit contre Hercule sous la forme d'un aigle, et le blessa au visage avec le bec et les serres. Hercule voyant qu'il s'envolait, le perça d'une flèche et le tua. — EXPLICATION. Périclimène se sert de plusieurs artifices pour vaincre Hercule; mais tous ses efforts sont inutiles : la subtilité et la tromperie que représente Périclimène, ne servent de rien contre celui qui, comme Hercule, est véritablement fort.

FABLE VII. *Mort d'Achille, fils de Pelée et de Thétis.*

Achille fut tué par Pâris, qui lui perça le talon d'une flèche; c'était le seul endroit par où il était mortel : Apollon conduisit cette flèche. On le brûla après sa mort. Vulcain avait fait ses armes. Sa mère l'avait rendu invulnérable, en le plongeant trois fois dans le fleuve du Styx; et comme elle le tenait par le talon, cette partie de son corps n'avait pas reçu la même vertu que les autres. — EXPL. Par la mort du vaillant Achille, nous voyons qu'il n'est point d'homme immortel, et que les plus courageux meurent souvent par la main des plus lâches.

LIVRE XIII. — FABLE Ire. *D'Ulysse et d'Ajax.*

C'étaient deux capitaines grecs qui disputèrent long-temps les armes d'Achille : Ulysse les obtint par le jugement des principaux capitaines de la Grèce; ce qui irrita tellement Ajax, qu'il se tua de regret : son sang fut changé en une fleur qu'on appelle Hyacinthe.

EXPLICATION. — La plupart des hommes croient que la valeur et les vertus militaires sont préférables, pour le gouvernement des états, à la sagesse et à la politique. Ajax était plus vaillant, Ulysse plus prudent; et dans cette circonstance la prudence l'emporta sur la valeur, parce que les empires durent peu, quand ils cessent d'être gouvernés par la sagesse.

Fable II. *Hécube changée en Chienne.*

Cette princesse était fille de Dimas, et épousa Priam, roi de Troie. Après la mort de son mari, elle se retira sur les tombeaux de ses enfans, et eut un si grand chagrin de voir le corps de Polydore son petit-fils, qu'elle creva les yeux à Polymnestor qui l'avait assassiné : elle fut changée en chienne, comme elle s'enfuyait après cette action.

Explication. — La trop grande tendresse de cette mère pour ses enfans fut la cause de sa perte.

Fable III. *De Memnon.*

Memnon, fils de Titon et de l'Aurore, fut tué par Achille au siège de Troie. Sa mère obtint de Jupiter que les cendres de son fils seraient changées en oiseaux.

Explication. — Les oiseaux qui naquirent des cendres de Memnon, ne sont autre chose que la réputation de son mérite, qui, après sa mort, s'étendit par toute la terre.

Fable IV. *De la fuite d'Énée.*

Après la destruction de Troie, Enée se sauva à Delphes avec son père Anchise et son fils Ascagne; il emporta ses dieux Pénates, et arriva heureusement chez Anius, prêtre d'Apollon, qui lui fit le meilleur accueil.

Explication. — Enée nous est représenté comme un homme d'une vertu héroïque, qui, après avoir vu périr sa patrie, ne laissa pas d'espérer que les dieux le protégeraient : en effet, ils ne permirent toutes les disgrâces qui lui arrivèrent que pour rendre sa gloire plus illustre.

Fable V. *Des Filles d'Anius.*

Elles avaient reçu de Bacchus le pouvoir de changer tout ce qu'elles touchaient en vin, en blé ou en huile : les Grecs les enlevèrent de force pour nourrir leur armée; alors elles eurent recours à Bacchus, qui les changea en colombes.

Explication. — On a feint que les filles d'Anius changeaient ce qu'elles touchaient en vin, en blé ou en huile, parce qu'elles avaient beaucoup amassé de fruits, et qu'elles étaient bonnes ménagères.

Fable VI. *Des Filles d'Orion.*

Orion avait deux filles, qui se présentèrent en sacrifice pour le salut de leur patrie : elles s'immolèrent elles-mêmes avec une constance extraordinaire; on leur fit une pompe funèbre qui marquait la justice qu'on rendait au mérite de leur action. De leurs cendres il en sortit deux jeunes hommes couronnés. —Explication. Les hommes couronnés qui naissent des cendres des filles d'Orion, nous font voir que la vertu n'est jamais sans récompense : cet exemple doit nous exciter à aimer notre patrie, et à prendre les armes pour la défendre dans l'occasion.

Fable VII. *Acis, Polyphème et Galathée.*

Polyphème, cyclope de Vulcain, aimait passionnément à nymphe Galathée; il devint jaloux d'Acis, et le tua avec un rocher du Mont-Etna. Galathée, qui avait eu de l'amitié pour Acis, changea son sang en fleuve, qui porte son nom, et qui passe par la Sicile. — Explication. La nymphe Galathée fut fort affligée de la mort d'Acis; elle versa beaucoup de larmes sur son tombeau, et c'est ce qui a donné lieu de dire qu'elle vait changé en fleuve le sang de son amant.

Fable VIII. *De Glauque.*

C'était un pêcheur qui, ayant mangé de l'herbe enchantée, se jeta dans la mer et fut fait dieu marin. La partie supérieure de son corps était d'homme, et la partie inférieure finissait en queue de poisson.

Explication. — Glauque savait parfaitement nager. Il sortit un jour du port de sa ville à la vue de tous les habitans, et nagea jusqu'à ce qu'on l'eût perdu de vue : il aborda dans un endroit fort reculé, où il demeura quelques jours; il revint ensuite au port en présence de beaucoup de monde. Ses amis lui demandèrent où il avait été; il leur répondit qu'il avait demeuré dans l'eau avec les dieux marins. Une autre fois, voulant encore faire le même essai, il fut dévoré par un grand poisson; et comme il ne revint pas, le bruit courut que les dieux de la mer l'avaient admis parmi eux.

LIVRE XIV. — Fable Ire. *De Scilla.*

Circé, fameuse magicienne, fut jalouse de Scilla, dont Glauque, dieu marin, était amoureux. Elle empoisonna le bain où Scilla se baignait, et lui fit prendre une forme si terrible depuis le ventre jusqu'en bas, qu'ayant horreur d'elle-même, elle se précipita dans la mer de Sicile, et fut changée en un rocher contre lequel les flots de la mer font un bruit qui ressemble à l'aboiement des chiens.

Explication. — La jalousie est une passion qui aveugle ceux qu'elle attaque, et qui les porte aux actions les plus basses, comme nous le voyons dans l'exemple de Circé, qui se servit du poison contre Scilla, de qui elle était jalouse.

Fable II. *Des Cercopes.*

C'étaient des peuples méchans et trompeurs. Jupiter les changea en singes et les mit dans l'île de Pithécose. Pithécos est un mot grec qui signifie singe.

Explication. — Les singes sont malfaisans; ce qui a donné lieu à Ovide de dire que les hommes trompeurs avaient été métamorphosés en ces sortes d'animaux.

Fable III. *De la Sybille de Cumes.*

C'était une vierge qu'aimait Apollon; il lui promit de lui accorder tout ce qu'elle souhaiterait : elle lui demanda et obtint de vivre autant d'années qu'elle tenait alors de grains de sable dans la main : elle parvint à la décrépitude, et il ne lui resta plus que la voix pour prédire l'avenir. — Expl. Les Sibylles étaient des vierges qui prédisaient l'avenir : Apollon aima la Sibylle de Cumes, parce qu'elle menait une vie fort innocente; il lui prolongea ses jours. Elle aima mieux conserver sa chasteté que d'être immortalisée en la perdant.

Fable IV. *La Descente d'Enée aux Enfers.*

Enée ayant pris terre à Cumes, descendit dans l'antre de la Sibylle, et la pria de le conduire aux enfers pour aller consulter son père sur l'avenir; cette vierge lui accorda sa demande: lui ayant montré un rameau d'or, elle lui dit de le couper. Enée le fit sans peine, et parcourut ensuite tout le royaume de Pluton : il y vit son père Anchise, et apprit de lui tous les dangers qu'il devait essuyer avant de venir à bout de son entreprise.—EXPLICATION. Par cette fable, on a voulu nous faire entendre qu'il n'y avait point de chemin inaccessible à la vertu.

Fable V. *Ulysse.*

Ulysse, fils de Laërte roi d'Itaque, était un grand capitaine. Etant allé à la guerre de Troie, il enleva le palladium. Après la prise de Troie il erra sur la mer l'espace de dix ans; il creva l'œil à Polyphème, parce que ce géant avait dévoré quelqu'un de ses compagnons; il alla dans la Grèce, et descendit aux enfers; il revint ensuite voir sa femme Pénélope, déguisé en mendiant, et tua tous ceux qui avaient tâché de la corrompre pendant son absence.

EXPL. — Cette fable regarde les gens d'épée, et les avertit de tâcher d'imiter les actions courageuses de ce grand homme.

Fable VI. *Compagnons d'Ulysse changés en Pourceaux.*

Les compagnons d'Ulysse étant allés chez Circé, elle leur fit beaucoup d'accueil, et leur donna une boisson très-délicieuse ; d'abord qu'ils l'eurent avalée, ils furent changés en pourceaux par les enchantemens de cette magicienne.—EXPL. Les gens d'Ulysse étant chez Circé, s'enivrèrent à force de boire; on feignit qu'ils avaient été métamorphosés en pourceaux, parce qu'un ivrogne ressemble beaucoup à cet animal.

Fable VII. *De Picus changé en Pivert.*

C'était un roi d'Italie qui fut changé en pivert par cette même Circé dont nous venons de parler. Elle fut irritée contre lui, parce qu'il n'avait pas voulu répondre à l'amour qu'elle lui témoigna dans une forêt où ils se rencontrèrent.

EXPLICATION. — Circé fit passer Picus pour un sauvage, parce qu'elle en avait été méprisée ; mais nous devons au contraire le louer de ce qu'il ne voulut pas consentir aux désirs de cette impudique.

Fable VIII. *Des Oiseaux de Diomède.*

Diomède était un capitaine qui blessa Vénus à la main, étant au siége de Troie. Cette déesse, pour s'en venger, métamorphosa en oiseaux ceux qui s'en retournaient avec lui dans son vaisseau : ils furent appelés oiseaux de Diomède.

EXPLICATION. — Vénus nous représente ici une divinité outragée qui punit les compagnons d'un homme qui l'avait offensée; ce qui doit nous porter à ne point fréquenter de méchante compagnie.

Fable IX. *Vaisseaux d'Énée changés en Nymphes.*

Ils avaient été bâtis avec des pins consacrés à Cybèle; ce qui obligea cette déesse de prier Jupiter de les changer en nymphes, lorsque Turnus y eut mis le feu. Cette fable est tirée de Virgile. — Expl. La piété d'Énée a fait dire que les dieux, pour conserver ses vaisseaux, les avaient changés en nymphes.

Fable X. *Le Berger changé en Olivier.*

Un berger ayant vu danser des nymphes, s'en moqua, et dansa ridiculement pour les contrefaire; mais, par punition, il fut changé en olivier sauvage.

Explication. — Cette fable a été sans doute inventée pour faire voir que la médisance est insupportable dans la société, et qu'on en doit chasser les moqueurs et les médisans.

Fable XI. *Énée déifié.*

Énée, après beaucoup de travaux glorieux, parvint à une extrême vieillesse. En considération de sa vertu, et à la prière de sa mère Vénus, il fut reçu dans le ciel et mis au rang des dieux. — Explication. C'est ici le portrait d'un homme illustre par sa piété et par son courage : ces deux qualités l'ont rendu si recommandable, que les poètes ont feint qu'il avait été mis au rang des dieux.

Fable XII. *Vertumne et Pomone.*

Vertumne, dieu du Printemps, devint amoureux de la belle Pomone. Ne pouvant s'en faire aimer, il prit la forme d'une vieille femme, et lui ayant persuadé de se marier, il reprit sa première forme et l'épousa. — Explication. On voit dans cette fable le pouvoir que les femmes ont de séduire les jeunes personnes; celles-ci se laissent plus aisément persuader par des personnes de leur sexe, parce qu'elles ne s'en défient pas, et que leur exemple les porte facilement au mal.

Fable XIII. *Iphis et Anaxarette.*

Iphis était un jeune homme bien fait qui aimait éperdument Anaxarette; comme il ne pouvait s'en faire aimer, il se pendit de désespoir. Anaxarette ayant appris ce qu'il avait fait, se moqua de lui, et la déesse Vénus la changea en rocher pour la punir de son insensibilité.

Expl. — On peut tirer deux avantages de cette fable: le premier est de ne point nous abandonner à la passion d'amour; le second, de ne pas rire du malheur d'autrui, mais d'y compatir.

Fable XIV. *Romulus et Hersilie.*

Romulus, après plusieurs conquêtes, fut enlevé dans le ciel et mis au nombre des dieux sous le nom de Quirinus: sa femme Hersilie fut reçue parmi les déesses sous le nom d'Ora.

Explication. — Cette fable, comme plusieurs autres, a été inventée pour exciter les jeunes gens à la vertu par l'espoir d'une récompense qui les rendra éternellement heureux.

LIVRE XV. — Fable Ire. *Micile.*

Il était fils d'Alemon et habitant d'Argos; il quitta sa patrie pour aller en Italie; il y bâtit une ville sur le rivage d'Esar, la nomma Crotone, parce que Croton y était inhumé. Exp. — Ce livre ne contient guères de métamorphoses, mais seulement quelques récits qui ont du rapport avec l'histoire.

Fable II. *Pythagore.*

C'était un grand philosophe : il quitta Samos, son pays, pour aller en Italie, et se retira à Crotone où il enseignait sa doctrine. Numa Pompilius voulut l'entendre et fut charmé de la force de ses raisonnemens.

Expl. — Pythagore blâmait la dissolution et exhortait le peuple à la frugalité. Il croyait à la transmigration des âmes, de même que les Egyptiens, ce qui est une grande erreur.

Fable III. *Numa Pompilius.*

Après la mort de Romulus, le peuple le mit sur le trône en considération de sa piété. Il établit des cérémonies, des sacrifices, des pontifes, des augures, et tout ce qui regarde le culte des dieux : il régna long-temps, et à sa mort il fut extrêmement regretté de tout le monde, mais particulièrement de sa femme Égérie, qui se retira dans la forêt d'Aricine, afin que ses larmes ne fussent point interrompues.

Explication. — Romulus avait fondé l'empire romain par la force de ses armes, et Numa Pompilius l'a conservé par la piété et la religion qu'il établit parmi le peuple.

Fable IV. *Hippolyte.*

Il était fils de Thésée et d'Antiope, reine des Amazones. Phèdre, sa belle-mère, ne pouvant s'en faire aimer, l'accusa d'avoir voulu la séduire, ce qui l'obligea de s'enfuir de son pays. Un monstre marin ayant effrayé les chevaux de son chariot, Hippolyte fut renversé et mis en pièces. Diane, à cause de sa chasteté, le fit ressusciter par Esculape.

Explication. — L'histoire d'Hippolyte a quelque rapport avec celle de Joseph, et de quelques autres princes sacrifiés à la haine de leur belle-mère pour un pareil sujet. Elle doit porter les jeunes gens à la chasteté, vertu qui n'est jamais sans récompense.

Fable V. *De la nymphe Égérie.*

Égérie, femme de Numa, s'était retirée dans les bois pour y pleurer la mort de son mari ; elle fondit en larmes, et fut changée en fontaine.

Expl. — Cette fable est un exemple de l'amitié conjugale.

Fable VI. *De Tages.*

Un paysan de Toscane en labourant vit une motte de terre qui se remuait d'elle-même, et qui, perdant sa première forme, prit celle d'un petit enfant, qui parla dès l'heure même ; il prédisait l'avenir : on l'appela Tages.

Explication. — Tages était un homme illustre par son savoir ; on feignit qu'il venait d'une motte de terre, parce qu'il était de basse naissance.

Fable VII. *Du dard de Romulus.*

Romulus, étant sur le Mont-Palatin, enfonça son javelot

dans la terre ; il prit à l'instant racine et produisit des branches et des feuilles ; ce ne fut plus un dard, mais un grand arbre qui donnait de l'ombrage. — Expl. On dit que ce roi ayant jeté un dard, il devint un grand arbre ; et que c'était un présage que l'empire Romain serait un jour très-florissant.

Fable VIII. *Cyppus Venelius.*

Revenant victorieux à Rome, il s'aperçut, en regardant dans le Tibre, qu'il avait des cornes sur la tête : il consulta les devins pour savoir ce que lui présageait une chose si extraordinaire ; on lui dit que c'était une marque qu'il régnerait dans Rome ; mais il ne voulut pas y entrer.

Fable IX. *Esculape.*

La peste faisait beaucoup de ravages à Rome. On eut recours à Esculape, dieu de la Médecine, et on l'emmena dans la ville sous la figure d'un serpent : tous les habitans furent alors soulagés de leurs maux ; et en reconnaissance ils lui bâtirent un temple où il était adoré sous la figure d'un dragon.

Explication. — Cette fable a du rapport avec le serpent d'airain que Moïse fit élever dans le désert, et qui guérit les Israëlites de leurs maux. Le serpent est le symbole de la prudence que doivent avoir les médecins. On se sert de cet animal pour la guérison de plusieurs maladies.

Fable X. *Jules-César.*

Jules-César, empereur des Romains, ayant été poignardé par Brutus dans le sénat, son âme fut changée en comète ; la déesse Vénus l'introduisit dans le ciel. La mémoire de ce grand homme durera éternellement.

Explication. — Après la mort de Jules-César, il parut dans le ciel une comète qui donna lieu à cette fable.

Jugement de Pâris.

Thétis, après beaucoup de résistance, consentit que Pélée l'épousât. On choisit pour la solennité de ce mariage le Mont-Pélion, en Thessalie ; tous les dieux et toutes les déesses du ciel et de la terre y furent invités : les Ris, les Jeux et les Amours s'y trouvèrent en foule, pour donner du plaisir à ces dieux assemblés. On y fit un festin magnifique et célèbre où la Discorde seule ne fut point appelée, parce qu'elle a coutume de mettre partout le désordre. Cependant elle ne laissa pas d'y aller : elle se glissa, par le moyen d'une forêt sombre et épaisse jusqu'auprès de la table des déesses ; et là, sans être aperçue, elle jeta au milieu d'elles une pomme d'or sur laquelle étaient gravées ces paroles : *A la plus belle.* Ce fruit paraissait si beau, qu'il n'y eut pas une déesse qui ne souhaitât de l'avoir ; mais lorsqu'on vit les paroles qui étaient gravées dessus, il n'y eut que Junon, Minerve et Vénus qui prétendirent l'obtenir, et par leur rang et par leur beauté. Aucun des dieux ne voulut décider le différend pour ne point s'attirer l'indignation de celles qui n'auraient pas la pomme. Pâris, fils de Priam roi de Troie, fut d'un commun consentement choi-

pour en juger. Sa mère Hécube, étant enceinte, songea plusieurs fois qu'elle donnerait le jour à un fils qui serait cause de la ruine de son pays ; ce qui obligea son père de le donner à un soldat pour le porter dans quelque forêt où il serait dévoré par les bêtes sauvages : mais la mère, touchée de la beauté de cet enfant, le fit nourrir secrètement par des bergers du Mont-Ida. Etant devenu grand, il s'acquit la réputation d'un homme très-équitable ; ce bruit fut cause qu'il fut nommé arbitre entre ces trois déesses. Mercure lui ayant porté la pomme d'or, Pâris examina leur beauté avec le plus grand soin, et adjugea ensuite la pomme à Vénus, qui lui avait promis de lui faire avoir en mariage la plus belle femme du monde ; il méprisa donc les richesses de Junon et la sagesse de Pallas, pour avoir les bonnes grâces d'une femme. Par ce jugement, il attira la haine de ces deux déesses sur lui et sur sa nation. Quelque temps après, il s'en alla dans la Grèce, où il enleva Hélène, femme de Ménélas ; ce qui donna lieu à la guerre et à l'embrasement de Troie.

PROVERBES, SENTENCES, etc.

Fréquentez les gens de bien, et vous le deviendrez.
Donner tard, c'est refuser.
La manière de donner vaut plus que ce que l'on donne.
Qui est oisif dans sa jeunesse, travaillera dans sa vieillesse.
Qui apprend avec méthode devient savant.
On ne connaît le bien que quand on l'a perdu.
Celui qui se corrige en voyant les fautes d'autrui, ne peut pas manquer de devenir honnête homme.
Bouche de miel et cœur de fiel sont quelquefois ensemble.
Il n'est point de petit ennemi.
Un loup ne mange jamais un autre loup ; mais souvent les hommes se mangent les uns les autres.
Rendez-vous capable de tout, car vous ne savez à quoi Dieu vous destine.
Faites une dette payable à Pâques, et vous trouverez le Carême court.
Dites-moi qui vous fréquentez, et je vous dirai qui vous êtes.
Un bienfait reproché n'est compté pour rien.
Donner l'aumône n'appauvrit pas.
Le paresseux tôt ou tard devient pauvre.
On n'a des yeux que pour les défauts d'autrui ; personne ne connaît les siens.
L'œil du maître engraisse le cheval.
Trop de familiarité nous fait mépriser.
Une douce réponse adoucit la colère.
Ne remettez pas à demain ce que vous devez faire aujourd'hui.

PROVERBES, SENTENCES, etc.

Ce que trois personnes savent, n'est pas un secret.
Il vaut mieux être stupide qu'opiniâtre.
¶ La bonne chère en tue plus dans un jour que Galien n'en a guéri pendant sa vie.
Nul ne fait mal qu'il n'en soit puni.
Celui-là est riche qui ne désire rien.
Ouïr, voir et se taire est difficile à faire.
Qui n'a point de sens à trente ans n'en aura jamais.
Celui qui vous caresse plus qu'à l'ordinaire veut vous tromper, ou il a besoin de vous.
Qui achète ce qu'il ne peut, vend tôt ou tard ce qu'il ne veut.
De l'abondance vient le dégoût.
Qui ne sait faire ses affaires, sait encore moins faire celles d'autrui.
Qui ne sait pas obéir ne sait pas commander.
L'exemple touche plus que la parole.
Il faut vaincre l'envie par sa vertu.
On trouve toujours la moisson de son voisin plus belle que la sienne.
Celui qui s'est rendu maître de lui-même a gagné une grande bataille.
Ne point punir le crime excite à le commettre.
Il ne faut point presser les personnes diligentes.
Ne nous reposons point sur la vertu de nos pères et de nos aïeux : soyons nous-mêmes gens de bien.
Si l'on vous dit que vous êtes homme de bien, mettez la main sur la conscience.
Il ne faut pas compter sur l'argent qu'on met au jeu, parce qu'il est en grand hasard.
Ne vous ingérez point dans les querelles de famille.
Ne flattez point vos enfans ni vos valets, si vous voulez en être respectés et servis.
La conversation agréable fait trouver le temps court.
Les fous et les opiniâtres enrichissent les avocats.
Celui qui se défait de son bien avant de mourir, se prépare à bien souffrir.
C'est être mort au monde que d'avoir perdu sa réputation.
Pour connaître le prix de l'argent, il faut être obligé d'en emprunter.
Le moyen de plaire et de réussir dans la conversation, c'est de s'appliquer bien plus à faire paraître l'esprit des autres que le sien.
Les esprits de contradiction changent les conversations les plus douces en disputes contentieuses; il est presque impossible ou de ne les pas choquer, ou de n'en pas être choqué.
Il est difficile de parler beaucoup qu'on ne dise du bien de soi-même, et du mal des autres.
La véritable finesse n'est autre chose qu'une prudence bien réglée : elle fait que l'homme est sincère sans être simple, et pénétrant sans être trompeur.
On se trompe lorsqu'on croit tromper les autres; et il arrive

ordinairement qu'en voulant couvrir quelque petit défaut, on en découvre en même temps de très-grands.

Nous devons ménager l'amitié de tous les hommes, et ne nous confier presque à aucun. Il y en a peu qui aient le pouvoir et la volonté de nous servir, mais tous peuvent nous rendre de mauvais offices.

Nous devons préférer des ennemis sévères à des amis trop indulgens, parce que les premiers nous disent souvent la vérité, et que les autres ne la disent jamais.

Si nous savions cacher nos faiblesses, nous ôterions à nos ennemis l'occasion de nous nuire, parce que nous sommes toujours attaqués et vaincus par cet endroit.

Les manières simples et naturelles sont les plus agréables. Les manières gênées et affectées sont aussi insupportables aux autres que pénibles à ceux qui les pratiquent.

Les grands hommes sont toujours malheureux d'être souvent exposés à l'envie et aux soupçons dans les bons succès, et à blâme et au mépris dans les mauvais.

Les magistrats ne doivent point se régler sur ce que dit le peuple, qui ne parle et n'agit que par passion.

Chacun fait consister son bonheur dans la possession de ce qu'il aime, et non pas de ce qui est aimable et qui lui serait même plus avantageux.

La vertu n'est jamais sans récompense; puisqu'une bonne action est bien récompensée par le plaisir qu'il y a de l'avoir faite.

Ceux qui sont véritablement gens de bien ne se démentent jamais; ils soutiennent partout le caractère d'honnête homme; ils ont une grande indulgence pour tout le monde, et jugent toujours charitablement de leur prochain.

La trop grande bonté d'un homme vertueux l'expose à être trompé : comme il juge toujours bien de son prochain, il ne se précautionne pas contre les artifices des méchans.

La plus grande partie des incommodités de la vieillesse ne vient ordinairement que du mauvais usage qu'on a fait de la jeunesse.

Le déréglement de la conscience est la source de toutes des imperfections de l'homme.

Le moyen le plus sûr de se consoler de tout ce qui peut arriver, c'est de s'attendre toujours au pire.

Le chagrin et l'inquiétude ne remédient à rien ; ils nous rendent encore plus malheureux dans la mauvaise fortune.

La grande sagesse de l'homme consiste à connaître ses folies.

Il y a autant d'esprit à souffrir les défauts des autres qu'à connaître leurs bonnes qualités.

La petitesse d'esprit, l'ignorance et la présomption ont l'opiniâtreté, parce que les opiniâtres ne veulent croire que ce qu'ils conçoivent, et qu'ils ne conçoivent que bien peu de choses.

Il est aussi louable de refuser avec raison que de donner à propos.

La société, et même l'amitié de la plupart des hommes,

n'est qu'un commerce qui ne dure qu'autant que le besoin.

Mettez-vous toujours en la place de celui à qui vous voulez faire une injure, et vous ne l'offenserez pas.

N'écrivez rien que bien à propos; ce qui est écrit peut préjudicier encore plus que les paroles, qui s'évanouissent.

Evitez de parler de vous avec trop d'avantage; ne cherchez jamais les défauts d'autrui; avouez les vôtres sans affectation, c'est l'unique secret d'éviter les coups de la médisance.

Fuyez les procès sur toutes choses, la conscience s'y intéresse, la santé s'y altère, les biens s'y dissipent.

Si nous n'avions point d'orgueil, nous ne nous plaindrions pas de celui des autres.

Le silence est le parti le plus sûr de celui qui se défie de soi-même.

Tout le monde se plaint de sa mémoire, et personne ne se plaint de son jugement.

Nous oublions aisément nos fautes, lorsqu'elles ne sont sues que de nous.

C'est être véritablement honnête homme, que de vouloir être toujours exposé à la vue des honnêtes gens.

Il n'y a guère d'homme assez habile pour connaître tout le mal qu'il fait.

On est quelquefois un sot avec de l'esprit, mais on ne l'est jamais avec du jugement.

Celui qui n'est pas fidèle à son Dieu, le sera très-rarement à son prince.

Le bonheur de l'homme en cette vie ne consiste pas à être sans passions, il consiste à en devenir le maître.

Les passions et les mauvaises habitudes mènent toujours plus loin qu'on ne pense : on n'en est plus le maître dans la suite.

Si nous voulons savoir ce qu'on dit de nous en notre absence, il n'y a qu'à faire réflexion sur ce qu'on dit des autres devant nous.

Il y a bien des gens qui, pour avoir trop d'esprit, n'ont pas le sens commun.

Une femme, au sortir du conseil, cria beaucoup contre M. le chancelier, qui se tournant vers son mari, lui demanda : Est-ce là votre femme? — Oui, monseigneur. — Je vous plains bien, lui dit le magistrat.

Les finances publiques sont le sang et la sueur du peuple; il ne faut les employer qu'à des choses purement nécessaires.

Desbarreaux, étant un jour fatigué de revoir un procès qu'il devait rapporter, et fâché de perdre le temps à une occupation aussi désagréable, fit venir les parties, et donna au demandeur toute la somme qui faisait le sujet de sa contestation; et finissant ainsi la plaidoirie, jeta les papiers au feu.

Chacun dit du bien de son cœur, et personne n'en ose dire de son esprit.

Paris. — Imprimerie de J. Moronval, rue Galande, n° 65.

J. MORONVAL, Imprimeur Libraire,

65, rue Galande, 65.

EXTRAIT DU CATALOGUE

Almanach des Foires de France.

BIBLIOTHÈQUE UTILE

Les 57 Codes français, 1 vol. in-18 de 800 pages, relié basane. 2 fr.

Comptes faits de Barême en francs et centimes, in-24 de 376 pages, relié basane. 1 fr. 50 c.

Cuisinière Bourgeoise (la), 22ᵉ édition, 1 vol. in-12 de 336 pages, avec gravures. 1 fr. 50 c.

Dictionnaire de poche de la Langue française (nouveau), par Peigné, 53ᵉ édition, 1 vol. in-32, relié basane. 1 fr. 50 c.

Écrivain Public (l'), grand Secrétaire français, par M. Hocquart, 1 volume in-18. 1 fr.

Fables de La Fontaine, avec gravures, 1 vol. in-18, cartonné. 75 c.

Géographie de Crozat, 22ᵉ édition, 1 fort vol. in-12, de 528 pages, orné de 12 cartes. 3 fr.

Histoire de France, par Le Ragois (nouvelle), fort vol. in-12 de 500 pages, cartonné. 2 fr.

Manuel du Pétitionnaire, Modèles de Pétitions, Lettres, etc., etc., 1 vol. in 18. 1 fr.

La Tenue des Livres à la portée de Tous, in-12. 1 fr.

Manuel de Santé, par Chanalet-Valpêtre, docteur-médecin, 1 vol. 1 fr.

Le Nouveau Conducteur de l'Étranger à Paris, cartonné. 2 fr. 50 c.

Plan de Paris (nouveau), très-complet. 1 fr.

Oiseaux et Fleurs, Bouquets et Compliments pour le premier de l'an, par S. Michel 1 fr.

Arithmétique décimale et du système Métrique, par Passelaigues, cartonnée. 75 c.

Grand choix d'Alphabets et de Méthodes de Lecture pour apprendre à lire un peu de jours.

www.ingramcontent.com/pod-product-compliance
Lightning Source LLC
Chambersburg PA
CBHW051358230426
43669CB00011B/1682